本书为国家社科基金冷门"绝学"和国别史等研究专项"华北三皇姑信仰及其非遗文化研究"（项目批准号：2018VJX062）结项成果

本书出版受东北财经大学学术专著出版资助和东北财经大学马克思主义学院专项经费资助

赵倩 著

苍岩山传说、庙会及其非遗文化研究

中国社会科学出版社

图书在版编目(CIP)数据

苍岩山传说、庙会及其非遗文化研究 / 赵倩著.
北京：中国社会科学出版社，2025.5. -- ISBN 978-7
-5227-5178-8

Ⅰ.K928.3

中国国家版本馆 CIP 数据核字第 2025UD1742 号

出 版 人	赵剑英
责任编辑	安　芳
责任校对	张爱华
责任印制	李寡寡

出　　版	中国社会科学出版社
社　　址	北京鼓楼西大街甲 158 号
邮　　编	100720
网　　址	http://www.csspw.cn
发 行 部	010-84083685
门 市 部	010-84029450
经　　销	新华书店及其他书店

印　　刷	北京明恒达印务有限公司
装　　订	廊坊市广阳区广增装订厂
版　　次	2025 年 5 月第 1 版
印　　次	2025 年 5 月第 1 次印刷

开　　本	710×1000　1/16
印　　张	20.5
字　　数	308 千字
定　　价	108.00 元

凡购买中国社会科学出版社图书，如有质量问题请与本社营销中心联系调换
电话：010-84083683
版权所有　侵权必究

目 录

绪 论 …………………………………………………………（1）
 一 问题的提出 ……………………………………………（1）
 二 史料搜集与田野调查 …………………………………（5）
 三 研究主要内容 …………………………………………（7）

**第一章 国家与社会的复杂互动：宋元以来苍岩山
   传说、庙会的流演** …………………………………（11）
 一 嵌入中国传统地方权力网络的苍岩山传说与庙会 …（11）
 二 国家权力下移与苍岩山传说的保护色 ………………（29）
 三 "南阳公主说"的提出与地方秩序的稳定 ……………（46）

**第二章 从传统到现代：华北地方社会转型
   与苍岩山传说、庙会的时代挑战** …………………（59）
 一 现代化的困境：农村破产与国家政权的内卷化 ……（59）
 二 现代、科学、革命：时代话语与国家政权变革
   地方的尝试 …………………………………………（112）
 三 "名胜古迹"：时代话语挤压下苍岩山传说与庙会的
   传承空间 ……………………………………………（142）

第三章　民俗文化、庙会经济与苍岩山传说的标准化 …………（159）
　　一　"民俗"与"旅游"的新定位与苍岩山庙会复苏 ………（159）
　　二　上下一盘棋：河北民间文学的整理与口头传说的系统
　　　　整理……………………………………………………（173）
　　三　《井陉民间文学集成》的编纂与苍岩山口头传说的
　　　　系统整理………………………………………………（188）
　　四　《井陉民间文学集成》与苍岩山传说类型 …………（207）
　　五　《井陉民间文学集成》与苍岩山传说的
　　　　标准化、系统化………………………………………（239）

**第四章　苍岩山传说、庙会及其非物质文化遗产的
　　　　创新性发展**……………………………………………（262）
　　一　传说、庙会与井陉县非物质文化遗产的联动共生 ………（262）
　　二　回归"大众化"属性，贯彻群众路线…………………（272）
　　三　把握"时代化"方向，坚持守正创新…………………（282）
　　四　建立"系统化"机制，保障有序共建…………………（297）
　　五　树立"全球化"意识，讲好中国故事…………………（307）

参考文献………………………………………………………（313）

绪　　论

一　问题的提出

女神三皇姑又有苍山圣母之称，是华北地区拥有独立神格的区域神祇。宋元以来，三皇姑出家修行的故事由简至繁、日渐丰富，在井陉及其附近地方广为传布。这一故事主体逐渐与苍岩山庙宇景观紧密结合，形成在地化的苍岩山传说系统。每年庙会期间，各地信众到苍岩山朝山进香，以拉花、晋剧等形式娱神。他们以此来表达自己的虔诚，祈求女神三皇姑的保佑，逐渐形成以苍岩山为中心，河北石家庄、山西阳泉等地区为主体的信仰圈。2006年以来，井陉拉花、井陉晋剧等艺术形式经国务院批准先后列入国家级非物质文化遗产名录。苍岩山庙会、苍岩山传说及其非遗文化随时而变，深刻反映井陉及其附近地方的社会变迁与文化传承。

就学术理路而言，中国区域社会史是近年来学界关注的焦点。它转换研究视角，试图跳出国家政治史、王朝兴衰史等研究框架，注重区域社会自身演进的规律与特点。研究者大多以民间信仰为切入点，通过分析"神祇"传说、敬拜仪式、庙会庆典等，深入解析地方社会文化的变迁及其发展动力。

中国区域社会史研究经典频出，并形成国家—社会、文化—权力两种研究范式。前者是弗里德曼在研究中国东南宗族组织的基础上提出的。他发现，祖先崇拜与宗族结构紧密相关。宗族划定其领土边界，靠的不是执行谱牒规条，而是追溯共同的祖先。祭祀仪式是宗族成员权力地位和地方秩序的一种表达。①杜赞奇对华北社会的研究极具典范意义，提出了文化—权力研究范式。他以华北地区庙会和关帝信仰为例，指出民间信仰是中国传统文化权力网络形成和维系的重要思想资源。②而神话传说和神祇形象虽然多变，但其文化象征和刻画标志保有连续性。詹姆斯·沃森与杜赞奇同样关注神话分层和历史分层，认为每一层面都反映了某个时代或某个特定群体关心的内容。他认为，妈祖传说与形象被改造成标准化神明后，国家又将其向地方社会推广，以此作为控制地方、文化整合的重要手段。③韩森同样关注区域神明正统化，细致描绘了南宋王朝对区域神祇的禁毁和敕封过程，由此探讨地方士绅等地方权力与国家政权的互动。④理查德·冯·格兰和滨岛敦俊等学者聚焦江南地方神祇，由五通神、刘猛将、金总管等信仰透视江南社会经济的发展变化。⑤

华南区域民间信仰研究较为深入，日趋细化。研究者通过对神庙系统、民众祭祀仪式及村落关系进行实地考察，辅之以族谱、碑志等地方文献，重构地方社会结构和运作情况。他们共同关注的是：特定的民间信仰与祭祀仪式，是如何推动地域认同和文化共同体形成的。科大卫由宋明礼仪的变迁入手，讨论华南宗族建立过程中地方社会与国家的整合情况。⑥刘志伟指出，珠江三角洲北帝崇拜是标准化神明信仰地方化的过程，也是地域文化进一步整合到大传统中的过程，两者相互渗透。⑦

---

① ［英］莫里斯·弗里德曼：《中国东南的宗族组织》，刘晓春译，上海人民出版社2000年版。

② ［美］杜赞奇：《文化、权力与国家——1900—1942年的华北农村》，王福明译，江苏人民出版社1996年版。

③ ［美］詹姆斯·沃森：《神的标准化：在中国南方沿海地区对崇拜天后的鼓励（960—1960年）》，［美］韦思谛编：《中国大众宗教》，陈仲丹译，江苏人民出版社2006年版。

④ ［美］韩森：《变迁之神南宋时期的民间信仰》，包伟民译，浙江人民出版社1999年版。

⑤ 参见［美］理查德·冯·格兰：《财富的法术：江南社会史上的五通神》，［美］韦思谛编：《中国大众宗教》，陈仲丹译，江苏人民出版社2006年版；［日］滨岛敦俊：《明清江南农村社会与民间信仰》，朱海滨译，厦门大学出版社2008年版。

⑥ 科大卫：《皇帝和祖宗：华南的国家与宗族》，卜永坚译，江苏人民出版社2010年版。

⑦ 刘志伟：《神明的正统性与地方化关于珠江三角洲北帝崇拜的一个解释》，《中山大学史学集刊》第二集，广东人民出版社1994年版。

绪 论

陈春声通过考察宋代到清代潮州地区的双忠公崇拜以及三山国王信仰流播的历史，指出这个历史过程与潮州农村社会逐步融入"国家"体制的过程相一致。而这个过程，又被当地士绅作为培育民众对王朝和国家认同感的机会。① 妈祖作为华南地区最具影响的女神颇受关注，研究涉及其信仰的形成与传布、祭祀俗信的传承与庙宇的修建等各个方面。②

华北区域社会研究更加关注国家与社会的互动。赵世瑜对明清时期华北庙会的研究，考察了民间信仰与基层社会组织、地方经济发展、社会权力网络、国家对地方的控制等问题，关注地方社会小历史的构筑情况。③ 行龙以水权作为考察晋水流域社会的切入点，指出民众通过利用晋水传说和形塑水神的途径来表达自己对水权的占有。而晋水流域水资源的匮乏，既是区域环境和历史发展的结果，也是制度与文化、国家与社会纠葛互动的反映。④ 缘于顾颉刚等人的调查，碧霞元君传说及妙峰山庙会最受学界关注。其信仰起源、与其他神灵（东岳大帝、相关女神）的关系以及功能与信仰群体、信仰的时代变迁与地域性扩散等问题都有较为全面的分析。⑤

---

① 相关论文有：陈春声：《正统性、地方化与文化的创制——潮州民间神信仰的象征与历史意义》（《史学月刊》2001年第1期），《明末东南沿海社会重建与乡绅之角色——以林大春与潮州双忠公信仰的关系为中心》[《中山大学学报（社会科学版）》2002年第4期]，《"正统"神明地方化与地域社会的建构——潮州地区双忠公崇拜的研究》（《韩山师范学院学报》2003年第2期）等。

② 相关论著有：蒋维锬编校的《妈祖文献资料》（福建人民出版社1990年版），徐晓望的《妈祖信仰史研究》（海风出版社2007年版），周金琰的《非物质文化遗产记忆档案：妈祖祭典》（山东友谊出版社2013年版），刘青健的《妈祖民俗体育文化及产业化研究》（厦门大学出版社2018年版），罗春荣的《妈祖版画史稿》（学苑出版社2016年版），妈祖文献整理与研究丛刊编纂委员会《妈祖文献资料整理与研究丛刊》第2辑（海峡文艺出版社2017年版），李丽娟的《妈祖文化跨语境传播的话语模式建构》（厦门大学出版社2019年版），谢瑞隆的《妈祖信仰故事研究》（明道大学妈祖文化学院2021年版），等等。

③ 相关论著有：赵世瑜：《狂欢与日常——明清以来的庙会与民间社会》（生活·读书·新知三联书店2002年版），《说不尽的大槐树——祖先记忆、家园象征与族群历史》（北京师范大学出版社2018年版）等。

④ 行龙：《以水为中心的晋水流域》，山西人民出版社2007年版。

⑤ 相关论著有：叶涛的《碧霞元君信仰与华北乡村社会——明清时期泰山香社考论》（《文史哲》2009年第2期），王元林、孟昭锋的《论碧霞元君信仰扩展与道教、国家祭祀的关系》（《世界宗教研究》2010年第1期），周嘉的《地方神庙、信仰空间与社会文化变迁——以临清碧霞元君庙宇碑刻为中心》（《民俗研究》2019年第6期），赵子瑄的《碧霞元君宝卷文本生成研究》（山东大学，硕士学位论文，2023年）等。

总体而言，中国区域社会史视野下的民间信仰研究硕果累累。研究者大多遵循国家—社会、文化—权力等研究范式，选择不同区域、不同信仰展开研究，深入探讨时代变革、士绅与地方社会、儒家话语体系以及中国传统文化的现代转型等重大历史问题。同时，区域民间信仰研究深受理论框架与分析对象不相称、问题意识与研究对象脱节等问题的困扰。要解决这些问题，我们须尽量避免先入为主的理论束缚，真正做到理论服从史料，更加全面、细致地分析民间信仰自身特点、地方士绅在国家与地方利益的取舍等问题。

本书的研究对象三皇姑与碧霞元君、妈祖等同为广泛祭祀的区域女神，却少有系统而深入的研究。仅有岳永逸等学者对苍岩山庙会展开调查，初步描述信众朝山进香、祈求女神三皇姑护佑的祭祀仪式。[①] 这使本书具有较大的研究空间。苍岩山传说屡经变动的社会动因为何？国家权势话语、地方士绅如何影响传说的流演？三皇姑信仰绵延不衰的原因何在？它如何在国家与社会的紧张关系中获得生存空间？以及如何适应数千年来前所未有的历史大变局？本书将围绕这些问题展开，以苍岩山传说、庙会的流演为切入点分析国家与社会的复杂互动，考察现代国家体制的建立对华北地方社会造成的冲击，探讨时代话语挤压与社会剧变期，三皇姑庙会与传说的传承空间。

不仅如此，本书有着浓厚的现实关怀。习近平总书记多次提出，要实现中华优秀传统文化的创造性转化，建立面向现代化、面向世界、面向未来的中国特色社会主义文化。我国历史悠久，文化硕果累累。如何完成中国传统文化与社会的现代转型，始终是困扰中国人的文化难题。时至今日，民间传说、地方庙会及其非遗文化传承面临诸多困境。一方面，它愚昧迷信、惑民敛财等标签如影随形，亟须去芜存菁、建构自身合法性。另一方面，中国近代社会激烈变动，其原本依附的传统社会结构瓦解。失去生存土壤的庙会、传说及其非遗文化如无水之鱼，传承日

---

① 相关论著有：岳永逸主编的《中国节日志·苍岩山庙会》（光明日报出版社2016年版），张青仁的《祭祀圈内宗教实践的差异性——基于河北苍岩山三皇姑信仰祭祀圈的调查》[《西北民族大学学报（哲学社会科学版）》2015年第6期] 等。

艰。尽管有国家非物质文化遗产等政策的大力扶植，它们仍旧陷在濒危绝学的泥沼中，难以自拔。如何完成其现代转型、建立适应现代社会的运行机制，成为庙会、传说及其非遗文化传承迫在眉睫、生死攸关的大事。本书尝试通过苍岩山传说与庙会研究，来回应这一重大历史命题，并为中国非遗文化传承发展建言。

二 史料搜集与田野调查

史料是史学研究的基础。中国区域社会研究强调"国家在场"却难有突破，实与史料的匮乏有关。传统政治史、思想文化史依靠正史记载、官书档案，史料相对丰富。但这类史料中关于区域社会的记载并不多见。区域社会研究常用的史料中，地方史志覆盖面虽广且有延续性，但言之简略。以此为基础，难以展现地方社会的复杂变动。碑刻谱志可补其不足，展现地方历史细节，成为区域社会研究的重要史料来源。利用这类史料的难点在于，其记载的历史细节缺乏印证史料，易陷于孤证难立或点不成面的困境。"巧妇难为无米之炊"几成中国区域社会研究的无解之题。

本书概莫能外，史料搜集困难重重。苍岩山上现存碑志百余通，实为研究苍岩山庙会与传说的珍贵史料。井陉地方多使用时间较早且对苍岩山建庙历史有所记载的数通碑石，金泰和二年（1202）刻立的《苍岩山福庆寺石桥记》和元朝王思廉的《广平路威州井陉县苍岩福庆禅寺碑》最为常见。其余碑石未见学界系统研究，殊为可惜。在碑石抄录过程中，笔者最初亦感其有趣却无从下手。光绪年间，三皇姑敕封"慈佑"一事，为苍岩山传说的重要转折。然而，清史典籍和清宫档案无籍可考。本书深挖《续修井陉县志》编纂背景，明确清朝政府和地方士绅冀望稳定太平天国起义和捻军起义后地方秩序的强烈诉求。敕封"慈佑"一事虽无直接记载，但同一时期井陉县城隍庙、庆云县刘猛将庙获得清廷敕封。这侧面说明，三皇姑的敕封并非孤例，而是国家与社会共谋稳定地方的重要手段。这样，以三皇姑南阳公主说的出现为切入口，揭开晚清地方社会变动的面纱、生动地展现国家与社会互动的多样性。

口述史料是区域社会研究的又一重要史料来源。《井陉民间文学集成》编纂于20世纪80年代，其当事人的口述访谈已极为不易。刘成文、仇喜卿等人已然辞世，赵志扬、赵来锁身体病弱，均未能进行访谈工作。幸运的是，在井陉县文化馆工作人员的帮助下，笔者联系上了张树林先生。他不仅参与过"中国民间文学三套集成"的编纂，还是井陉拉花等申遗工作的负责人，为其提供了极为珍贵的资料。王密荣老师的采访能够成行更为曲折。其现状如何毫无线索，在仅知其是青石岭人的情况下，笔者贸然前往。村委会帮助笔者联系到她的儿子，并辗转与王密荣老师取得联系。她在刚刚出院、病体未愈的情况下，体谅我远道而来并接受了访谈。井陉晋剧团团长尹海军、编剧王春明讲述该团发展历史和《出家苍岩山》创作情况。栾永华还为笔者提供了栾德宝先生的联系方式，笔者得到了栾德宝先生的热情款待并听其细述其艺术生涯。笔者深感口述史料颇不易得。20世纪80年代的口述访谈难度已如此之大，亲历民国的当事人更是几不可得。同时，受访者质朴热情、知无不言，笔者感佩于心。通过口述访谈，笔者对"三套集成"的编辑实践与"忠实记录，慎重整理"原则的落实情况有了更为清楚的认识，系统还原苍岩山标准化的历史语境；并对井陉晋剧、井陉拉花的传承发展及非遗保护工作有了更为细致的了解。

田野调查是区域社会研究的基本方法。突如其来的疫情，令本书的田野工作猝然中断。情况稍缓，笔者即刻亲往苍岩山庙会现场，对民众的敬拜实践进行实地考察。与十年前相比，民众对女神三皇姑的认知愈加浅显，敬拜仪式也更为简化。笔者意识到，这一传承千年的民俗传统正在悄然而逝，苍岩山传说及民众敬拜仪式的记录更是迫在眉睫。同时，笔者在田野调查过程中，着意搜集香会朝山进香随身携带的民间宝卷，整理民众口头传承的苍岩山传说。这在考察其人神沟通仪式的同时，真实再现民众心中的女神形象和传说故事。本书尝试描述真正的大众生活并理解其思维逻辑，突破文字史料透过精英视野观察大众文化的局限。

报纸杂志为苍岩山传说、庙会及其非遗文化的现代转型研究提供关键史料。令笔者比较意外的是，地方档案材料远不及预期。河北省档案馆和石家庄市档案馆相关档案寥若晨星。而井陉县档案馆，由于各种原因也未收集到材料。近代以来，欧风美雨推动中国被迫转型。华北区域社会研究成果虽多，但具体至三皇姑信仰圈内史料并不算多。天津《益世报》连续报道地方新闻，为本书复原地方社会状况提供核心史料。它与碑刻史志等地方史料相结合，反映出现代国家体制对传统乡村社会造成的冲击，能够更加细致地剖析地方社会的变动、深刻剖析现代国家体制推行与国家政权的内卷化趋向。《井陉民间文学集成》的编纂，仅靠口述史料是远远不够的。而河北省"三套集成"办公室辑印的期刊《民间文学三套集成通讯》填补相关史料的空白，全面介绍其组织动员、普查采风、经验示范、典型推介等情况，勾勒出河北省"三套集成"编纂的基本面貌。

正如傅斯年所说，"历史本是一个破罐子"[①]。研究者须上穷碧落寻找史料，以复原其本来面貌。史料鲜见之珍贵，偶得之惊喜，人物形象日渐鲜活，历史图景渐次清晰，无疑是历史研究的乐趣与成就感的重要来源。笔者徜徉其间，喜乐自知，乐而忘返。

三 研究主要内容

本书第一章以苍岩山传说与庙会为切入点，剖析国家与社会的复杂互动。苍岩山庙宇佛道并存，其有史可考的记载始于宋元时期。此前，仅知该处为女神三皇姑的道场，并有廊宇、宴台等存留。宋元时期，苍岩山庙宇以佛寺兴修为主，兴盛一时。苍岩山不仅得到宋真宗赐额"福庆"，还成为临济宗的北方重镇，成为远近闻名的名山古刹。女神三皇姑以舍弃繁华、矢志修行的皇家女形象流传于世。其传说由简至繁，逐渐形成"隋文帝女说""隋炀帝女说""千手观音说"三大传说系统。每

---

① 傅斯年：《评丁文江的〈历史人物与地理的关系〉》，《傅斯年全集》第1卷，湖南教育出版社2003年版，第428页。

年庙会期间，来此朝山进香、祈求女神保佑的民众络绎不绝，其鼎盛时期甚至可与金顶妙峰山比肩。苍岩山庙会与传说深深嵌入地方文化权力网络。地方官绅作为国家与地方的中介，一方面肩负着儒家教化之责，对民众虔信多持贬斥态度，甚至尝试以国家正祀关帝圣君取代地方女神三皇姑；另一方面深知女神三皇姑信众基础牢不可破，于稳定地方有着不可替代的重要作用。为此，井陉官绅采用"修其教不易其俗"的原则纾解国家与社会之间的矛盾。多数时候，他们默许苍岩山庙会与民众敬拜的存续，频繁参与苍岩山庙宇修缮等重大地方事务。同光年间，苍岩山传说与女神三皇姑神格经井陉官绅重构终获得朝廷敕封"慈佑"，完成了其区域正统化的进程。这一做法，既符合国家稳定华北地方社会的强烈需要，又与地方根本解决三皇姑敬拜合法性的诉求高度契合，展现了国家与社会互动的复杂面向。

第二章关注近代中国传统社会转型的背景下，苍岩山庙会与传说面临的时代挑战。这一时期，中国现代化已是大势所趋。和国家政权与知识精英大力推行形成鲜明对比的是，地方社会民众生活的日益贫困化。井陉及其附近地方本就地瘠民贫、灾害频发，民众艰难求生。近代以来，井陉及附近地方政府财源匮乏及战乱频发，使民众生活不仅未能改善，反而雪上加霜。军阀的摊派与政府的苛捐杂税令民众苦不堪言，生活难以为继。井陉及附近地方陷入百业萧条、民不聊生的泥沼，无可自拔。而权势话语的转移急剧挤压苍岩山庙会与传说的传承空间。"现代""科学""革命"等时代话语给三皇姑等民间信仰打上"迷信"标签。特别是国民党在"革命"的旗帜下，采用激烈手段不加审辨地禁革民众的敬拜，并以社会教育与风俗改良等工作来变革地方社会。然而，这些现代化措施并未尊重地方传统习俗与民众文化情感且缺乏针对性，遭到民众的反感和默然对待，国家权力下移、控制地方社会的意图成空。"革命风暴"后，受到冲击、毁坏的庙宇神佛在地方士绅的主持下纷纷重新修缮，民众敬拜恢复如常。女神三皇姑也未列入政府允许敬拜的名单，但苍岩山"名胜古迹"的声名远播，为苍岩山庙会与传说赢得了更为广阔的传承空间，助力其成功应对时代话语带来的冲击与挑战。

绪 论

第三章剖析新中国成立之后，特别是改革开放以来，苍岩山庙会与传说新的发展趋向与特点。井陉及苍岩山有着悠久的红色革命历史，苍岩山庙宇被视作"名胜古迹"得到重点保护。而苍岩山庙会和传说一度归于沉寂，有濒危失传的风险。改革开放以来，在"经济搭台，文化唱戏"的思路下，苍岩山庙会以"民俗""旅游"的新定位再度红火起来。为适应这一时代变革，苍岩山传说出现新的发展趋向。地方政府、庙方与朝山者不约而同地将有史可考的南阳公主身份与大众认知度更高的千手观音故事情节嫁接在一起，成为各方认可、广泛流传的标准化传说。《井陉民间文学集成》作为"中国民间文学三套集成"工作的代表性成果之一，保存了迄今为止最为丰富的苍岩山口头传说。该书编纂虽存在讲述人、记录人信息缺失及事后补录等问题，但基本贯彻了科学性、全面性、代表性原则，选取本地流行、有地方语言特色的苍岩山传说故事。其收录的传说以千手观音传统系统为主，但"南阳公主"身份后来居上、取代妙庄王女等说法的趋势日趋显著，推动苍岩山传说的标准化、系统化进程。这样的苍岩山传说，更契合大传统、更能满足推动地方经济、打造地方名片的发展需要。

第四章探讨苍岩山庙会、传说与井陉县非物质文化遗产的联动共生与创新性发展。井陉晋剧、井陉拉花等国家级非物质文化遗产在中国传统社会活跃于苍岩山庙会和年节庆典等活动中，是维系地方社会、凝聚乡土情谊的重要形式。现今，非遗文化要想改变"形存神散"的濒危困境，应以史为鉴、大力推动苍岩山庙会、传说及井陉县非遗文化的联动共生，让这些中华优秀传统文化代表能够与新时代同频共振，融入新时代中国特色社会主义建设之中。以此为原则，非遗文化传承应继承发扬革命文艺"由群众中来，到群众中去"的优良传统，淡化其娱神色彩的同时，放大其大众娱乐属性，通过学校教育、社会教育实现传承人群全覆盖。而针对"馆舍化"保存和过度"市场化"的问题，也应注重守正创新，把握非遗文化的艺术特征，创新其主体内容与艺术形式，融入新时代中国特色社会主义建设之中。这要求建立政府主导，非遗传承人、专家学者、人民群众广泛参与，实现多部门联动，以期带动地区经济和旅游文化事业的发展，打造地方名片。井陉晋剧、井陉拉花等非遗文化有良好的传承和保护意识，但难以走出省门。这需要利用多种方式，尤其是短视频平台等打破地域局限、吸引对非遗文化感兴趣的群众关注，进而打响全国知名度，并作为中国优秀文化的代表向世界展示中国文化和讲述中国故事。

第一章

国家与社会的复杂互动：宋元以来苍岩山传说、庙会的流演

女神三皇姑是华北地区拥有独立神格的区域女神。每年庙会期间，井陉及附近地方的信众成群结队，来到苍岩山朝山进香。他们虔诚祷祝、寻求女神的护佑，是地方社会凝聚乡情、联系乡里的重要仪式。苍岩山庙会虽信众基础牢固，但因未入祀典而常常受到合法性危机的困扰。地方官绅以儒家教化为己任，对民众的虔信多有微词。同时，他们深知三皇姑敬拜与苍岩山庙会深嵌中国传统地方文化权力网络，是维系国家政权和地方社会稳定的重要资源，不可轻言废止。国家与社会的复杂关系，深刻影响着宋元以来苍岩山传说的走向。

一 嵌入中国传统地方权力网络的苍岩山传说与庙会

（一）女神三皇姑的身份与苍岩山传说系统

苍岩山传说的流演，正如顾颉刚所说："发生的次序和排列的系统恰是一个反背。"[1] 宋朝祁鹏举撰写的《井陉县大化乡新修苍岩山福庆寺碑铭并序》，是现存最早记录女神三皇姑及苍岩山庙宇修建的碑石文献。它的记载极为简略，仅提到"居人云：'昔有公主在此出家。'"[2] 此后，

---

[1] 顾颉刚：《古史辨·自序》，上海书店1926年版，第52页。
[2] （宋）祁鹏举：《井陉县大化乡新修苍岩山福庆寺碑铭并序》，政协井陉县委员会编：《井陉碑石文选》（上），河北人民出版社2012年版，第195页。

这位公主的传说日渐丰富，逐渐形成隋文帝女妙阳公主、隋炀帝女南阳公主、千手千眼菩萨三大系统。

碑石文献中，清朝同光年间以前，隋文帝女说一直是主流说法。她由最初的"公主"身份逐渐具化，并与苍岩山庙宇景观相结合。金泰和二年（1202）的《苍岩山福庆寺石桥记》是传说故事层累生成的生动个案。它是三皇姑隋文帝女说的最初来源，首次提出"公主乃隋文帝女"，并点明隋文帝女说的基本要素。① 即公主以苍岩山水内饮外洗来治病，病愈后决意出家。该碑奠定隋文帝女说的基调，文字简练地介绍三皇姑出家的原因，并予福庆寺以皇家寺院的显贵身份。与祁鹏举碑文的寥寥数语相比，其字简意丰，刊刻时间虽晚，但故事更加完整系统。这一故事涉及山寺由来，与寺庙地位息息相关。寺僧智鉴为立碑人，这一细节及妙阳公主故事必为他认可，甚至由他口述传承，是这一传说版本层累生成的关键人物。

王思廉的《广平路威州井陉县苍岩福庆禅寺碑》增加的细节有三。一是将公主所染疾病具化为"厉风"。二是神化苍岩山愈疾之水。它是山中石井水，"旱不涸、水不溢，给用不竭"。三是强调公主修行追随者众，有"比丘尼从者如云"。② 万历二十五年（1597），《苍岩寺重修桥碑记》记载："隋公主病癣疥失明，朝夕汤沐于泉侧，其疾遂愈。遂修行于此，趺坐而化，至今有遗骨在焉。"③ 公主所患疾病除风癣外，更严重至失明的程度。该碑文明确说明公主在此证道，遗骨尚存，增加该传说的可信性。

蒋浚的《重修苍岩福庆寺记》增加了猿猴献果这一情节。他首次提道："公主著意禅林愈坚，而猿翁亦来献果。"④ 此后，猿猴在苍岩山传说中出现的频率日增，故事情节也日渐丰富。嘉靖四十五年（1566），

---

① 《苍岩山福庆寺石桥记》，金泰和二年（1202），现存苍岩山桥楼殿旁。
② （元）王思廉：《广平路威州井陉县苍岩福庆禅寺碑》，皇庆元年（1312），现存苍岩山圆觉殿前。
③ （明）毕秦：《苍岩寺重修桥碑记》，万历二十五年（1597），现存苍岩山小桥楼殿旁。
④ （明）蒋浚：《重修苍岩福庆寺记》，正德六年（1511），现存苍岩山山门外侧。

第一章　国家与社会的复杂互动：宋元以来苍岩山传说、庙会的流演

《大明国真定府井陉县苍岩山福庆寺重修佛殿记》再次提到，公主诚心修行，"感猿猴常来献果，应四季麋鹿禅华"①。銮驾山位于苍岩山东北，融入隋文帝女说传说系统。《苍岩山福庆寺石桥记》中提道："寺之东北名曰銮台，乃文帝一行泊卫所之处。"②自此，苍岩山传说故事中多次提到銮驾山是隋文帝驻跸之处。例如王思廉和蒋浚均持这种说法："东北銮台、宴台，云是文帝驻跸之地。"③毕秦也说："世传山名銮驾垴、团尖、射朵，乃隋帝临幸之处也。"④

万历二十年（1592），霍鹏撰写的《重修苍岩圆觉殿记》是隋文帝女说里程碑式的记载。他不仅记述了三皇姑病愈出家的故事，还简要说明浴龙池、说法危台、猿祖师塔的来历。他把三皇姑出家修行传说与苍岩山庙宇景观紧密联系在一起。其中，"楼东石殿三间，世传隋文帝女妙阳公主跏趺处也"。而公主愈疾的泉水，即为浴龙池，"众生掬饮，味美于甘露"。说法危台位于浴龙池边，高十丈，旁"生古柏一株半垂半耸，公主尝憩其下，为众生显证一乘，宣扬三慧。时放光明，耀于峦岫之间"。碑文中，猿祖师的故事更加细致生动。猿猴受公主修道感召，各献奇花异果。唯有"老猿异诸，终日徘徊台下，学公主安禅状"。⑤公主得道后，老猿亦坐化。后人起塔瘗骨，建造猿祖师塔来纪念它。

清朝中前期碑石文献基本沿袭隋文帝女说，叙述略微简洁，但该传说系统的基本要素均清晰保留。康熙四十六年（1707），李生叶提及三皇姑为"隋朝文帝之女"⑥。乾隆三年（1738）刻立的《重修苍岩山石栏杆碑记》记载："公主少婴痼疾。闻苍山有石泉可疗，固就浴焉，未几而愈。主遂舍身学佛，竟得坐化。唐因建为福庆寺，以奉之矣。"⑦陈

---

① 《大明国真定府井陉县苍岩山福庆寺重修佛殿记》，明嘉靖四十五年（1566），现存苍岩山大佛殿前。
② 《苍岩山福庆寺石桥记》，金泰和二年（1202），现存苍岩山桥楼殿旁。
③ （元）王思廉：《广平路威州井陉县苍岩福庆禅寺碑》，皇庆元年（1312），现存苍岩山圆觉殿前。
④ （明）毕秦：《苍岩寺重修桥碑记》，万历二十五年（1597），现存苍岩山小桥楼殿旁。
⑤ （明）霍鹏：《重修苍岩圆觉殿记》，万历二十三年（1595），现存苍岩山圆觉殿前。
⑥ （清）李生叶：《重修碑记》，康熙四十六年（1707），现存苍岩山圣母殿旁。
⑦ （清）刘慰祖：《重修苍岩山石栏杆碑记》，乾隆三年（1738），现存苍岩山圆觉殿后。

兆鳌《重修苍岩山福庆寺碑记》中也有"苍岩山系井陉名胜之地,为隋公主修真之处"的记载。① 雍正版《井陉县志》也提到,苍岩山相传为"隋妙阳公主证道处";銮驾山为"隋文帝省其女妙阳公主,驻跸于此";晒袍山相传为"妙阳公主晒袍于此"。②

据今所见,宋代以来,直至清同治年间,三皇姑为隋文帝女一说占据绝对的主流位置。现存于猴祖师殿旁的碑记虽已残破不清,但仍模糊可见"隋妙""公主"等字迹,其对苍岩山之神也持隋文帝女的说法。其间所立碑石述及苍岩山庙宇来历时,均认为与隋文帝女有关,并没有南阳公主和千手千眼佛的说法。隋文帝女更多的是个传说人物,虽然隋文帝是历史人物,但无法证实其确有一女是妙阳公主。隋文帝女儿的史籍记载付之阙如,只有乐平公主杨丽华、兰陵公主杨阿五、广平公主有所记载。一般按照兰陵公主行五认为,隋文帝有五个女儿。但是史籍中,并没有明确记载隋文帝女儿中有妙阳公主一人。故这些碑记中言之不详,又无史籍可考的记录,只能在历史上存疑。而其出家的原因,却大致统一,即妙阳公主得了风癣病,久治不愈,只有苍岩山上的石泉可以治愈。后经点化,公主决意在苍岩山出家。

苍岩山传说异文很多,对于三皇姑的身份还有一些其他的说法,如为魏文帝女。乾隆年间《重修宫主菩萨殿序》记有:"其神何也?考之古有魏文帝……诚心学佛,辞皇宫而入深山,舍富贵故都繁华,茹茶饮露,百折不回,修心以至因得坐化。"③ 其故事与妙阳公主的故事大致相同,故可大致纳入隋文帝女的体系中。

南阳公主说于康熙年间初见端倪,定型于光绪年间,自此逐渐取代隋文帝女说,成为三皇姑身份的最普遍说法。该说建立在批驳隋文帝女说的基础上。清光绪年间,井陉地方精英经过考证,认为三皇姑应为隋

---

① (清)陈兆鳌:《重修苍岩山福庆寺碑记》,道光十一年(1831),现存苍岩山山房内碑亭中。
② (清)钟文英纂修:《井陉县志》,雍正八年(1730)刊本。
③ 《重修宫主菩萨殿序》,清乾隆年间,现存苍岩山小桥楼殿旁。该碑经风雨侵蚀,刻立年份模糊不清,仅能识别"乾隆□十四年"字样。

第一章　国家与社会的复杂互动：宋元以来苍岩山传说、庙会的流演

炀帝女南阳公主，"妙阳"乃是误传。高熊徵的《重建苍岩山桥楼殿记》是承上启下的重要碑石。他在论述三皇姑身份时，尚采用的是隋文帝女一说："公主文帝女也，少瘿癞疾。闻苍山有石泉可疗，就浴而愈。主遂焚修，竟得坐化。唐因建为福庆寺云。时隋都长安距此不甚远，事或有之。然已不可深考矣。"但在随后提到三皇姑是否有神力之时提道："使主诚能尽人之福之祸，何以江都之变，国破家亡，至亲为戮，坐视其毙，而莫之救也！"① 这实际讲述的隋炀帝女南阳公主的故事，与前文对隋文帝女的交代互相矛盾。这为光绪年间地方精英对三皇姑身份的重新建构奠定了基础。

光绪十九年（1893），三皇姑获朝廷敕封"慈佑"。光绪二十二年（1896），井陉知县言家驹撰写《苍岩山神隋南阳公主奉敕封慈佑记》以资纪念。碑文指出，"国朝康熙间，知县高熊徵碑，谓公主为文帝女，非也"。"隋无妙阳公主，所谓妙阳者，乃南阳也。"② 此碑在三皇姑故事的流传过程中起到了十分重要的作用，影响深远。此后，南阳公主说渐趋盛行。

根据历史记载，南阳公主是因为国破家亡、儿子被杀等一系列变故，而有出家之念。南阳公主之所以能够列入《列女传》，也是因为她刚烈、节义。而这一出家的原因，虽极符合儒家话语，但并不是民间流传最广的说法。多数持"南阳公主"说的人更愿意强调其出家原因是不满隋炀帝的横征暴敛。这种说法虽然简单，但是更符合民众的心理需要和特点。南阳公主说的提出，使得窦建德故事被引入苍岩山传说体系。凡涉及炀帝、宇文化及、窦建德等人物的故事，大致属于南阳公主说的传说体系。

在口头传说中，三皇姑是千手千眼菩萨的说法广为传布。千手千眼佛本是佛教十分重要的菩萨之一，一般被认为是观音菩萨的化身，又叫大悲观音、千眼千臂观音、千手圣观自在、千臂观音、千观光自在等。《千手千眼观世音广大圆满无碍大悲心陀罗尼经》和《金刚顶瑜伽千手

---

① （清）高熊徵：《重建苍岩山桥楼殿记》，康熙四十年（1701），现存苍岩山桥楼殿旁。
② （清）言家驹：《苍岩山神隋南阳公主奉敕封慈佑记》，光绪二十二年（1896），现存苍岩山圣母殿内。

千眼观音自在菩萨修行仪轨经》便是与之相关最为著名的佛教经卷。民间流传的千手千眼菩萨并不是佛教经典中佛法无边、不食人间烟火的菩萨，而是一个至纯至情至孝，完全符合儒家伦理规范并被信众广泛爱戴、敬拜的"圣人"形象。

千手佛的故事，不为苍岩山女神三皇姑独有。其版本众多，情节多有细微差异。现今，流传于世的千手观音故事，大多脱胎于北宋年间的两份文献——蒋之奇篆，蔡京书的碑文《香山大悲菩萨传并赞》和普明禅师所作的《香山宝卷》。有学者指出，蒋之奇先后任职汝州和杭州两地，是观音传说由北向南传播的关键人物。[①] 因此，妙善的传说，最初极有可能在北方地区尤其是河南先流传开来，之后才由蒋之奇带到杭州，继而在南方传布。此后，千手观音的传说遍布大江南北，除江浙和河南地区外，陕西关耀州大香山寺、辽宁喀左县、河北省南和县也多有相关的民间故事流传。

在华北，信众一般认为千手千眼菩萨原为妙庄王的三女儿妙善。而妙庄王所处的时代，有多种不同的说法。有的说不可考，有的说春秋时期，有的说是北周，有的认为就是隋朝。[②] 至于妙善公主出家修行的过程，井陉地区流传的说法是：妙善公主立志出家，却遭父亲妙庄王逼婚与多番阻挠，但妙善公主却在各路神仙的帮助下解决了妙庄王所出的难题。她离开皇宫，于白雀庵出家为尼。妙庄王一怒之下，派人烧死了庵内500尼姑。妙善公主逃至苍岩山下，得神虎相助，登至山顶。至此，她在苍岩山出家修行、护佑百姓。妙庄王遭500尼姑索命，身染恶疾，为人面疮所苦。妙善公主捐弃前嫌，舍手眼治好了父亲。妙庄王为表谢意，敕封公主"全手全眼"，但因误传，变成了"千手千眼"。妙善公主最终修成正果，成为千手千眼菩萨。

三皇姑千手观音传说系统的形成，是佛教传说地方化的结果。妙善

[①] 韩秉方：《观世音信仰与妙善的传说——兼及我国最早一部宝卷〈香山宝卷〉的诞生》，《世界宗教研究》2004年第2期。

[②] 岳永逸：《庙会的生产：当代河北赵县梨区庙会的田野考察》，北京师范大学，博士学位论文，2004年，第117—118页。

第一章　国家与社会的复杂互动：宋元以来苍岩山传说、庙会的流演

公主排行为三，恰与三皇姑的身份相合。由此，区域女神三皇姑和佛教千手千眼观音合二为一。在华北地区，妙善出家于苍岩山的说法极为流行，《大悲卷》和《千手千眼大悲卷》等民间宝卷，多有提及。如白雀庵被烧后，提到有神仙"领皇姑苍岩山养性修真"；妙庄王病后，得知妙善公主"现在住苍岩山养性修真"。①《香山宝卷》中，更常用妙善一名，而《大悲卷》故事中，大量使用三皇姑的称呼，这也是三皇姑千手观音传说系统流传于世的有力证明。千手千眼菩萨故事的融入，使苍岩山传说体系发生变化，令三皇姑信仰有了浓厚的佛教色彩。

碑志文献中，三皇姑为隋帝女的说法占据主流，持千手千眼菩萨说法的较少，但由苍岩山庙宇格局可以窥见千手观音传说的流传。始建于清朝的梳妆楼与大悲阁，均源自百姓口头流传的千手千眼观音传说。其虽未点明来源，却将之传说景观化。现存于桥楼殿旁，刻于1920年3月的碑文中提到，"嘉庆二十二年苍岩山行宫殿旧有三截楼一座，大悲菩萨一尊，千手千眼，身高丈余，韦陀护法、灵官祖师殿，楼上神像数十尊，皆历年久远"。此处提到的行宫殿即公主祠，也就是说，在明朝时期，苍岩山上传说已有千手千眼菩萨供奉。同一碑文中，还记有："世传大悲菩萨系南阳公主。公主幼年深受苦难，入山修行，后为明神。人遇灾患求之，助应为之立庙以奉。"②该碑文明确将佛教系统的菩萨与苍岩山传说联系在一起，认为三皇姑、南阳公主、千手千眼菩萨都是同一人。

苍岩山传说中，千手观音体系应是佛教观音传说的支系，是"苍岩山化"的千手千眼菩萨故事。它具备千手观音传说的基本要素，如拒婚出家、火烧白雀寺、跨虎登山、舍手眼救父等。但在具体细节上，它又与《香山宝卷》等多有不同，增加了三难公主等情节，成为"在地化"的观音传说。

（二）佛道并存：苍岩山庙宇格局与兴修历史

苍岩山庙宇佛道杂处，庙宇格局复杂。其始建于何时，已无籍可考。

---

① 《大悲卷》，濮文起编：《民间宝卷》第10册，黄山书社2005年版，第229、233页。
② 无名碑，民国九年（1920），现存苍岩山桥楼殿旁。

17

1986年版《井陉县志》称"南阳公主祠,始建于金代"的说法并不准确。①祁鹏举提到因苍岩山碑志莫存,"罔知帝代,莫测废兴",仅知"古老相传云旧名'兴善寺'"。②其早期庙宇结构不得其详,仅知存有廊宇、石井、宴台等。可以肯定的是,宋朝以前苍岩山上已有寺庙兴修,苍岩山传说已在华北地区流传。刊刻于金泰和二年(1202)的《苍岩山福庆寺石桥记》提及,山上早建有妙阳公主真容堂(南阳公主祠前身)一座,且"圆顶披缁、主宰寺者乃优婆夷也"③。可见,苍岩山原本是女神三皇姑的道场,有优婆夷和比丘尼在此修行。

宋元时期,苍岩山迎来佛教庙宇修建的高峰。大中祥符七年(1014),苍岩山庙宇获得宋真宗赐额"福庆",祁鹏举所撰碑文正为纪念此盛事而作。韩森指出,宋朝大规模敕封地方神祇,将之作为"有效的统治方法。通过赐封那些得到地方精英崇奉的神祇,宋代政府也就把住了地方社会的脉搏"④。福庆寺获得赐额算是其中较为典型的个案。推动其事的关键人物是僧人诠悦。至道元年(995),他先于五台山华严寺出家、拜僧云照为师。咸平四年(1001),诠悦经祠部允准完成受戒仪式,因质直无伪而颇有声望。次年(1002),他来到苍岩山担任住持,"凿石室以居僧,刊荆榛而通路","彩绘檐楹,雕镂佛像"。⑤可见,他于苍岩山庙宇现有格局有开拓之功,大佛殿(今圆觉殿)或建于此时。积十年经营,山寺建造初见成效。

大中祥符七年(1014)正月,宋真宗由开封启程,到真源县太清宫祭祀老子并加号册宝,上徽号"太上老君混元上德皇帝"。诠悦敏锐意识到这一契机,与同乡僧人智赟日夜兼程,自北徂南,赶至谯郡。宋真

---

① 《井陉县志》编纂委员会:《井陉县志》,河北人民出版社1986年版,第567页。
② (宋)祁鹏举:《井陉县大化乡新修苍岩山福庆寺碑铭并序》,政协井陉县委员会编:《井陉碑石文选》(上),河北人民出版社2012年版,第195页。
③ 《苍岩山福庆寺石桥记》,金泰和二年(1202),现存苍岩山桥楼殿旁。
④ [美]韩森:《变迁之神:南宋时期的民间信仰》,包伟民译,浙江人民出版社1999年版,第101页。
⑤ (宋)祁鹏举:《井陉县大化乡新修苍岩山福庆寺碑铭并序》,政协井陉县委员会编:《井陉碑石文选》(上),河北人民出版社2012年版,第195—196页。

宗一行，"自咸平县历围城、太康县、鹿邑县至真源县，凡五置顿"①。谯郡毗邻真源县，距离不到30公里。可见，诠悦二人目标明确，直奔真源县而来，仅一日脚程即可到达。在谯郡，他们冒冕旒而抗疏，请求宋真宗赐额。诠悦和智赟为此不顾路途艰辛，"披短褐而蹑长岐，敢言萧索；履芒鞋而陪绣縠，岂惮崎岖"；甘冒极大风险，"俟斧钺以甘刑。伫立下风，仰聆上命"。②诠悦本身就是井陉县孤台村人，智赟出家同在孤台村。二人犯险上书，不仅以佛教僧人的身份，更是作为地方精英的代表，为苍岩山力争朝廷的认可。

一般来说，争取赐额需要皇帝首肯，并审查程序严苛、耗时费钱。但是，苍岩山的赐额无比顺利，甚至超出诠悦等人的预期。宋真宗未有过多考虑，便许加封号，并责成地方审核。井陉县令张献负责此事，极为重视，"一心奉道，勠力勤王"，亲自带领署吏到苍岩山查访，"遍观僧宇，回报府庭"。地方官绅通力配合，"邑长依理以通抄，郡牧据实而条奏"。③同年，苍岩山寺获得朝廷赐额，不足一年时间即完成其正统化进程。祁鹏举的碑文撰写于乾兴元年（1022），因事过不久且与宋真宗的真源之行相互印证，其所叙赐额过程较为可信，是研究苍岩山寺庙发展历史的重要史料。

金大定年间，苍岩山寺庙迎来第二次发展契机。平定州天宁寺衍公禅师到此游历，"观寺之形势，视涧之深险"，建议"如得一桥行立，善不可加"。④寺僧智鉴和地方士绅陈宗群起响应，建成苍岩山的标志性建筑——桥楼殿。其倡修具体年份并未说明，大定是金世宗的年号，1161—1189年共29年时间；其建成时间，碑文提到其刊刻时桥楼殿即将完工，应在1202年前后。由大定年号的上限算起，桥楼殿建造长达50余年；以下限为界，也有十余年时间。结合寺僧智鉴贯穿始终，桥楼

---

① （清）徐松辑：《宋会要辑稿》第2册，中华书局1957年版，第1543页。
② （宋）祁鹏举：《井陉县大化乡新修苍岩山福庆寺碑铭并序》，政协井陉县委员会编：《井陉碑石文选》（上），河北人民出版社2012年版，第196页。
③ （宋）祁鹏举：《井陉县大化乡新修苍岩山福庆寺碑铭并序》，政协井陉县委员会编：《井陉碑石文选》（上），河北人民出版社2012年版，第196页。
④ 《苍岩山福庆寺石桥记》，金泰和二年（1202），现存苍岩山桥楼殿旁。

殿的修建至少近20年。加之，其建造工艺之难，实属罕见。大殿的设计、榫卯的制作、梁柱的搬运，需要动用为数众多掌握高超建筑工艺的工匠和人力。在民众心中，只有鲁班这样的鬼斧神工和神灵显应，方能建成。建造桥楼殿所需大量的人力、物力支持，来源有二。一是庙产盈余。大观三年（1109），南障城村商贾夫妇因无子嗣，便将家产悉数捐赠。二人在此终老后，福庆寺获捐田地250余亩，获利丰厚。二是陈宗等士绅的捐赠，王思廉以"乡豪"称之，想必其是井陉附近闻名的巨富之家。仅凭他一人之力尚且不足，陈宗还"不辞辛劳，回山复水、驱驰道路，缘化众人共成此桥"。[①] 桥楼殿的修建，侧面反映出苍岩山已远近闻名，在地方士绅中号召力和影响力达到新的高峰。

元王思廉撰《广平路威州井陉县苍岩福庆禅寺碑》，显示福庆寺的发展再上新台阶。其关键人物是临济宗高僧普仪。他是邳州人，十七岁在陈州大通寺出家，后师从临济院慵庵禅师，传承临济宗佛法。临济院位于河北省正定县，唐朝已为临济宗名刹。开山祖师义玄禅师圆寂后，正定临济院修建澄灵塔供奉其舍利，成为临济宗祖庭。元朝尊崇佛法，海云禅师曾获封佑圣安国大禅师、光天镇国大士等。蒙哥汗继位后，他受命统领全国僧人。元太宗七年（1235），海云禅师任住持，正定临济宗复兴，兴盛一时。普仪禅师是其再传弟子，学有所成后被派往元氏县三圣院。1244年，他因不喜尘世，选中苍岩山出家修行二十余年。在此期间，其师慵庵禅师任释教总统所真定路都总统，掌管正定地区僧人及佛教事务。据研究，"诸路释教都总统所的品秩当不高于从二品，不低于从三品"[②]。其地位显赫，"德疏开普化堂、主临济席，所至四众钦仰，门资百余人"[③]。普仪禅师作为慵庵亲传弟子，尽心协作临济宗在正定地区的诸项事务。身为福庆寺住持，他组织修缮大佛殿、桥楼殿、公主堂等苍岩山庙宇，使其焕然一新。晚年，普仪禅师返回普化堂，年八十二

---

① 《苍岩山福庆寺石桥记》，金泰和二年（1202），现存苍岩山桥楼殿旁。
② 赖天兵：《关于元代设于江淮/江浙的释教都总统所》，《世界宗教研究》2010年第1期。
③ （元）王思廉：《广平路威州井陉县苍岩福庆禅寺碑》，皇庆元年（1312），现存苍岩山圆觉殿前。

岁无疾而逝。火化后获舍利子数百粒，其弟子建塔供奉。可以说，海云、慵庵、普仪三代禅师，将真定临济宗的地位推至顶点。普仪禅师根基深稳，苍岩山在他的治理下，知名度和影响力又攀新高。

王思廉撰写碑文的契机，并非源自苍岩山寺庙修缮。至大元年（1308），时任福庆寺住持的行欢禅师亲到临济访问名士，记录祖师行实及建寺之始末。此举慎终追远、正本清源，蓄力提升福庆寺的地位和影响。大德七年（1303），获鹿人王思廉受邀到北障城为焦德裕撰写神道碑，已听闻"乡老盛谈此寺之胜，恨不一到"①。几年后，他应行欢之邀，爽快答应为福庆寺撰写碑文，即为《广平路威州井陉县苍岩福庆禅寺碑》。王思廉颇有文采，幼年曾师从元朝著名诗人元好问，历任翰林学士、工部尚书等职。他年八十三岁，官至从二品正奉大夫，谥号"文恭"。皇庆元年（1312），王思廉已是古稀之年，功成名就、位高权重。以他的地位欣然为福庆寺撰文，同乡情谊恐微不足道，更能说明福庆寺的盛名足以与之匹配。简言之，苍岩山作为临济宗重镇的声名远播，其名山古刹的标签在上层官绅中得到广泛认可。

宋元时期，苍岩山庙宇以佛寺兴修为主，成为远近闻名的名山古刹。碑石中虽多提及三皇姑出家修行传说，但是佛教传统俨然有取而代之的趋势。明清时期，这一情况又发生变化，三皇姑信仰重新占据上风。元末明初，苍岩山庙宇转归沉寂。正德六年（1511），该寺方进行大规模重修。蒋浚的《重修苍岩福庆寺记》明确将山上庙宇分为两类，一类是三皇姑相关的庙宇，包括："其建曰万佛殿、曰天王殿，乃朝拜所也；曰殿庑、曰厨屋，乃梵修收储所也；曰真容堂，乃公主禅居所也。"后人又"建猴祖祠及说法、大悲诸台殿。其殿宇峰峙，丹青炳耀，为北方决胜福地"②。而宋元时期佛寺的兴修，他称桥楼殿为诠悦、智赟等人所建。在二三百年后，该碑文对更古的三皇姑庙宇记载更为详细，而佛寺修建已出现事实的混淆。万历二十三年（1595），霍鹏更是直接将圆觉

---

① （元）王思廉：《广平路威州井陉县苍岩福庆禅寺碑》，皇庆元年（1312），现存苍岩山圆觉殿前。
② （明）蒋浚：《重修苍岩福庆寺记》，正德六年（1511），现存苍岩山山门外侧。

殿与三皇姑建立起联系。他说："公主披忍铠，握戒珠，若悟所谓圆觉者。一日告众生曰：'智月自圆，南风谁觉？'语未了，俨然圆寂。"① 三皇姑与佛教庙宇地位的变化由此可见一斑。更为严重的是，明清时期，圆觉殿、桥楼殿等佛教庙宇屡有修缮，碑石中却甚少提及宋元佛寺的修建历史。苍岩山佛教传统几不可闻，消散于历史长河之中，与三皇姑信仰的连接愈加紧密。

明清时期，苍岩山新建庙宇也是佛道混杂。嘉靖八年（1529），寺僧了名有感"山路之险狭、峻涧之阻隔，则系萝攀藤，步履艰险。当架一桥，遂取往来之便"，遂倡修石桥。② 此次除新建石桥外，还将桥楼殿修缮一新。"从下遥望，宛若长虹飞落"，"桥楼飞虹"美景引人入胜。万历四十二年（1614），寺僧海宝有鉴于百姓敬拜子孙圣母者众多，香火鼎盛，因此募化资财在公主祠左侧创建子孙圣母庙，内塑送生、眼光二位神像，迎合百姓求子佑生的美好愿望。崇祯元年（1628），苍岩山新建猴祖师殿一间及大殿三间，"寺内原有各殿一一补葺，殿中原有各神一一装饰。金碧辉煌，丹青焜耀，巍然焕然。为一方奇观"③。雍正七年（1729），住持义来认为，"临苍山之上，诸庙俱全，诸神森列焉。所缺者梳妆楼"，因而鸠工庀材建成梳妆楼小庙一间。④ 乾隆三十一年（1766），苍岩山山腰处兴建大悲阁一处，既"奉菩萨，亦以憩山行礼菩萨之饥、渴、困、惫者"⑤。这三处庙宇，与女神三皇姑紧密相关。整体而言，明清时期苍岩山庙宇仍旧佛道并存，但是，三皇姑信仰却逐渐挤占佛寺传统，占据主流地位。

（三）民众虔信与苍岩山庙会的繁盛

宋元时期，苍岩山虽是佛教庙宇急速发展的时期，三皇姑信仰并未

---

① （明）霍鹏：《重修苍岩圆觉殿记》，万历二十三年（1595），现存苍岩山圆觉殿前。
② （明）张维：《苍岩山福庆寺建桥记》，政协井陉县委员编：《井陉碑石文选》（上），河北人民出版社2012年版，第232页。
③ （明）刘景耀：《创建苍岩行宫重修各殿记》，崇祯元年（1628），现存苍岩山万仙堂旁。
④ （清）郝起夔：《创建梳妆楼记》，雍正七年（1729），现存苍岩山梳妆楼旁。
⑤ （清）李缙芳：《新建大悲阁记》，政协井陉县委员编：《井陉碑石文选》（上），河北人民出版社2012年版，第389页。

第一章 国家与社会的复杂互动：宋元以来苍岩山传说、庙会的流演

完全被取代，甚至还受益于此，民众敬拜更胜从前。乔宇提道："金大定中始改为僧寺，而公主之香火益崇。"① 刘景耀延续这一说法："金元中始改为僧寺，而公主之香火视昔有加焉。"② 明清时期，苍岩山庙会达到鼎盛。

苍岩山庙会时间屡有变动。明朝万历中后期，其庙日由四月初八改为三月中旬。许时雍与毕秦、霍鹏为忘年交好友，曾结诗社吟和游览。三人受张世用邀请同游苍岩山，先后撰写碑文多篇，是苍岩山传说与庙会研究的关键人物。许时雍提及苍岩山"每年四月八日香火甚盛"③。毕秦也说："四月八日，香火甚盛，所施钱不断修葺。"④ 霍鹏亦持这一说法。三人异口同声说明，苍岩山庙会在四月初八，香火已经极盛。这显示，苍岩山庙会已经兴盛多年，颇具规模，在信众之中已有较高威望。其中毕秦的《苍岩寺重修桥碑记》刊刻于万历二十五年（1597），是三人碑文中刻立时间最晚的。而万历四十二年（1614），为纪念子孙殿建成而刊刻的碑文中，苍岩山庙会时间已变为"春三月中旬"⑤。具体变更于何时，因何而变，并无确切史料说明。四月初八为佛诞日，说明苍岩山庙会的佛教色彩更加浓厚一些，这与苍岩山佛寺盛行应有直接关系。而三月中旬，虽未说明确切日期，但三月十五是碧霞元君的生日，华北地区诸多庙会设在这一天。苍岩山庙会日期的修改，可能与此有关，强调其女神身份和道教色彩。当然，民间庙会与农民生活紧密相关，并非全由宗教因素决定。以碧霞元君为例，虽然其庙会多在三月十五日进行，但井陉县内的雪花山庙会是在四月初八。因此，庙会时间的变化，由地方社会生活、宗教信仰等多重因素决定。自此至民国时期，苍岩山庙会均在三月中旬举行。

---

① （明）乔宇：《苍岩重修福庆寺记》，嘉靖六年（1527），现存苍岩山财神殿旁。
② （明）刘景耀：《创建苍岩行宫重修各殿记》，崇祯元年（1628），现存苍岩山万仙堂旁。
③ （明）许时雍：《游苍岩记》，政协井陉县委员会编：《井陉碑石文选》（上），河北人民出版社2012年版，第57页。
④ （明）毕秦：《苍岩寺重修桥碑记》，万历二十五年（1597），现存苍岩山小桥楼殿旁。
⑤ （明）屈大伸：《苍岩山福庆寺新修子孙殿碑记》，万历四十二年（1614），现存苍岩山圣母殿旁。

苍岩山传说、庙会及其非遗文化研究

苍岩山庙会在明朝时已极为兴盛。福庆寺除寺僧外，还设有山主和领袖。由碑石材料来看，北孤台村郭家至少在乾隆时期已担任山主一职，并世代承袭，传承数百年。附近柿庄、南孤台、北孤台、耿庄、杨庄、胡家滩、高家峪、罗峪各村设有领袖。遇有庙宇修缮及庙会等重大活动，都要请山主、领袖"上山商量裁定，共同掌握"①。霍鹏记载信众于庙会期间的敬拜仪式，热闹非凡。

乡人多做金像辇，施宝盖于上；幢幡集隘山川，萧鼓聒动天地。时猕猴群聚岩畔，俗谓之众猴朝菩萨，亦赵魏之间一招提也。真可使龙城愧稀、鹿苑惭珍者矣！乔太保白岩、真给事龙庄翚，安能尽咏其形胜也！②

有清一朝，苍岩山庙会更胜从前，民众虔诚敬拜，声势浩大。高熊徵说："隋妙阳公主，其香火之盛甲此。每岁三月燕赵之人男女老幼，焚香祷祝，络绎于道。'南无'之声震山谷。"③ 刊刻于清朝的碑记，无不提及苍岩山庙会的盛况，为时人公认。郝崇陞有载："苍岩山为井邑之名山，四方善男信女无不岁岁焚香拜谒，虔心顶戴。其余山生耸翠、幽邃曲折，为众瞻仰者，前人之述备矣。"④ 康熙朝，苍岩山庙会在春香基础上，又于十月增加了秋季庙会。李生叶说："时值春冬，孝子节妇，莫不焚香瞻拜，如云如林，将见威灵震慑，赫赫在目。"是时，三皇姑信仰与苍岩山庙会处于极盛时期，其"神力显应不爽，无异于泰山之感化、不啻乎金顶之报施也"⑤。自此，一年两次的苍岩山庙会成为信众生活中的大事。杨济提道，"每岁三月暨冬十月，远近数百里间，陟山进

---

① 高顺楼整理：《苍岩山末代僧人》，中国人民政治协商会议井陉县委员会文史资料委员会编：《井陉文史资料》第5辑，2003年，第433页。
② （明）霍鹏：《重修苍岩圆觉殿记》，万历二十三年（1595），现存苍岩山圆觉殿前。
③ （清）高熊徵：《重建苍岩山桥楼殿记》，康熙四十年（1701），现存苍岩山桥楼殿旁。
④ （清）郝崇陞：《重修小桥楼殿碑记》，康熙五十七年（1718），现存苍岩山碑房内。
⑤ （清）李生叶：《重修碑记》，康熙四十六年（1707），现存苍岩山圣母殿旁。

第一章 国家与社会的复杂互动：宋元以来苍岩山传说、庙会的流演

香者络绎不绝"①。路文锦也说："每年三月与十月间，朝山进香者，指不胜指，述不殚述矣！"② 经过数百年的发展，三皇姑信仰与苍岩山庙会已经比肩金顶妙峰山，其兴盛程度可见一斑。

三皇姑信仰与苍岩山庙会的兴盛，皆因其"灵显非讹，祈求必应"③。信众深感"公主尊神坐落于此。威灵震耀于四方，感应无处而弗届"，因此"遐迩男女，倾心向往"。④ "摔顶"传说即三皇姑神力的一种体现。道光年间《苍岩山重修殿宇碑记》记有："神又以其福善祸淫之权，频诛恶人。往往殿前跪拜之际、忽有辫发直竖掷诸墙外，坠落山下为肉泥者。以故惊怖骇愕，靡不肃然起敬，香火之盛纷若也。"⑤ "摔顶"的传说与苍岩山陡峭异常易出现跌落危险直接相关。刘慰祖说："寺在半山，崖仅盈尺。石栏杆外即万壑千崖，不可俯首。稍失足必坠至山麓乃止，求有完肤者不可得已。"⑥ 信众由山间跌落，令朝山进香者心存敬畏，逐渐为其赋予传说意味，被视作三皇姑惩恶除奸、警示世人的举措。凡跌下山崖者，若是平日不忠不孝、作恶多端的人，或祀奉皇姑不虔诚者必死无疑，是三皇姑惩恶除奸的表现。而平日与人为善、全心全意信从三皇姑的人，也会受到三皇姑的保佑而安然无恙。

女神三皇姑的灵验，吸引"焚香祷祀者，络绎不绝。香火之盛，莫逾于此"⑦。信众特意修建"大悲阁"，既作为女神三皇姑的行宫殿，也方便朝山进香者歇脚避雨。路文锦说明其中缘由，"当朝进之时，忽遇风雨之变，众男众女顶上或不能尽以存留，岂不受风雨之害乎？是行宫之修造与顶上之地，共为众人宿留之所也"，而修缮行宫殿与人方便，

---

① （清）杨济：《苍岩山重修殿宇碑记》，道光十一年（1831），现存苍岩山碑房内。
② （清）路文锦：《重修行宫殿记》，道光十二年（1832），现存苍岩山万仙堂旁。
③ （清）陈兆鳌：《重修苍岩山福庆寺碑记》，道光十一年（1831），现存苍岩山山房内碑亭中。
④ （明）屈大伸：《苍岩山福庆寺新修子孙殿碑记》，万历四十二年（1614），现存苍岩山圣母殿旁。
⑤ （清）杨济：《苍岩山重修殿宇碑记》，道光十一年（1831），现存苍岩山碑房内。
⑥ （清）刘慰祖：《重修苍岩山石栏杆碑记》，乾隆三年（1738），现存苍岩山圆觉殿后。
⑦ 《重修苍岩殿宇记》，清道光十二年（1832），现存苍岩山碑房内。

功德深厚，令"万古千秋，凡来拜香至此者，皆得晓然于心"。① 寺僧海宝倡修子孙殿，也是基于这一认知。其认为，"筑斯庙也，筑之则有德颂之、众庆之，则有薨薨之声数者，皆兴斯庙。冀望神其妥于斯矣。工成（程）浩大，所以不无异于文圣之灵台者"，将子孙殿的修建与文圣庙宇相提并论，甚至认为有"神力默助于置"。② 苍岩山寺庙屡次修缮，端赖信众支持，"远近闻者，咸乐为助"③。每次修缮，均由寺僧、山主、纠首发起，"纠众善信共发虔心，募化十方。善人各捐资财"，令"庙貌焕然而崔嵬，金像蔚然而辉煌。不仅为菩萨之愿栖，更有助于胜境之壮观也"。④

三皇姑信仰和苍岩山庙会的兴盛，信众及每年朝山者众多，形成在华北来源广泛的信仰圈层。郝起夔提到，公主"恩庇海内，德秉生成。凡属伦类，畴不切祈佑之怀乎！"公主的灵验不仅吸引"本邑善信趋拜维殷，即邻郡州县以及别省士女志心朝礼者，真如鳞甲络绎"。⑤ 其核心信仰圈是以苍岩山为中心的石家庄、邢台地区。石家庄市下辖8个区和13个县市，这包括：井陉矿区、裕华、桥西、长安、藁城、新华、栾城、鹿泉8区，正定、井陉、高邑、行唐、元氏、深泽、赵县、灵寿、平山、赞皇、无极11个县，以及晋州、新乐2个县级市。邢台市现辖桥东、桥西2区，下辖隆尧、邢台、宁晋、威县、内丘、柏乡、广宗、任县、平乡、临西、临城、新河、清河、南和、巨鹿15个县。董梦于2010年苍岩山庙会期间，对香客进行实时抽样调查发现，她所"统计到的香客均来源于石家庄地区和邢台地区"。具体数据统计如图1-1、图1-2所示。

---

① （清）路文锦：《重修行宫殿记》，道光十二年（1832），现存苍岩山万仙堂旁。
② （明）屈大伸：《苍岩山福庆寺新修子孙殿碑记》，万历四十二年（1614），现存苍岩山圣母殿旁。
③ （明）乔宇：《苍岩重修福庆寺记》，嘉靖六年（1527），现存苍岩山财神殿旁。
④ （清）郝崇陞：《重修小桥楼殿碑记》，康熙五十七年（1718），现存苍岩山碑房内。
⑤ （清）郝起夔：《创建梳妆楼记》，雍正七年（1729），现存苍岩山梳妆楼旁。

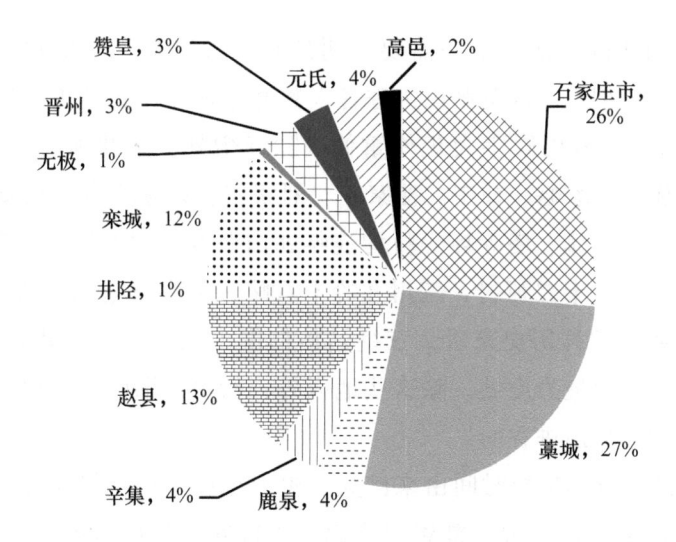

第一章 国家与社会的复杂互动：宋元以来苍岩山传说、庙会的流演

图 1-1 石家庄地区朝山人数抽样统计

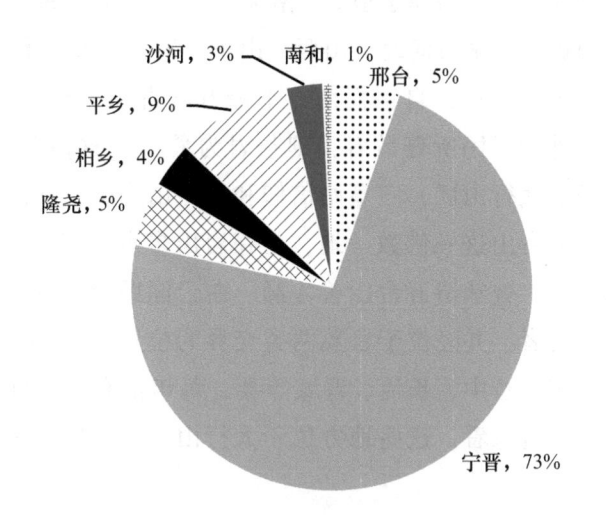

图 1-2 邢台地区朝山人数抽样统计

资料来源：董梦：《当代功德碑铭中苍岩山庙会信众的地域分布》，岳永逸主编：《中国节日志·苍岩山庙会》，光明日报出版社2016年版。

其中，石家庄地区的朝山人数高达7582人，而邢台地区的朝山人数有5441人。虽然限于调查条件，这一数据并非完全准确。但董梦结合苍岩山上功德碑上的布施人数及地区统计，说明这一数据大致符合苍岩山

27

朝山进香的实际情况。唯一需要说明的是，虽然有"三皇姑照远不照近"的俗语，但是井陉县朝山进香者人数并不逊于附近地方。道光十二年（1832），苍岩山殿宇大规模重修，除寺僧外，南北孤台、胡家滩、耿庄、杨庄、高家峪、柿庄、杜家庄、刘家庄、许家庄等村信众均积极捐资修缮。且小作、塔寺坪等村均连年朝山敬拜并建有庙宇供奉，"井邑三十六庄，七十二孤村，三川九岭十八峪，屡次有建庙以妥侑者"①。由朝山人数和敬拜历史来看，三皇姑信仰圈内以石家庄、井陉、藁城、宁晋、邢台等地最为虔诚。除这些地区外，衡水、邯郸、山西阳泉等地也有组织香会朝山进香的。

这一地域分布形成时间由来已久。史料记载虽少，但亦可推测出三皇姑信仰圈大致的边界。刘慰祖指出："每岁三月燕赵齐晋千里之遥，男女老幼，焚香顶祝，络绎于道。'南无'之声振山谷间。"② 可见，清朝中期，朝山进香者来自河北、山西、山东等地，人数众多、敬拜虔诚。杨济说："北岳曰恒山，自恒而南，千峰万岭直趋太行。而幽邃奇诡、突兀陡峭、其神为下民所尊敬者，则苍岩为最。"③ 这说明，道光年间，北岳恒山南面的太行山区，三皇姑信仰和苍岩山庙会信众最为崇信。而恒山以南尚有五台山这一佛教圣地，与苍岩山多有交集。这一时期，大悲阁重新修缮后，曾恭请五台山善才洞、白云洞助缘喇嘛了悟、僧人心恒挂锡其中。再者，井陉位于晋冀两省交界的位置。与之相邻的山西阳泉、平定、大同、晋中、长治、晋城等县，每年都有香会到苍岩山朝山敬拜。从地理位置来看，这些地方位于太行山以东，成为三皇姑信仰的西部边界。

相对而言，三皇姑信仰的东部边界并不十分清晰。民间传说《三女选山》为此提供蛛丝马迹。故事中，隋朝妙庄王的三个女儿因不满父王暴政决意出家。姊妹三人离开皇宫后先来到一座高山，奇怪的是，她们往东则山地下沉，往西则山地恢复。

---

① （清）高应魁：《新建圣母庙碑记》，光绪十六年（1890），现存小作村苍岩圣母庙内。
② （清）刘慰祖：《重修苍岩山石栏杆碑记》，乾隆三年（1738），现存苍岩山圆觉殿后。
③ （清）杨济：《苍岩山重修殿宇碑记》，道光十一年（1831），现存苍岩山碑房内。

第一章　国家与社会的复杂互动：宋元以来苍岩山传说、庙会的流演

一天三人步上一座高山，刚站在山上，忽然这座山蠕蠕往下沉了，整个大地也随着下陷，东望东海的水，汹涌漫来，三人惊呼："山沉，山沉！"赶快向西走去。离开这个地方，山又蠕蠕长起来，大地也长起来，海水哗然退去。三皇姑很聪明，向大姐、二姐说：山地下沉，原本不是我们的所占之地，东海乌陀山是碧霞元君的地方，我们只能西去，不能东行。①

这一情节提示两个关键信息，一是碧霞元君在东海乌陀山修行；二是以三位皇姑登上的高山为界，以东都是碧霞元君的地盘，她们不可染指。这实际上隐喻着在碧霞元君的核心信仰圈，三皇姑如东去建庙传教，难以见效。她们只能向西寻找自己的信仰空间。而东海乌陀山虽是传说中虚构的地方，但在现实中未必无迹可循。三皇姑信仰圈以东便是山东地界，正是碧霞元君的主道场泰山所在，且泰山的地理位置也大致符合"东海"的描述。概言之，传说中的东海乌陀山有可能是指山东泰山。整体而言，三皇姑信仰圈以石家庄、邢台为核心区域，其西线毗邻五台山，因而形成较为鲜明的分界线；而其他方向未遇这种情况，界限相对模糊。

二　国家权力下移与苍岩山传说的保护色

（一）"愚夫愚妇"：官绅对民众敬拜的贬斥

华北地区流传的苍岩山传说，揭示出文人士绅和百姓对地方信仰态度与诉求的差异所在。士绅重在教化，民众感念的则是灵验。因此，千手观音体系深受民众喜爱，却鲜见诸文人士绅主笔的碑铭、方志；隋帝女二说在碑铭石刻、历代方志等地方文献中占据主流，却鲜为人知。方志素以"美教化，移风俗"为编纂原则，三皇姑等地方信仰鲜少纳入官书文字的记载中。②

---

① 《三女选山》，井陉民间文学集成办公室：《井陉民间文学集成》第1卷，1986年，第21—22页。

② （清）钟文英纂修：《井陉县志·凡例》，雍正八年（1730）刊本。

文人士绅对女神三皇姑的身份与传说抱持存疑态度。杨济对三皇姑为隋公主的说法,既"不敢信,亦不敢疑,仅存其说以俟博雅君子"[1]。高熊徵也认为:"隋都长安距此不远,事或有之。然已不可深考矣!"[2] 乔宇更未深诘公主"疗疾、创建之颠末",只是因"隋唐之际,佛法为盛,岩之建寺像设鼻祖,于公主事或有"。他直言苍岩山庙宇"圮而复振,旧而复新,焚修供奉绵绵不绝者"是因为寺僧"续来之服如粗淡,知守僧规,又能修持增拓其殿宇,以祝上釐,赞民祉为第一事,其心有可取者,故备书之"。[3] 可见,打动乔宇撰写碑文者并非苍岩山传说或灵验,而是寺僧的虔诚、守礼和助民为本的做法。

文人士绅对于女神三皇姑的神力与灵验亦嗤之以鼻。毕秦认为:"公主修行,辞富入山,本为保身延命计,岂有意祸福于人乎?"[4] 高熊徵也说,三皇姑如能"使人之诚能尽人而福而祸之,何以江都之变、国破家亡、至亲为戮,坐视其弊而莫之救耶?亦惑之深者矣!"[5] 他们认为,与其求神佛保佑,不如按照儒家诚意正心的观念求诸本心。例如,同治十年(1871)《重修碑记》云:"尔之尽力于菩萨者,固以神为灵乎?曰:'然。尔以神之灵为必可事乎?'曰:'然。且事之而以神为凭依乎?'曰:'然。'予曰:'嘻!尔特知庙中之神为可凭依。尔不知己心虚灵之神,尤不可忽也。'古人云:'心即神也,诚能本吾之心,而不使之有愧。……平生所为无不可以与人言,是不愧于吾心之神矣。不愧于吾心之神,然后奉庙中之神。则神,自依人而行,有求必应,众等可不知之乎!'"[6]

地方士绅在精英意识的影响下,对信众的虔诚祭祀不以为然,称之为"愚夫愚妇"。信众中盛传的"摔顶"故事,在他们看来纯属惑人之说:"其说则曰:彼坠崖者,心有不虔,为神所嫉也。众皆莫之惜。于

---

[1] (清)杨济:《苍岩山重修殿宇碑记》,道光十一年(1831),现存苍岩山碑房内。
[2] (清)高熊徵:《重建苍岩山桥楼殿记》,康熙四十年(1701),现存苍岩山桥楼殿旁。
[3] (明)乔宇:《苍岩重修福庆寺记》,嘉靖六年(1527),现存苍岩山财神殿旁。
[4] (明)毕秦:《苍岩寺重修桥碑记》,万历二十五年(1597),现存苍岩山小桥楼殿旁。
[5] (清)高熊徵:《重建苍岩山桥楼殿记》,康熙四十年(1701),现存苍岩山桥楼殿旁。
[6] (清)胡景春:《重修碑记》,同治十年(1871),现存苍岩山圆觉殿后。

第一章 国家与社会的复杂互动：宋元以来苍岩山传说、庙会的流演

是神益显而信益坚，奉愈专而传愈广。呜呼！亦惑之甚者矣！"① 刘慰祖《重修苍岩山石栏杆碑记》一文，将文人士绅这一心态表露无遗。他数次以"愚夫愚妇""愚夫妇"指代信众。他细辨"摔顶"习俗，认为苍岩山"临千壑千崖，因山路狭窄且险，而坠入之巅"，"坠下者必系人众地狭、拥挤失跌"。刘慰祖分析道，"人未有不好生而恶死者也。而祈神福利，未有不先祈其生也"，而"愚夫妇一念之诚，不远千里，不惜川资，其以为活菩萨可见，断未有视同儿戏、致遭神谴"。也就是说，信众不计时间、金钱成本朝山进香必有虔诚之心。而神明本应仁恕宽大、既往不咎，不会以"摔顶"惩戒信众。民众口中的"摔顶"是三皇姑的责罚，令刘慰祖感到大惑不解，并"悲夫人之所祀神而反罹于祸、信神而反以诬神"。为此，刘慰祖增修石栏杆百余尺，可"使祀者有所护，而舍身者亦莫之逾"。② 他采用儒家敬鬼神而远之的态度，解世俗之惑并斥神怪之说，切实执行教化民众之责。

鉴于民间信仰在地方的影响力，地方精英对三皇姑信仰也没有全盘否定。如毕秦感慨三皇姑信仰"虽祀典不载，往牒不可考，使人肃然收敛于僻不萌，其亦有益于愚夫愚妇乎？"③ 李缙芳特别强调这一点：

> 盖天下愚夫愚妇，势难执诗书而遍为提撕；而天下大奸大贾，势不睹桁杨而遂为惊觉。故有像教之说曰：佛菩萨为世建寺院，设珠幢宝盖，欲此以旌善；设剺树刀，欲此以惩恶。彼见夫之福敕之上，昭昭若是，无敢戏渝，无敢驰驱；焚香礼拜之下，唯恐佛菩萨之不我福而感神祸，为恶之念默释潜消，善之心如萌如蘖。何尝为之读卷而淄衣？何尝谈象魏而励斧钺，此其教民一助耶！④

---

① （清）高熊徵：《重建苍岩山桥楼殿记》，康熙四十年（1701），现存苍岩山桥楼殿旁。
② （清）刘慰祖：《重修苍岩山石栏杆碑记》，乾隆三年（1738），现存苍岩山圆觉殿后。
③ （明）毕秦：《苍岩寺重修桥碑记》，万历二十五年（1597），现存苍岩山小桥楼殿旁。
④ （清）李缙芳：《新建大悲阁记》，政协井陉县委员会编：《井陉碑石文选》（上），河北人民出版社2012年版，第389页。

文人士绅看到，未经儒家礼义教化的"愚夫愚妇"，对神佛有戒惧之心，不敢恣意妄为，如果引导得当，也能起到导民向善的教化作用。

（二）改奉伏魔大帝：国家正祀关帝信仰的短暂取代

在儒家话语中，未入祀典的神明祭祀，被统称为"淫祀"。即便是三皇姑这样传承久远、信众基础深厚、巫鬼色彩相对较弱的神祇，合法性危机也无法根除。道光年间，知县李维新误将三皇姑当作无生老母加以禁革，并使三皇姑信仰直面国家正祀关帝信仰的强力冲击。这一事件的过程曲折跌宕，唯有细致爬梳史料方能渐次揭示其历史细节与来踪去迹。

首先，李维新的禁革举措以取缔教门、整饬人心为目标。明清两代，民间教门教派林立，名目繁多，朝廷屡禁不止。八卦教及其分支是"淫祠邪教"的典型代表，长期处于被取缔、围剿的地位。它在华北地区广泛传播，"包括河北、山西、山东等地，已经布满了八卦教系统的'邪教'联络网，它们世代相传，盘根错节"[①]。嘉道年间，本地人杜玉、李化功等开始在井陉地区秘密传教。嘉庆十三年（1808），杜、李二人拜元氏县张老冲为师，奉刘功为教首。

杜、李二人分工合作，依靠从张老冲那里学来的"采清换浊工夫"和"上供升单"仪式敛财惑众。李化功自称可以"出神上天，向先天爷问话，或称增福增寿，或称折福折寿"。杜玉代信众"上供升单"，"将伯字填写单内，即可升至无生老母处"。此外，杜玉还"学医治病，如果见效，即令出钱，上供酬神"。依照此模式，杜、李二人敛财不少，"每季赚钱千余文至数千文不等"[②]。他们的传教活动，颇见成效，其信徒除井陉本县人外，还发展至获鹿、平山、隆平等地。道光十二年（1832），受王法中案[③]牵连，杜玉、李化功、颉老毛等人被缉拿审问。朝廷极为重

[①] 喻松青：《明清白莲教研究》，四川人民出版社1987年版，第18页。
[②] 军机处上谕档第974盒第1册，道光十二年（1832）五月二十四日第2条，第一历史档案馆馆藏。
[③] 王法中案牵连甚广，清廷极为重视，严加惩处。王法中被判绞立决，其余涉案人员，充军为奴者甚多。举报的科道言官隆勋超擢补受太常寺卿，以示奖励。道光皇帝朱批赞道："所关甚巨，消恶于未实，有神于国家非浅。"参见军机处上谕档第973盒第2册，道光十二年（1832）四月二十日第5条，第一历史档案馆馆藏。

第一章　国家与社会的复杂互动：宋元以来苍岩山传说、庙会的流演

视，认为二人"假托出神上天，妄言祸福，均属大干法纪"①，责令直隶有司衙门彻查。

其次，前任知县陈兆鳌任职期间政乱弊多，亟须整治。陈兆鳌，福建闽县举人，道光八年（1828）就职。与"杜玉案"几乎同时，陈兆鳌又被查实，有捏饰规避、徇情枉法的问题。时因米价昂贵，陈兆鳌不按旧章，擅自将犯徒口粮折现，仅支给二十文钱。犯徒无法糊口，一个月的时间里，共有十余人逃逸。陈兆鳌为掩饰疏失，偷改犯徒逃跑时间和次数，"报逃徒十六名，系分十一次，具详。每次一二名不等"②。实际上，犯人分四次逃跑，单次人数有五名、七名之多。陈兆鳌此举，是为免除责罚而伪造、粉饰其过错。除此之外，据陈兆鳌的报告，井陉县看管犯徒的"防夫"有八名之多，实际上仅有三名。陈兆鳌捏饰、谎报的行径，由朝廷派员查明，认为他"荒谬见小，庸玩欺饰，着即行革职"③。闰九月，又经查证，陈兆鳌任职期间，亏短捐税五千五百九十余两。此时，陈兆鳌已经病故，其家属交由直隶总督"严审究明，所亏银两分案照例办理。所有各该员寓所资财及原籍家产一并查封备抵"④。

连续三案显示，陈兆鳌执掌井陉的四年间，政乱弊多，亟须整治。同年十月，李维新莅任。他时时以前任为戒，笃守儒家理念，谨遵国家法度。其题写的楹联"父母甚难为，问心多咎；循良原可慕，反己恒惭"⑤，是他为官风格的真实写照。李维新接任时，"杜玉案"方兴未艾。取缔教门、整饬人心是摆在李维新面前的头等大事。

最后，三皇姑信仰成为取缔对象，偶然表象中蕴含着合法性缺失

---

① 军机处上谕档第974盒第1册，道光十二年（1832）五月二十四日第2条，第一历史档案馆馆藏。
② 《奏为特参井陉县知县陈兆鳌等捏饰规避请分别革职事》，道光十二年（1832）七月初十，军机处录副奏折03-2625-19，第一历史档案馆馆藏。
③ 军机处上谕档第975盒第1册，道光十二年（1832）七月十三日第2条，第一历史档案馆馆藏。
④ 军机处上谕档第976盒第2册，道光十二年（1832）闰九月二十九日第4条，第一历史档案馆馆藏。
⑤ （清）常善修，赵文濂纂：《续修井陉县志·名宦》，光绪元年（1875）刊本。

造成的深层危机。三皇姑信仰与前述两案本不相涉，但在某些偶然因素的作用下无辜受过。李维新是云南呈贡人，不甚了解井陉风俗民情，误将三皇姑当成是"邪教祖师"无生老母。三皇姑信仰被视作"淫祠邪祀"，加以禁革。李维新将三皇姑与无生老母画上等号，一是因为两位神祇都是女性，有一定共同点；二是与陈兆鳌任职期间大兴土木，重修苍岩山殿宇有直接关系。陈兆鳌下车伊始，便着手倡修苍山殿宇。他称："见苍岩挺千峰之秀，知公主实一方之神。敬阅寺中碑记，自前明正德丙子年，经住持僧续来募化重修以后，今已历三百余载。风雨飘摇，无复曩时之庙貌矣！余心不禁欷然。"① 此次对苍岩山庙宇的修缮，历时三年，"重修菩萨大殿三间、阎王殿三间、大佛殿六间、大桥楼殿六间、钥匙（药师）殿三间、子孙殿三间、灵官殿八座、三教殿三间、牌楼一座、砖塔一座、钟楼一所，新建伽南殿三间、伟（韦）陀庙一座、碑房三间、影壁一座"②。这样大规模的重修，为苍岩山史上少有。陈兆鳌的《重修苍岩山福庆寺碑记》、杨济的《苍岩山重修殿宇记》、路文锦的《重修行宫殿记》和《重修苍岩殿宇记》等碑石，均是为纪念此事而刻。陈兆鳌这样大肆修缮，并盛赞三皇姑"灵显非讹，祈求必应"③，与地方官黜淫邪、化民成俗的职责相悖。至李维新接手县政时，看到苍岩山上焕然一新的殿宇楼阁，难免心生疑忌。追求"讲学教士，节用爱民"④的李维新，将取缔三皇姑信仰作为其整顿地方、教化民众的重要举措。

李维新试图用政治强权压制百姓崇奉三皇姑，严禁信众赴苍岩山朝山进香。一方面，他以"聚众行会"的名义禁止各村每年庙会期间起驾上山，打破了民众长时间以来形成的祭祀习惯。如塔寺坪村有感三皇姑

---

① （清）陈兆鳌：《重修苍岩山福庆寺碑记》，道光十一年（1831），现存苍岩山山房内碑亭中。

② 《重修苍岩殿宇记》，清道光十二年（1832），政协井陉县委员会：《井陉碑石文选》（上），河北人民出版社2012年版，第413页。

③ （清）陈兆鳌：《重修苍岩山福庆寺碑记》，道光十一年（1831），现存苍岩山山房内碑亭中。

④ 王用舟修，傅汝凤纂：《井陉县志料·大事记》，台北：成文出版社有限公司1976年版，第1003页。

第一章 国家与社会的复杂互动：宋元以来苍岩山传说、庙会的流演

"课晴问雨，拯困扶危"，其灵感异常。村民为她"修宫辇，于每年三月间朝山进香者甚众。……如是者有年"。李维新政令一出，"父老同议息驾之"。① 另一方面，李维新将苍岩山主殿——公主真容殿改为伏魔大帝殿，用官方大力推行的关帝圣君取代区域女神三皇姑。殿后山洞，世传是三皇姑修行之所，也被尘封。

李维新选择以关帝圣君取代女神三皇姑，本是聪明之举。关帝圣君为官方认可，久入祀典。民间传说广为流传，信众众多。有清一朝，关帝信仰更是在统治者的推动下达到巅峰。清军入关前，便于盛京为其修庙，并赐额"义高千古"。顺治帝时，敕封忠义神武关圣大帝。此后，关羽累受追封。光绪朝，其封号为"忠义神武灵佑仁勇威显护国保民精诚绥靖翊赞宣德关圣大帝"，多达 26 字。对关帝圣君的祭祀，自上而下，由中央到地方。起初，关帝仅列群祀，每年五月一祭。雍正朝，增春秋两祭。直隶省关帝庙设立普遍，各县乃至很多乡村都修庙祭祀。采取"一岁三祭，用太牢。先期承祭官致斋，不理刑名，前殿印官，后殿丞、史，陈设礼仪，略如京师"②。清朝统治者推重的关羽，既是道德的典范，忠君爱国；也是骁勇善战的象征，拥有护卫国家与清朝统治的神威。如嘉庆朝，关羽获封"仁勇"，即感其于"林清扰禁城，灵显翊卫"③ 之功。咸丰年间，清政府依赖关帝"神明助顺"，平定了太平天国及捻军起义。他们深信关帝圣君的神力与灵显，大加宣传与歌颂，鼓励地方建庙祭祀。

李维新此举，既迎合了朝廷的喜好，也有一定信众基础，看似稳妥。但他低估了三皇姑信仰在苍岩山乃至华北地区的牢固程度。他招致地方绅民的批评和抵制，甚至滋生"讼端"。士绅指其不察，"不知无生老母有禁，妙阳公主固未尝禁也"④。村民迫于压力，虽不再起驾敬香，但对三皇姑的崇敬之情丝毫未减。塔寺坪觉得原供奉娘娘驾的"龙泉寺榱角已

---

① （清）张素行：《重修庙记》，政协井陉县委员会：《井陉碑石文选》（下），河北人民出版社 2012 年版，第 737 页。
② （清）赵尔巽等纂：《清史稿》卷 84《志 59》，中华书局 1976 年版，第 2541—2542 页。
③ （清）赵尔巽等纂：《清史稿》卷 84《志 59》，中华书局 1976 年版，第 2541 页。
④ 《苍岩山妙阳公主考》，（清）常善修，赵文濂纂：《续修井陉县志·山川》，光绪元年（1875）刊本。

损,恐难免风雨剥蚀",特意重修村东南的烟明阁,"焚香拜祀,尤为便焉。众咸称善"。①此外,村民还修石窟一处,用于演戏娱神。三皇姑信仰在华北地区流传千年,有强大的信众基础和社会影响力,地位稳固异常。即便面对正祀神明关帝圣君的有力挑战,也能成功应对。李维新的禁革行动,并未取得实效。同时,合法性的缺失给三皇姑信仰带来的不稳定因素也显而易见。它易被当成"淫祠邪祀",随时面临朝廷严加禁革的危险。

(三)"修其教不易其俗":地方官绅的权宜处理

地方官绅对三皇姑信仰与苍岩山庙会的态度是比较矛盾的。一方面,他们肩负教化之责,未入祀典的三皇姑信仰应在禁革之列。例如,高熊徵"来宰是邦,即耳熟其事。恐愚民易惑难晓,意欲禁绝"②。刘慰祖也是如此,特"派老实衙役数名,督同乡地保练,小心稽查。毋令匪类潜藏、男女混杂,乃至掏摸偷窃、赌博打架之事,概行禁止"③。另一方面,地方官绅认识到,"此山为一方名胜,公主千余年庙食于此,远近之人崇奉笃信牢不可破。一思遽变,似难卒改,固一仍旧制"④。他们虽不满于民众的虔信,但又深知千年习俗并非轻易可以改变。加之,香会组织是中国传统社会文化权力网络的重要一部。地方官员若想深孚众望,也不可与其轻生事端。

有鉴于此,地方官绅多以"修其教不易其俗"为原则,处理三皇姑信仰与苍岩山庙会事宜。这一做法,出自《礼记·王制》,本是针对少数民族而论。它主张尊重蛮夷的原有习俗,在此基础上加强儒家教化和政令统一。他们抓住民众虔信与蛮夷传统不易变革的共性,认为二者也可采用相似的治理方案。他们频频参与苍岩山庙宇的修缮,与三皇姑信仰和谐共生,相安无事。具体情况请参见表1-1。

---

① (清)张素行:《重修庙记》,政协井陉县委员会:《井陉碑石文选》(下),河北人民出版社2012年版,第737页。
② (清)高熊徵:《重建苍岩山桥楼殿记》,康熙四十年(1701),现存苍岩山桥楼殿旁。
③ (清)刘慰祖:《重修苍岩山石栏杆碑记》,乾隆三年(1738),现存苍岩山圆觉殿后。
④ (清)高熊徵:《重建苍岩山桥楼殿记》,康熙四十年(1701),现存苍岩山桥楼殿旁。

第一章 国家与社会的复杂互动：宋元以来苍岩山传说、庙会的流演

表1-1　　　　　　　　苍岩山碑石立碑人身份统计

朝代	碑石	主要立碑人	身份
宋	《井陉县大化乡新修苍岩山福庆寺碑铭并序》	祁鹏举	井陉县尉
		饶水息	井陉知县
		张献	前井陉县令
		孙从政	井陉县主簿
元	《广平路威州井陉县苍岩福庆禅寺碑》	王思廉	正奉大夫太子宾客
		野素	奉训大夫太子司仪郎
明	《重修苍岩福庆寺记》	白清	井陉知县
		许英	井陉典史
		王巳	井陉县丞
		马继业	井陉训导
		蒋浚	井陉训导
		毕经	地方士绅
		张麟	地方士绅
		武乡	地方士绅
	《苍岩重修福庆寺记》	乔宇	光禄大夫少保兼太子太保吏部尚书
		赵维藩	亚中大夫贵州布政使司右参政
	《重修苍岩圆觉殿记》	霍鹏	地方士绅（进士，南京刑部清吏司郎中）
		薛郭	井陉知县
		李会春	井陉典史
		杨凤立	井陉典史
	《苍岩寺重修桥碑记》	毕秦	地方士绅（乡进士文林郎致仕知县）
	《苍岩山福庆寺新修子孙殿碑记》	屈大伸	井陉知县
		张乾	井陉典史
		曹懋时	获鹿县丞
		张鸣凤	井陉训导
		屈镇	栾城县会首

续表

朝代	碑石	主要立碑人	身份
清	《重建苍岩桥楼碑》	李屠英	井陉知县
		尹举莘	井陉训导
		霍叔珣	地方士绅（霍鹏子，吴县县丞）
		霍叔瑾	地方士绅（霍鹏侄，通政使）
	《重建苍岩山桥楼殿记》	高熊徵	井陉知县
	《重修苍岩山菩萨庙碑记》	李生叶	地方士绅（庠生）
	《重修小桥楼殿碑记》	郝崇陞	地方士绅（庠生）
	《重修大佛殿记》	钟文英	井陉知县
		黄嘉瑞	井陉典史
		朱日跻	地方士绅（庠生）
		李生叶	地方士绅（庠生）
	《创建梳妆楼记》	郝起夔	地方士绅（庠生）
		钟文英	井陉知县
		李生叶	地方士绅（庠生）
	《重修苍岩石栏杆碑记》	刘慰祖	井陉知县
	《重修佛殿记》	郭名	山主
		郭成奉	山主
		郭成忠	山主
		郭秀	山主
		郭成祥	山主
		郭成亮	山主
		谢清问	井陉知县
		剧志瑞	藁城县总领善人
	《新建大悲阁记》	李缙芳	井陉教谕
		谢清问	井陉知县
	《重修小桥楼殿碑记》	耿宽	地方士绅（庠生）
		郝谦	地方士绅（庠生）
	《苍岩山重修殿宇碑记》	杨济	元氏教谕
	《重修苍岩山福庆寺碑记》	陈兆鳌	井陉知县

第一章 国家与社会的复杂互动：宋元以来苍岩山传说、庙会的流演

续表

朝代	碑石	主要立碑人	身份
清	《重修行宫殿记》	路文锦	地方士绅（柏乡庠生）
	《重修行宫殿记》	杜九成	地方士绅（庠生）
	《重修梳妆楼记》	胡景春	地方士绅（元氏庠生）
	《苍岩山神隋南阳公主敕封慈佑记》	言家驹	井陉知县

资料来源：根据政协井陉县委员会编：《井陉碑石文选》（上）（河北人民出版社2012年版）相关数据整理而成。

苍岩山庙宇的修缮，参与者的身份大致可分为五类。第一类是社会地位较高、受邀参与碑文的撰写和碑石刻立者，以王思廉、野素、乔宇、赵维藩为代表。这一类的人数不多，占立碑人数的7%。这反映苍岩山的大众知名度和社会影响力有限。即便尹应元等人深以为憾，认为苍岩山景色秀美，不输五岳这类名山大川，但知名度的差距是显而易见。第二类是山主会首，他们将苍岩山视作三皇姑的道场，每年朝山进香是香会和村子里的头等大事，绝不可轻忽，因此愿意出资出人修缮苍岩山庙宇，以此表达信众的虔信、祈求女神的保佑。这一类人的数量最多，但在立碑人中的排序靠后。其虽在本地信众中颇具声望，是地方文化权力网络的领袖人物，但社会地位是士绅金字塔的底端。第三类是有功名在身的地方士绅。井陉县文教不昌，进士、举人人数较少。明清两朝，井陉县仅考中进士7人，举人人数稍多，计有59人。其余岁贡、拔贡等人数雍正后有所增加。因而，参与苍岩山庙宇修缮者大多是庠生，地位略高于山主会首，但也少有跨越县市的影响力。其人数计有16人，占总人数的29%。第四类是担任井陉知县者，所占比例较高，计有13人，占总人数的23%。第五类是县衙佐属，包括典史、教谕、训导、县丞等，人数计有15人，占总人数的27%。具体情况如图1-3所示。

整体来说，地方官绅所占比例相差不多，在立碑人中占据绝对优势。

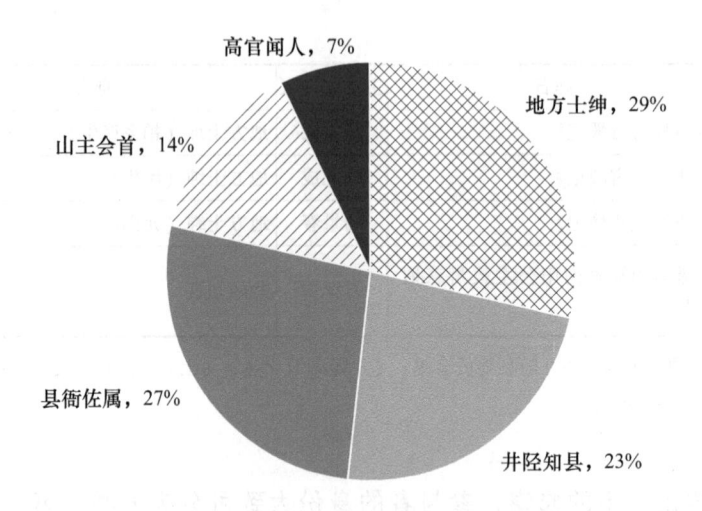

图 1-3 苍岩山碑石立碑人身份统计

资料来源：根据政协井陉县委员会编：《井陉碑石文选》（上）（河北人民出版社2012年版）相关数据整理而成。

他们肩负国家教化与保护地方的双重职责，对三皇姑信仰与苍岩山庙会的态度较为矛盾。这在碑石中有充分体现。比较特殊的是，井陉县其他碑石刻立，更多由地方士绅牵头，地方官员参与的数量远远少于三皇姑信仰和苍岩山庙宇。井陉知县及县衙佐属的大规模参与，是其地方影响力的一种体现，它虽不如五岳等名山大川，但在本地及附近地方仍较有声望。以此，可以侧面反映三皇姑信仰和苍岩山庙会在华北社会的地位和社会影响力。

在苍岩山碑石的刻立中，白清、钟文英、高熊徵等较为突出。雍正版《井陉县志》由钟文英纂修。他在批判地方信仰"不在祀典，世人惑于福祸灾祥之说"的同时，连续参与苍岩山大佛殿的重修和梳妆楼的兴建。① 其做法较有代表性。而高熊徵施政"廉明革弊"，虽有禁革三皇姑信仰之意，但碍于民众崇信牢不可破只能尊重其朝山习俗。② 白清因

---

① （清）钟文英纂修：《井陉县志·祀典志》，雍正八年（1730）刊本。
② 王用舟修，傅汝凤纂：《井陉县志料·大事记》，台北：成文出版社有限公司1976年版，第1001页。

第一章　国家与社会的复杂互动：宋元以来苍岩山传说、庙会的流演

"恺悌爱民"入祀名宦祠。① 这些地方官员均秉持儒家礼义，虽并不认同"愚夫愚妇"的虔信行为，但也参与苍岩山庙宇修缮，相安无事。

在地方士绅中，霍鹏、毕秦、郝起夔、李生叶、朱日跻等较为突出。霍鹏于康熙九年（1670）入祀乡贤祠，其地位可见一斑。他先后撰写《李公遗爱祠记》《汉淮阴侯祠记》《凤凰岭龙岗寺施茶碑记》《凤凰岭施茶碑后》《文昌祠记》等多篇碑文。毕秦为其好友，先后为南张村、贾庄撰写《新建真武庙记》《重修后土祠记》和《敕赐禅林青石岭永福寺重修碑记》等数篇。许时雍除撰写《游苍岩记》和《凤凰岭义茶记》外，还与毕秦一起为贾庄兴建真武庙撰文与篆额。《重修苍岩桥楼碑记》的作者霍叔珦为霍鹏的儿子。霍鹏侄子霍叔瑾除撰写《重修显圣寺碑记》外，尚参与雪花山碧霞元君庙等重修事宜。可以说，以霍鹏为中心，于明中期形成井陉中上层士绅群体。其撰写碑文除女神三皇姑外，真武大帝、文昌帝君、碧霞元君、后土娘娘等均列入祀典，为官方所认可。其余佛寺，其尽量求同存异。毕秦认为："务其时者吾儒之足务；真空者释教之足务，余皆非教之所望。唯上人是举也，苦志募缘，不以利欲动其心；励节茹淡，不以声色移其虑。虽不得为君子儒，其得释教之是，而为释教中之君子也！"② 他以寺僧的操行为可称"君子"，解释其为永福寺撰写碑文的原因，这与乔宇的做法不谋而合。

李生叶、朱日跻、郝起夔与钟文英为同时期人。李生叶较为活跃，除三次参与苍岩山寺庙修缮外，还撰写《重修相公岩兴龙寺碑》。朱日跻为皇都村撰写《重修观音堂记》。郝起夔虽仅撰写碑文一处，但其族亲郝起龙先后撰写《重修寺庙记》《重修明灵王殿东西两庑、广生圣祠、石佛圣岩碑记》《重修钟楼四周墙垣回赎瞻寺地亩碑记》等。李生叶等四人均为庠生，虽有一定社会声望但地位不及霍鹏等中上层士绅。他们与知县钟文英精诚合作，一时蔚为大观。郝起龙较为认可龙王等民间信仰，他肯定龙泉寺的灵验，举例说明："龙神灵应地感之昭，弗爽也。

---

① （清）钟文英纂修：《井陉县志·官师志》，雍正八年（1730）刊本。
② （明）毕秦：《敕赐禅林青石岭永福寺重修碑记》，政协井陉县委员会编：《井陉碑石文选》（上），河北人民出版社2012年版，第272—273页。

何知其然？知之旱魃时年，凡吾邑之遇旱魃也，里民祈祷，甘霖立沛。"① 而玉峰山上诸寺庙，"每逢诸圣诞辰，我陉士女瞻拜如云集。无求不遂，有感必通。亦吾邑之福地也"②。郝起龙也未见批评之意，更侧重保护地方这一职责。李生叶在为相公岩兴龙寺撰写碑文时，因该处是武仙抵御蒙古军队的屯兵之所。全篇重点阐述武仙的节义行为，并感叹："忠孝大节也徵显明幽，亦学者之责也。沾沾以祈福为期，岂吾儒之所屑道哉。"③ 可见他更偏向教化之责。

综上所述，井陉官绅作为国家与社会的中介。他们坚守儒家教化之责，虽不喜"愚夫愚妇"惑于神明之说，但又无力打破地方文化权力网络，便采用"修其教不易其俗"的策略来应对。刘慰祖称其为"邑宰击之微权也"。④ 因此，长久以来，三皇姑信仰与苍岩山庙会为地方官绅所默许存续，并未发生严重冲突，官民两便。

（四）"名山胜景"与"品行高洁"：苍岩山传说与三皇姑信仰的存续空间

尽管三皇姑信仰与苍岩山庙会被默许，但其未入祀典，合法性始终存疑。地方官绅频繁参与寺庙修缮，也须纾解其与儒家教化的矛盾之处。他们除强调传说中三皇姑是矢志出家、品行高洁的皇家女外，更加肯定苍岩山"名山胜景"的定位，使三皇姑信仰与苍岩山庙会较之其他民间信仰拥有更大的存续空间。

宋朝以前，苍岩山"名山胜景"的声名已经深入人心。宋太宗建隆年间，它借此威名"特许存留"。苍岩山赐额"福庆"，其打动宋真宗的关键，碑文中虽未言明，但也有迹可循。诠悦等人并未过多渲染女神灵

---

① （清）郝起龙：《重修寺庙记》，政协井陉县委员会编：《井陉碑石文选》（上），河北人民出版社2012年版，第335页。
② （清）郝起龙：《重修明灵王殿东西两庑、广生圣祠、石佛圣岩碑记》，政协井陉县委员会编：《井陉碑石文选》（上），河北人民出版社2012年版，第339页。
③ （清）李生叶：《重修相公岩兴龙寺碑记》，政协井陉县委员会编：《井陉碑石文选》（上），河北人民出版社2012年版，第352页。
④ （清）刘慰祖：《重修苍岩山石栏杆碑记》，乾隆三年（1738），现存苍岩山圆觉殿后。

第一章　国家与社会的复杂互动：宋元以来苍岩山传说、庙会的流演

验和护佑乡里的神迹，而是反复强调苍岩的秀丽与壮观。他选择苍岩山作为出家修行之所，是巡礼名山、亲睹其盛事后的选择。他认为，苍岩山"马院处其下，神山亘其旁；南控天台山，北压佛子谷。松萝掩映、涧水潺湲"。知县张献奉命审查，亲"率畀吏而渡湍流，杖冰寒而登翠巘。骈骥迹逸，印留松桧之门；绿绶香浓，洒向薜萝之室。遍观僧宇，回报府庭"。① 可以说，赐额一事如此顺利，苍岩山的"名山胜景"，或许是"动皇王之情、成精蓝之号"的核心因素。② 自此，苍岩山历经宋金元代，以此吸引佛教高僧在此修庙建寺，成为北方佛教重镇。金泰和二年（1202）碑文开篇花费大量笔墨盛赞苍岩山美景。他称，"此山之秀，林浪森然；远峰近峦，径路屈曲。名花异草，冬夏旖旎。长松幽谷，可以盘桓也"，"苍岩、灵岩、紫岩者，乃古今凡圣幽隐之地也"。③ 该碑文字迹多模糊不清，但"□岳，不足道哉"等字迹依稀可辨。可见撰碑者认为苍岩山的自然风光远在五岳等名山之上，评价极高。王思廉虽未多着笔墨，不过也提到"夫山水之峻秀，境趣之幽邃，楼殿之宽敞，林木之荟蔚，则前碑载之详矣，可得而略云"④。可见，苍岩山"名山胜景"的地位已为世所公认。

有明一朝，苍岩山的"名山胜景"远近闻名，"苍岩叠翠"已位列井邑八景之一。蒋浚开篇即颂扬其自然风光。

> 井陉距之南有山名苍岩。其盘踞巍峨，壁立万仞；环绕叠翠，峻拔于天。卉木葱茏而毕集。东分水岭云气氤氲，西接天台万祥森罗；南井峪而日照月溶，北兼沟而水潺石磊。诚环海中佳

---

① （宋）祁鹏举：《井陉县大化乡新修苍岩山福庆寺碑铭并序》，政协井陉县委员会编：《井陉碑石文选》（上），河北人民出版社 2012 年版，第 195—196 页。
② （宋）祁鹏举：《井陉县大化乡新修苍岩山福庆寺碑铭并序》，政协井陉县委员会编：《井陉碑石文选》（上），河北人民出版社 2012 年版，第 195—196 页。
③ 《苍岩山福庆寺石桥记》，金泰和二年（1202），现存苍岩山桥楼殿旁。
④ （元）王思廉：《广平路威州井陉县苍岩福庆禅寺碑》，皇庆元年（1312），现存苍岩山圆觉殿前。

境也！①

乔宇为成化年间进士，历任官部主事、郎中、太常寺少卿等职，身居南京礼部、吏部尚书等高位。他之所以来到苍岩山游览并撰文以记，皆因其家乡山西乐平（今昔阳），距此不过百余里，久闻苍岩山盛名。他盛赞苍岩山"石壁削崭，林树荟蔚；飞楼跨涧谷而突出于云霄之表。朝晖晚霭，紫翠千变，望之若天上然。禅林一佳处也"②。霍鹏愿为苍岩山撰写碑文，源自与尹应元的一段对话。尹应元说："吾守恒山时，曾游苍岩。呜呼！此山环奇，甲于六合。"可见，他对苍岩美景的赞叹之情。尹氏还甚为惋惜，认为苍岩山"倘生吴楚之间，当使骚人墨客题咏不暇，岂在虎丘、鹤林下耶？"他不仅捐金倡议重修圆觉殿，并特意嘱咐霍鹏为之记。而霍鹏作为井陉上层士绅代表，深以为然，赞其"两壁峭直似神工鬼斧划削而成"，"从地望之，见飞桥跨于其间，若天宫月殿然"。③其好友毕秦也极尽笔墨渲染其景色之美，称其"林箐蒙密，古柏阴森，率皆蛇径鸟道。攀援而上，跨两巅而构为石桥，架楼阁于其上。缥缈云间，下视无地，上有泉泛泛然甘洁，天下一奇观也"④。

清朝时期，"苍岩叠翠"为井邑盛景已获广泛认可，评价也水涨船高。朱日跻自幼博览本邑《地舆志》，已对"苍岩叠翠"神往不已。年纪小长，他与乡中父老"躐磴而升，信步游览。见其峰回路转，宛若天上人间"，深感"所云叠翠诚不诬也！"⑤霍叔珣认为，"苍岩山者为一方之形胜、陉邑第一景也。'苍岩叠翠'志已多书之"⑥。高熊徵再进一步，描述其盛景。

    山状萃阮，鳞甲狰狞，盘踞如猛兽势欲博人。左右诸峰悬崖百

---

① （明）蒋浚：《重修苍岩福庆寺记》，正德六年（1511），现存苍岩山山门外侧。
② （明）乔宇：《苍岩重修福庆寺记》，嘉靖六年（1527），现存苍岩山财神殿旁。
③ （明）霍鹏：《重修苍岩圆觉殿记》，万历二十三年（1595），现存苍岩山圆觉殿前。
④ （明）毕秦：《苍岩寺重修桥碑记》，万历二十五年（1597），现存苍岩山小桥楼殿旁。
⑤ （清）朱日跻：《重修大佛殿记》，雍正四年（1726），现存苍岩山桥楼殿旁。
⑥ （清）霍叔珣：《重修苍岩桥楼碑记》，康熙六年（1667），现存苍岩山桥楼殿旁。

第一章 国家与社会的复杂互动：宋元以来苍岩山传说、庙会的流演

丈，峻拔挺立。道惟崎岖不可行。然溯溪而进，峰回路转，大有曲折之势。及陟岭远眺，觉视去天咫尺，呵风吸雾，恍如云霄，并感慨地说：真西北一名胜也！①

李生叶同样肯定苍岩山的俊秀："峰峦叠翠，耸出云霞；林麓苍郁，森然俊秀。其间山川景物，亦不胜数矣！"并称其为"诚古来一奇闻、壮观之地"，"于乎美哉！真可谓名山大川第一胜景"。②

综上所述，苍岩山景色宜人，"苍岩叠翠"备受赞誉。苍岩山不仅井邑知名，更是可与五岳齐名的"名山胜景"。其不仅吸引高僧来此建庙、获得朝廷赐额，还有高官士绅、文人骚客慕名而来、题咏歌颂。这一定位，为三皇姑信仰和苍岩山庙会保驾护航，成为其存续发展的合法性来源之一。

女神三皇姑三大传说系统中，她均以"品行高洁"的皇家女形象出现。这一形象为地方官绅所认可，成为三皇姑信仰敬拜合法性的又一来源。金泰和二年（1202）碑文中，公主拒绝亲自迎其返京的隋文帝，表明"人生富贵莫若于此，尘世俗缘终是虚化"而矢志出家。撰碑人赞其"不亲声色，不殖货利，真出世人也"③。自此，女神三皇姑形象层累叠加，成为舍去繁华矢志出家的皇家女。隋文帝女说中，高熊徵与刘慰祖看法相近，他们感慨道："皇家贵主辞金屋而入深山，初虽惑于神仙之说，然终能舍却繁华，茹荼饮水，百折不回，志操有足多者。"④ 而南阳公主与千手观音说，三皇姑的身份与故事主线虽各不相同，但三皇姑均是愿意抛却繁华、出家修行的皇家女，更贴合佛教出世清修、不理凡俗的思想，更易得到文人士绅的赞赏与认可。更有甚者，由地方官绅改造的女神三皇姑，完全摒弃了神话传说意味，成为符合儒家话语标准的节妇烈女。这一做法，是传统中国根本解决三皇姑信仰敬拜合法性的最佳

---

① （清）高熊徵：《重建苍岩山桥楼殿记》，康熙四十年（1701），现存苍岩山桥楼殿旁。
② （清）李生叶：《重修碑记》，康熙四十六年（1707），现存苍岩山圣母殿旁。
③ 《苍岩山福庆寺石桥记》，金泰和二年（1202），现存苍岩山桥楼殿旁。
④ （清）高熊徵：《重建苍岩山桥楼殿记》，康熙四十年（1701），现存苍岩山桥楼殿旁。

方案。

综上所述,"名山胜景"与"品行高洁"的皇家女形象,是三皇姑信仰合法性的主要来源。前者更多依赖苍岩山宋元时期累积的自然风光和佛教传统。明清时期,苍岩山佛教发展历史渐被遗忘,但"名山胜景"却给予三皇姑信仰和苍岩山庙会更为强烈、更为持久的保护色。而女神三皇姑的传说色彩,地方官绅极力赋予其道德的、符合儒家教化标准的女神形象,以纾解其不入祀典与民众敬拜牢不可破之间的紧张关系。地方官绅肩负教化之责,对于三皇姑这类信众基础牢固、深植于地方文化权力网络的民间信仰,他们虽斥责民众的"愚信",但也默许甚至参与其庙宇兴修。这种官民两便的信仰模式,是三皇姑等民间信仰传承千年信仰空间的主要来源。

三 "南阳公主说"的提出与地方秩序的稳定

(一)乱世修志《续修井陉县志》与恢复地方秩序的尝试

井陉为古之要隘,境内多山,"若乃饥寒频仍,祸害滋生。所谓形胜之地,反为聚啸之穴"①。晚清之际,太平天国、捻军起义声势浩大,对清政府的统治造成严重威胁。井陉及附近地方动荡不安,苍岩山亦处于多事之秋。同治年间,宁晋人李修正等人乘势而起,在銮驾山大兴土木。他们"创修正殿数十间,厢房数十座,各样神像,名曰全归寺,计其金资不下数千脩缗",公然与苍岩山争夺信仰空间。② 其惑民敛财的行径引起苍岩寺僧和井陉士绅的一致反对,合力将李修正拿获送县,移交解省。其所修新庙,全数拆毁、废料变价充公。嗣后,苍岩寺僧重订寺规,尝试恢复寺庙的秩序和安全。可见,妥善处理李修正之乱带来的冲击,不仅是导正风俗、教化地方的需要,更是关系地方社会稳定的头等大事。

---

① (清)钟文英纂修:《井陉县志·地理志》,雍正八年(1730)刊本。
② (清)赵培祯:《革弊碑》,光绪三年(1877),现存桥楼殿北侧。

第一章 国家与社会的复杂互动：宋元以来苍岩山传说、庙会的流演

作为国家与社会的中间人，井陉士绅面临两难选择：是站在地方一边，让苍岩山恢复旧貌、依旧崇奉三皇姑，还是站在官方的立场，顺势供奉朝廷祀典承认的神明。如果选择前者，神话传说色彩浓厚的三皇姑，很难与无生老母等神明区分开来，其合法性存疑。如果选择后者，官方自上而下推广的神明，信众基础薄弱，极易引起地方绅民的不满与反抗。李维新的禁革措施用实践已经证明，前述分析并非杞人忧天。因循守旧，只会重蹈覆辙，井陉士绅深谙此理。他们利用纂修县志的机会，重构三皇姑的身份和出家传说，巧妙化解了这一难题。

光绪元年（1875），《续修井陉县志》刊刻。它以《苍岩山妙阳公主考》一文开篇，极为特别。"美教化，移风俗"是方志编纂的重要目的之一，三皇姑等地方信仰很少纳入官书文字的记载中。雍正年间刊刻的《井陉县志》秉持"为政大端，黜邪然后可以崇正"的理念，"庵观寺院概不敢载"。①《续修井陉县志》这一特例出现的原因，须从县志编纂的背景及编纂者身上寻找答案。

《续修井陉县志》是同光年间新一轮修志高潮的产物。彼时，太平天国、捻军起义刚刚平定。清廷倡修方志，以稳定民心、重振纲纪为目的。如《元氏县志》述说其纂修背景时明确指出："盖是时捻逆既平，畿辅之民亦已休养生息，涵濡德化。因相与振兴政教、修明礼乐、诚盛事也。"②同治朝，《畿辅通志》的纂修带动了直隶所辖府县方志的刊刻。井陉县"屡奉宪檄，催修县志，以备《畿辅通志》采择"③。知县常善苦于"山邑荒僻，土瘠民贫，筹款维艰"④，巧妇难为无米之炊，县志编纂延宕。在这种困境下，常善依靠、充分发动地方士绅参与其中，协力完成县志的纂修。

《续修井陉县志》的编纂，由知县常善和正定府学教授赵文濂领衔。纂修人员的主体由县衙属吏及地方士绅构成，县衙属吏负责审定的工作，

---

① （清）钟文英纂修：《井陉县志·凡例》，雍正八年（1730）刊本。
② （清）胡岳：《元氏县志·序》，光绪元年（1875）刊本。
③ （清）常善修，赵文濂纂：《续修井陉县志·序》，光绪元年（1875）刊本。
④ （清）常善修，赵文濂纂：《续修井陉县志·序》，光绪元年（1875）刊本。

采访工作全由本地人承担。具体情况参见表1-2。

表1-2　　　　　　　《续修井陉县志》纂修人员统计

纂修者	籍贯	功名	官职	分工
常善	满洲镶白旗	生员	运同衔即补直隶州知州井陉县知县	续修
赵文濂	涞水县	举人	五品衔正定府学教授	纂修
王冠男	河间县	岁贡	六品衔候补知县井陉县教谕（同治七年）	参订
李印棠	顺平县	廪贡	署理井陉县训导（同治十一年）	参订
郝荣	奉天金州厅		井陉县典史（同治十年）	监刊
梁德酺	邑人	举人	无	采访
冯构堂	邑人	举人	无	采访
蔡良	邑人		六品衔试用训导	采访
梁韩镇	邑人	拔贡	无	采访
霍元章	邑人	增贡	无	采访
路家兰	邑人	岁贡	无	采访
张极	邑人		试用训导	采访
马印文	邑人	增贡	兵部武选司候补主事	采访
李育英	邑人	廪生	江西抚州府经历	采访
张宴	邑人	廪贡	无	采访
李树培	邑人	庠生	无	采访
许培曾	邑人	庠生	无	采访
陈幽风	邑人	庠生	无	采访
张敦雅	邑人	庠生	无	采访
贾旺琳	邑人	庠生	无	采访

资料来源：根据（清）常普修，赵文濂纂《续修井陉县志》[光绪元年（1875）刊本] 相关资料制表。

其中，赵文濂是涞水县人，隶属直隶省保定府，地近正定府各县。清代教谕、训导，一般选用举人和五贡出身的本省人，井陉县也不例外。教谕王冠男是河间县人、训导李印棠是顺平县人。概括来说，县志的纂修人员中，除知县常善和典史郝荣外，均为井陉本地人或邻近府县人士。

第一章　国家与社会的复杂互动：宋元以来苍岩山传说、庙会的流演

赵文濂是地方上颇有影响的士绅代表。他素有文名，"学问文章久为诸绅所景仰"①。常善赞他"博学多闻，长于著述"②。肥乡、元氏、正定、新乐等地县志，均倚赖他的筹措与谋划。常善初为经费所苦、无从下手。时任正定府学教授的赵文濂"奉府宪严札，赴县督催"。常善暗忖二人私交不错，"同官年久，心契最深"，便求助于他，与之商议纂修事宜，"且以筹款艰难，婉辞以告"。③在赵文濂的建议下，井陉县志采取续修的形式，"前朝事以旧史为凭"，并"务求实迹，不尚繁文，则笔墨简矣。刊刻印刷之工，亦与之俱简矣。庶几经费易给，而捐输亦易为力乎"④，大大节省了人力物力。就县志内容框架和编纂原则，赵文濂也"详加指示，若者当因，若者当革。讹者正之，缺者补之"⑤。除此之外，赵氏还负责隋唐迄明部分的搜葺和撰写工作。《续修井陉县志》的完成，赵文濂功不可没。

井陉地方士绅，负责资料的搜集与采访工作。《续修井陉县志》提道："国朝事以旧案为据，而人物、节孝，则绅董所采访者也"，"至于保举、忠义、荫恤，旧志之所无"的部分，⑥也由参与编纂的地方士绅协力完成。也就是说，《续修井陉县志》具体的纂修工作依靠的主要力量，还是更熟悉井陉风土人情的地方士绅。能够参与其事的井陉士绅，特征有三。

第一，参与士绅均有科举功名在身。有社会影响力、但无功名的地方精英不在其列。其中，梁德酯和冯构堂是举人出身，其余参与编纂的地方士绅，共计13人，均为拔贡、岁贡、恩贡、廪贡及庠生。这些地方士绅身负功名，便不能仅以地方利益为重，还要兼顾国家教化及传播儒家意识形态的重责。

第二，正途出身者较少，多为中下层士绅。清代，井陉县仅康熙年间出过一名进士——吴迪。但他未得一官半职，跨越府县的社会影

---

① （清）李鹏展：《肥乡县志·序》，同治六年（1867）刊本。
② （清）常善修，赵文濂纂：《续修井陉县志·序》，光绪元年（1875）刊本。
③ （清）常善修，赵文濂纂：《续修井陉县志·序》，光绪元年（1875）刊本。
④ （清）常善修，赵文濂纂：《续修井陉县志·序》，光绪元年（1875）刊本。
⑤ （清）常善修，赵文濂纂：《续修井陉县志·序》，光绪元年（1875）刊本。
⑥ （清）常善修，赵文濂纂：《续修井陉县志·序》，光绪元年（1875）刊本。

响力无从论起。井陉县正途出身的举人计有20人。道光年以后，仅苏彭龄（道光十四年，1834）、梁德酯（咸丰五年，1855）、冯构堂（咸丰八年，1858）、蔡汝翼（光绪元年，1875）四人。县志纂修时，苏彭龄已病逝，蔡汝翼应在备考期间，故二人未参与县志的纂修。梁德酯和冯构堂位列采访人员之首，二人的社会地位可见一斑。马印文、李育英等人，是捐纳的贡生，并非正途出身。李树培、许培曾等人仅为庠生。这些士绅的社会影响力，大多局限在井陉县范围之内，居于士绅金字塔的底层。

第三，多为经由"团练保举"提升社会地位的士绅新贵。咸同年间，井陉地区饱受战乱之苦。地方士绅开始兴办团练，既响应清廷的号召，也为稳定地方秩序、抵御太平军、捻军的起义。咸丰九年（1859），因办理团练有功，李育英、蔡良等人，受赐九品顶戴。同治七年（1868），王冠男、李育英、蔡良、李树培、许培曾、贡生路家兰，均加六品顶戴。其中，蔡良、李育英得利良多。二人本是廪贡出身，后分别捐了官职。蔡良历署柏乡、高阳训导及万全、鸡泽教谕等职；李育英曾担任过江西抚州经历。能够捐官，意味家有薄产，二人凭借经济优势晋身士绅之列。后又因办理团练，蔡、李两度受到朝廷封赏，由地位低微的县衙属吏晋升为六品顶戴。而附生出身的李树培、许培曾及贡生出身的路家兰，社会地位也有所提升。这实是他们从诸多贡生、庠生中脱颖而出、参与县志纂修的决定因素。

这些士绅新贵，参与县志编纂的热情尤高。他们欲借此良机，巩固其社会地位。《续修井陉县志》新增保举、忠义、荫恤等内容，正是为了褒奖这些平定叛乱的有功人士。再者，他们多亲身感受过太平天国、捻军起义带来的惶恐和不安。梁韩镇有诗描画此景："稚子解娇啼，闺人泣分散。薄暮返城郭，归市人惊窜。问之语不详，但云：'城中乱。'余亦芒芒归，风闻溪桥断。迂路向南城，野渡无人唤。"[①] 他不禁感慨

---

① （清）梁韩镇：《咸丰癸丑暮秋惊乱四首》第四首，王用舟修，傅汝凤纂：《井陉县志料·大事记》，台北：成文出版社有限公司1976年版，第962页。

第一章 国家与社会的复杂互动：宋元以来苍岩山传说、庙会的流演

道："哀哉离乱民，身命轻鸿毛！"① 井陉士绅迫切祈望，通过纂修县志能够重建地方秩序。

（二）女神身份的考辨：地方士绅对苍岩山传说的重构

李修正之乱使井陉士绅格外关注信仰问题。他们深知，苍岩山的三皇姑信仰坚不可摧。官方认可的神明和外来的民间教门，都无法撼动其地位。再者，身为地方保护人，井陉士绅也不愿发生这一改变。对外来的民间教门，他们严加取缔；对官方推行的正统神明，他们不惜与地方官发生冲突，滋生讼端。继续崇奉三皇姑，是井陉士绅尊重地方传统的必然选择。要想同时兼顾国家教化之责、建构三皇姑信仰的合法性，他们选择从考证三皇姑身份、重构传说系统入手。自此，《苍岩山妙阳公主考》一文应运而生。

该文的核心要旨，是完成三皇姑身份的转换。此前，三皇姑为隋文帝女妙阳公主是华北地区广为流传的说法。该文质疑此说并不可靠，"按文帝二女，一为周宣帝皇后，一适柳述。文帝亦无幸河北驻跸井陉事"②。故而认为妙阳公主应为隋炀帝女南阳公主的误传。随后，该文用平实的语言转述了正史《隋书》的相关记载，简要介绍了南阳公主出家为尼的过程。"炀帝女南阳公主适宇文士。及江都之变，公主以士及妇故，未遇难。……建德朝萧后族诛。化及公主有子十二岁，当从坐。建德以为请公主割爱，与之俱伏诛。公主随建德归，洺州削发为尼。武德四年，建德被擒于汜水。……公主复至长安，士及欲续旧姻，力拒之，卒不许，为尼以终。"③

从历史考据法的运用来看，该文不能说是严谨而可信的分析。《畿辅通志》对此已经有所质疑。它认为，南阳公主出家修行的地方应在三百

---

① （清）梁韩镇：《咸丰癸丑暮秋惊乱四首》第一首，王用舟修，傅汝凤纂：《井陉县志料·大事记》，台北：成文出版社有限公司1976年版，第961页。
② 《苍岩山妙阳公主考》，（清）常善修，赵文濂纂：《续修井陉县志·山川》，光绪元年（1875）刊本。
③ 《苍岩山妙阳公主考》，（清）常善修，赵文濂纂：《续修井陉县志·山川》，光绪元年（1875）刊本。

51

里外的洺州，而非在苍岩山。①民国年间修订的《井陉县志料》认为该说法"理由殊欠圆满"，辩称"公主在洺州为尼，事在建德未败前。其在苍山为尼，苟有其事，亦当在长安以后。盖为尼者，未有不择地而居。公主在洺州削发时，时局正在戎马仓皇中，择地实非易事。迨至长安后，天下事已大定，个人之自由亦恢复，从容择地为尼，以终其志，未始非意中事"②。《畿辅通志》的看法固然有些武断，但《井陉县志料》的解析也仅推测其可能性而已，并没有提出直接而有力的证据。

除此之外，该文考证还有明显疏漏和矛盾之处。首先，从"三皇姑"的称呼来看，她应是皇帝的第三个女儿，而南阳公主是隋炀帝的长女。显而易见，这与苍岩女神三皇姑行三的说法相矛盾。其次，在举证三皇姑不是隋文帝女时，该文考证的重点放在了正史记载文帝的两个女儿中，并没有封号或名字为"妙阳"的公主。它并未证明，隋文帝是否有第三个女儿，该女儿是不是妙阳公主。以不知为不有，此处显然犯了"默证"的错误。最后，该文考证说，隋文帝无驻跸井陉事，隋炀帝同样也无正史记载，未能为该说法提供有力佐证。

由此可见，该文的考辨，只是一种没有史料确证的推论。它含糊不清且并不可靠，经不起细致地推敲。将南阳公主与传说中的三皇姑等同一人仅是武断地推测。这些错误的出现，恐怕不仅是由学养不足导致的，毕竟县志的纂修者均有科举功名在身，应有基本的学术修养。况且，他们能从茫茫"二十三史"中寻找到南阳公主，想来对史籍较为熟悉。综上，合理地推测，地方士绅极有可能是在知道此考证经不起推敲的情况之下写成的。他们甘冒被后人批驳的危险，将这一矛盾重重的考证文章载入《续修井陉县志》、刊于文字，应有不得已的苦衷。井陉士绅希望利用历史考辨的方式，增强三皇姑为南阳公主这一说法的可信度，将其定为不刊之论。

---

① （清）李鸿章等修，黄彭年等纂：《畿辅通志》卷六三《舆地略·山川》，光绪十年（1884）刻本。
② 王用舟修，傅汝凤纂：《井陉县志料·地理》，台北：成文出版社有限公司1976年版，第204—205页。

经过井陉士绅的改造，三皇姑由传说中的隋文帝女妙阳公主转变为有史可考的历史人物隋炀帝女。他们指望通过身份的转换，用历史的真实驱散三皇姑信仰中神秘与虚幻的部分。该文特意提到李维新禁革三皇姑信仰所引起的争端，重申三皇姑绝非无生老母，不是朝廷取缔的对象。其目的是将三皇姑信仰和民间教门区隔开来，力保民众崇奉、敬拜三皇姑的权利与可能。

（三）忠孝节义、护佑乡里：女神神格的儒化与朝廷敕封

女神三皇姑身份和传说的重构，是井陉士绅为地方信仰争取合法地位的第一步。它要彻底摆脱民间信仰"淫邪"的标签，唯有谋求朝廷敕封一途。有清一朝，地方神明要受到朝廷敕封、建专祠供奉不是简单的事，须符合一定标准才行。《清史稿》提到只有"御灾捍患有功德于民者"方具备资格。昆冈等所编的《光绪会典》说得更为具体："凡各省之列于祀典者，社稷神祇则以祀，崇德报功则以祀，护国佑民则以祀，忠孝节义则以祀，名宦乡贤则以祀。"① 若想得到朝廷的敕封，地方神祇至少须符合其中一项。为此，井陉士绅与地方官一起，按照儒家话语标准改塑了女神三皇姑的神格。

女神三皇姑受华北百姓崇奉千年，却始终未能列入祀典。咸同政局的变动为井陉士绅谋求朝廷敕封提供了契机。敕封或建祠，朝廷利用这些方式加强对地方的控制，而地方借以提升社会影响力和士绅地位。清政府为稳定太平天国、捻军起义之后岌岌可危的政权，常常利用这些方式，褒赏有功的地方士绅，稳定地方秩序。1854年，咸丰皇帝颁布谕旨，为动乱中被杀、死难的绅民建坊入祠。《文宗实录》载："自逆匪窜扰以来，所过州县村庄，无不惨遭蹂躏。曾经叠降谕旨，令各省绅民办理团练。既可保卫身家，又可随同官军剿贼。近月以来，屡览军营奏报。各该处人民等，或杀贼被害，或殉节捐躯。实属深明大义，均堪悯恻。著各路统兵大臣，暨各该督抚等，迅速查明。凡逆匪经过地方，乡团绅

---

① （清）昆冈等编：《光绪会典》卷三，台北：文海出版社1967年版，第145—146页。

人民等，有能奋勇剿贼者，随时分别保奏，朕必立加优奖。其阵亡乡勇，除随同官兵打仗，例得请恤外，其有激于义愤、杀贼陨身者，无论防剿逆贼土匪，悉准令绅民于各该地方建立总坊，一并题名，并从祀各州县忠义祠，以昭激劝。"①光绪七年（1881），井陉县城隍庙、庆云县刘猛将庙因神灵显应，由直隶总督李鸿章奏请颁赐匾额获准。②这对井陉士绅为三皇姑争取敕封应有极大的鼓舞和激励作用。

谋求朝廷的敕封，所倚靠的不仅是地方士绅的力量。地方官员的合作也必不可少。李修正来势汹汹，若非井陉官绅立场一致、合作无间，恐难取缔。遗憾的是，此后不久，常善因病回籍休养。继任知县多无建树，任期也较短，多在一两年。如武九经任职仅一个月。叶祖芾任期稍长，一度回任，共计四年时间。但叶祖芾却非良吏，光绪三年（1877），他在顺平县任上被总督李鸿章参"措施未当，不洽舆情"③，调任井陉。光绪十三年（1887），他又遭弹劾。李鸿章说他："庸滑无能，捕务不力。"④这种状况，直至光绪十六年（1890），言家驹到任后才有所改善。他任职井陉的十余年间，能够"实心任事，如办积谷、设义学、禁溺女、革差费，而又创办蚕桑、调和民教、常能化民成俗，善政颇多。办事既无粗疏、操守众称廉谨，舆情爱戴"⑤。《井陉县志料》虽批评他"政失优柔"⑥，但也肯定他"留心种植；多购桑秧，使民承领。当时颇著成效"⑦。言家驹与井陉士绅保持良好的

---

① 《清实录》第42册《文宗实录》（三）卷125，咸丰四年（1854）三月中，中华书局1986年版，第180页。
② 参见军机处上谕档第1365盒第1册，光绪七年（1881）八月初五日第2条，第一历史档案馆馆藏。
③ 军机处上谕档第1347盒第2册，光绪三年（1877）十一月初五日第4条，第一历史档案馆馆藏。
④ 军机处上谕档第1393盒第3册，光绪十三年（1887）三月二十九日第1条，第一历史档案馆馆藏。
⑤ 《奏为已革井陉县知县言家驹县绅禀请昭雪》，光绪三十一年（1905）五月十五日，军机处录副奏折03-5442-072，第一历史档案馆馆藏。
⑥ 王用舟修，傅汝凤纂：《井陉县志料·大事记》，台北：成文出版社有限公司1976年版，第1005页。
⑦ 王用舟修，傅汝凤纂：《井陉县志料·大事记》，台北：成文出版社有限公司1976年版，第970页。

第一章 国家与社会的复杂互动：宋元以来苍岩山传说、庙会的流演

互动关系。光绪二十五年（1899），他被裕禄弹劾"办事粗率，操守平常"①而遭免职。以马印文为首的井陉绅民曾联名奏陈其政绩，请求为其昭雪，即为例证。

地方女神三皇姑的正统化进程，由言家驹与井陉士绅联手推动。光绪十九年（1893），井陉官绅的努力有了回报，朝廷加封三皇姑"慈佑"的封号。三皇姑获得朝廷认可，这意味着解决了一直困扰三皇姑信仰的合法性问题，是其传播历史上的里程碑。井陉官绅勒石刻碑，以记其功。光绪二十二年（1896），知县言家驹撰写碑文《苍岩山神隋南阳公主奉敕封慈佑记》，"述敕封缘始，并谱《莺啼序》词一阕，录南阳公主本传"。②《苍岩山妙阳公主考》重在厘定三皇姑的身份和传说，对其神格未做细致说明。言家驹的碑文极大弥补了这一不足。他用碑记、诗词、正史三种不同形式的文本材料，烘托"出家修行"传说的可信性，重塑三皇姑的神格，渲染其忠孝节义、佑护地方的神迹，使之符合儒家话语的标准。

第一，堆叠南阳公主"节妇烈女"的形象。言家驹用辞赋、正史两种文本形式，从情感和理据两个层面，唤起共鸣。读罢既感南阳公主的故事真实可信，又为其忠孝节义的伟大情操动容。碑记对南阳公主故事的记载，较之此前的《苍岩山妙阳公主考》大为丰富。它详细记载了江都之变后，南阳公主经历了国破家亡、父死子丧，却始终能够坚持大义，拒绝与宇文化及复合，深为窦建德等人敬重。此外，它还提到南阳公主素以孝顺守礼著称："美风仪，有志节，造次必以礼。年十四，嫁于许国公宇文述子士及，以谨肃闻。及述病且卒，主亲调饮食，手自奉上，世以此称之。"③南阳公主入传《隋书》，成为烈女典范，显示她为社会主流价值充分肯定。如此，三皇姑披上节妇烈女的新衣，具备了为儒家

---

① 军机处上谕档第1444盒第3册，光绪二十五年（1899）十二月二十四日第5条，第一历史档案馆馆藏。
② （清）言家驹：《苍岩山神隋南阳公主奉敕封慈佑记》，光绪二十二年（1896），现存苍岩山圣母殿内。
③ （唐）魏徵等撰：《隋书》卷八十，《列女·南阳公主传》，中华书局1973年版，第1798页。

话语体系所推重的人物特质。

第二，大书特书三皇姑护佑一方的灵迹："祀公主至今，民有疾病疴痛、水旱灾祲，祈祷灵应。光绪四年旱，乡民祷吁，庙下泉涌不绝，灌溉胡家滩等村地亩，使民无饥；光绪十四年夏旱，世庶赴祷。平山县道士，在省城设位求雨，均立应；光绪十六年夏淫雨，河水泛滥，居民祷求立晴。光绪十七年夏旱，余于六月初二日，诣庙取水，到城即雨。"①三皇姑泽被地方，正符合官方"御灾捍患有功德于民"的标准，为争取朝廷敕封增添了又一保障。

第三，选定节烈妇女、名医作为从祀者，烘托三皇姑的节孝形象。殿内设"有八大名医从祀，余窃谓不伦。易四女神侍，为赵元楷妻崔氏、裴伦妻柳氏、裴女、裴妇。与公主同时，皆隋世节烈妇女、遇贼不屈者，以寓观感"。②

第四，撇清与佛家的关系，指明"苍岩山非世俗所谓香山也"，将苍岩山祭祀与一般佛教观音道场相区分。这一做法值得玩味，更全面地反映了井陉官绅此次重塑三皇姑出家修行传说和神格特色。佛教观音菩萨的祭祀范围极广，慈禧太后极好此道。为此，观音菩萨鲜少受到朝廷取缔。三皇姑修成正果，即为千手观音，也被看作观音菩萨的化身。若为谋取三皇姑的合法性，与观音菩萨搭上关系，也是一条捷径。至少不用大费周章地搜索枯肠、引经据典、牵强附会。结合县志的考证，井陉官绅对三皇姑信仰的定位清晰可见。《苍岩山妙阳公主考》强调三皇姑与朝廷禁止的无生老母不同，不属于民间教门，不是淫邪的私祀。《碑文》强调苍岩山不是观音道场，三皇姑不属于佛教观音系统，也不是随处可见的神佛。在井陉士绅的心中，更愿将其看作节孝烈女和护佑百姓的地方神明。儒家官方意识形态和地方性知识巧妙结合，毫不违和。国家与社会，井陉士绅二者兼顾，轻易化解了二

---

① （清）言家驹：《苍岩山神隋南阳公主奉敕封慈佑记》，光绪二十二年（1896），现存苍岩山圣母殿内。

② （清）言家驹：《苍岩山神隋南阳公主奉敕封慈佑记》，光绪二十二年（1896），现存苍岩山圣母殿内。

第一章 国家与社会的复杂互动：宋元以来苍岩山传说、庙会的流演

者的冲突与紧张。

言家驹的碑文为三皇姑出家修行传说提供标准版本。此外，井陉官绅还善加利用通俗易懂的壁画形式，让百姓了解、接纳改头换面的女神三皇姑。壁画绘于圣母殿内两侧墙上，讲述了三皇姑的传说故事。内容分为礼仪、落难、削发、修道、显灵、敕封、佑民、行雨八个部分。右侧壁画主要讲述的是三皇姑出家、到苍岩山修行的故事；左侧壁画主要讲述的是三皇姑得道之后福泽乡里、被朝廷敕封的故事。值得注意的是，画中三皇姑的衣饰是汉人服饰，但是敕封部分的人物则着清人服饰。据文物专家考订，认为"从内容的连贯和画风的相同来看，两壁之画当同出于晚清一个民间艺人之手。在技艺方面，线条的勾勒施彩，人物神态的掌握都较自然、准确，特别是南壁'奏讨敕封'，'敬送敕旨'及'灌溉湖淮'等组中所描绘的官民人等，可算是晚清写实之作"[1]。井陉官绅通过这些方式和途径，向百姓输送新的苍岩山传说与三皇姑形象，让他们逐渐接受儒化的区域女神。

言家驹碑文所塑造的三皇姑，抛却浓厚的宗教色彩，彰显"忠孝节义"和"护佑地方"两大特色。改造后的三皇姑俨然是儒家话语中的标志性人物，完全符合朝廷敕封的基本标准。她的敕封，可谓水到渠成。区域女神三皇姑完成了她的正统化进程，进阶为官方认可的神明。在此过程中，国家与地方互有妥协、退让，各自利益与需求也极尽满足。二者之间未出现剑拔弩张、互不相让的对峙局面，也没有一方占尽上风，绅权大展或国家一统的压倒性局面产生。其中起关键作用的，正是井陉地方士绅对女神三皇姑身份与神格的重构。井陉士绅充分利用其中介身份，积极主动、精巧灵活地找到国家与社会的平衡点，实现二者双赢的局面。

井陉士绅成功应对了社会的动乱和各方信仰的挑战，可说是传统中国自我调节功能的完美发挥。如果历史仍旧沿着传统中国社会运行的轨迹前行，井陉地方或可恢复原有秩序，百姓仍旧每年三月上山朝圣。遗

---

[1] 《井陉县志》编纂委员会：《井陉县志》，河北人民出版社1986年版，第568页。

憾的是，三皇姑受朝廷敕封时，已是1893年。中国社会已进入急速、剧烈的变革期。次年，甲午战争爆发。清政府、儒家士绅已经认识到，中国面临的是数千年未有之变局。向西方学习、摆脱传统社会的束缚和羁绊，成为后世的主流观念。三皇姑等地方信仰被贴上"迷信""愚昧"的新标签，被看作现代化的阻力，面临新的挑战。

第二章

从传统到现代：华北地方社会转型与苍岩山传说、庙会的时代挑战

近代以来，中国国门洞开，被迫卷入现代化进程。为摆脱落后挨打的境地，无数仁人志士投身其中、积极推动。但是，中国的现代化进程阻碍重重、步履蹒跚。被寄予厚望的"现代举措"，不仅未能带来进步与发展，反而造成民众生活的日益贫困化和国家权力的内卷化。苍岩山庙会与传说受到"现代""革命""科学"等时代话语的严峻挑战，但仍具有相当的传承空间。这一现象，为解析中国由传统到现代的社会转型问题提供新的研究视角。

一 现代化的困境：农村破产与国家政权的内卷化

杜赞奇的《文化、权力与国家——1900—1942年的华北农村》一书，是华北区域社会研究的经典著作。其调查区域——栾城亦在三皇姑信仰圈内。本书运用报纸及地方文献为核心史料再现井陉及附近地方民众的生活情况，与杜赞奇的研究结论极为相近。这些地方陷入现代化带来的结构性矛盾，无法自拔。民众生活日渐困苦，"农村破产"之声高唱入耳。其经济全方位衰败，体现在农业生产、衣食住行、商业经营、社会治安等方方面面。

（一）地瘠民贫，灾害频发

1. 山多地少，土地硗瘠

井陉及附近地区以农业生产为主要生计来源。但迫于恶劣的自然条件，农民生活贫苦，被深深打上"地瘠民贫"的烙印。井陉"山多地少、地瘠民贫，是人所共知的"评论，屡见诸近代报刊。①井陉得名，即因其遍境皆山，岭谷丛错，"周围高于中心，登高俯瞰，则烟火万家，如坠釜底"②。它俗名"簸箕城"，亦因县治依山而建，仅有东、南、西三门，形如簸箕。井陉及附近地区居民的住房样式，也受山区地貌影响，石窑、土窑房屋居多。瓦房在"往昔工物价廉，产额较丰"时，富户人家常修建居住。③后因木荒工缺，百物腾贵，井陉居民退而求其次，改建简陋平房。墙体少用土坯，因地制宜取山岩堆砌而成，偶有以砖作为装饰者。房顶以石灰与炉灰混合砌成，并设计平顶用于晾晒食粮和乘凉之用。而居住茅草屋者大幅减少，仅偏僻山村十余一二。井陉境内多山，百姓多择山岭处居住。石窑亦选择平顶样式，全屋除门窗外均以山石砌成。其好处在于冬暖夏凉，居住舒适，家境稍好的富农多愿选择这一房屋样式。土窑则为贫寒家庭居住，它依土崖凿洞穴而成，多在山野之间，牢固舒适，居住体验颇佳。时人称其有原始时代"穴居野处之风"，"境外之人，初抵吾井辄为之诧异，目睹石屋伟壮，甚为清秀，胥以为其地悉富贵人。殊不知是造物使然，取之甚易故也"。④

井陉及附近地方耕地少且土地贫瘠。该县辖境275村中，十之七八均为山地，草木不生，被称为"童山秃岭"和"不毛之地"。农民只能在山坡上有薄土处或石隙中，撒种耕作。横涧村附近十余村，及与平山县接壤处二十余村略为平坦，但"土质亦极硗薄"⑤。平定情况相差无

---

① 《旱灾：井陉旅京学生年假中调查本县灾民状况》，《救灾周刊》1921年第17期。
② 《井陉县风土概志》，天津《益世报》1934年2月22日第8版。
③ 《井陉农民概况》，天津《益世报》1934年1月18日第8版。
④ 《井陉人民生活概况》，天津《益世报》1935年12月16日第8版。
⑤ 《井陉县公署复函》，天津《益世报》1920年10月19日第10版。

第二章 从传统到现代：华北地方社会转型与苍岩山传说、庙会的时代挑战

几，境内"山岭重叠，土少石多，所有可种之地，大都傍坡砌石修筑而成，土厚不及二尺"①。故城人民"素以务农为业"，其地质也"大半硗薄，能耕地虽属不少，而沙卤不毛者，亦逐目皆是"。②

2. 民食不足，农民家庭入不敷出

井陉及附近地方地质硗薄，直接影响农作物产量和种类。以井陉县为例，其主要作物种类及产量情况如表2-1所示。

表2-1　　　　　　　　井陉地区主要作物种类及产量

作物种类	种植亩数（亩）	每亩产量（斤）
粟	200000余	130余
黍	100余	100余
稷	16000余	100余
麦	238000余	50—60
高粱	24000余	130—140
玉蜀黍	45000余	120—130
稻	7000余	300—400
豆	40000余	50—60
萝卜	20000余	1000余
白菜	400余	2000余

资料来源：根据梁瑞麟《井陉之植物产品》（《农业周报》1935年第4卷第15期）相关数据整理。

其粮食作物中，谷类作物所占比例极高。由种植亩数来看，该县粟、麦种植最多，二者占主要作物种植面积的七成以上。麦子所占比例略高，但亩产斤数较少，产量为粟产量的半数左右。稻与麦同属本地贵重食物，前者亩产量虽高，但因仅有威州附近沿河二三十村适合种植，年产量仅为后者的1/6。稷和高粱的种植面积与年产量相差不多。整体来说，高

---

① 《旱灾：佛教筹赈会第四组放赈员叶蓁调查山西平定县灾情状况报告书》，《救灾周刊》1921年第17期。

② 《故城民生凋萎》，天津《益世报》1933年3月16日第7版。

粱略胜一筹；黍在粮食作物中种植面积最少；豆类作物包含黄豆、黑豆、绿豆、扁豆四类，其种植面积仅与玉蜀黍相当。且豆类作物产量较低，年产量不及玉蜀黍的一半。薯类作物有红薯，但产量不高。

萝卜和白菜是主要蔬菜作物，亩产量远高于粮食作物。白菜产量不多，以威州西郊等地出产为佳。萝卜的种植面积远高于白菜，年产量甚至比粟还多一倍。经济作物中以核桃和枣为主，桃、杏、葡萄、花生等种植不多。核桃是井陉县出售的大宗农产品；枣则一半行销他处，一半供自己食用。井陉县棉桑种植较少。以蚕桑为副业者集中于县东南，有数十村之多。而绵河下游的县北一带，地势平坦、土质黄松，适于植棉。女性从事纺织贴补家用，收入较南部村民更为丰厚，生活较为富裕。

井陉及附近地方出产的农产品无法满足本地农户的基本需求。平定县每年须由顺直鲁豫等省购运粮米数十万石。井陉县即便是丰稔之年，农民要想自给自足尚且不易。棉花布匹，仰给于获鹿、栾城、正定等县；粮食缺口，须靠山西阳泉、榆次等县供给，所需款项近万元。具体可参见表2-2。

表2-2　　　　　　　　　井陉县粮食输入情况简表

食粮种类	输入量（斤）	须用价洋（元）	总计（元）
小米	140000	2800	
高粱	98000	2450	9300
玉蜀黍	166000	4050	

资料来源：毕恒武：《井陉县农业调查》，《河北通俗农刊》1935年第2卷第1期。

"民食不足"，是井陉农民生活的真实写照。井陉农产品仅一小部分留作自用，其余悉数出售以供生活所需。《井陉县志料》统计，"邑民总数，为十九万余口（据民国十九年户口调查数），粮银总数，为一万五千余两。平均每两粮银，计地约三十亩。是陉民每人约种二亩有奇"，并感慨道："山田瘠壤，二亩所产，安能供一人之所需？"[①] 该地流行

---

① 王用舟修，傅汝凤纂：《井陉县志料·风土》，台北：成文出版社有限公司1976年版，第504页。

第二章　从传统到现代：华北地方社会转型与苍岩山传说、庙会的时代挑战

"糠菜半年粮"的说法，可见农民食物的基本构成。麦虽为井陉主要粮食作物，但于农民的餐桌而言却为奢侈品。其一年食用白面的次数极为有限，仅在年节待客时吃。依照传统习俗，麦秋应吃馒头、饼、面条、饺子四顿白面，俗称"四大顿"。年节指元宵、端午、中秋、重阳。除白面外，餐桌上尚应准备酒与肉。庙会也是打牙祭重要时节。除年节外，井陉农民吃肉的机会极少，甚至鸡蛋也仅在待客时食用，更多的是小心储存起来换钱买油、盐食用。

井陉家庭大多以小米、玉米面、黍稷面为主食。水磨面以糠谷混合磨成，既是本地特色也是主要食物。食用的蔬菜分为甜菜和野菜两类，甜菜指萝卜、豆菜等，具体食用依节令而定，冬春吃芥菜、黄菜、豆叶菜等，夏季吃豆角、眉豆、甘蓝等，白菜为秋冬时节的常见蔬菜。野菜指槐、榆、杨、椿、杏、柳等树叶，以及山间黑汉菜、阳桃叶等。每年夏秋之际，妇女提篮采摘于山野之间，以供家庭所需。一年之中，仅有较为富裕的家庭的男性，可以在农忙时节吃上干粮。贫寒家庭及女性以菜和水磨面、杂合面做成菜羹、菜饼、块垒作为主食。包皮甜饼和柿子窝窝也是井陉的常见食物，系就地取材制成。枣品相较佳者用于出售，而大风吹落和分拣出的坏枣方留自家食用。这些坏枣和糠轧面为馅，水磨面做皮，上锅蒸熟即为包皮甜饼。而以柿子和不去糠的黍面混合，同样蒸制成饼，就是柿子窝窝。二者"质粗味浓，皆平原之人民食所不能下咽者，而陉民则甘之如饴"[①]。井陉人民生活困苦，由饮食清苦可见一斑。内丘县地质情况、生活水平与井陉近似，同样"土地甚少不能耕种，故农产不丰"。即便是家境富裕，食用白面者也凤毛麟角，小米、豆、麦已是最佳食物，谷糠、菜蔬也为日常生活必不可少。时人深感人民生计困难，评论道："其生活程度之低下，至为可怜。"[②]

棉布价格本就相对昂贵，且井陉等地自产数量较少，需由他县输入。加之农民生活困窘等多重因素叠加，致使井陉及附近地区除婚嫁、送老

---

① 《井陉农民概况》，天津《益世报》1934年1月17日第8版。
② 《西山之民生现况》，天津《益世报》1934年3月20日第8版。

等婚丧事宜外，多以价格低廉的粗布为衣。不仅如此，一年之中，能做新衣的家庭也是少之又少。如穿新衣，"他人必讶而问之曰，君将会亲拜友乎，何整洁如是？"① 一件衣服，穿着六七年时间为常态。粗布衣服坚实，穿着十余年者有之。更多时候，井陉居民所穿衣服，"无论男女，鲜无补缀，所著棉衣，内垫败絮，聊御风寒"②。妇女日常忙完育儿饮食外，花费大量的时间用于补纳破衣。此外，每年秋末冬初，该地估衣铺生意最为兴旺。所售衣服，来自赵县、栾城、藁城、宁晋、正定等地，行销至井陉及山西各县。贫寒民众购买后裁补御寒，极为珍视，视如拱璧。民众所穿鞋子皆由自家制作而成。鞋子厚重异常，以适应山多路陡的自然环境。制鞋用麻，产自山西昔阳。因鞋底需在伏天制作，取其天气湿润麻不易断的优势。这一时期，昔阳麻贩来此售卖，井陉居民采购，制成的鞋子坚固耐用，深受喜爱。

洋货对井陉及附近地区生活产生明显冲击。洋布、洋袜等日常用品融入民众生活。横涧镇为井陉县贸易中心，"商贾云集，人口繁多，街面之长约三华里，土地平广，为吾陉冠"③。该镇百姓，尚奢华，衣服以舶来品为美，洋货店生意兴隆。洋布质优价廉又较为美观，受到年纪较轻的时髦男女的喜爱。消费者以青年和富裕家庭为主，普通人家购买者不多。尽管销量未被洋布超过，但"土布的销路却受了很大的打击"④。阜平县依赖棉花种植和土布销售，经济受损更为严重。该县产品主要销往山西等地，但洋货流行，致使"本县唯一工艺品质土布，无路销售"，"该地人民见洋布便宜，对于土布几不过问，市面布业日形凋敝，各布店因营业萧条而相继歇业，一般人民，睹此情况，莫不捶胸叫苦"⑤。

3. 灾害频发，土地歉收，农民流离失所

井陉及附近地方旱地多、水田少，水利资源也极度匮乏。各村地下

---

① 《井陉农民概况》，天津《益世报》1934年1月18日第8版。
② 重三：《井陉风俗写真》，《县乡自治》1936年第6卷第4期。
③ 刘九如：《洋货充斥井陉城》，《农业周报》1935年第4卷第19期。
④ 毕恒武：《井陉县农业调查》，《河北通俗农刊》1935年第2卷第1期。
⑤ 《阜平棉花歉收，布业凋敝》，天津《益世报》1934年1月17日第8版。

水稀缺，自有水井较少。雨水丰沛之年，居民尚可将雨水储于水窖，以备一年之用。多数时间，其多引水成渠，依赖绵河、磁河、滹沱河等灌溉土地。其中，磁河俗称"沙河"，因其河身淤浅，甚至终年无水，"沙漠一片，草木不生"。其并不利于灌溉，"一遇大雨则水流激湍，不久即涸，有百害而无一利"。① 滹沱河虽终年流水，但对农业耕作同样害大于利。它遇夏雨连绵，则沿岸十余里范围内，悉成泽国；遇大旱之年，则河水涸竭，无法提供充足水源灌溉农田；甚至雨量稍少，河水为上流各村截用，下游农田也难受益；仅有雨量适合，方能福荫沿岸各村土地获得丰收。绵河情况稍好。其上游水流湍急不利于灌溉，当地农民因地制宜大力发展水磨业，安设水磨百余盘，获利颇为可观；下游水流平缓，沿岸居民多引水成渠以便灌溉，各村地亩收成较好。

井陉及附近地区水涝等灾害频发，令靠天吃饭的民众苦不堪言。《续修井陉县志·祥异》中，记载雍正九年（1731）至同治十三年（1874）年间发生的天灾与丰收情况如图 2-1 所示。

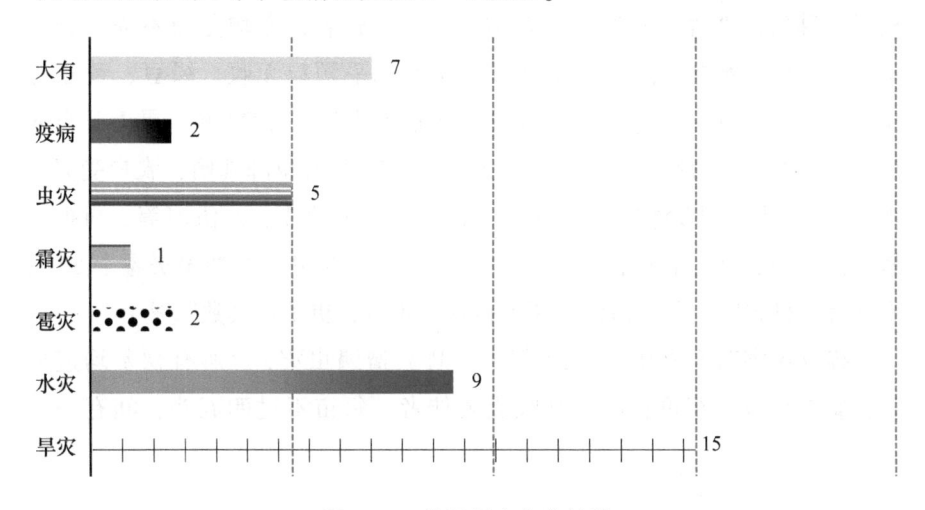

图 2-1 井陉县志灾害统计

类别	次数
大有	7
疫病	2
虫灾	5
霜灾	1
雹灾	2
水灾	9
旱灾	15

资料来源：根据（清）常善修，赵文濂纂《续修井陉县志·祥异》［光绪元年（1875）刊本］整理统计。

---

① 温凤韶：《正定井陉普查工作概况》，《农业周报》1935 年第 4 卷第 19 期。

由图 2-1 可知，在近 150 年时间里，井陉县遭遇灾害次数共计 34 次，而丰收年景仅有 7 次，前者是后者的 5 倍之多。在天灾中，旱、涝、虫灾的危害最大，多次造成"人民饿殍，离散甚众"[1]的惨况。《井陉县志料》记载："道光十九年，乙亥，六月六日，绵河大涨，冲去人民无算，涌入南城门，淹没东关阁、二门阁里西北两街，家家皆被水害，由东巷流入北关。"[2] 民国时期，井陉及附近地区同样饱受灾害之苦。与清朝相比，甚至有过之而无不及。农民更感忧心的是，"他们的苗儿怕遭上水旱风雹虫等灾。直到结实后，是没有一天休息和安心的"[3]。

水涝灾害为祸最烈。井陉附近山地居多，土地含水量低。若遇亢旱、未得透雨，高粱、玉蜀黍等庄稼叶枯黄脱落，秀穗但不实。水井也随之干涸，民众用水须至数里外汲取河水。如遭大水，山洪暴发，河水激涨，则"泛滥奔溃，其势汹汹，将沿河所有良田，冲淹殆尽。村庄亦尽成泽国，一片汪洋"[4]。旱涝灾害，尤为影响农作物的播种期与产量。1919 年秋，井陉雨水较少，麦收已极为歉薄。次年入夏后，仅降小雨两三次。秋禾下种后，"骄阳酷烈，日就枯槁。其未枯者，亦均苗而不秀，秀而不实"。后虽降透雨，但节令已过，秋禾几乎颗粒无收。绿豆、黄豆等作物，亦"秀实者十居一二，萎枯者十居八九"[5]。1934 年，灵寿县自入夏以来，本风调雨顺，禾苗欣欣向荣。7 月 30 日晚忽降暴雨，农户受灾严重。伍河沿岸二十余村，悉数被淹。白家沟、冯管庄、西伍河等 8 村损失最重，"秋收业已无望"，"除良田冲毁、禾苗摧折外，并冲塌房屋十四间，淹毙管庄村农民一名，沿河之树木被水冲走者，更不计其数"[6]。

蝗螟灾害时有发生。1933 年，宁晋县遭遇虫灾，"所有秋禾均遭虫害，影响秋收，至重且巨。其收成最佳者，每亩不过四五斗，间有一二

---

[1] （清）常善修，赵文濂纂：《续修井陉县志·祥异》，光绪元年（1875）刊本。
[2] 王用舟修，傅汝凤纂：《井陉县志料·大事记》，台北：成文出版社有限公司 1976 年版，第 985 页。
[3] 《献县社会的解剖》，天津《益世报》1933 年 5 月 1 日第 7 版。
[4] 《滹沱河水暴涨泛滥成灾》，天津《益世报》1934 年 7 月 20 日第 4 版。
[5] 《井陉县公署复函》，天津《益世报》1920 年 10 月 19 日第 10 版。
[6] 《灵寿二区秋收绝望》，天津《益世报》1934 年 8 月 20 日第 4 版。

斗者"①。井陉、邢台等地遭遇雹灾，庄稼受损严重。1925年，井陉割髭岭附近"天降冰雹，麦禾多被砸毁，乡民纷纷报灾"②。受损最重的是南芦庄、北芦庄两村，有两成地亩被灾，庄稼歉收三分以上。

更为可怕的是，这些灾害常相伴而生。前灾未去，后灾又起。1933年，平乡县"初遭蝗虫之蚕食，继以大雨之为灾"③。1935年，井陉、赞皇两县先遇酷旱，后遇虫灾。井陉县于五六月间雨水稀少，秋禾播种时，又发生虫灾。秋收时节，各村自然严重歉收，"城关附近及横涧一带，禾黍每亩不过三斗。被虫灾区，如北陉、台头、北障城一带，每亩斗余，甚或仅五六升者。平均全县年景尚不及二成，各乡农夫莫不叫苦"④。赞皇县春夏两季，滴雨未降。七月上旬，始落透雨。秋禾虽顺利播种，但又因阴雨连绵，收成不佳。唯有荞麦在阴雨天气条件下能够结实饱满，可望丰收。不料，随后天气骤热，"荞麦尽成焦花，不能结实"⑤。农民收成无望，叫苦不迭。

灾害频发无异于雪上加霜，庄稼歉收致使农民生活困苦、流离失所。傅良策目睹丁丑奇荒，写出"千村万户断晨炊。凄凉面目皆菜色，剥削生涯尽树皮"；"忍抛娇嫩亲生女，竟鬻糟糠半世妻，死委沟渠堆白骨，生将血肉换朱提"等诗句。⑥民国时期，井陉农民"际此秋收奇歉，贫苦之家无方觅食，撷树叶以充饥，掘草荄以果腹。室如罄悬，人多菜色，目击情形，实堪悯恻"⑦，而"鬻儿卖女，夫妻离散，因贫自缢，因饿自鸩，种种的零星痛苦，我们也举不胜举，述不胜述"⑧。平定县也是如此，"值兹荒年，势皆不能自活。以故鬻妻卖女，实繁有徒。壮者携妇担儿，他乡求食。老者乞讨无方，坠岩觅死。小孩幼女，弃掷途中。冻

---

① 《宁晋花絮》，天津《益世报》1934年4月4日第8版。
② 《井陉县调查被雹各村》，天津《益世报》1925年6月18日第10版。
③ 《平乡鳞爪》，天津《益世报》1934年2月11日第8版。
④ 《井陉歉收》，天津《益世报》1935年10月1日第4版。
⑤ 《各县简讯》，天津《益世报》1935年10月1日第4版。
⑥ 王用舟修，傅汝凤纂：《井陉县志料·大事记》，台北：成文出版社有限公司1976年版，第987—988页。
⑦ 《井陉县公署复函》，天津《益世报》1920年10月19日第10版。
⑧ 《旱灾：井陉旅京学生年假中调查本县灾民状况》，《救灾周刊》1921年第17期。

饿致毙，日有所闻，种种惨状，触目心伤"①。这些记载道尽荒年民众的悲惨境遇。

4. 粮价与地价齐跌，农民生活困窘

井陉及附近地方农业人口基数虽大，但因山多地少、灾害频发，农业收入极为有限。本地麦子种植亩数多，但农民食用少，皆因其价高收益最大。甚至有的地方，麦子"是本地唯一出售的农产品，经济来源全赖于是"②。其他作物如玉米、黍、稷、大豆等秋禾大半不进行销售，既要供给一年人家及牲畜食饲之用，也因其经济效益低，销售收入微乎其微。据毕恒武统计，井陉县麦子每亩总产量约为一市石，价值大洋六元。但其投入也多，"除去人工洋二元，种子费二角，肥料费一元，上忙捐税三角五分"，其纯收入仅为2.45元。③ 其生产投入产出比并不高，不亏本已属不易。

近代以来，粮食价格波动较为明显，与市场供需、气候、通货膨胀等原因直接相关。1934年年初，粮价因新麦上市而大跌。井陉麦子由13元一袋（四斗）降至不足4元。麦子每斗售1.2元；小米每斗0.9元；绿豆每斗1元；高粱每斗0.2元；玉稷每斗0.5元。宁晋粮价更低，降幅高达2/3。麦子每斗价格为0.9元；小米每斗0.5元；芝麻每斗0.86元；玉蜀黍每斗0.4元，黑豆每斗0.35元。8月，宁晋又因缺雨，粮价回暖，上涨一倍多。麦子每斗价格为1.45元；小米每斗1.26元；玉米每斗0.98元；高粱每斗0.84元。1935年，深泽县因物价飞涨，粮价每斗较之前涨价0.1—0.2元不等。同年春，宁晋棉花价格走低，"存花民众迫于经济，苦不可言"。后济南地区棉花需求旺盛，本地棉花因此获利，价格上涨，籽花百斤卖价13元，花穰百斤30余元，"一般存花富农巨商，莫不转忧为喜"。④ 供需变化导致粮价波动，实属市场的正常变

---

① 《旱灾：佛教筹赈会第四组放赈员叶蓁调查山西平定县灾情状况报告书》，《救灾周刊》1921年第17期。
② 毕恒武：《井陉县农业调查》，《河北通俗农刊》1935年第2卷第1期。
③ 毕恒武：《井陉县农业调查》，《河北通俗农刊》1935年第2卷第1期。
④ 《宁晋美棉涨价》，天津《益世报》1935年4月22日第4版。

第二章 从传统到现代：华北地方社会转型与苍岩山传说、庙会的时代挑战

化。然而，灾害引发的粮价下跌，不易挽回，农民收入相应减少。通货膨胀带来的涨价，农民收入看似增加，但其涨幅低于通货膨胀率，因此生活反而日渐贫苦。整体而言，粮食价格出现较为明显的下滑趋势，麦子价格一路下跌。1925年前后，麦子每斗价格在1.2—1.4元之间。而五六年后，其价格最高不过0.54元，最低已至0.47元，价格相差一倍。"谷贱伤农"，井陉及附近地方的民众生活日渐困窘。

地价下跌与粮价同样严重。农地一般分为上、中、下三等，价格视等级次第降低。上地为平坦而肥沃的黄土地；中地为较为瘠薄的沙土高地；下地为山坡地与河滩地。距离村庄远近或遇卖家急需用钱或者买家争抢的情况，也会造成土地价格波动。民国政府为加强管理，要求土地买卖须依照法令执行。买卖双方谈妥价格后应在村公所誊草契约，再至县政府缴纳契税。除法定手续费用外，买卖双方再无其他支出。实际上，传统习俗仍旧袭用。土地买卖须请有声望的乡绅担任中人说和。中人虽不收费用，但翌年正月，买家须请客一次，宴请中人与卖家，俗名"摆割食"。旧俗新规并未出现影响价格的明显变量，但地价大幅降低。1928年以前，井陉每亩上地价格在100—150元。20世纪30年代，其跌至30—50元。下地价格由15—20元跌至5—10元；中地价格跌至10—20元。其跌幅在2/3左右。正定县往年150—160元之上等地，后售价60元；原售价60元的次等田，后至多可卖30元。永年县每亩价值在100元左右的田地，后仅值60—70元；原本价值50元左右的田地价格，跌至30余元。平乡县以往售价在30元之肥田，后仅以10元出售。即便地价一落千丈，愿意购买的买家却寥寥无几。有记者到乡间调查，"所闻者尽是典房卖地声，置产者则绝无仅有"[1]。土地以"低廉之价格能售出者，尚属幸运！甚至价廉物美而无人问津者，病亦在皆然"[2]。这种情况的出现，绝非价格的正常波动，而是农村经济发展乏力的明证。

"农村破产"的呼声不绝于耳，屡屡见诸报端。农民耕作所得，无

---

[1] 《井陉农村苦况》，天津《益世报》1933年12月26日第8版。
[2] 毕恒武：《井陉县农业调查》，《河北通俗农刊》1935年第2卷第1期。

法满足日常生活所需。盐是民众生活的必要物资。但是，20世纪30年代，井陉及附近地方盐价不跌反涨。政府要求食盐售卖，须采用新制，较旧衡每斤少2两余。按照旧制，1元可购买食盐9斤5两。采用新衡后，1元购买食盐斤数看似一样，但实际上少一斤二三两。新旧衡的更替，盐价变相上涨。新制颁行后，民怨较大，"一般民众风闻之下，莫不痛苦万分"，"有'唯有盐贵'之语"。宁河、井陉等县推行缓慢，"各乡镇仍有不敢用者"。①民众无力负担购盐费用，不得已采用"刮土淋盐"的方法解决吃盐问题。井陉及附近地区，土地硗薄不适于五谷生长，盐碱地数量却不少。每年春季，地表多生"小盐"。民众为生计所迫，纷纷刮食盐土。他们收集盐碱地上薄薄的一层盐土，用铁锅淋盐，析出盐水；再通过晾晒、熬煮的方法令其结晶成盐。这种做法，为政府所不准。各县缉私队严加查禁。顺平县一半以上的民众依赖刮食"小盐"，缉私队到县查看，捕获大批民众，引发民众请愿。五里岗等十数村民众五百余人齐赴县府，向县长诉说生活苦况。村民言辞恳切地说明，"我们一带村庄地质太坏，五谷不能丰收，其他麦子等物，概不能生长。在此农村破产时候，吃的都不够，并且还要和县里封粮纳捐，县长想想，我们如何活下去。假使县长不和我们要粮捐等钱了，我们谁也不刮小盐吃"②。县长无奈，直言暂时允许村民刮土淋盐，以纾民困。村民得此允诺，方愿退出县府，返归乡里。而定县缉私队执法甚严，"以职责所在，苟不严加取缔，影响于国家财政，殊非浅鲜"。他们发现，刮土淋盐者多不胜数，力主将查获的5户藏私者押县法办。后由乡长副从中斡旋，花费50余元方免牢狱之苦。自此，定县民众"以缉私队查办认真，不敢再触法网，然刮食小盐系被严加禁止。购买官盐，又手无分文。'淡食'遂成一般居民之必然遭遇"③。"淡食"之风遍布四乡，实是井陉及附近地方在此困境下的无奈之举，更是民众生活日渐贫苦的有力证据。

---

① 《食盐改用新衡》，天津《益世报》1934年3月20日第8版。
② 《完县民众请愿》，天津《益世报》1934年4月8日第8版。
③ 《定县农民淡食》，天津《益世报》1934年3月20日第8版。

第二章　从传统到现代：华北地方社会转型与苍岩山传说、庙会的时代挑战

(二) 苛捐杂税，百业萧条

1. 物产丰富，助力经济

井陉及附近地方地瘠民贫，但其物产资源丰富，在一定程度上缓解了农民的经济压力。邢台、辛集两地畜牧业较为发达，养羊户较多。因此，羊肉、羊皮、羊毛等产量较为丰厚，且交通便利，可由平汉线分销各地，形成河北省两大皮货市场。水磨业和烧石灰是井陉的两大特色产业。水磨业利用水利优势，除以水磨杂合面外，还将各种树木砍成小片，磨成粉末用于制香销往平津地区，称为"香末"。水磨面和香末兼做的水磨铺多具有季节性特点，主要在每年秋末至来年夏初的农闲时节经营，是农业耕作的补充和副业。井陉也有常年不辍的水磨铺，称为"老磨"。除经营时间长短的区别外，产品种类和水磨安设地也与前者不同。"老磨"多磨麦粉，杂合面和香末不在生产行列，水磨安设地点距离河水较远。石灰窑分布于绵河沿岸，其生产同样具有季节性，"每年农隙之际，农民开石灰窑者甚多。农忙时，即停工改务农业。间有常年不停工者，但甚少"[①]。南河头以上各地出产的石灰，品质较好，大多行销至石家庄一带。南河头以下各地出品的石灰，质量较差，一半销往获鹿等地，一半留作本地建筑房屋之用。

井陉、磁县、盂县等处盛产瓷器。其中，井陉窑开采最早，隋唐时期已有成熟的烧制白瓷技术。磁州窑于北宋时期创烧，是中国北方最有影响力的民间瓷窑，声名远播。盂县窑创烧时间略晚，且名望也不如二者，但销量不错。民国时期，这三地窑厂鼎立，各有所长。磁州窑拥有白地画花、黑釉剔花等工艺，别具一格。它还能利用河运优势，产品由滏阳河顺流而下，运输费用低廉。其产量最大，销路最广。近代以来，其销量竟十倍于井陉，遥遥领先。盂县窑厂虽不多，但胜在技术优良，平山、灵寿、行塘等处所用白碗，2/3 出自该县。井陉瓷土优势在于交

[①] 王用舟修，傅汝凤纂：《井陉县志料·实业》，台北：成文出版社有限公司1976年版，第423页。

通便利且制瓷资源丰富。该县地近正太路与平汉路交点，坐拥交通枢纽之便。因此，它"采办原料，销售货品，不甚困难"，从业者日渐增多。① 1934年，该县刘家会村于"望之濯濯的西北小山，又发现新的制瓷原料"，支撑其制瓷业持续发展。② 但是，井陉瓷器的销量却远不如磁州窑和盂县窑。井陉窑与盂县窑在平山等地竞争，完全处于劣势，销量仅为前者一半。其制瓷业集中在南横口、冯家沟、天护等村。其中，冯家沟一带瓷土质粗，窑厂只能烧制瓮、缸等用品；南横口镇瓷土细腻，可烧制盆碗等日常用品及儿童玩具等。乾嘉以来，南横口镇窑厂世代为马姓窑主所有，是井陉窑的中心，窑数占本地窑厂总数的一半左右。近代以来，井陉窑产品缺乏竞争力，原因颇多。一是本地窑厂门户之见极深。李如竹指出，本地窑厂"忌妒成性，霸产瓷为私业，据手工为独能，不肯广为流传，推之公共"③。二是制瓷水平较低，缺少技术能手。本地能生产新式器物者，仅有一家。其生产的瓷器碗底无釉，用久以后容易生垢发臭；瓷釉并不坚实，容易脱落露出坯体；盛以热水，有"唧唧"的声音。三是运输成本过高。井陉虽近铁路，但由南横口等产地至铁路站台须用驴马驮运。铁路运输成本远远高于河运。因此，井陉瓷器远销不如磁州窑，近销又竞争不过盂县窑。

井陉及附近地方以农业为根本，其他传统产业并不发达。以井陉为例，其"邑人什九业农，以经济力薄弱，经营商务者绝鲜。又因全境皆山，运输不便，外人来此营商者，亦为数无几。间有业工者，但大都视为农家副业；其专以工业为生活者，殊不多见"。④ 因此，传统产业在各县经济总量中占比不大，资本额和营业额并不算高。井陉传统产业资本额和营业额较高者统计如图2-2所示。

---

① 王用舟修，傅汝凤纂：《井陉县志料·实业》，台北：成文出版社有限公司1976年版，第419页。
② 平山县高学兰到此考察，发现该山所产的青白滑石，既可做石笔，也可用于制造瓷器。具体情况可参见《井陉三区发现制瓷原料》，天津《益世报》1934年8月20日第4版。
③ 李如竹：《井陉县之工业》，《河北月刊》1934年第2卷第8期。
④ 王用舟修，傅汝凤纂：《井陉县志料·实业》，台北：成文出版社有限公司1976年版，第403页。

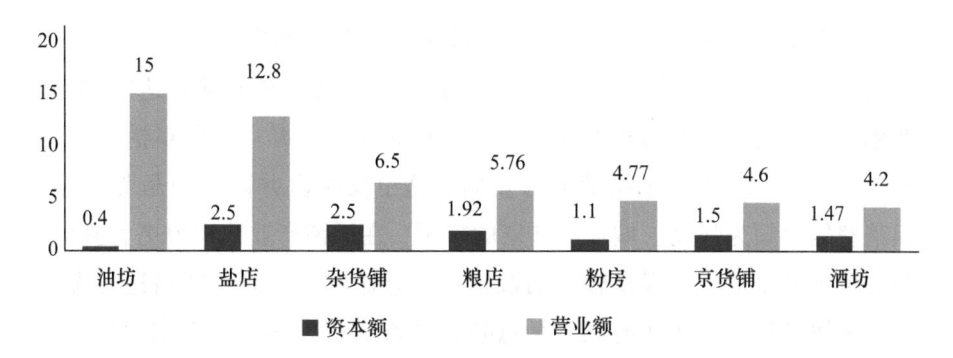

第二章 从传统到现代：华北地方社会转型与苍岩山传说、庙会的时代挑战

图2-2 井陉传统产业资本额和营业额数据（单位：万元）

资料来源：根据王用舟修，傅汝凤纂《井陉县志料·实业》（台北：成文出版社有限公司1976年版）相关数据统计而成。

由图2-2可见，井陉县传统产业资本额和营业额较高者均与民众生活息息相关。油盐作为生活必需品，其营业额远高于其他产业。本地油坊，本少利厚，又因芝麻、花生等"原料之采办，出品之推销，均不感受困难，故营业颇佳"①。粮店的发达，一方面，因本地粮食产量入不敷出，须由邻近地区购买；另一方面，作为粮食中转站，再行售卖至获鹿、石家庄等地。因此，粮店的营业额与资本额居高不下。粉房将绿豆、红薯等原料加工制成粉条、粉皮售卖，成本不高且销量不错。再者，其生产渣滓还能用于喂猪，因此获利丰厚。酒坊同理，生产与销售两皆便利，销售额也相对走高。

井陉传统产业是近代城市化进程的缩影。杂货铺胜在商品种类和店铺数量较多。全县共有250余家店铺，贩卖各种纸张、颜料、香皂等生活用品。特别的是，城乡差距逐渐拉开。"凡在城镇开张营业者，销售货物易而且多，故营业尚属发达。至在村乡营业者，则资本既少，行销困难，故生意多半萧条。"②京货铺与土布铺的营业额相对照，贫富的差

---

① 王用舟修，傅汝凤纂：《井陉县志料·实业》，台北：成文出版社有限公司1976年版，第413页。
② 王用舟修，傅汝凤纂：《井陉县志料·实业》，台北：成文出版社有限公司1976年版，第409页。

距愈加显著。京货铺主要销售中外绸缎、毛呢、绢布等产品。它虽因"本邑人民，财力微薄，不尚奢靡，行销不易，故生意不甚发达"，但其客单价高，因此营业额相对突出。①而土布需求虽大，但全年销售额约为3.3万元，反而低于绸缎的营业额。这也反映出井陉富户虽然不多，但消费能力颇为强劲。城乡与贫富的差距，在饭铺产业体现得更为鲜明。该县位于城镇地区、规模较大的饭铺，生意比较好。而乡间路边售卖烧饼、油饼者反而"销售有限，生意颇属萧条"②。概言之，财富向城镇地区聚拢，而乡村地区日渐贫困。

井陉及附近地方煤矿资源丰富。井陉、磁县、平定与唐山等地均为近代历史上举足轻重的产煤区。③综合来讲，井陉和开滦煤矿开采较早、规模较大，技术和设备也更为先进。开滦煤矿的历史可以上溯至1877年的开平矿务局，本是洋务运动中官督商办的民营企业之一。1900年，煤矿的主办权落入英商胡佛之手。1912年，开平煤矿与滦州煤矿合并，名为联合办理，实际经营管理权长期由英商把控。1898年，井陉煤矿由德人汉纳根踏勘发现，即与土地所有者张凤起达成开采协议，获得十个月试掘权。汉纳根后想缔结永久契约，经由驻京德使请求中国外交部和路检总局承认。但清政府一直托辞延宕，至1905年收归国有，设井陉矿务

---

① 王用舟修，傅汝凤纂：《井陉县志料·实业》，台北：成文出版社有限公司1976年版，第406页。
② 王用舟修，傅汝凤纂：《井陉县志料·实业》，台北：成文出版社有限公司1976年版，第404页。
③ 学界对开滦、井陉等煤矿的研究，关注点有二。一是革命史范式下，研究煤矿工人罢工及中国共产党的劳工教育。相关著作有张凤阁主编的《开滦煤矿工人运动史》（新华出版社1992年版）、南开大学经济研究所经济史研究室编的《旧中国开滦煤矿的工资制度和包工制度》（天津人民出版社1983年版）、凌宇的《近代河北井陉煤矿矿难研究》（河北大学，硕士学位论文，2007年）、董晓丽的《马克思主义在开滦煤矿工人中的早期传播研究（1918—1927）》（中国矿业大学，硕士学位论文，2022年）等。二是现代化范式下，研究各煤矿的外事交涉与利权争夺等问题。相关著作有：云妍的《近代开滦煤矿研究》（人民出版社2015年版）、王瑛的《1937—1945年间日本对井陉煤矿的掠夺与"开发"研究》（河北师范大学，硕士学位论文，2011年）、苏宇涛的《晚清井陉煤矿的开发与对外交涉》（河北师范大学，硕士学位论文，2013年）、吴志山的《开滦煤矿代管事件研究》（东北师范大学，硕士学位论文，2018年）、韩冰的《1938年唐山开滦煤矿工人大罢工研究》（河北师范大学，硕士学位论文，2021年）。开滦煤矿作为北方最大的煤矿，研究稍微充分些。但是，对开滦、井陉煤矿的研究仍不够系统，相关史料尚有待挖掘，其对地方社会的影响、生产经营情况的演变、近代中国政治教育的关联等问题尚有较大研究空间。

第二章 从传统到现代：华北地方社会转型与苍岩山传说、庙会的时代挑战

局管理。井陉煤矿同样采用联合办理形式，实权由汉纳根掌握。一战德国战败，根据1921年签订的《中德协约》规定，井陉煤矿收归省办，归直隶省所有。① 1906年，本地士绅杜希五联合正定吴景程成立正丰公司，从事煤矿开采，意欲与井陉煤矿竞争，但一直不太景气。民初，该矿先后引段祺瑞、曹汝霖、阎锡山等军阀入股，成为与井陉煤矿并峙的两大矿厂。开滦煤矿与井陉煤矿因长期由外商掌控，采用新式开产方法较早。正丰煤矿为与之争胜，也舍弃土法开采，积极使用西式汲水器等现代机器设备。磁县也有较为丰厚的煤矿资源。其设备"移用井陉煤矿内装换之各种旧机"，虽为"利用井陉矿中余力余利，以谋磁县矿务发展"，但也反映其矿务发展水平不及开滦煤矿与井陉两矿。②

与传统产业相比，现代采煤业的资本额与营业额呈碾压之势。井陉矿区所产"炭质有烟，最富于黏结性。生炭适于蒸汽炉用，及各种窑业用。骸炭适于熔炉、铁匠炉等之用"③。在开采之初的两年时间里，井陉煤矿的出炭量不算太高，总计约300吨。其后数年，产量突飞猛进，每日出炭量高达500余吨。同期的正丰煤矿，日出炭量为百余吨，约为井陉煤矿的1/4。其他民营煤矿多采用土法开采，产量更低，各坑全部日产量不足20吨，全年总量不超过5000吨。20世纪30年代井陉煤矿日出炭量已高达3000吨，且足可开采百年而不竭。其煤炭蕴含量之丰厚，可见一斑。然而，矿区尚不满意，主事人谷钟秀提出，将停办的运城煤矿新装的大型机器运来井陉，替代30余年前的旧机器。这样，井陉煤矿的挖掘效率大幅提升，日产量可提升至5000吨。同时，为匹配出炭量的增长，他推进煤矿运输电气化，及井陉支线的建设与开通。原本，井陉煤矿运输的各个环节，效率均不算高。井下向井上的煤块运输，以蒸汽机为主要工具，井内运输，由200匹骡马负责驮运；向外部运输，依靠

---

① 井陉煤矿的早期发展历程，苏宇涛的《晚清井陉煤矿的开发与对外交涉》（河北师范大学，硕士学位论文，2013年）有较为细致的论述。他以"中研院"近代史研究所编《矿务档》和甘厚慈辑《北洋公牍类纂续编》为主要史料，指出晚清政府在收回井陉煤矿利权方面起到积极作用。

② 《谷钟秀谈井陉矿整理计划》，《大公报》1936年10月29日第3版。

③ 慎齐：《直隶井陉矿区炭坑概况》，《中华实业界》1916年第3卷第5期。

通往正太路的一条轻便窄轨。谷钟秀拟全面提升井陉煤矿的运输效率。首先，煤井上下机器部分改用电气化新式机器，替代蒸汽机成为主要工具；其次，采用电车运输，取代骡马脚夫的工作；最后，由正太路微水站兴修至矿厂的铁路。三记重拳，井陉煤矿的运输效率将提高一倍。日运输量由3000吨上升至6000吨，恰与日出炭量的变化相适应。这样，井陉煤矿发展迅速，其资本额高达1000余万元，营业总额为五六百万元。即便工人的工资，也有四五十万元之多，远在传统产业的营业额之上。

煤矿开采的上下游产业的营业额也水涨船高。井陉县木料厂多分布在正丰煤矿、岗头、小寨、威州等处。威州镇木料购自本地，以零售梁檩椽板等建筑材料为主。其余各处，均由平山、元氏、太原等地购运大宗杆板窗木，转售于正丰、和记、裕兴等本地煤矿。煤矿的木料需求量大，带动木料产业发展。其资本额为2.4万元，营业总额为7.2万元。煤炭厂既因利乘便，销售本地煤矿产品；也销售由阳泉地区贩入的石煤。其行销容易，行业发展较好。其资本额为1.75万元，营业总额为8.12万元。它与木料行业的经营规模，仅次于油盐业而超出大部分传统产业。而木炭业受煤炭厂的影响，销量欠佳。《井陉县志料》记载："因本邑煤价极廉，人民屋内暖炉，皆用煤炭，不用木炭。所需者，仅糕点铺、成衣局小部分而已。"[1] 因此，木炭仅在井陉、盂县、平定等地小范围流通。其生意萧条，依靠牲畜驮运零售，甚至仅有走贩而无坐商。

现代采煤业为农民提供大量就业机会，增加家庭收入。王廷炯提道："因煤窑需工人甚多，所以井陉的男子几乎都到煤窑里挖煤，家中及田里的工作均靠妇女们去做。"[2] 刘九如也指出，井陉地区"凡农家地少人多者，即赴矿作工，既不荒芜田禾，复可得到工资，补助农家之收入，

---

[1] 王用舟修，傅汝凤纂：《井陉县志料·实业》，台北：成文出版社有限公司1976年版，第408页。

[2] 王廷炯：《河北井陉妇女一年中的生活》，《女子月刊》1936年第4卷第5期。

诚非浅鲜。故农田较多之家，反不若半耕半工之丰富也"①。平定"矿产以煤铁为大宗，常年可养活工人六七万"②，磁县也是"煤矿林立，工人众多"③。可见，煤矿开采对农户家庭的影响之深。

煤矿产业的经济体量较大，其营业额甚至数倍于传统产业的总和。其关联巨大的经济利益，引发各方争夺。《中德协约》规定，井陉煤矿50万两资本中，3/4划归直隶省所有，1/4由德商所有。经营20年期满后，即于1932年起，德方股份应无条件归还中方。但日本觊觎井陉煤矿，寻机收买这些股份。以谷钟秀为代表的井陉官绅，援引《中德协约》规定说明，德国股份在未经中国地方政府及本省人民认可前，不许转让或抵押于第三者承继。以此为据，井陉"官民均反对，决不允其出让"，态度鲜明地维护中国利权。④ 中央与地方为争夺德国股份也屡有交涉。国民政府认为，这1/4股份为德国赔款，经中央"行政院"议决拨作故宫博物院经费。但河北省地方财政支绌，强调其对本省矿业发展与行政系统极为重要，力证"1/4股份就主权及系统而言，合同上经明确规定其归为省有"。因此，它申请维持省有旧案，直接划归省府所有。这一提案被国民政府表明"拨做故宫博物院经费，于河北文化亦极有利。案经确定，未便变更。所请划归省有之处，仍难照准"，断然拒绝省方要求。⑤

矿产收入分配，引发地方争相纳为己用，以保行政经费无虞。1925年，直隶省教育经费紧张，欠薪达半年以上。直隶教育界成立教育经费独立促成会，公推北洋大学校长刘仙洲为主席。该会发表宣言书，述及欠费情况及争取教费独立的理由。"频年以来，吾直教育经费，受军事之影响，几濒绝境。军兴则悉索移应，事后复无法补偿。延至今日，积欠有达八月以上者。经费无着，支持维艰。或弦诵无闻，学子多舍业以

---

① 刘九如：《洋货充斥井陉城》，《农业周报》1935年第4卷第19期。
② 《旱灾：佛教筹赈会第四组放赈员叶蓁调查山西平定县灾情状况报告书》，《救灾周刊》1921年第17期。
③ 《磁县怡立煤矿工人突告罢工》，天津《益世报》1934年2月27日第8版。
④ 《某国人拟收买井陉煤矿股份》，《中央日报》1936年10月26日第3版。
⑤ 《冀省府力争井陉股份》，《民国日报》1929年11月8日第1版。

嬉。或讲席仅设，师傅尽枵腹从公。补苴之术既穷，根本之图斯急，此年来教育经费独立之说所由起也。"① 该会向省长提交的呈文里，引用中外事实说明经费独立已有先例。它先引一战时欧洲国家的经验，强调"试观欧洲大战，继续五年，而巴黎、柏林大学之教授未尝一日停息。若波兰瓦梭大学，且于笼城炮火声中，举行其壮大之开幕典礼"；后用山东、河南等地做法，指出"近来指定教育专款，或教育费独立之呼声，各地喧腾，洋溢盈耳"，"河南则将没收赵氏私产，定为教育基金，行来大见成效。山东、江苏等省，以纸烟特捐定为教育经费。江苏且由教育界派员监收，划特别会计。是他省成例具在，我直仿效堪资"。② 基于此，该会提出："井陉矿产收入甚富，虽未明列预算，而据当事者声言，每年盈余，不下一百余万元，以之充省立或受补助之教育经费，实属有盈无绌。偶有不足，则有纸烟特捐项下挪用补足。如是一转移间，我省教育基础，立臻巩固。数万学子，同感盛德于无既矣。"③ 由此可见，井陉煤矿收入在全省范围内也颇为令人瞩目，是为教育等行政部门提供稳定经费来源的首选。

矿区现代化程度较高，其日常生活迥然于本地的乡土社会，成为极为特殊的存在。它与地方政府之间易滋生矛盾。《井陉县志料》对矿区多有不满和指责之声，指出"因其资本雄厚，势力伟大，无形中遂列入特殊地位"④。这种情况在井陉矿区收归省有后反而更加严重。据称，汉纳根时期，虽有国际关系和条约保障，"气焰炙手可灼"，但对于地方应缴税赋，"尚能遵章履行，不敢恃势藐法"⑤。一战后，德国战败，其在本地影响力削减。同时，正丰煤矿背靠北洋军阀，反而势力急剧膨胀。和记等民营矿厂争相效仿，矿区地位凌驾于地方行政之上。这有以下四

---

① 《直隶教育界运动经费独立运动》，《时报》1925年3月22日第2版。
② 《直隶教育界运动经费独立》，《教育界》1925年3月20日。
③ 《直隶教育界运动经费独立运动》，《时报》1925年3月22日第2版。
④ 王用舟修，傅汝凤纂：《井陉县志料·实业》，台北：成文出版社有限公司1976年版，第416页。
⑤ 王用舟修，傅汝凤纂：《井陉县志料·实业》，台北：成文出版社有限公司1976年版，第416—417页。

第二章 从传统到现代:华北地方社会转型与苍岩山传说、庙会的时代挑战

点表现。(1)矿主态度傲慢。以商人资格与县长的往来公文,皆用公函而不用呈。(2)行事霸道,强占官道。原本井陉通往平山的大道,被强划为矿区范围,反而不允许邑民牲口通行。(3)矿区治安,地方警察不得干涉。井陉地方治安,皆由县署警察管理维护。矿区居民如有违法事项,不许地方警察过问处置。(4)捐税兵差,概不缴纳。商捐是地方财政的主要来源,矿市街商号借矿区庇护,避交捐税。兵差按惯例应依照粮银数额摊派,但矿区对于应承担的兵差费用,分文不愿负担。前两点可见井陉矿区势大嚣张,后两点更为井陉县政府不能接受。其地方财政紧张,兵差负担繁重,每两粮银摊派费用多则数百元,少亦数十元。井陉煤矿粮银计72两有余,正丰矿粮银计52两有余,加上和记、裕兴等矿数额,兵差费用有数万元之多。这些税赋对于井陉地方政府而言无疑是笔巨款,矿区拒不缴纳自然为其所厌恨。《井陉县志料》谈及这些现象,用词极重,指"境内大小各矿场及矿场附近区域,俨然成为县境内有治外法权之租界地",要求矿区明辨商人地位,"其所经之营之者,仍是工业兼商业性质,并非国家行政机关"。① 可见,井陉矿区与县政府之间积怨已久,矛盾已深。后者的法定权力与财政收入,遭到矿区各方的漠视,其社会地位可见一斑。

2. 苛捐杂税,加征无度

井陉及附近地方赋税,分为田赋、契税、杂税、杂捐、差徭五大类。其中,田赋指地丁一项。康熙五十一年(1712),清政府采用"滋生人丁,永不加赋"的政策,丁税征收不再以实际人口数作为征收原则,而是以前一年的人丁数作为固定税额。在此基础上,雍正元年(1723)即颁行"摊丁入亩"政策,将固定的丁税分摊至田赋之中统一征收,统称为"地丁"。晚清时期,井陉及附近地方按此规定缴纳田赋,闰月须格外增加闰银。民国时期,井陉等县的田赋征收以银元为单位,闰银也因采用阳历而不再加征。其税率定为地丁银一两,农民须缴纳银元2.3元。井陉将田地以产量

---

① 王用舟修,傅汝凤纂:《井陉县志料·实业》,台北:成文出版社有限公司1976年版,第417—418页。

多寡分为四等，赋率依等级递减。金粮为上地对应等级，每亩征银6分6厘；平粮对应中地，每亩征银4分4厘；冈粮对应下地，每亩征银3分；坡粮对应极下地，每亩征银2分，全县粮银数总计为1.5万余两。田赋征收一般分为上忙、下忙两期。上忙征收期为农历三月至四月；下忙征收期为农历八月至十月。田赋由各乡长负责征收。征收完毕，各乡长应将粮银交至县政府。粮银数满1元的部分，可以缴纳现洋或纸币；小数点后的尾零数目，无论是缴纳银元还是铜元，须按照当日牌示市价折收。田赋项下还有田赋附加税额，用于地方行政支出。井陉县每征银1两，附加税额总计为1.65元。具体数额如图2-3所示。

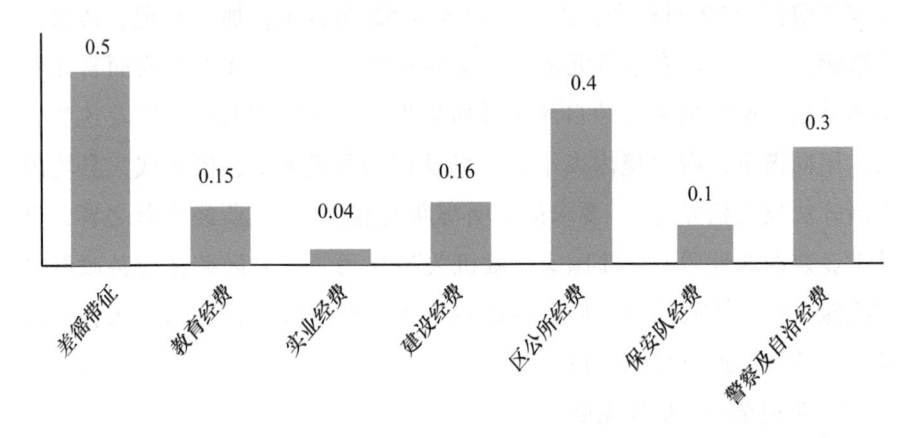

图2-3 井陉县田赋附加税额统计（元）

资料来源：根据王用舟修，傅汝凤纂《井陉县志料·行政》，（台北：成文出版社有限公司1976年版）相关数据整理。

契税，分为买契税和典契税两类。1929年后，契价改征银元。买契按价征税6分，附加学费6厘；典契按价征税3分，附加学费3厘。此外，买典契每粘契纸一张，加收纸价5角和注册费1角。契约由政府制定标准格式，土地和房屋的买卖均须使用这一草契，并由交易监证人加盖戳记，方为有效，可作为诉讼证据。这草契也须购买使用，买契每张铜元10枚，典契铜元14枚。这些附加费用已经不菲，其契税本身标准在全国范围内也属较高水平。北平繁盛远超井陉及附近地方，买契税率

第二章 从传统到现代：华北地方社会转型与苍岩山传说、庙会的时代挑战

仅为河北省的一半。此外，契税附加分为田房买契费用和田房典契费用。前者按价抽收6分，后者抽收2分，征收占比较高。这部分款项中，监证人独占5厘，其余少部分上交国库，大部分留作地方行政使用，具体分配情况如图2-4和图2-5所示。

杂税，主要分为牲畜税、屠宰税、牙税三种。牲畜税包括骡、马、

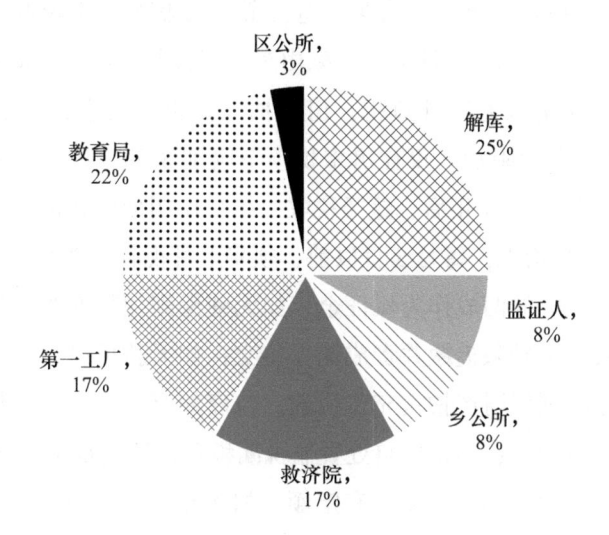

图2-4 买契附加分配统计

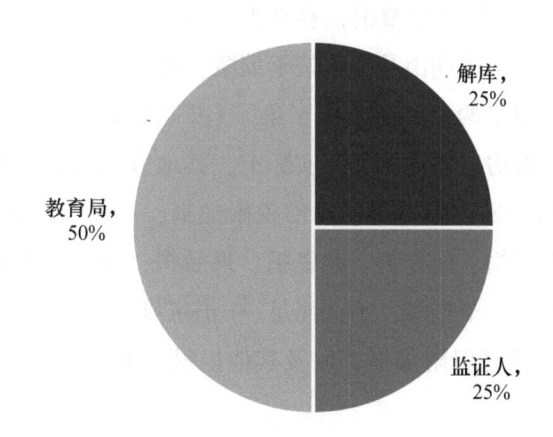

图2-5 典契附加分配统计

资料来源：根据王用舟修，傅汝凤纂《井陉县志料·行政》（台北：成文出版社有限公司1976年版）相关数据整理。

牛、驴、猪、羊、骆驼等多项。其税率不问大小公母一律按照买价的3%抽取。屠宰税以猪、羊、菜牛为主。税率按数量收费，猪每头6角，羊每头4角，菜牛每头3元。牙税分为牲畜牙税、羊牙税、猪牙税、牙斗税、炭秤牙税、鸡蛋牙税、丝绵椒秤牙税、白布估衣牙税等大类。县府考虑到有些交易"物属细微，事近苛扰"者，可予以免税以示优待。① 税率，除粮食、土布、棉花、绳、席、纸等项牙税较低、按照价格抽取1%外，其余均按3%抽取。税款由买卖双方共同承担，值百抽一货物的税款，买主和卖家七三开负担；值百抽三货物的税款，买家承担2/3，卖家承担1/3。杂税附加，仅在屠宰税项下附加3分。作为县立女子初级高级小学校经费。1925年后，这类税收一律采用招商承包的形式。全年包额，按照12个月均摊，每月5日以前，须将上月税款如数交清。包商须有铺保并且预缴包额的两成作为保证金，如无铺保则须预缴半年税额。税款如有延迟，政府将勒限追缴并责成铺保垫交；如无款可缴，便会由保证金中扣除，甚至将铺保财产拍卖充作税款。包商如有浮收和勒索情事，县府将处以十倍以下罚金；不得擅自处置偷税漏税者，须遵章送县讯办。

杂捐，由行户缴纳，每年均有定额。如磁轮捐，为银洋12.43元；水磨捐，为银洋149.696元；香房捐，为银洋3.24元；酒户捐，为银洋47.62元。捐款一年分两季缴纳，春夏为一季，秋冬为一季。各行户按期交至县政府征收处，逾期由县警察按季催缴。兵差，自1914年起折合银洋随粮带征，每正银1两，带征差徭5角。《井陉县志料》介绍杂捐时，仅列磁轮、水磨、香房、酒户四类。实际上，其地方捐税种类繁多，包括酒行公益捐、戏捐、煤税附加捐、屠宰税附加捐、商捐、灰窑捐、水磨捐、煤矿学警捐、香末捐、南瓷捐、北瓷捐、果品捐、石灰出境捐、石煤落地捐、毛绒捐、皮捐、羊捐等，不一而足。② 正定则"除完纳粮租外，尚有学警附加捐、自治经费附加捐，以及其他捐税，不下30余种"③。

---

① 王用舟修，傅汝凤纂：《井陉县志料·行政》，台北：成文出版社有限公司1976年版，第450页。
② 《关于井陉县苛捐杂税之分析》，天津《益世报》1934年1月13日第11版。
③ 《正定农村概况》，天津《益世报》1934年11月7日第4版。

第二章 从传统到现代：华北地方社会转型与苍岩山传说、庙会的时代挑战

这些赋税对于财源枯竭、生活困苦的百姓而言，实在无力负担。霍崇德对井陉捐税进行调查后，也批判捐税过重。他指出，"举凡农民日常所用物品，如柜箱桌椅等木货，亦莫不有税"；且"本县因为煤炭之出产地，故乡间均煤店林立。但煤炭交易，除有正税必须纳税外，尚有牙佣税之苛剥"；"此外如油行、布行、灰行、席行、花生行等等，名目繁多，不胜枚举。至于田赋附加，早已超过正税规定，且尤为人民所苦者，为硝磺局、统税局、印花代卖所，买卖田房税契所等机关"。他直言，"一般民众负担繁重，呼地无门。更往往因不知底蕴而违税章，因而轻则被罚，重则押管。值此农村破产、经济恐慌之际，小民其何能堪"。① 芦盐附加，每年征收额度为1500余万元，该省3000万民众平均每人负担0.5元，被视作河北省苛杂之最。申梦奇等指出，该税"较任何税均为重。同时盐价飞涨，人民购盐无力，食私在所难免，队民因怨成仇，积久非地方之福"②。国民政府屡有废除苛捐杂税的规定，省府也有明令，要求赋税不得超过正税，但各县行政经费入不敷出，只能加重捐税向农民摊款，经费仍旧"系出之于农民摊款之中，只不过避免随粮带征之名词而已"③。无独有偶，晋县田赋附加超过正银4角多，不符定章，奉令核减。但是，该县认为，"该项附加，多为教育警团各费之用，遽行减免，殊无法抵补"④。因而，将超过数额改为按村摊派，以规避田赋附加超过正银的规定。井陉及附近地方政府对国家指令阳奉阴违，令减税政策形同虚设。

井陉及附近地方财政紧张，甚至于入不敷出。各县税赋收入，分为省款和地方款两类。省款上交至省府，地粮、差徭、买典契税、学费、买典中用、磁轮捐、水磨捐、香房捐、酒户捐、牲畜税、屠宰税、各行牙税、契纸价、税契注册费等项。地方款留作县府行政经费，包括田赋附加、学款生息、煤矿学警捐、香米出境捐、商捐、戏捐、羊捐、羊牙

---

① 霍崇德：《井陉捐税调查》，天津《益世报》1934年8月19日第4版。
② 《冀捐税监委昨开会决请办土地陈报》，天津《益世报》1935年12月16日第4版。
③ 温凤韶：《正定井陉普查工作概况》，《农业周报》1935年第4卷第19期。
④ 《晋县田赋改为摊派》，天津《益世报》1934年7月19日第4版。

税留拨、鸡蛋牙税留拨、牲畜牙税留拨、石灰出境捐、粮麦出境捐、皮捐、毛绒捐、酒行公益捐、瓷器产销捐、果品出境捐、灰窑捐、石煤落地捐、学田地租、河淤租、学生学费、煤税附加捐等项。根据《井陉县志料》统计，20世纪30年代以前，该县大抵收支平衡，尚无亏短问题。1931年，该县"岁入概算数，较岁出概算数，亏短四千三百元"①。高明堂指出，1932年，井陉行政支出洋8万余元，地方捐税收入3万余元。② 加之，田赋附加是地方款项的重要来源，按照田赋一两附加1.65元的规定，该项收入近3万两。其余经费依靠契税附加、杂税留拨款支应，县府尚称经费支绌。同一时期，唐县财政更为拮据。1933年，该县杂捐标额合计不足5000元；薪资发放，须东挪西借；管钱局复和号倒闭，所有款不能提出。3月，该县财务局收入仅为19元，可见其财政奇窘陷于绝境。有评论称："值此经济恐慌之际，财政当局，若不设法革图，各机关之经费，恐陷于永无办法。"③ 玉田县自治分为八区，区公所经费，由田赋附加捐承担。1933年，该县因战乱使上忙钱粮征收无望，"区经费已告无着，各区欠费颇多，已有不堪维持之状"④。它不得不裁员并区，将原有八个自治区合并为四区。这包括：以第一第二两区并为一区；第三第五两区并为一区；第四第六两区并为一区。第七第八两区并为一区。同年，肃宁县以"各局对外不行文为原则，各局经费节减三分之一"，决议裁撤工、财、教、建四局，归并县府办公。⑤ 这一做法，是迫于经费支绌而做出的调整，以缓解地方财政的压力。

客观而言，井陉及附近地方的行政支出由国家或者现代化的角度来看，分属必要。除用于公安、财政等行政机关支出外，其主要是学校教育与社会救济方面的投入。井陉县行政经费分配情况请参见表2-3。

---

① 王用舟修，傅汝凤纂：《井陉县志料·行政》，台北：成文出版社有限公司1976年版，第455页。
② 《关于井陉县苛捐杂税之分析》，天津《益世报》1934年1月13日第11版。
③ 《唐县财政奇窘》，天津《益世报》1933年4月12日第7版。
④ 《玉田县赌风甚炽》，天津《益世报》1934年2月27日第8版。
⑤ 《肃宁裁撤四局》，天津《益世报》1933年2月26日第7版。

第二章 从传统到现代：华北地方社会转型与苍岩山传说、庙会的时代挑战

表 2-3 井陉县行政经费分配情况

行政经费	公安局	财务局	建设局	教育局	党部	救济院	县立乡村师范	县立职业学校	县立高级小学校	县立女子高级初级小学校	县立第一工厂	通俗讲演所	县教育会	各区公所	津贴威州初级女校	津贴四乡高级小学校	津贴县农会	津贴省师范毕业生及旅外同乡会	津贴大学生
田赋附加	√		√	√	√		√												
牲畜缴税留拨			√	√	√	√								√	√				
羊牙税留拨					√	√													
斗牙税留拨					√	√													
鸡蛋牙税留拨									√										
屠宰税附加				√		√				√									
买典中用				√	√					√	√								
煤矿学警捐	√			√					√	√									
商捐	√																		
戏捐	√		√	√				√											
旅店捐	√																		
水磨捐	√																		

85

续表

行政经费	公安局	财务局	建设局	教育局	党部	救济院	县立乡村师范	县立职业学校	县立高级小学校	县立女子高级初小学校	县立第一工厂	通俗讲演所	县教育会	各区公所	津贴威州初级女校	津贴四乡高级小学校	津贴县农会	津贴省师范毕业生及旅外同乡会	津贴大学生
评价补助费	√			√															
行政用纸		√	√			√													
煤税附加捐		√	√	√	√	√	√	√	√	√	√	√				√	√	√	√
皮捐									√			√	√						
羊捐				√	√				√				√						
毛绒捐					√														
果品出境捐								√											
香末出境捐				√	√														
石灰出境捐					√														
粮麦产销捐							√												
瓷器产销捐									√	√									
酒行公益捐																			
石煤落地捐																			

第二章 从传统到现代：华北地方社会转型与苍岩山传说、庙会的时代挑战

续表

	公安局	财务局	建设局	教育局	党部	救济院	县立乡村师范	县立职业学校	县立高级小学校	县立女子高级初级小学校	县立第一工厂	通俗讲演所	县教育会	各区公所	津贴威州初级女校	津贴四乡高级小学校	津贴县农会	津贴省师范毕业生及旅外同乡会	津贴大学生
行政经费																			
兴盛渠租			√	√			√	√											
有息抵押债券					√					√									
盐底子						√													
养地租							√		√										
学款生息									√										
学田地租									√				√						
房租									√										
河淤租									√										
本校学生学费																			
木厂售品费											√								
违警罚金	√																		

资料来源：根据王用舟修，傅汝凤纂《井陉县县志料·行政》（台北：成文出版社有限公司1976年版）相关数据整理。

87

为缓解地方财政压力，各县不断加征，民众负担日重。捐税加征，主要有两种形式。其一，原有捐税基础上提高征收额度。藁城县学警两项经费原本能够收支相抵，但因1920年北方大旱，造成财政收入锐减、经费多年亏短。该县新增劝业所与民团组织，经费"筹无定款，随时挪借"，且该县"地方公款，罗掘俱穷，苦无法施，势不得不出随粮带征之一途"。①该县定于1922年起，田赋附加每亩加收制钱25文，每年可增加收入1万余元，借以解决学、警两项经费不足问题。任县原本抽取戏捐作为自治经费，每演戏一台，抽制钱500文。1920年，该县同样为劝业所经费所苦恼。地方绅董考虑到本地演戏"相习成风，不易禁绝。每当秋禾登场之后，时有演戏酬神之举，禁之不能，听之不可"②。该县取寓禁于征之意，决议加征戏捐，每演戏一日，加收制钱500文。这样，该县杂捐年收入可增加制钱200余串，以满足劝业所经费所需。井陉县自治经费原本由田房税契项下支出。1925年，该县经费收归官办。该县决议加收商捐、抽取籽粒公益捐、过割改收银元，作为自治经费。每1元商捐，每月加收2角，每年增加收入约300元。籽粒捐随粮带征，每银1两，增收5角。过割费原本征收制钱，且无论费用多寡，社书均按照每亩粮银300文的统一标准收取。此次决议，过割费以银元形式收取，每亩粮银收取"过割费大洋三角，以一角五分充社书手数费，一角五分充参事会常年经费"③。

其二，增加新的杂捐名目。1916年，井陉县劝学所所长刘家桂等建议，在本地设立香末总厂，收买全境香末，其收益用作学款支出。但是，省署委员查明，这种做法几近垄断。因而决定，井陉作为香末生产地，加征出境捐；获鹿县作为香末销售地，同时加征销售税。刘家桂等始终认为，"此项香末出境捐收数微细，以之兴办实业学校断难有济"。三年后，他再度建议，在井陉设店收买香末。为避免垄断之嫌，刘家桂提出，"不采专卖主义，力除垄断陋习，任听磨户不拘本境、外县，自由择主

---

① 《藁城加收随粮亩捐》，天津《益世报》1922年11月4日第10版。
② 《任县筹办劝业所经费》，天津《益世报》1920年3月8日第10版。
③ 《井陉县政会议筹添经费》，天津《益世报》1925年8月9日第10版。

出售，不加过问"。① 不过，这一建议仍未获准，该县长期收取香末出境捐，作为县立职业学校专款。

1920年，井陉县至少新增两项捐税。2月，该县抽取瓷器驮捐，以解决劝学所经费支绌问题。该县统计南横口和冯家沟两处砖窑，按照出货量征收出境捐。冯家沟有瓷窑9座，每座每年烧2—4次不等，平均可烧20窑。每窑可出瓷器1000余驮，该处共可生产瓷器2万余驮。南横口镇有大窑7座，小窑6座，共计13座。该处产量与冯家沟相当，两处生产瓷器在4万驮以上。这些产品在井陉县内销售约0.5万驮，其余3.5万驮销往外县。"此项瓷业极形发达，所抽出境捐为数无多，于销售并无妨碍，于学校大有裨益。"② 因此，它加征瓷器出境捐，按照每驮抽取制钱30文为标准，预计全年可增加1050余吊收入。3月，县立高等小学校校长傅汝凤以相近理由呈请征收由山西运入、在本县销售的石煤落地捐。他认为，高小"经费虽经屡次添酬，仅属杯水车薪。基金不足，诸事难期进行"，而该捐"不取之普通人民而取之殷实商贩，在商人负担无几，在本校则裨益良多"。③

1922年，井陉县又加征砖瓦窑捐。威州镇高小校长李含章，鉴于学校经费无着，前一年曾建议抽取砖瓦灰窑捐作为办学经费。但灰窑主申明，"灰窑生意清苦，从前已认警捐，若再加捐恐难担负"④。李含章据此再次提出，砖瓦窑并无捐款，可以酌收学捐。该县决定，每座砖瓦窑抽捐3元，将增加的90元捐款，充作威州镇高小经费。

1923年，井陉县又添两项捐税，作为县教育会经费。4月，县教育会长李芳春因经费支绌，提出收取蚕丝瓜子出境捐，以资挹注。抽取标准为：蚕丝出境每斤抽取制钱150文，瓜子每斤抽取制钱5文。捐款收取方式，因"此项出境捐额，为数无多。设局抽取，耗费甚巨"，故采

---

① 《井陉县请设香末厂》，天津《益世报》1919年11月17日第10版。
② 《井陉县请抽瓷器驮捐》，天津《益世报》1920年2月11日第10版。
③ 《井陉县添筹高小学款》，天津《益世报》1920年3月8日第10版。
④ 《井陉抽取砖瓦窑捐》，天津《益世报》1922年6月10日第10版。

用招商承包照章收取。① 11月，县北二区教育会会长杨益三鉴于"各庄离城甚远，到县立高级小学就学，贫寒子弟，每苦不便"，建议在区内增设高级小校一处。② 该校经费，由该区出售棉花抽取捐款承担。该捐定名为棉花销捐，规定每斤棉花抽取制钱4文，捐款由购买棉花者缴纳，同样采用招商承包形式完纳捐税。

1924年，该县东区教育会议长高九如认为，"县内地段，多沿河流，林木生产，最为发达"，建议在区内抽取树木捐，以解决学款不敷的问题。③ 该捐收取范围，以东区第二、第三学区为限。捐款额的1/5用于区教育会经费，其余4/5归区内高小办学使用。树木或木料出售后，买方须缴纳售价的3%作为捐款。此外，买方还须另行支付牙佣款项，该捐实际增加树木买家的负担。捐额由东区教育会及威州、横口两所高级小学三方议定，并定期招商投标承包，照章收取。12月，蔡承典、阎吉庆二人所投标额为最多数，获得包商资格。他们抽取捐税的同时，应注意查明树木是否买卖性质。如属于自用并非营业性质者，无须缴纳捐款。

由上述情况来看，北洋军阀统治时期，井陉及附近地方捐税加征极为严重。北伐胜利后，废除苛杂的政令屡有颁布，但各县加征捐税以应对经费不足的问题并未得到缓解。磁县福安、中和两大煤矿公司，每年各认学捐3000元。1930年前后，两公司"拖欠累累，扛不缴给"。县政府决定征收煤炭火车出境捐作为教育经费。④ 由井陉县行政经费分配表可以看出，煤矿附加税是县财政的重要来源。在所列19处机关中，有15处经费取自煤矿附加税。该税由井陉、正丰两座煤矿抽取，后奉省令取消。但是，县财政经费顿时失去财源，缺口只能再向地方摊派。井陉县政当局苦恼不已，深感"在此地方经费拮据，青黄不接之时，人民自顾且不暇，更何能负此重担"⑤。其不得不一再推举代表赴省府请愿，要

---

① 《井陉教育会添筹经费》，天津《益世报》1923年4月7日第10版。
② 《井陉教育会筹款兴学》，天津《益世报》1923年11月27日第10版。
③ 《井陉筹收木捐之详情》，天津《益世报》1924年8月14日第10版。
④ 《磁县征煤炭捐》，《大公报》1930年5月10日第8版。
⑤ 《井陉正丰煤税撤消》，天津《益世报》1935年9月28日第4版。

第二章　从传统到现代：华北地方社会转型与苍岩山传说、庙会的时代挑战

求继续抽取煤矿附加税，以维现状。

捐税征收，本易产生弊端。浮征问题和包商玩法的现象普遍存在。井陉及附近地方捐税浮征等问题严重。任仲民作为本地人，指出："河北省全省县知事大多数以个人发财为目的。胥吏虐民，县知事视若无睹。"他举例说明，警捐以人数确定征收额度，而警数减少税额却并不相应降低。学款也是如此，学校开办后部分捐税便可停缴，但"官厅仍按年征收，农民仍须按年缴纳，似此类事件甚多"。[①]邢台地区"靡费侵吞公款者，实属多数"。1934年，该县张家屯应缴纳的保卫团等费为120元，但村民实缴540余元，浮征420余元。这些费用，尽用于政警及团丁饭费及村中不正当开支。范之感慨道："张家屯不过是一个百户的小村庄，一年有五六百元的支出，每户平均负担五六元之公款。当此农村破产的目今，农民衣食尚属无着，哪能再受种种榨取呢？"[②]1920年，直隶省为救济灾荒曾规定，灾区贫民典当地亩，可免纳契税及其他一切花费，以减轻灾民负担。次年，井陉县长赵椿煦迫不及待地表明，"以此项办法，本为救济一时。目下已届麦收，自与去岁灾后情形不同，当契长久免税，实干税收不无妨碍"，"典当契税，仍照向章办理"。[③]

包商作为政府与商户的中间人，其代为征收税款缴纳到县，滋生问题良多。平山县白沙镇每年春季庙会期间，设有农具市场、规模较大。因农具多属木制，故该庙会市场以木货交易为大宗商品。农具交易，由包商按照规定的捐税比额，从轻抽收。1934年，包商"以年来木货市场，异常萧条，大有亏本之虞。故不肯减轻捐税征收率，决意按定章抽收捐税"[④]。此举引发木货商人群起反对，指责包商不体恤商民艰苦，破坏市场惯例。木货商派代表赴镇公所交涉，要求包商依照旧规从轻抽取捐税。镇公所出面调停，与包商再三磋商。但双方坚持己见，不让步。木货商遂举行全体罢市，并推举代表到县府起诉包商非法征收。邢台东

[①]《农民之敌——官吏与军队》，天津《益世报》1934年1月13日第11版。
[②] 范之：《浮征——剥削农民又一法》，天津《益世报》1934年1月13日第11版。
[③]《井陉县当地免税停止》，天津《益世报》1921年7月11日第11版。
[④]《平山县白沙镇庙会包商苛征木税惹起纠纷》，天津《益世报》1934年5月4日第8版。

汪镇抽取猪肉捐，因被视作苛捐杂税而被限期废除。但是，该税包商借口县府尚未明令布告施行废除，仍照常抽税。他还"防止他人营业，独霸世面，希图抬高肉价，以肥己病民"①。该镇士绅杨书亭、杨尊士、袁登岚等联名具文，呈请县府查办。乐亭小学捐款，每年收入六七千元，作为教育经费来源。该捐款收取十余年，向来平安无事，稍有纠纷发生。1935 年，商人卢宝珍在县城西街开设协力小肠公司，与原有包商发生冲突。县府接到包商投诉，考虑到"小肠捐款，关系全县教育经费，一日发生纠葛，则影响教育匪浅"，出面协调约束双方。②县府要求：不准提高市价，致滋事端；不准持续勒买，亏商血本。双方如有违反，可以到县府告发惩办。井陉香末总厂本就颇具争议，易引发垄断弊端。它于 1936 年冬成立，翌年便引发纠纷。"近因有少数磨户，于停磨期间违约不停"磨行代表出面干涉反被殴打受伤，由此引发诉讼。③

包商浮征问题也时有出现。1934 年，邢台县因征收皮毛捐用于学款引发纠纷。财政厅派员调查发现，该县共有皮商 40 余家，每年营业额高达 500 余万元。其应缴纳 8 厘学捐和牙税等费用。其中，学捐包额为 2.6 万余元，实际征收高达 4 万元；牙税应按 1.2 分征收，实际却按照 8 分标准征收。此外还有 1.2 万元的高额应酬费支出，其中有 7000 元用于贿赂牙税征收局长。这些浮征费用，高达 30 余万元。1919 年，井陉县增设水磨杂柴牙机，招致磨户反对。该县水磨铺所用柴木，原本由磨户与柴主直接交易，十分便利。增设牙纪后，手续烦琐、反倒不便，且令小本经营柴主增加牙佣负担，利润微薄。其后果严重，"磨户柴主直接受害，果木户因此停顿营业。不但新捐无以抽，新店无以设，即旧有税捐亦无所出也。如此则双方受累，不特磨户不甘忍受，即揆之国家通商惠工之意，当亦不忍"④。磨户柴主不堪其扰，选派代表王廷秀等赴县要求追还牙帖并转呈财政厅注销。饶阳县每逢集日，"商贾云集，热闹非

---

① 《邢台东汪镇包商玩法，猪肉捐照旧征收》，天津《益世报》1934 年 8 月 2 日第 4 版。
② 《乐亭小肠包商发生纠葛》，天津《益世报》1935 年 11 月 17 日第 4 版。
③ 《井陉磨行纠纷》，天津《益世报》1937 年 6 月 10 日第 8 版。
④ 《井陉取消水磨杂柴行》，天津《益世报》1920 年 5 月 9 日第 10 版。

第二章　从传统到现代：华北地方社会转型与苍岩山传说、庙会的时代挑战

常，一般肩担小贩，恒恃此以谋生"①。1934年，田裕同、张梦喜等人，见集市商贩众多，有利可图，于是呈请县府以清洁道路为名，征抽摊贩税。该税按照大小抽佣，粮摊和土布摊各抽税2角，菜摊抽税1角。每月计有12个集日，可筹税款250元左右。二人做法，激起众怒，导致摊贩全体罢市，以示反对。捐税繁重与浮征等弊端，无疑增加人民负担，引发争议不断。

3. 歇业破产，市面萧条

捐税加征，商民受损最重。他们除须承担按照人口摊派的田赋等项，新增杂捐基本是面向商民征收。且县府轻率地认为，商人盈利丰厚，加征捐额不高，于商家无损又能有益地方，属于一举两得的做法。事实上，县政对商民需索无度，令井陉及附近各县经济濒临破产、市面萧条，而商家经营无力、相继歇业。

正定"年来农村破产，百业凋敝，苛捐杂税，日趋繁重。一般商民，类皆赔累不堪，相继倒闭"，"市况萧条，不堪寓目"②。仅1934年，该县呈报歇业的商家就有60余家。献县商家赔累不堪，难于经营的商家，多不胜数。其原因，在于"金融枯窘，购买力缺乏，又兼种种苛捐杂税，有增无减，以致担负过重，得不偿失"③。该县倒闭商家数量在半数以上。永年"商业歇业之多，为数十年来所未有"④。该县因地理交通因素本就不算发达，但市面营业勉强可以维持。20世纪30年代，市面极为萧条，百年老字号王新顺于1933年倒闭，可见其商业经营，已极度困窘。井陉同属商业欠发达地区，市面"各种物品价值，均极低廉，而买主绝少"。各铺户盈利少而亏损多，但歇业决定也不易做。商家面临"虽欲歇业，而外欠太多，无法停止。如继续经营，则买卖萧条，实难维持生活"的两难决定。⑤赞皇县"枣果歉收，粮食低贱。民间生活，

---

① 《饶阳征抽摊贩税》，天津《益世报》1934年4月15日第8版。
② 《正定花絮》，天津《益世报》1934年3月31日第8版。
③ 《献县碎锦》，天津《益世报》1934年2月22日第8版。
④ 《不景气》，天津《益世报》1933年2月26日第7版。
⑤ 《井陉农村经济破产》，天津《益世报》1933年2月26日第7版。

93

困难万分。工商各业，大受影响"①。1933年，该县歇业商家比比皆是，有医院两处、饭店六座、花店四家、杂货铺两家。其余四乡，更难数计。内丘原本临近平汉铁路，交通便利，商业较为繁盛，却也面临"商业萧条，金融枯竭"的困境，各商家"已呈外强中干之局"。②该县商家亏损严重，鸿泰油店、魁兴银楼、蚨茂粮行等均告倒闭。勉强维持经营的商家，纷纷采用裁员减薪、降低成本支出、缩小经营规模等手段自救。平山县呈报歇业的商家高达数百家。该县"商业凋敝已达极点，各商户率皆赔累不堪"；"勉强开市者，亦均缩小范围，裁汰伙友，减轻费用，勉为支持"。③香河同样"商民经济破产，金融确已枯竭"，"民间财力一时不能恢复原状。废历年关，仅闻一片讨债声、搪账声，充满耳鼓，不景气情形，洵所未有"。④

市面萧条，捐税征收不易，包商出现无人投标的情况。井陉及附近地方杂捐多采用招商承包形式收取。因参与竞投须提交担保及抵押款作为门槛，包商多家底殷实，且财源稳定、获利丰厚。多数时候，包商是一般商人求而不得的机会。随着商业不振，包商招揽日渐艰难。1934年，赞皇县以1932年税额为标准招商承包。但因近两年"水旱歉收，农村破产，百业萧条不振，各包商亦均赔累不堪"⑤。以至于该县招包困难，多次投标均未达到最低标额。8月1日为该县举行第十八次投票日期，届时竟无一人前往。县府也无有效应对手段，只能暂时训令旧包商暂代征收。平山、获鹿也遇此困境。两县天灾人祸纷至沓来，农村经济与人民生活困窘异常。市面销售货物价格比往年价格便宜，但购买者却寥寥无几。市面萧条导致"包揽税务一项，更较往年为棘手，以标额最低之价格，商民在往年犹易为力。在今年则视为无法筹措"⑥。两县包商无人投标，无奈只能到井陉等邻县张贴布告招揽包商。天津《益世报》

---

① 《赞皇商业不振房价低落》，天津《益世报》1933年12月21日第8版。
② 《内丘商业萧条》，天津《益世报》1934年3月31日第8版。
③ 《平山县商会召开联席会议》，天津《益世报》1934年4月4日第8版。
④ 《香河废年一瞥》，天津《益世报》1934年2月22日第8版。
⑤ 《赞皇税务招包》，天津《益世报》1934年8月2日第4版。
⑥ 《经济破产之明证，平获税务无人包揽》，天津《益世报》1933年5月31日第5版。

第二章　从传统到现代：华北地方社会转型与苍岩山传说、庙会的时代挑战

记者评论此事："可见各县志经济情况，确已无法维持"，并推测"料想吾穷苦之陉商，亦不踊跃前往包揽"。①

苛捐杂税抽骨吸髓，吸干了井陉及附近地方的经济活力，金融市场随之收缩。"阜康之家或素以放账为生活者，今则只收进不出借。"② 这意味着市场流通资金紧张，借贷方物以稀为贵，借机提高借贷利率。原本月利二分已属高利，后增长近一倍。利率为三分、四分者有之，虽不符合法律规定，但对于资金短缺者又不得不进行拆借。货币发行的混乱局面也带来诸多不稳定因素。县府和商会将发行地方票券作为缓解金融困境的主要方式。1933年，井陉县政府发行"井陉农村救济兑换券"，"以济金融，而使农民"。③ 该券以民生银行股款为基金，商会再行投入部分资本，共发行股票1万元。1935年，任丘商会同样以"活动金融"为由，发行五角面额的临时通行凭条。该凭条共1.5万元，与市面通行票洋互用，委托县殷实商号宏达、永聚当等16家代付。这些券票多以不出境为原则，意在缓解本县金融危机。任丘商会还表示，"如无障碍，将继续印发，以利农村"④。事实上，这种做法不但未能缓解金融恐慌，还造成多种货币在市面上流通与兑换。这给投机者从中渔利的机会。1932年，宁晋人王某在栾城合股开办晋兴当局。其利息不算高，为2分8厘，以此吸引顾客。但其借付款项为宁晋角票。它要兑换现洋，或亲自到宁晋兑换，路程百余里，耗时费力，或在本地市面兑换，每元须贴洋3分。晋兴当局以此渔利，本地商会"以此种行为，实属有碍民生，亟应加以制止"⑤。商会亲自出面，通令各商家禁止通行外县角票，以此维护本县金融稳定。另外，这种做法造成纸币超发，引发物价上涨，通货膨胀问题严重。深泽因"纸票充斥，各种物价，飞涨不已"⑥。该县生活日用品价格普遍上涨。煤油由每箱6元升至9元，白洋布由每匹6元

---

① 《经济破产之明证，平获税务无人包揽》，天津《益世报》1933年5月31日第5版。
② 《平山白沙镇庙会包商苛征木税惹起纠纷》，天津《益世报》1934年5月4日第8版。
③ 《井陉农村经济破产》，天津《益世报》1933年2月26日第7版。
④ 《任丘商会维持金融》，天津《益世报》1935年11月17日第4版。
⑤ 《典肆投机》，天津《益世报》1932年7月20日第7版。
⑥ 《深泽物价狂涨不已》，天津《益世报》1935年11月17日第4版。

涨为7元，花生每百斤由3元上涨至5元。这对粮价下跌而物价上涨、捐税奇重的农民而言，生活愈加困苦、手无余钱。农民购买力、消费能力的匮乏使商家销售困难、经营无力，相继倒闭。市面流动资金减少，高利贷、投机者加重金融恐慌。各县政府为维持金融稳定、多采用超发票券方式缓解，反而造成通货膨胀。这样，井陉及附近地方经济陷入恶性循环，其百业萧条、振兴无门。

经济萧条带来工人失业等连锁反应，工潮屡有发生。巨鹿农民于农闲时节到高阳县一带窑厂中工作，以补贴家用。每人一季至少可收入40元，多者在百元以上。据1930年统计，该县店子庄一处，该项每年收入可达八九千元。普盛营村有5000元左右。其余各村收入虽不如这两村高，也或多或少有一定收入。这项收入，是该县在内卷化趋势下补充农业生产不足的重要途径。随着商业不振，"农民之购买力大减。一切事业，皆现凋落现象"，窑厂经营深受影响，"致使烧窑事业，季季赔本，砖瓦发展不出，无法维持"。① 巨鹿的农民陷入失业危机，生活无以为继。平乡偏处冀南，地瘠民贫。即便是丰稔之年，中农犹不能自给自足。农民不得已于农闲时外出做木工，靠拉锯技能补贴家用。其吃苦耐劳的声誉远逸，足迹南及豫鲁，西至秦晋，西北远达绥察等地。东北吸纳平乡工人数量最多每年有3万余人，平均每年收入有20余万元。九一八事变后，平乡拉锯工人先后被逐失业，经济源泉完全枯竭。同时，该县"日用品逐渐腾贵，小农既饥无食，寒更无衣。而各项附加税，决不因农民生活无着，而宽减稍迟"，平乡人民生活困苦异常。②

煤矿等现代工业创造的就业机会远远超出传统产业。井陉矿区可容纳工人3万多人，每人每天工资有大钱300余文。随着经济日蹙，矿区工人大量失业减薪。仅有1/10的工人留任，工钱仅为过去的一半。这使得井陉经济愈加困窘，"资本家刻薄的行为，穷氏族亦无可如何"，他们"遭此荒年无物可食、无工可做"，只能坐以待毙。③ 1934年元旦，井陉

---

① 《巨鹿窑工失业》，天津《益世报》1934年3月11日第8版。
② 《平乡木工失业》，天津《益世报》1934年1月3日第8版。
③ 《旱灾：井陉旅京学生年假中调查本县灾民状况》，《救灾周刊》1921年第17期。

第二章　从传统到现代：华北地方社会转型与苍岩山传说、庙会的时代挑战

矿工发动罢工，"劳方态度极坚决"，经各方斡旋，方才平息。① 正丰煤矿公司也爆发劳资冲突。1933年，煤矿工人因公司欠薪问题严重，向厂方要求发放欠薪并提高薪资。资方漠视工人要求，该矿工会决议"厂方再延不答复，全体工人决行怠工，停止向石庄、顺德一带运煤"②。

磁县煤矿公司多经营不善，工人失业情况严重。怡立煤矿公司"受世界经济不景气影响，销路不佳，以致停工之事，时有所闻"③。该公司下窑采煤工人工资每日4角，但因采用包工制度，工人到手实际工资不足3角，且常常延期发放，工潮频发。1934年2月，该公司工人因资方欠发工资，遂全体罢工，煤矿生产陷入停顿。4月，该公司脚行工人在工会领导下罢工，双方发生激烈冲突。资方态度强硬，想要采用武力解决，派矿警多名，持枪闯入马头镇车站脚夫搬运工会车站分事所。公司代表既无公文，亦不言明理由，仅称奉经理郝士林命令而来。工人因其行径唐突，严词拒绝交涉。因言语失和，矿警鸣枪示威，"一时枪声大作，工人因赤手拦枪，当有数人受创卧地"，场面极为混乱。④ 矿警恐酿事端，遂弃枪外逃。工人抓获警官、警士各一名，并收缴枪支5支。矿警复调动警力，二次包围工会。眼见事态愈演愈烈，工人无奈四散逃跑。中和煤矿公司同为该县规模较大、办理有年的矿厂。1934年，该矿管理层内部发生纠纷，公司无人负责、管理混乱。"工人无形失业，大批徘徊街头。结果工潮亦极严重。"⑤ 工人为维持生活，便私自出售矿煤。所属码头镇煤税局因该公司欠税款数千元无法偿还。工人私自售煤，更有碍煤税征收。煤税局发布布告，禁止工人擅自售煤。

井陉及附近地方人民失业，日本势力趁虚而入。1934年，保定、唐县、曲阳等地，均出现招募工人去东北的事件，引发各县政府关注。此时，东北沦陷并成立了伪满洲国，以推行日本的殖民统治。它收买汉奸

---

① 《井陉工潮可望平息》，天津《益世报》1934年1月10日第3版。
② 《井陉正丰煤矿工人》，《中央日报》1933年11月19日第3版。
③ 《磁县怡立煤矿工人突告罢工》，天津《益世报》1934年2月27日第8版。
④ 《磁县怡立煤矿公司派警包围工会》，天津《益世报》1934年4月4日第8版。
⑤ 《磁县怡立煤矿工人突告罢工》，天津《益世报》1934年2月27日第8版。

在华北地区以优渥待遇招募华工。唐县工人待遇最高，应募者发放养家费10元，往返路费亦由招募者供给。每月薪金依能力高低而定，分为20元、18元、16元三等，并许诺没有克扣、缓发现象。曲阳工人的往返路费同样由招募者负担。养家费5元，仅为唐县的一半。每月薪金不分等级，统一按15元标准发放。这样优厚的条件，遇上"农村凋零、民贫绝食"、失业者遍地的情况，对唐县等地民众无疑是巨大的诱惑，致使"一般失业饥寒贫民，闻信当即纷纷前往应募"。① 各县民众踊跃应募，据报道称，唐县募得七八百人，曲阳应募者更多，高达千余人。保定地区虽人数不明，但也"连日南关外船埠，雇船赴津者，时有所闻"②。此次募工，名义上是为大连招揽铁路工人，实际上是为扩充伪满洲国扩充军备。这引起各县政府意识到"值国难方殷，地方不靖，影响大局，莫此为甚"。他们纷纷发布告示"以免一班愚民坠其诡计"，提醒本地民众地方，"遇有前项招工者，慎勿应募，以免坠其诡计"。③ 此事是井陉及附近地方民众失业状况的侧面反映。

井陉及附近地方，捐税征收造成民众负担过重，成为政府与民众矛盾激化的渊薮。1933年，青县加征乡学补助费，随同1934年上忙粮赋代征。恰逢"新旧县长交替，暂告停征，所收无几"④。乡学补助费一般按照应发数目分两期拨筹。该县第一区占全县面积的一半，其补助费迟迟未能缴清。县教育局多方筹借，迟发一年，于1933年年初勉强发放前一年上期补助费。此后荏苒一年，该款项仅收到一期的六成。教育局只能再为筹措款项，将1932年下期补助费发放八成。此外，尚有省县各款扣留不发的情况，导致民意激化，引发请愿冲突。1933年，灵寿县拟定滹沱河灌溉工程计划。其意在兴修水利、便于灌溉，但因堤坝修筑会导致水位增高，危及该县沿河一带村庄。沿岸村民呈请县府顾及民众利益，停止动工。县府置村民多次请愿于不顾，大举动工。村民闻讯，大为激

---

① 《唐县曲阳两县发现伪国招募铁路工人》，天津《益世报》1934年3月3日第8版。
② 《保定四乡亦发现汉奸招募华工》，天津《益世报》1934年3月11日第8版。
③ 《唐县严防汉奸招募华工》，天津《益世报》1934年3月31日第8版。
④ 《来函照登》，天津《益世报》1934年2月27日第8版。

第二章 从传统到现代：华北地方社会转型与苍岩山传说、庙会的时代挑战

愤，极力反对。沿河各乡镇长带头率领民众到县政府请愿，声势浩大。各村代表情绪激动，"痛陈筑堰成后之巨祸，声泪俱下"；言辞激烈，直言"如无适当办法，因激于生命上之需要，即将发生自卫行动"。①

横征暴敛、靡费公款是井陉及附近地方备受诟病之处。这由范之的评论可见一斑。他认为，邢台"即无中饱情事，但靡费公帑之咎，亦难消除"②。金孝本于1923年履职井陉知县，其虽有意革新，但因横征暴敛遭到本地士绅控告，并因将井陉县评级改为二等，遗祸十年。1924年1月，金孝本"鉴于民俗日偷，失业者多。若不及早补救，诚恐流为匪类，扰害地方"，拟开办贫民工厂，以容纳游民、振兴实业。③该厂经费，除由金氏捐廉提倡外，主要向各矿及各村劝募筹集，最终确定由买典中用、煤税附加捐负担主要经费。2月，劝学所改置教育局。但因教育经费支绌，劝学所长薪金不过20吊，劝学员薪金不过10余吊，故此次"改组教育局，学界中人多相戒不肯加入"④。该县决议加收田房契纸附加捐。契价在10吊以上者，收取大洋1角；30吊以上者，收取大洋1.5角；50吊以上者，收取大洋2角。

1925年2月，金孝本处罚税契匿价。北防口村佐王玉殿购买稻田4亩5分，议定价格为520吊。王玉殿缴纳契税时捏造契价为20元，匿报价格470余吊。此事被同村王凤祥等人举报，王玉殿本人也承认匿价属实。金孝本"适因教育局经费支绌，即依照田房契税条例，由教育局拨给契价二十元，将该地收归教育局，充作补助之用"⑤。4月，金孝本兴建新式监狱工程告竣。他到任后，"目睹监狱湫隘、污秽异常，且属男女杂居，拥挤不堪，甚碍卫生。为注重人道起见，决定改良建筑"⑥。该工程邀请正丰煤矿公司德国工程师克里克负责工程规划，元利实业公司驻矿经理程功弼负责审定材料。具体工程分为两部分：一是原有监房完全拆除改造，专

---

① 《滹沱河工程处已动工，沿河民众再行请愿》，天津《益世报》1933年11月17日第8版。
② 《浮征——剥削农民又一法》，天津《益世报》1934年1月13日第11版。
③ 《井陉县筹设贫民工厂》，天津《益世报》1924年1月7日第10版。
④ 《井陉教育局拟加契捐》，天津《益世报》1924年2月15日第10版。
⑤ 《井陉县处分税契匿价》，天津《益世报》1925年2月20日第10版。
⑥ 《井陉县新式监狱告成》，天津《益世报》1925年4月7日第10版。

做男囚监房；东面设为独居室，西面为疗疾室，四周建有高墙，并以木栅栏加固。二是在原有监房东墙外另建两层新式监房。外层作为管理室、看守屋、优待室等。内层又分作两部分，一部分专做女囚监房，并建高墙与男囚隔别；另一部分作为男囚工作改造的地方，工厂、浴室、厨房等设施应有尽有。该工程声势浩大，所需高昂经费，均向地方绅商劝捐。

  1925年，金孝本"以境内有井陉、正丰等矿，尚属发达"，而"不问民生何若"，置水深火热的人民于不顾、呈请将井陉由三等县改为二等。① 因当时河北省财政厅厅长金孝悌为其兄长，金孝本的呈请很快得到批准并转呈立案。各县等级一般按照区域大小、户口多寡、事务繁简及财富情况而定，井陉县原本因地瘠民贫与附近地方同列为三等。改为二等县后，井陉承担的摊派数额也相应提高，行政机关与职员数量也多有增加，令民众的负担更重于前。这对生活困苦的农民而言无异于雪上加霜。金孝本在井陉的一系列做法，遭到地方士绅的反对。1925年3月，井陉地方推举代表郭儒林等人，到财政厅呈控金孝本横征暴敛的五条罪状。这包括："（一）勒扣军需借款；（二）强索连环保结费；（三）把持贫民工厂公款；（四）侵蚀罚金；（五）影射供应军需费用。"② 财政厅虽派员查办，但在其兄庇护下，金孝本并未受到太多影响，于1926年下半年方才离职。他在事后有所收敛，不再随意加征捐税与大兴土木。《井陉县志料》对他的评价为"贪婪凶狠、宦气十足"，地方士绅的厌弃之情跃然纸上。③

  1933年3月，任甫亭下车伊始，便提倡恢复井陉三等县的评级，地方士绅深以为是。官绅协力呈报民政厅，但未获允准。民政厅回复："变更县等，事关中央核定成案，非有特殊重大问题，不能随意变更。应毋庸议！"④ 尽管民政厅语意坚决、否定井陉地方要求，但是，地方官

---

  ① 王用舟修，傅汝凤纂：《井陉县志料·大事记》，台北：成文出版社有限公司1976年版，第978页。
  ② 《井陉金知事被控查办》，天津《益世报》1925年3月6日第11版。
  ③ 王用舟修，傅汝凤纂：《井陉县志料·大事记》，台北：成文出版社有限公司1976年版，第1006页。
  ④ 王用舟修，傅汝凤纂：《井陉县志料·大事记》，台北：成文出版社有限公司1976年版，第979页。

第二章 从传统到现代：华北地方社会转型与苍岩山传说、庙会的时代挑战

绅并未气馁，反而再接再厉、通力合作，详述井陉应列为三等县的理由。

> 邑民分头调查旧日正定府属十四县户口与富力，详列一比较表。除正定、获鹿两县向称富庶列入一等县不计外，井陉、平山、藁城三县，为二等县，阜平、栾城、行唐、灵寿、元氏、赞皇、晋州市、无极、新乐九县，为三等县。井陉名为二等县，其实土壤最薄，收入最微。与阜平、灵寿、赞皇、新乐四县，不相上下。若较其他各县，微论同县等之平山、藁城，相差太巨，即比之三等县栾城、行唐、元氏、晋州市、无极，亦不如远甚。一经比较，足可证明。①

井陉官绅如此努力、理据充分的呈请，再次受挫。北平政务整理委员会以事关地方行政为由，不予受理；内政部咨请河北省政府酌议核办；省政府饬令民政厅核议，数月未予处理。恰逢河北省政府委员严智怡到井陉巡视，井陉官绅当面陈情。严氏"详查陉民生活，委实困苦"，将之提交省委员会议并列入巡查报告。② 1934年3月，井陉恢复三等县的呈请历时一年之久总算实现。此举为民争利，井陉县政却再起波澜。自金孝本呈请获批至废止，井陉作为二等县已近十年，行政机关和行政经费也与之相匹配。改为三等县后，井陉"县府经费稍受其影响，预计每月政法两费相差二三百元。而各科处办公人员，按二等县计算并不为多。如果按三等计算，则每月经费稍有不足"③。该县原本计划由财政局召集各县机关筹款补助，以避免裁员而妨害公务。不料，继任县长竟带领随员二十余人到任。这些"自己人"逐渐被委任为行政机关职员、政务警长、监狱看守等。县长肆无忌惮地安插亲信，令井陉行政人员群起反对，甚至打算集体辞职以示抗议。

---

① 王用舟修，傅汝凤纂：《井陉县志料·大事记》，台北：成文出版社有限公司1976年版，第979页。
② 王用舟修，傅汝凤纂：《井陉县志料·大事记》，台北：成文出版社有限公司1976年版，第980页。
③ 《井陉县府员司酝酿总辞职》，天津《益世报》1934年7月5日第4版。

井陉及其附近地方虽以农业为主，但物产丰富，尤其是煤炭储量丰富。矿厂多采用现代机器生产方式，创造为数众多的就业岗位。农民农闲时到矿厂工作，及从事驮运、木工等行业，充实家庭收入，缓解经济压力。但是，现代化国家体制下行的过程中，地方政府的财政支出增大，尤其是学费、警费等公共事务所需经费全来自地方捐税收入。县财政经费越想发展教育，经费缺口就越大。其解决办法，唯有加征捐税。这种做法只会加重本地民众经济困窘、赋税沉重的困境，陷入几近无解的结构性矛盾。商户除承担摊派捐款外，还要承担各式各样的商捐。政府对此轻描淡写、不以为意，认为捐税对商户影响微小、于教育事业大有裨益。事实上，商户资金紧缺，濒临倒闭，加之商捐如一记重锤，各商户不得不选择歇业。苛捐杂税压得民众毫无喘息空间，又遇到捐税征收的种种弊端，他们唯有通过请愿、抗议的方式表达、争取维持生计，这造成国家与社会的矛盾日渐激化。

（三）兵匪祸乱，民不聊生

1. 赌毒风炽，会匪横行，为害地方治安

井陉及附近地方赌风盛行，"一班无赖，素无正业，不赌博无以维持生活，遂于暗地戏赌"[1]。更有甚者，"地方流氓土棍、假借官方名义，在外招摇撞骗。而一般赌徒，亦不分皂白，多堕其术中"[2]。赌博被少数人利用，上升为骗术，赌徒因此倾家荡产者，所在多有。尤其是春节期间，"各家喝雉呼卢，即专设赌局，借抽盆头者，亦指不胜屈"[3]。赵县仅就中山市场附近赌局便不下十处。玉田县情况更为严重，"各市镇乡民多以赌博为戏，丰润、滦州各县均有大规模之赌窟，尤以玉田为最"，"遍地设赌，老幼咸集"[4]。该县赌局每日抽取红利，高达四五百元，赌徒孤注一掷倾家荡产者也不乏其人。县政府深以为害，虽三令五申严禁

---

[1]《元氏赌风颇盛》，天津《益世报》1937年4月2日第8版。
[2]《平山公安局禁止赌博》，天津《益世报》1934年6月17日第4版。
[3]《赵县废年中赌风甚炽》，天津《益世报》1934年2月23日第8版。
[4]《玉田县赌风甚炽》，天津《益世报》1934年2月27日第8版。

赌博，但是各地赌博行为屡禁不止。究其原因，与地方警务松懈腐败有直接关系。玉田县、赵县有关部门置若罔闻、敷衍从事，禁革效果必然不佳。平山县查明，有长警勾结地痞流氓开场聚赌。其玩忽职守，贪污腐败，亲自参与其事，并以身份为掩护，作为赌局的保护伞从中渔利。

井陉及附近地方毒品问题较为严重。正定百业萧条，唯有"私贩毒品者，日有增加"①。这些毒贩隐蔽性较高，往往以商铺经营为掩护，县政府破获不易。该县青年染上毒瘾以至于倾家荡产者，多不胜数。邢台县问题更为严峻。1933年，县长因警团费筹备不足，采用剜肉补疮的办法，允许山川区人民随意种植罂粟，以开财源。这种做法贻害无穷。一方面，因罂粟收益高，导致农民纷纷种植，而谷麦等粮食作物，种植数量大幅下降。另一方面，该区民众吸食鸦片成瘾者十有八九。这导致该县"倾家荡产、鬻妻卖女者，屡有所闻。因而无赖之徒，日益增多"②。继任县长深以为害，严禁罂粟种植，无奈"言者谆谆，听者藐藐，收效殊尠"③。农民置政府法令于不顾，种植数量凡数倍于前。路罗、浆水两川，罂粟种植已极为普遍；稻畦、龙门两川，罂粟种植数量紧随其后。该县长有鉴于此，决意大力整顿。他亲自到山川区视察，严令毁灭烟苗。其禁烟力度较大，仍有村民不遵劝谕栽植罂粟，被警察捕获拿问。在此严禁措施下，邢台罂粟种植和吸食鸦片之风稍有遏止。

井陉及附近地方土匪为患，民众惶恐不安。会匪以邢台为中心，山川区尤为严重。该处土地多数丘陵地带，且"山河绵亘，幅员辽阔。因交通困难，以致文化难以输入，政治不便进行。一般居民，知识闭塞，性情剽悍，凶猛好斗，目无法纪"④。这种社会情况使"故各种邪道怪教最易传入。民间一般无赖之徒"，组成同盟会。会匪结党"借端利用愚民，横行讹诈"，并"四出绑票，以致为冀南之大害"⑤。会匪以邢台山

---

① 《正定农村概况》，天津《益世报》1934年11月7日第4版。
② 《邢台山川区人民纷纷种植烟苗》，天津《益世报》1934年3月31日第8版。
③ 《邢台民教馆扩大拒毒宣传》，天津《益世报》1934年8月19日第4版。
④ 《邢台山川区人民纷纷种植烟苗》，天津《益世报》1934年3月31日第8版。
⑤ 《冀南会匪又活跃》，天津《益世报》1934年1月14日第8版。

川区为据点，向沙河、武安、和顺等县辐射，时常到各县绑票讹诈，"奸淫抢掠、讹诈良民，无所不用其极"，"一般农民，皆视之为洪水猛兽"。① 武安县县长鉴于会匪行踪无定不易剿除，遂施计巧除会匪。他以招安为名，以高官厚禄诱骗土匪安凤仪等四十余人到县城投靠。县长密令县保安团将其擒获，并经过数次审判，将匪首安凤仪、安邦学、牛贵金、朱凤臣、杨锦华等13名予以枪决。其余会匪尽皆释放，令其归家改过自新。葛会小、阎美贵、张挪顺等人流窜至和顺县，在其亲戚葛凤妮家躲藏。经村民举报，和顺县县长接到邢台要求协缉公文后，派警士二十余名包围葛凤妮家，将三人捕获收押。匪首葛长文等人召集会匪数余人，拥有步枪四十余支及砍刀、红枪等武器。该会匪在本地颇具势力，对民众"大肆骚扰、焚烧掠索、奸淫讹诈，无所不为"②。此时，刘桂堂被逼南窜。他要想返回山东大本营，邢台为必经之地。葛长文与他相勾结，声势更胜从前。肥乡广平一带也有会匪活动。匪首为肥乡城西劣绅，自称同盟军冀南司令，可见与邢台会匪关系匪浅。他"在乡村极力活动，密召党羽，图谋不轨"。该会匪后被当地驻军逮捕讯办，但余匪称要报复，"致谣言繁兴，人心不安"。③ 由此可见，各县政府对会匪并无良策，虽数次缴拿，但无法彻底清除其影响。会匪在本地颇有势力，常介入民间纠纷。邢台县元庄村有红枪会势力盘踞，会首王铁拴同时也是同盟会团长。他"早目空一切，遇事专横"，"善良黎民畏其权威，无不唯命是从"。④ 该村村民郝敬山与郝广心因典地发生纠纷，特请其出面帮忙。王铁拴率领会众，将郝广心绑捆看押。村主任居中调解，认定责任在郝敬山，判罚八十元。王铁拴不满决定，率众强迫中人郝敬魁涂改契文。郝广心无奈只能到县府控告。可见，土匪横行乡里，一般民众视之为洪水猛兽，"被蹂躏下之民众，莫不叫苦连天"⑤。

---

① 《冀南会匪首领安凤仪等被枪决》，天津《益世报》1933年5月21日第7版。
② 《西山之民生现况》，天津《益世报》1934年3月20日第8版。
③ 《冀南残匪，图谋不轨》，天津《益世报》1935年12月16日第8版。
④ 《王铁拴私立公堂》，天津《益世报》1933年12月28日第8版。
⑤ 《西山之民生现况》，天津《益世报》1934年3月20日第8版。

第二章 从传统到现代：华北地方社会转型与苍岩山传说、庙会的时代挑战

20世纪30年代，井陉及附近地方治安陡然下降，盗匪蜂起。1934年5月4日，天津《益世报》连登四起案件。第一件是沧县祝家庄杨凤城被绑架获救。他被同村蒋振兴及土匪三人荷枪绑走。他伺机逃回并将绑架情况报告乡长及保卫团。保卫团区团长亲自率队，带领团兵十余人，"深夜至祝家庄，将蒋振兴捕获，带团后略加讯问，蒋振兴供认勾匪绑票不讳"①。第二件是平山县捕获绑匪盖石旦。该县村民白修身被绑架后，家属拜托亲友四处打探下落，迟迟未有消息。这导致"该区各村庄富庶之家，均成惊弓之鸟，人心惶惶，夜不安枕"②。该县为稳定治安，派出警员多名，探得侯家庄无业游民盖石旦行踪可疑。公安局派员将其逮捕并搜出手枪一支。盖石旦对绑架一事坚不承认，公安局只能以私藏军火入罪。第三件是唐山盐店的抢劫案告破。该县派出大量警力侦缉盐店抢劫案，便衣警察捕获犯人王玉山。犯人承认抢劫丰润盐店及在大红桥抢劫行为，该县以"王为巨匪，案情重大"，当即派员搜查枪支并将其转送总局惩办。③第四件是邢台县捕获匪首李小文、阎老景。二人"到处绑抢，堆案如山"，被擒后对罪状供认不讳，被判处枪决，"冀南民众闻之，莫不称快"。④各县绑架抢劫严重情况由此可见一斑。

井陉县地方治安，向称平靖。《井陉县志料》总结原因有二：一是民风淳朴，"人民多务正业，为匪者绝少"；二是地理优势，"境内山岭错杂，交通不便，外境土匪，亦鲜有窜入"。⑤因此，该县保卫团人数并不算多。与平山县接壤的盗贼出没地，也仅有常备团丁10名作为警力补充。20世纪30年代，该县治安恶化。挂云山上有土匪五六十人盘踞，五六日内绑票事件多达七八起。他们四处为非作歹，先是强绑里庄、牛山、防口、南陉等村村长。除倍加毒打外，还勒索赎金五百元或千元。再至西百花村抢去大洋五十元，后到东白花、三峪、黄岩等村。土匪先

---

① 《沧县祝家庄肉票脱险》，天津《益世报》1934年5月4日第8版。
② 《平山公安局捕获匪犯》，天津《益世报》1934年5月4日第8版。
③ 《唐山盐店抢案破获》，天津《益世报》1934年5月4日第8版。
④ 《冀南除一大害》，天津《益世报》1934年5月4日第8版。
⑤ 王用舟修，傅汝凤纂：《井陉县志料·行政大事记》，台北：成文出版社有限公司1976年版，第456页。

行威吓勒索金钱，继则翻箱倒柜强抢物资。但因民众贫苦没有太多收获，便怒而乱枪伤人。甚至县教育局局长刘路通、前县议会议员等社会名流亦被绑架。井陉"竟成如此恐怖世界"，各村"每到夕阳西下，人民即战战兢兢，如就死刑，轮流伫立门前，以防盗匪"。① 1931年冬，县长王用舟督促各乡成立保卫团维持地方秩序，全县乡团丁人数总计1238人。翌年初，县保卫团成立，人数仅60人，并因冬防事务紧迫，这些团丁未经训练便分驻各区。此后，井陉县政府逐渐扩编县保卫团、削减乡团丁人数。先是乡团丁人员减半，仅保留619人编制，而县保卫团人数不变。1933年，任甫亭县长将乡团丁全数裁去，同时增加县保卫团三分队。该县经此系列变革，设有县团丁五分队，共计150人。此时，该县防务"特别吃紧，明火路劫案件，层见叠出"②。县团丁经训练，成绩可观，短时间内破获多起案件。其中，明火案八起，包括狼窝村梁家、石板片村梁家、洛阳村潘家、杨家沟村杨家横涧镇盐店各一起、八里沟刘家三起；路劫案五起，包括康庄、石门峡、七亩岭、岩峰、微水洞子口各一起。

平山县与井陉情况近似。该县"地居山区，向称乐土"，而"民智未开，乡俗素厚，仍有古风。故一般人民，尚能安贫。其为盗匪者，甚为罕见"。20世纪30年代，该县同样"匪案迭出，不仅人民不得安枕，且姑息日久，啸聚日众，匪胆愈大"③。县政府认为，"地方治安愈呈不稳，以致各地抢劫绑架之事时有所闻。若不急谋维持，恐人民将更不可安枕"④。有鉴于此，平山县增添常备团丁一大队，并添设队长5人，分期训练散在团丁，以充实自卫能力。该县除饬令所属保卫团警所严密联防外，还计划与行唐、曲阳等邻县，共同商议剿除匪窝，以杜乱源，稳定地方治安。

---

① 《万山环抱中井陉县竟成恐怖世界》，《大公报》1930年11月5日第5版。
② 王用舟修，傅汝凤纂：《井陉县志料·行政》，台北：成文出版社有限公司1976年版，第460页。
③ 《阜平党部被查封》，天津《益世报》1934年5月8日第8版。
④ 《平山保卫团扩大组织》，天津《益世报》1934年4月15日第8版。

第二章 从传统到现代：华北地方社会转型与苍岩山传说、庙会的时代挑战

井陉及附近地方赌毒盛行、土匪蜂起，各县政府深以为患。井陉县自治公约规定，"不准窝留贼匪、设局聚赌以及吸食或贩卖毒物"，可见其对地方为害，成为政府治理的重点问题。[1] 但是，各县政府治理办法不多，主要采用扩充保卫团等措施，效果并不理想。因赌毒与土匪行动较为隐蔽，即便政府查禁力度较大，稍有放松即死灰复燃。不仅如此，扩编保卫团会造成政府开支增大，这对本就经费支绌的县财政而言，无疑困难重重。其不能提供足够的支撑，又必然影响社会治安的治理成效。

2. 战事频仍，军队驻防，兵差繁重

井陉及附近地方自古以来便是兵家必争之地。同时，铁路交通枢纽与煤炭产地的双重身份令其成为近代战争的战略要地。军阀混战、北伐战争、抗日战争、解放战争中，其均受战火影响甚深。1911年，清军列阵井陉，与驻守娘子关的革命军展开激战。1928年北伐战争中，阎锡山的晋军追击奉军。奉军大败，"纷纷溃退，已不成军，弃粮秣弹药甚多"[2]。1930年中原大战，局势丕变，晋系阎锡山落败被奉军追击。发表通电支持蒋介石的张学良命令东北军，"依从中央之意旨，彻底地压迫山西军，日前曾要求山西方面引渡井陉，倘晋军不肯撤退，将以实力驱逐之"[3]。这两次战争，攻防双方转换，井陉及附近地方却两经战火。抗日战争时期，井陉作为国民党、共产党、日伪政府等多重力量参与的中间地带。其政治从属关系屡有变动，战争频发。它是平型关大捷、百团大战的主战场，更是中国共产党领导敌后战场的前沿阵地。1938年，晋东游击队派队袭击太原、石家庄铁路线，炸毁沟道及桥梁。而"娘子关以东之井陉，该处桥梁受损较重"[4]。

近代战乱频仍，尤其是军阀混战和抗日战争时期，给井陉及附近地方带来深重苦难。首先是差徭负担过重。井陉县差徭每两银征收1.86元，而战时会激增至数百元。1927年，该县除每两银纳兵差百元之多。

---

[1] 《井陉县各乡自治公约》，天津《益世报》1932年1月23日第10版。
[2] 《晋军克复井陉》，《工商日报》1928年5月7日第2版。
[3] 《东北军将进井陉》，《时报》1930年11月2日第2版。
[4] 《晋东游击队猛袭井陉》，《时报》1938年1月9日第2版。

此后，除作为战区需耗甚多外，该县还成为常年驻军区域。这导致"甲军去，而乙军来；乙军去，而丙军、丁军又来。大军所至，视地方人民，如战败国之俘虏"①。民众犹如惊弓之鸟，听闻"派兵来县驻防，人民大起恐慌"，提出"本县地处偏僻，山岭绵亘，物产不丰，人民谋生困难。更因年来经济恐慌，农村破产。农民几限于绝境，万难再有意外担负之能力"，进而建议请"务再派兵来县，以济民困"。②可见，民众惶恐于驻军及兵差摊派的情况。井陉县兵差不减反增、持续加重，每年征收涨至五六元之多，成为"本县农民致命伤"；征运局无形中成为地方固定机关，"乃本县最大销金锅也"，民众敢怒不敢言。③邢台县山川区治安由保卫团第二大队维持，因经费不足执意向村民摊派、该区所属40余乡，每乡摊派40元，共计1600余元。村民无力负担，宋家庄、浆水镇等村联名请愿，并选派代表直赴县府痛陈苦衷。然而，保卫团态度强硬，"以需费过急，不便久待，乃派专员分赴各乡坐催。急若星火，且态度蛮横"。民众"以迫至山穷水尽之境"，遂掀起更大规模的请愿活动。④香河于长城抗战时期，"民间负担军事摊款，需索频繁。蕞尔一邑，摊款达四五十万"。该县平均每亩地摊款1元之多，而财源枯竭的商民无力负担高额兵差。每年兵差征收时节，纠纷不断。作为中间人的乡长"感应付摊款困难，多思脱卸仔肩"，极欲退出。⑤元氏县每两银摊款高达9元，征收极为困难。县府派员下乡征收催缴，民众实在无力负担，时人感叹道："情势至为紧急，似此一差未平，一差又起，县民将何以度日？"⑥

除兵差外，井陉及其附近地方还被肆意索取大量的军需物资，劳民伤财，甚至化兵为匪烧杀抢掠，无恶不作。1927年，阎锡山统领的国民政府第三集团军驻扎河北。《大公报》报道称其"纪律严明，所有征索，

---

① 王用舟修，傅汝凤纂：《井陉县志料·行政》，台北：成文出版社有限公司1976年版，第459页。
② 《井陉短讯》，天津《益世报》1933年12月28日第8版。
③ 《关于井陉县苛捐杂税之分析》，天津《益世报》1934年1月13日第11版。
④ 《邢台纠纷何多，山川区又行请愿》，天津《益世报》1934年2月1日第8版。
⑤ 《香河废年一瞥》，天津《益世报》1934年2月22日第8版。
⑥ 《差税繁重》，天津《益世报》1932年3月31日第7版。

均按正式手续，民间输纳，皆有统系。且军民感情融洽，虽间阎困窘，而四民安堵，秩序如常"①。该报另一报道也称："晋军纪律严整，绝少扰民之事。故在此驻扎一月，人民安乐如常。"② 事实上，该军队所需一切给养均向村民征收摊派。天津《益世报》揭露其实质，"就河北全省而论，无一县不有军队驻扎，粮草人多数就近向农民采办。名义上系按物给价，实在到农民手中之钱，因层层折扣，所得有限。军队有时自到乡间采办给养，向农民要钱无论矣"③。同时，县政亦由军队把控。知县遇事必须先与晋军商议后方能施行。晋军"每日往县属要柴、要草、要食，犹有供给不暇之势"，县长被迫辞职。④ 1928 年，奉军与晋军再起战端。井陉县除洪河漕与娘固两关一带，尚在晋军控制之下，其余各处饱受奉军蹂躏。有报道称：

  奉军毫无纪律，所遇一空。宰鸡杀猪，屠戮牲畜。驻兵村坊，普遍搜掠。甚至挖地掘坑，破墙坏壁，翻粪搅厕。始则抢洋元首饰、绸缎衣服，继则抢米面、农具、牲畜，即破旧衣被，亦悉用大车装载，押运东去。⑤

后奉军攻击雪花山、贾庄一带，死伤遍野。在退却过程中，将牲畜农具抢掠一空。晋军再占井陉，却也以其为敌地，展开疯狂报复。该县再遭抢掠，惨状非常。《大公报》细致描述其场景：

  入人家以"找鸡子"为名，掠劫奸淫，无不充极而为。所有粮食统被搜去，用喂战马。间或有余，故意扬泼满地，或与马粪混合。更有僻小村落无泉井，只有旱井，非故意汲干，即抛入毒物。用意

---

① 《井陉归客谈》，《大公报》1928 年 6 月 14 日第 6 版。
② 《井陉近状》，《大公报》1927 年 7 月 4 日第 6 版。
③ 《农民之敌——官吏与军队》，天津《益世报》1934 年 1 月 13 日第 11 版。
④ 《井陉近状》，《大公报》1927 年 7 月 4 日第 6 版。
⑤ 《井陉归客谈》，《大公报》1928 年 6 月 14 日第 6 版。

安在，不得而知。当激战时，人多逃入山中，暂避烽火，十余日不能回家。饥渴交迫，因而致死者，不计其数。设即回家，屋宅被炮轰塌，衣物损失尽净，苟全偷生，亦所不能。凄惨哭号，痛极自绝者，比比皆是。①

青石岭一带受损最重，尤以横涧镇岗头村为最。农民四处逃散，常有妇女三五成群环首自尽。即便掘有地窖防御，但仍有数百名村民死于炮火。贫民工厂门前的三座牌楼，城内西街石牌、明伦堂及公署等建筑，悉数被炮灰炸毁。村中首富王廷贵家中无人照管，士兵拆翻墙地，寻找财物；并将存藏文书，抛撒满地；再将其四弟绑走，索要六七百元赎金。村中稍有资财的家庭，无不饱受劫掠。奉晋两军的做法与土匪无异。此次战争，给民众带来无尽伤痛。当地流行的民谣道尽其中苦楚：

中华民国十七年，大兵来到井陉县，看看谁家房舍好，进去就是胡拾翻。东家要鸡蛋，西家要油盐。也要铺盖，也要洋钱。门板铺战壕，粮食垫马圈，梁栋木材都烧了个完。

老百姓真倒霉，连闹兵灾带闹匪，杀人放火绑肉票，官府知道不敢追。②

1930年10月，晋军六七万人退至井陉，"当地民房十九被占，粮秣蕨草，皆就地抽取。人民实无力担负，加以军纪废弛，号令失效，兵士任意行动，强向人民要'白面儿'（海洛因）与女人。乘机窃取财物，因此妇女多逃匿山中，甚感困苦，为状至惨"③。

战乱频仍引发系列连锁反应。一是溃兵引发社会治安动荡。仅1931年七八月间，受石友三叛反张学良影响，井陉即发生四起溃兵抢掠勒索事件。7月28日，西方岭有溃兵三人，"勒索驮骡银洋"；8月9日，溃

---

① 《井陉之劫》，《大公报》1928年5月7日第2版。
② 《充满非战思想，井陉流行之苦兵歌》，天津《益世报》1931年9月20日第10版。
③ 《万山环抱中井陉县竟成恐怖世界》，《大公报》1930年11月5日第5版。

第二章 从传统到现代：华北地方社会转型与苍岩山传说、庙会的时代挑战

兵四十余名由获鹿取道井陉前往平山县；同日，溃兵六名"各持枪械，盘旋思逞"；8月19日，由股匪五十余名"各持枪械，向村民行抢"。①县政府派员围剿，后两次发生激战4—5小时。二是晋钞跌价，引发金融恐慌。晋钞一度成为井陉县流通的主要货币。随着阎锡山战败，其势力退出河北，晋钞价格猛跌，致使民众受损、束手无策，金融再陷恐慌。

　　近代以来，国家政权与知识精英积极推动中国现代进程，无不以国富民强及完成中国传统社会现代转型为预定目标。但是，这些工作未能有效解决民众生计和温饱问题，反而因现代化建设与战乱频繁而不断加征捐税与差徭。国家对地方社会的压榨日渐严重，甚至到了敲骨吸髓的程度。井陉及附近地方民众生活日渐贫苦、百业萧条、农村破产。乡长等首当其冲，站在国家与社会摩擦的中心位置。面对繁重的捐税征收，稍有良心者，往往选择卸职离任，退回乡村社会；取而代之或继续留任者，不得不完成政府的赋税征收目标，成为百姓眼中横征暴敛的无良官员。这造成井陉及附近地方劣绅横行，民众深受其害。为催缴差款，吏役勾结劣绅欺诈农民。天津《益世报》有报道称："河北全省各县，无绅不劣"，而"大凡不劣之人，绝不愿充绅士"②。地方士绅作为保护地方利益者逐渐退出政府，国家政权内卷严重。

　　地方士绅退出乡以上政府职务，但仍牢牢掌握村一级的政治、经济、文化权力。即便是北平地区，宗族势力不算强大，到20世纪40年代，乡村政治仍旧掌握在徐氏、梁氏等富户手中。陈永龄指出，"领袖就是乡村政治的中心枢纽"，乡村政治"实际上说来也就是几个领袖人物的政治"而已。③ 而乡长副人选或因经济富裕或倚靠学识从这些地方士绅中脱颖而出，社会威望超出一村范围而辐射更多地方。他们即便卸任不再担任官职，其保护力虽有所下降，但在地方社会仍旧保有相当的影响力，仍是乡村文化权力网络的核心人物。这些士绅不愿也不能再发挥国

---

　① 王用舟修，傅汝凤纂：《井陉县志料·行政》，台北：成文出版社有限公司1976年版，第456—457页。
　② 《农民之敌——官吏与军队》，天津《益世报》1934年1月13日第11版。
　③ 陈永龄：《平郊村的庙宇宗教》，燕京大学，学士学位论文，1941年。

家与社会的中介、调解功能,退守维持乡村社会稳定运行的角色定位。因此,华北地区乡长副人选的更替,更准确地说,代表的是国家与社会撕裂的程度越来越深。

二 现代、科学、革命:时代话语与国家政权变革地方的尝试

近代以来,时代权势话语转移,儒家话语逐渐为现代话语和革命话语所取代。在时代话语支配下,政府以现代行政体制建立与国家权力下移为目标,部分知识精英以教育民众与改造社会为宗旨。三皇姑等民间信仰被政学两界不约而同地作为禁革对象。其被打上"迷信"标签的同时,信仰空间遭到时代话语的强势挤压。

(一)敬拜空间剧减:时代话语与三皇姑等民间信仰"迷信"标签生成

民间信仰"迷信"标签的形成,在改革开放初期便得到学界关注,试图为其在民俗文化的新定位下重新建构传承的合法性。学界普遍认可,"迷信"话语在中国现代化与国家权力下移的进程中逐步形成。而20世纪以来,"破除迷信"话语的形成与发展经历戊戌启蒙、新文化运动和国民政府初期三个重要阶段。[①]前两期以科学和启蒙为主的现代话语为驱动;后一期则与国民党主导的革命话语紧密相关。

现代话语中,宗教及民间信仰并未被简单打上"迷信"标签。新文化运动中,"迷信"一词甚至并不专指宗教和民间信仰。有研究表明,20世纪初,"迷信"一词尚无褒贬之分,未具备价值判断的属性。[②]梁

---

① 黄昆选取《申报》和《大公报》以"迷信"为标题的报道作为统计对象,说明这三个时期的报道数量明显上升,形成峰值。具体可参见黄昆的《面相、阐释与实践:近代"迷信"话语的三次建构(1900—1937)》(《天府新论》2021年第5期)。
② 代表论文包括:沈洁的《"反迷信"话语及其现代起源》(《史林》2006年第2期),罗检秋的《清末民初宗教迷信话语的形成》(《河北学刊》2013年第5期)。

第二章　从传统到现代：华北地方社会转型与苍岩山传说、庙会的时代挑战

启超在《论宗教家与哲学家之长短得失》一文中，肯定"历史上英雄豪杰能成大业轰轰一世者，殆有宗教思想之人多，而有哲学思想之人少"。他以法国的圣女贞德与意大利建国三杰之一的加富尔为例，强调前者"以迷信、以热忱感动国人而摧其敌"，后者"迷信之力亦颇强，故不治产而以国为产，不娶妻而以国为妻"。① 这一阶段，"迷信"一词被用于批判君主专制制度，针对君权神授观念瓦解其制度合法性。谶纬、占卜等被视作"迷信"行为。

"没有晚清，何来五四"，"迷信"话语的发展为这一说法提供明证。陈独秀在制度批判的基础上，剑指专制思想。其与梁启超最大的分歧，在于对儒学思想的定位。梁启超等与西方社会相比较，肯定儒家的人本主义色彩。而陈独秀将儒家思想视作专制思想的根源、是培养专制顺民的工具，大加挞伐。"迷信"被深深嵌入其激烈地全盘反传统主义。

孔子之道能否适应现代生活，是陈独秀等人精心设计的核心论题。他们以西方文化作为现代社会的本质特征，认为近代西方以独立、自由、平等为基础理念。民主社会的明显表征是："法律上之平等人权，伦理上之独立人格，学术上之破除迷信，思想自由。"② 陈独秀将此三者视作民主社会的真道德、新道德，更是欧美文明进化的根本动力。他认为，思想道德更新是中国走向现代化的关键。陈独秀等接下来要解决的问题是：儒家思想特征又是什么？他们认为："儒者三纲之说，为一切道德政治之大原。"③ 忠、孝、节等道德正是这种尊卑关系的集中体现。李大钊评论说："于君臣关系，只用一个'忠'字，使臣的一方完全牺牲于君；于父子关系，只用一个'孝'字，使子的一方完全牺牲于父；于夫妇关系，只用几个'顺'、'从'、'贞节'的名辞，使妻的一方完全牺牲于夫，女子的一方完全牺牲于男子。"④ 这些观念，是专制社会最受"赞美的道德观念"⑤。但在新文化阵营看来，其"皆非推己及人之主人

---

① 梁启超：《论宗教家与哲学家之长短得失》，《新民丛报》1902年10月19日。
② 陈独秀：《袁世凯复活》，《新青年》1916年第2卷第4号。
③ 陈独秀：《一九一六》，《青年杂志》1916年第1卷第5号。
④ 李大钊：《由经济上解释中国近代思想变动的原因》，《新青年》1920年第7卷第2号。
⑤ 陶履恭：《我们政治的生命》，《新青年》1918年第5卷第6号。

道德，而为以己属人之奴隶道德"①。除此以外，中国风俗习惯、政治体制、文学艺术等，无不由三纲学说形塑而成。吴虞、李大钊等人指出，以三纲学说为基础只能建构出尊卑贵贱的阶级制度，中国"几无一事，不含有阶级之精神"②，并诘问"哪一样不是牺牲被治者的个性以事治者"③。陈独秀赞同吴虞、李大钊的观点。他认为："三纲之根本意义，阶级制度是也。所谓名教，所谓礼教，皆以拥护此别尊卑明贵贱制度者也。"④ 这样的道德观念，恰与西方所追求的独立、平等、自由等原则截然相反。在他看来，重尊卑阶级与倡平等独立，是东西文明的分水岭，更是新旧道德的实质差异。

新文化阵营认为，儒家伦理是造成国人奴隶根性和迷信盲从的思想基础。其教化的国民，正是专制社会所需要顺民，只知命令与服从。吴虞指出："儒家以'孝弟'二字为二千年来专制政治、家族制度联结之根干，贯彻始终而不可动摇。"⑤ 儒家伦理将奴隶道德与迷信盲从深植国人思想，成为专制思想滋生的沃土，为中国两千余年专制社会提供有力支撑。基于以上分析，陈独秀提出其儒学观的又一经典结论："孔教与帝制，有不可离散之因缘。"⑥ 这一评判是"五四"激烈反传统主义的又一理论柱石。他乃至新文化阵营将忠孝节等旧道德、国民劣根性等种种阻碍民主在中国落地生根的因素，统统追根溯源至儒家伦理。在他们看来，儒家伦理"实为制造专制帝王之根本恶因"⑦。如此，摆在国人面前可供选择的现代命运的只有两条。一条是保存儒家伦理。这意味着它将继续为专制社会提供顺民，中国只能延续专制的政治体制，民主共和在中国断无发展的可能。陈独秀犀利指出：如欲"保守君道臣节名教纲常

---

① 陈独秀：《一九一六》，《青年杂志》1916 年第 1 卷第 5 号。
② 吴虞：《儒家主张阶级制度之害》，《新青年》1917 年第 3 卷第 4 号。
③ 李大钊：《由经济上解释中国近代思想变动的原因》，《新青年》1920 年第 7 卷第 2 号。
④ 陈独秀：《吾人最后之觉悟》，《青年杂志》1916 年第 1 卷第 6 号。
⑤ 吴虞：《家族制度为专制主义之根据论》，《新青年》1917 年第 2 卷第 6 号。
⑥ 陈独秀：《驳康有为致总统总理书》，《新青年》1916 年第 2 卷第 2 号。
⑦ 陈独秀：《袁世凯复活》，《新青年》1916 年第 2 卷第 4 号。

第二章 从传统到现代：华北地方社会转型与苍岩山传说、庙会的时代挑战

之固有文明……非废无君臣之共和制不可"①。一条是彻底废除儒家伦理，彻底切断国民思想与专制政治的联系，建立与西方独立、自由、平等精神相适应的现代新文化，以推动建立具有真正民主共和精神的政治制度。这两条命运，陈独秀及新文化阵营显然认为，前者是亡国灭种的黑暗前途，后者才是能解中华民族倒悬的光明前途。可以说，儒家伦理的存废，是中国现代命运的决定性因素，是解决中国一切问题的关键所在。

陈独秀的结论是，新旧道德、孔教与共和，有如水火冰炭，绝不相容。他提出："吾人倘以新输入之欧化为是，则不得不以旧有之孔教为非。倘以旧有之孔教为是，则不得不以新输入之欧化为非。新旧之间，绝无调和两存之余地。"② 孔子之道，不仅不能适应现代生活，更是中国实现民主共和的最大阻碍。换言之，中国若以民主共和为前提，必先废除孔教、推翻儒家道德。为此，新文化健将高举民主与科学大旗，将之视作冲破儒家伦理迷雾与廓清专制思想的利器。

新文化运动时期，"迷信"一词高频出现。陈独秀等人认为其是旧道德、旧文学、旧艺术、旧宗教、旧政治的共同特征。归根结底，都是奴隶根性的外化表现。新文化运动前期对旧道德、旧文学的批判固然激烈，但并非反对忠孝节及殉节等自杀行为本身，而是反对在此过程中不加辨别，盲目崇信古人的行为习惯。陈独秀认为，忠、孝、节等行为因其发生机制不同可以分为两大类。第一类出自情感，其行为是自然的、真纯的、发自内心的。第二类是出自伦理，是理性约束、道德规范的结果。新文化阵营并不反对第一类道德行为。例如，胡适认为，妇女守节、殉节如果是出于爱情自愿选择殉夫，这是"个人恩爱问题，应由个人自由意志去决定"③。陶孟和在评论梁济自杀行为时，将其定性为"彻底觉悟之自杀"④，是出于情感、自动选择的结果。在新文化阵营看来，这些行为是正当的、有价值的、不应加以指责。他们激烈批判的是第二类行

---

① 陈独秀：《再质问〈东方杂志〉记者》，《新青年》1919年第6卷第2号。
② 陈独秀：《答佩剑青年》，《新青年》1917年第3卷第1号。
③ 胡适：《贞操问题》，《新青年》1918年第5卷第1号。
④ 陶履恭：《论自杀》，《新青年》1919年第6卷第1号。

为——伦理的忠孝节。陶孟和称这种行为是形式主义的道德。它"只有因袭从俗,没有独立选择"①。陈独秀也指出,这样的行为是被动的。它与迷信宗教与崇拜偶像一样,"完全是被社会上道德习惯压迫久了,成了一种盲目的信仰"②。因此,伦理的道德病在迷信古人、盲从传统与习俗。这一问题,在文学、艺术、宗教等领域同样存在。傅斯年提道:"妄信古人,依附前修为思想界莫大罪恶。"③ 陈独秀、胡适等主张文学创作"不摹仿古人"④。打破传统创作规律,也是出于破除迷信盲从和奴隶本性的迫切需要。可以说,反对迷信盲从,是新文化运动前期多重领域与各式主张的内在关联所在、是绘制"五四"前期思想地图的关键节点。科学观念的提倡及科学话语的兴起,正因科学在破除迷信盲从等奴隶根性上的重要作用。陈独秀指出,科学可使"迷信斩焉,而无知妄作之风息焉",能够根治"无常识之思"与"无理由之信仰"。⑤

新文化阵营对"迷信"的批判,集中于国民的行为方式和心理习惯上。他们对宗教并未片面批判。陈独秀延续梁启超的做法,肯定宗教的正面价值。他引用罗素的观点肯定列宁等革命者具有宗教性,"无论什么事若不带点宗教性,恐怕都不能成功"⑥。其对宗教的评判与儒家伦理的相同。陈独秀肯定宗教为社会发展所必需,"在旧文化中占很大的一部分,在新文化中也自然不能没有他"⑦。他认为,宗教与伦理道德一样有新旧之别,出自纯粹、真挚情感的信仰是应当尊重并有存在的价值。陈独秀指出,不能以是否信神作为宗教与非宗教的界限,那样太过简单;若以一切迷信或者一切信仰都认定为宗教,又过于宽泛。宗教及信仰的两分法,是在新文化运动思路指导下进行的。传统宗教和民间信仰应作为中国文化的一部分加以分析和批判。

---

① 陶履恭:《论自杀》,《新青年》1919年第6卷第1号。
② 陈独秀:《自杀论——思想变动与青年自杀》1920年第7卷第2号。
③ 傅斯年:《中国学术思想界之基本谬误》,《新青年》1918年第4卷第4号。
④ 胡适:《文学改良刍议》,《新青年》1917年第2卷第5号。
⑤ 陈独秀:《敬告青年》,《青年杂志》1915年第1卷第1号。
⑥ 陈独秀:《答张崧年》,《新青年》1921年第9卷第3号。
⑦ 陈独秀:《新文化运动是什么?》,《新青年》1920年第7卷第5号。

第二章 从传统到现代：华北地方社会转型与苍岩山传说、庙会的时代挑战

革命话语对民间信仰的打击力度远超清末新政与"五四"时期。国民党及国民政府禁革民间信仰，如同疾风暴雨，既简单又粗暴，几乎未加考虑民众的文化情感。它以风俗改良、倡导科学为名，实际以加强控制地方、国家权力下移为根本目标。有研究指出，政府推行的反迷信运动，"演变成了一场大规模没收寺庙、庙产、会田的运动"[1]。国民党统治的腹地——江浙地区如火如荼地展开，引发民众的反对与冲突。1930年，其颁布《神祠存废标准》（以下简称《标准》），就宗教与民间信仰问题做出详细规定。它对此前的激进行为在一定程度上做出调整，但总体上仍持批判态度，仅允许以先哲类神祠和宗教类神祠祭祀。而宗教类中实际上仅出于宗教自由考虑，认可佛教、道教、回教和基督教的神祠。这四种宗教中，仅道教为中国本土宗教，民间信仰、淫祠邪祀依附最深。其存废标准最值得玩味。老子、元始天尊、三官、天师、王灵官、吕祖被允许祭祀，但其中除老子外，均为传说人物。王灵官勉强被算入天师行列，其余三人在道教中地位并不凸显，甚至在古代官方认可的正祀中也不常见，未有令人信服的理由和明确的标准。而在正祀中普遍被认可的东岳大帝、文昌帝君、龙王、妈祖等均在禁革之列，打破中国传统的正祀标准和祭祀传统。而与人民生活密切相关的城隍、土地、灶神，以及风雨雷电等自然神等均禁止祭祀。《标准》说明："以上诸神在古代多认为可祀之神，明清以来，载之祀典，然以现代之潮流考之，均无存在之价值矣。"[2] 而在民间知名度颇高的财神、二郎神、送子观音、齐天大圣甚至直接被列入淫祠行列。

除神祇外，《标准》中特别提到的禁革对象有二。一是民间秘密宗教，如白莲教、义和团、小刀会、大刀会、红枪会等组织。其在中国传统观念中，同在禁革之列。二是祀神仪式。它认为中国古代祭祀仪式甚为简单，而后"惑于邀福免祸之说，变本加厉。媚神之术，无所不至。

---

[1] 徐志伟：《一种"他者化"的话语建构与制度实践——对清季至民国反"迷信"运动的再认识》，《学术月刊》2009年第7期。
[2] 中国历史第二档案馆编：《神祠存废标准》，《中华民国史档案资料汇编》，第5辑第1编《文化》（一），江苏古籍出版社1994年版，第504页。

以致迷信之风日炽，人心陷溺，几不可救"。《标准》将其意义上升至现代化与国家间生存求生的高度，指出民众"日日乞灵于泥塑木雕之前，以锢蔽其聪明，贻笑于世界，而欲与列强争最后之胜利，谋民族永久之生存，抑亦难矣"。① 因此，《标准》认为，祭祀天地、日月、山川等仪式，于现代社会并不适用。先哲类祭祀应注重其事迹品德的宣传，取消香烛纸钱的祭祀仪式。它还特别强调，民间的迎神赛会、演戏酬神、朝山进香等行为定义为陋俗，主张严格禁止。它还特别以松江的蒋廷铨禁革迎神赛会为例，作为古时破除迷信的典型事例。

在仪式禁忌上，农历新年引发广泛关注，迷信行为和靡费金钱成为批判的焦点。政府要求废除旧历，但"一般农民，终以相沿既久，泥古不化。每届岁末，农民过年之点缀，依然兴高采烈，筹备不遗余力"，"一般迷信家不论户壁、盘碾、瓦瓮、水井，莫不烧香焚纸，作此无谓牺牲"。② 燕大学生张中堂在对大北隐村的调查中便指出："在那革命空气最浓厚、最紧张的时候，一般党员及农民协会的职员会同警察同志……来实行干涉农民过旧历年，他们的方法：是按户扯碎农民的灶王神像，这样一作，引起了农民一种大反感，因此'党员'二字在农民脑筋中变作了'仇敌'。"③ 国民党及国民政府疾风暴雨的反迷信运动，有强烈控制地方、将国家权力渗透至基层社会的意图。整体而言，其效果并不算好，引发民众的仇视和反对。

《标准》在实践层面情况更为复杂。1930年4月，天津市检送《淫祠邪祀调查表》。天津市18处庙宇纳入淫祠邪祀行列。龙王、天后、玉皇、城隍被列入；药王可算作先哲类但也被列入；三官作为官方认可的神明也被列入；与三皇姑性质相近的王三奶奶也被列入。上海在《标准》颁布后进行的调查，除按照规定将送子庵、玉皇、土地列入外，也将三官作为淫祀代表。这些庙宇最早建筑年代可追溯至唐代，明清时期建筑最多。具体情况可参照图2-6。

---

① 中国历史第二档案馆编：《神祠存废标准》，《中华民国史档案资料汇编》，第5辑第1编《文化》（一），江苏古籍出版社1994年版，第505—506页。
② 《赵县废年中赌风甚炽》，天津《益世报》1934年2月23日第8版。
③ 张中堂：《一个村庄几种组织的研究》，燕京大学，学士学位论文，1932年。

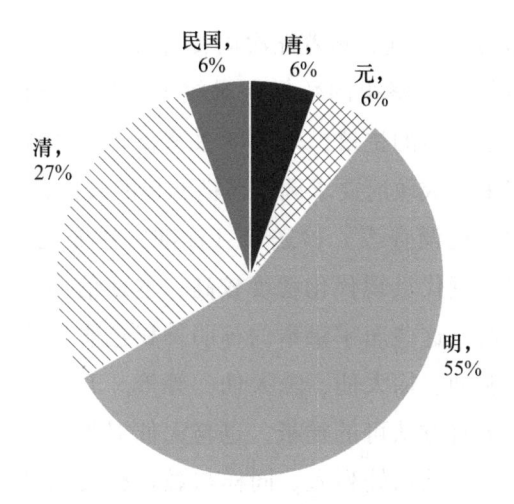

第二章　从传统到现代：华北地方社会转型与苍岩山传说、庙会的时代挑战

图2-6　天津市淫祠邪祀始建年代统计

资料来源：根据天津市《淫祠邪祀调查表》[中国历史第二档案馆编：《中华民国史档案资料汇编》，第5辑第1编《文化》（一），江苏古籍出版社1994年版] 相关数据统计而成。

始建于明朝庙宇数量最多，计有10处，所占比例在半数以上；清朝紧随其后，计有5处，占据27%；唐、元、民国庙宇各有1处。这些庙宇有7处有庙产，其中天齐庙、玉皇阁占地最多，在3亩以上；药王庙产也1亩有余；其余4处有庙产3—6分地。这些庙宇历史悠久，不便轻言废除。不过，供奉神祇和祭祀仪式是否定性为迷信，仅是此次调查标准之一。天后宫和红寺庙因道士、尼姑不守清规，王三奶奶庙、青龙庙、鼓楼因供奉狐仙而列入表中。这些庙宇中，天后宫、城隍庙和王三奶奶庙香火最盛。其余各处香火稀少，"现有各祠祀或为警所、街公所及各团体所占用，或租设商店、组织学校、房屋倒颓早无神像者有之，改修民房设立公益机关者有之，大都仅存祠祀之名而无祠祀之实，均有随社会文明潮流自然淘汰之势"①。简言之，列入淫祠的大部分庙宇已接近废弃程度。且该调查开展于《标准》颁布之前，颇重民情，请"各街长征询地方人士对于废除淫祠邪祀之意见，并如何废除及善后办法，俾能改

---

① 中国历史第二档案馆编：《天津市政府检送〈淫祠邪祀调查表〉致内政部公函》，《中华民国史档案资料汇编》，第5辑第1编《文化》（一），江苏古籍出版社1994年版，第507页。

119

善风俗，荡涤邪污"①。这意味着此次调查有大量地方人士参与意见。再者，天津市定性为淫祠祭祀的数量相对较少。我们或许可以大胆猜测，其中蕴含地方人士无声的抗议，采用"丢卒保车"策略，牺牲香火不盛濒临废弃的庙宇来完成政府要求调查淫祠邪祀的政治任务。

上海《淫祠邪祀调查表》检送于《标准》颁布之后，有50处庙宇列入。上海兴起于近代且现代化程度较高，本地信仰发展时间较短，大多兴建于民国时期。这些庙宇供奉的神明神秘色彩极重。各路大仙供奉最多。有黄仙、胡仙、徐大仙、陈大仙，等等。五圣堂有四处列入。即便是观音、吕祖被官方认可的神祇，也与大仙混为一体。该表中有观音庵、观音堂、观音祠共六处列入。同样与观音有关的庙宇还有南海大仙和南海佛像开路先锋祠两处。吕祖情况与之相似，有吕纯阳和纯阳大仙祠列入。《标准》认可的三官也有两处庙宇列入。该表所列各庙宇香火较盛，"无智愚民，非常信仰"、"愚民信仰颇众"，且有"专设坛打醮放焰口等业"及"借神符治病，迷信者活动异常"情况。②可见，上海调查较为遵循《标准》的相关规定。

平民教育以唤醒民众、培育现代国民为本色，又为定县实验争夺话语权展开县政权力争夺。其兼具思想启蒙与体制建构双重意义。同学会作为其主要权力机关，以破除迷信为己任。1934年，杨庄村主任高俊卿召开办公人员大会议决，拆毁庙宇改建村公所同学会办公地。议案虽然通过，但"为迷信村民所反抗"。同学会听闻此事，"以事关破除迷信"，得到村主任首肯后便动工拆庙。③同学会四十余名青年出动，干劲十足。村民闻讯前来阻止。天津《益世报》相关报道十分生动，现将其详录于下。

---

① 中国历史第二档案馆编：《天津市政府检送〈淫祠邪祀调查表〉致内政部公函》，《中华民国史档案资料汇编》，第5辑第1编《文化》（一），江苏古籍出版社1994年版，第506页。
② 中国历史第二档案馆编：《上海市淫祠邪祀调查表》，《中华民国史档案资料汇编》，第5辑第1编《文化》（一），江苏古籍出版社1994年版，第510—512页。
③ 《定县一幕趣剧》，天津《益世报》1934年4月4日第8版。

第二章 从传统到现代：华北地方社会转型与苍岩山传说、庙会的时代挑战

四十余名会员于风雪之下拼命加紧工作，事被村中娘子军闻之，遂将破庙团团包围，痛骂声远闻村郊。且该妇女等多系会员母亲，除狂声叫骂外，复各人手打脚踢自己儿子。然同学会工作精神，反益加奋勇，对骂打等事，毫不介意。娘子军围攻渐久，筋疲力竭。因皆怒气回家。直到下午三时，大庙一座，即变土墟。

这一报道是破除迷信的实况。年轻人受启蒙思想和现代文化的影响，以神明祭祀为迷信行为积极反对，态度坚决、干劲十足。而因循守旧的村民也极力反对，并不因其是亲人而放任其所为。双方立场极为坚定，冲突必然激烈。南京国民政府时期，民间信仰被牢牢打上"迷信"标签。其对宗教神祇与祭祀仪式的抨击，对民间俗信缺乏足够了解与尊重，推进方式又过于激进，并不利于其权力下移与法令贯彻。

井陉及附近地方同样将迷信视作陋俗，其评判标准与国民政府又有不同。它不以庙宇为单位，而是以祭祀仪式为主。这包括：供奉年画、送祖宗、组织神会、迎神赛会、圆经、打坐、祈雨、祭灾、路供、唾鬼、持咒、泼散、游百病、跪香治病、盖狐仙庙、树上挂匾、点纸灯花、避忌月房、妇女避忌、小儿寄锁开锁，共计 20 项。其中多与年节习俗和神祇祭祀有关。供奉年画、送祖宗、游百病、点纸灯花为年节习俗。这些习俗保留至今，形式多有变化。年画多由武强县运入，民众购买贴于家中，并焚香化纸，祈福禳灾。送祖宗同样烧纸钱于门外祭祀先人。游百病于正月十六，赴庙会闲游，有祈求健康之意。点纸灯花是因民众认为正月间摔碎器具不祥，"急以五色纸折成灯状（俗名灯花），燃于摔碎处，谓之'点灯花'。盖谓可以拔除不祥也"[①]。它虽为春节习俗，但也有祈求平安吉祥之意。

《井陉县志料》列为陋俗者，神祇祭祀仪式最多。路神和狐仙供奉被直斥为"迷信"。祈雨为井陉等水涝灾害严重地区的重要仪式，是关

---

① 王用舟修，傅汝凤纂：《井陉县志料·风土》，台北：成文出版社有限公司 1976 年版，第 554 页。

系农业收成与人民生计大事。其做法有多种形式。第一种由12名女孩偷偷将土地爷拿来放在水道祈祷。如果下雨，则将神像取出并穿上红衣用椅子抬上游街送回；如没下雨，则须将神像偷偷送回。第二种形式与第一种相同，仅将祈雨主体改为寡妇，人数也为12名。第三种为阖村祈雨，全村"派出代表——名曰水官——到有泉水处去取水，装水一瓶，而回到祈雨滩的龙王爷前"①。如果灵验，民众须以演戏、赛会等形式祈雨酬神，甚至要重修神像神祠。迎神赛会与圆经均声势浩大，以各村老母、玉皇、关帝、全神等神会为单位组织。这些神会多摊钱集资，由会首放贷生息支付迎神赛会和圆经的费用。迎神赛会是各神会于庙会期间朝山进香的仪式；圆经为社会搭神棚演戏祈福禳灾的仪式。迎神赛会虽被认为是有"乡民尚未脱神权时代之思想"驱动，但庙会期间，神会"锣鼓仪仗，杂然并陈，文武各会，比赛歌舞"，热闹非凡。圆经则向他乡下帖，请文武会齣，尚有作花炮写竿马者。届时热闹，较迎神赛会尤甚。②

《井陉县志料》还有通俗一类，也属祭祀仪式类。其区分标准，或许是认为这些习俗属于时令娱乐，而陋俗类为鬼神祭祀。"先王重与民同乐，岁时令节，例有庆祝，所以劳逸，加兴趣也。"不过，该书说明："陉俗简陋，娱乐之间，多含迷信"，"然至今日，流弊滋多"。③ 以庆元宵为例，正月十五"向神前焚香楮，供祭品，燃爆拜跪，毕恭毕敬"；正月十六"盛服美食，扮演文武会齣，鼓乐歌舞，终日不休"。④ 二月十五日为老君诞日，矿区百姓多到老君庙焚香上供。可以说，其与陋俗类仪式划分虽有一定之规，但于乡民生活中，二者并无明显区隔。《井陉县志料》将这些仪式强划分为陋俗和通俗，便难免令人疑惑其评定标准

---

① 王廷炯：《河北井陉妇女一年中的生活》，《女子月刊》1936年第4卷第5期。
② 王用舟修，傅汝凤纂：《井陉县志料·风土》，台北：成文出版社有限公司1976年版，第550—551页。
③ 王用舟修，傅汝凤纂：《井陉县志料·风土》，台北：成文出版社有限公司1976年版，第558页。
④ 王用舟修，傅汝凤纂：《井陉县志料·风土》，台北：成文出版社有限公司1976年版，第558页。

是否合理。

综上所述,"迷信"标签的生成与革命的"疾风暴雨"对民间信仰造成巨大冲击与挑战。大量原本为官府默许的神明成为禁革对象。财神、送子观音等概莫能外。女神三皇姑亦处于被批判、禁革之列。"忠孝节义,福荫乡里"的儒化神格为其敬拜合法性所能提供的支撑力量微乎其微。

(二) 教育为器:政府风俗改良和教育国民的工作成效甚微

20世纪初,国民素质低下成为近代中国走向现代化的严重阻力,国民性改造的呼声振聋发聩。知识界沿袭严复、梁启超等"新民"思路,至新文化运动高呼大众革命,发展至20世纪30年代,梁漱溟的乡村建设、晏阳初的平民教育、俞庆棠的民众教育、黄炎培的职业教育等开始积极实践,蔚为大观。国民政府在孙中山"训政"程序的设计下,将民众普遍视作"不知不觉"的中国人,与知识界"愚穷弱私"的判断不谋而合。在此判断的基础上,政学两界达成共识,逐渐走向联合。其典型事例为河北定县和山东邹平被定为县政建设的实验县及中国社会教育社年会成为政学两界广泛参与的社会教育枢纽。在现代化视野下,他们提出的解决方案基本一致,共同主张以教育为手段进行国民性改造。他们积极推进学校教育和社会教育,倡导风俗改良和合作事业,以之作为破除迷信、移风易俗、改进地方社会、救济乡村破产的重要手段。

井陉及附近地方也是如此。各县地瘠民贫,文教工作历来不算发达。戊戌维新以前,乡间多设冬塾,于农闲时读书学习。这种做法"颇合平民教育性质",该地"通儒故少,而目不识丁者亦鲜","文人亦间习稼穑,不解农者百无一二"。[1] 1932年,井陉县统计该地学校总数为256处,学生人数9011人。而"民众学校,尚未详细调查,大概学生人数亦不下千余人"。[2] 据此可以粗略统计,该县在校人数总计在万人左右,占

---

[1] 《井陉县风土概志》,天津《益世报》1934年2月23日第8版。
[2] 《井陉学校统计》,天津《益世报》1932年3月21日第7版。

全县20万人口数的5%。而学校在校人数平均每校仅有35人在读，民众学校在校人数更少。而办学效果亦较为不佳，"初小学堂，前任报十余处所，皆有名无实，仍与冬烘无异"①。可见，井陉及附近地方教育水平较低。这在县府看来，实有大力推进学校教育、社会教育及移风易俗的必要。

1. 学校教育

1922年，壬戌学制颁布施行。小学教育阶段为六年制，初级小学4年、高级小学2年，并均可单独设立；六年制初高级合设称为完全小学校。中学同为六年制，初级阶段和高级阶段各占3年。井陉及附近地方遵章办理，增设新校、改组旧校。该地并无高等院校，因此高等教育暂不纳入讨论。

壬戌学制颁布后，井陉县政府积极推进。它计划扩充初级小学校数及班次，在"村庄户口较繁，粮银较多，从未设立学校者，令其筹添初级小学校。或村庄过大，现在班次不足以容纳多数学生者，令其扩充班次"②。而高级小学因学制缩短为两年，初级小学毕业生增多，确有添设高小的必要。该县拟划分为十区，每区至少设一处高级小学，以容纳更多学生就读。井陉本无初级中学，但县府考虑到，学生外出就学，贫寒人家未有充足财力支持，且新学制小学阶段缩短一年，学生毕业年纪较小，也不易适应外地环境。因此，该县打算增设初级中学，既省"虚靡之费"又免"远涉之劳"，一举两得。然而，井陉县这一计划迟迟未能完成。据《井陉县志料》记载，该县设有初级小学233处。该县计有村庄275处，初级小学算是比较普及，虽未达到每村一校的程度，但也相差无多。高级小学数量锐减，该县仅有6处，距离其10校的计划尚差4处。而中等教育，该县仅有县立乡村师范学校和县立职业学校两处，而初级中学和高级中学未有设立。其教育发展水平可见一斑。1933年，该县考虑到，高小以上学校，"每年投考学子，异常踊跃，每校每次投考

---

① 焦焕桐：《查视井陉县学务情形报告》，《直隶教育杂志》1908年第4卷第20期。
② 《井陉县民国十三年教育进行计划书》，《直隶教育旬报》1924年第7卷第4期。

第二章 从传统到现代：华北地方社会转型与苍岩山传说、庙会的时代挑战

者，均有二百余人之多，结果除录取四五十人外，终有百余名落第"，拟增设高级小学一处。①张人瑞、霍化东二人担任筹备委员，以贾庄镇关帝庙为校址，鸠工庀材修建而成，可容纳两班学生。此外，井陉及附近地方积极推行义务教育，筹办短期小学。其中，保定各村失学儿童多者达200名，少者也在70名左右。县长萧鹤延积极办理，先后成立30余所短期小学，每校招收失学儿童人数百余名；赵县成立义务教育委员会，拟具义务教育实施大纲，努力推进本地儿童教育的发展。

井陉及附近地方逐步完善现代教育体制。传统私塾被认为教学内容、教学方法及教学理念均与现代学校教育相悖，各县积极推行私塾改良。它要求私塾照章授课，如不能做到便要严加取缔。在教材使用上，各县要求按照部颁统一标准实行。井陉县原本采用世界书局出版的教科书，但因"该教科书与教学法，各不相同。此版与彼版，亦不相符。对于教学两方，均感不便"②。该县有高级小学校和完全小学校限期推行，经过教育界人士联席会议，决议采用商务印书馆出版的算术、国语、常识、公民四种教材。井陉及附近地方多以春季为第一学期，历年沿袭，积成惯例。这多与教育部规章不符，"于教材之设备上、时令上，均多龃龉之处"。教育部审定的教科书，上册内容取材于秋冬，而各县教授却值春夏之际。下册取材春夏却授课于秋冬。而"时序既乖，则儿童学业的兴味，自不能不受影响"，还会影响与旧教科书的衔接。③井陉、景县采用的应对之法一致。新生暂时补授幼稚读本第一册以资变通，现有学生于第二学期使用单册教材，以便与教材内容同时。这样做可以使新旧教科书顺利过渡，兼顾政府公令与地方习惯，可以最大限度保证教学顺利进行、避免秩序错乱之弊。

井陉及附近地方注重教学情况的监督与奖惩。教育当局定期视察各校，并督促改进校务，奖惩教职员。各县教学条件简陋，"阖境国民校

---

① 《井陉教育新声》，天津《益世报》1933年12月28日第6版。
② 《井陉县政府一律采用新教科书》，天津《益世报》1934年3月12日第6版。
③ 《景县各小学一律采用新教科》，天津《益世报》1934年3月12日第6版。

舍，非湫隘不堪，即规模太陋。运动游戏之场，更多缺焉不备"①。有鉴于此，其逐次改良校舍、扩充校址，添设运动场，以资改进。教职员对教学负有专责。各县制定奖惩办法，奖励卓有成绩者；而荒疏怠惰者也要呈请县长加以惩戒。各县常召开成绩展览会或观摩会，以资促进各校交流与学习。井陉县视"观摩会为督促学生用功之最善办法"多次举办。②其责令"各区教育委员将各校职教员及学生成绩尽数搜罗，征集一处，择日罗列，任人观览"，并聘请学界名家参与评判等级，择优奖赏，以资鼓励。③该县各乡长公举刘九如为会长，拟定简章并择期召开北赵庄初级小学校联合观摩会。成安县小学观摩会各校成绩经"教育当局分门别类，详加研讨，评定优劣，分别奖励"④。奖品他特意由平津购买运回，颁奖仪式极尽隆重。除教育当局及获奖学校、教员、学生外，还有外县政府、党部及各机关团体代表参加。

学校师资培养为井陉及附近地方所重视。乡村师范学校设立不多，师范讲习所等形式更为灵活，以缓解师资缺乏之弊。井陉县师范传习所设立较早，初期修业期限为一年半，后延长至两年。该县鉴于"欧战以后，新学潮流一日千里。教学方法，月异日新。重要之点，必时相提示，方足以顺应潮流"，由教育当局延聘教员举办假期讲习会，以改进教学方法。⑤国安县对师资培养较为重视。省立师范定期举办小学教员讲习会，该县遵奉厅令选送教员参加，又感"本县小学教员全体计算，得到讲习机会者仍属少数"，"俾小学教员同时均有进修机会，以增加教学效率"。⑥它又选送70名小学教员赴邻县博野参加北杨四存中学举办的小学校园秋季讲习会，并承担讲义等相关费用。尧山县于1932年起责成乡村师范招收毕业补习班学生30余名，为期一年，但该班办学效果不佳，教育当局以课程不符为由不准毕业。后经校长利用秋假再度召回训练，

---

① 《井陉教育进行之计划（续）》，天津《益世报》1924年3月21日第7版。
② 《井陉教育近讯》，天津《益世报》1934年4月8日第8版。
③ 《井陉县民国十三年教育进行计划书》，《直隶教育旬报》1924年第7卷第4期。
④ 《成安小学观摩会举行发奖式》，天津《益世报》1934年7月20日第4版。
⑤ 《井陉教育进行之计划（续）》，天津《益世报》1924年3月21日第7版。
⑥ 《国安举行秋假讲习会》，天津《益世报》1935年10月1日第4版。

第二章　从传统到现代：华北地方社会转型与苍岩山传说、庙会的时代挑战

才勉强毕业。

读书费用较高，为井陉及附近地方学生难以承担。高级小学及师范讲习所等，学生有饭费津贴。1924年，井陉县师范讲习所津贴由2元涨至3元。但是，这些学生仍感到负担极重、生活待遇较差。省视学焦焕桐到井陉视察学务情形时，恰逢高小学生因膳费问题与校方发生冲突。其调查报告详细说明此事的来龙去脉。在他看来，高小教学情况尚可，但经费缺口甚巨。校长许大令到任后，竭力缩减开支。他将6名夫役裁去2名，只留4名。厨役等薪金由7两裁至4两。阅报等费用由356吊裁去一半。学生以面食为主，每人每月须交膳费3400文。如有不敷，则由学堂补贴。但多有学生自上年起已无力负担。该年物价上涨，学生甚至自请降低伙食标准，膳费也相应降至1400文。学生膳费缩减、学校收入减少，内窘已极的校方无力维持日常运作，因此拒绝了学生的请求。双方在膳费问题上僵持不下，焦焕桐亲自劝导3个小时，学生态度也未丝毫缓和。学生对校方的不满由来已久。前任校长谢鉴礼承诺学生优免30亩差徭，就迟迟未能兑现。学生缴纳膳费并有津贴，但饮食仍极为恶劣。每星期仅吃麦食一次，一日三餐以小米干饭为主，与初始承诺也有差距。焦焕桐允诺学生增加麦食一次，膳费每月减少200文，同时，代为呈请县府优免差徭，此事方得平息。即便如此，学生待遇也并未得到明显改善。1935年，井陉简易师范学生马士惠介绍该校的衣食住情况，仍感生活清苦。该校早晚为小米捞饭，实际上只有两斤绿豆面条供50人食用，平均每人分得六钱四分面。捞饭中的米，学生为了节省费用只能购买掺了糠谷的低价米。若是米稍好一些，则价格翻倍，学生难以负担。午饭星期一、三、五仍是吃小米捞饭，星期二、四、六吃窝窝头，只有星期日可以吃白面卷子。这样的餐食，学生每人需要支付饭费一元六角。该生认为这样的食物难以下咽，"恐怕要叫生活在都市里的人，笑掉了牙"，其同学却"一走进饭厅去，就如得珍馐一般，狼吞虎咽地在吃着"。服饰方面，该校学生以自家做的鞋袜为主，洗得发白仍无钱更换。即便做了新衣服也舍不得穿，"西服革履，华贵美丽的服装，在我们农村的学校中，是找不到的"。住宿方面，他们住在庙房改造的宿舍，一

张土炕要睡十余位同学。严冬时节，学校规定每天只许烧煤八斤，所以土炕南北两端的同学，几乎感受不到炉火的温暖。马士惠的文章说明城乡差异明显，其生活不如城市学生优渥。但是，其与本地贫民比较而言，生活水平还是高出很多。他自己也说："大家公认我们还是天之骄子，比较我们父兄的生活，又觉好之多多啦。"马士惠自我定位较高，期待值也随之高涨。他说："虽然我们已是中等资格的中学生了，我们的生活说来只是这样的可怜。"这是其自傲又自卑的复杂心态的真实写照。①

井陉及附近地方学校教育虽由政府推行，发展却较为落后。在教学方面，"初级教员怠惰成性，视教育如同儿戏，以致教育落后，毫无生机"。尤其是偏僻乡村小学，"办学人员思想腐旧，见识短浅"，教学情况格外恶劣。② 这些学校仅教授算术、国语、常识、公民等科，而音乐、体育、美术、劳作等课程较少涉及。井陉县教育局制定统一课表，要求休息日、周日照常上课，以弥补春秋两假停课时间超出规定的部分。但多数小学仅上午讲课，下午由教员指导学生温习，敷衍教学。井陉及附近地方深受经费支绌困扰。1931年，南和县经费困难。教育局局长范桂萼不得已声明，自12月起，该县"上自教育局，下至各初级小学校，一律停薪"③。12月中，教员如不愿维持，可以选择即刻停学，如愿继续授课，薪金可由下年教育款项下补发。经费不足，直接影响教学效果。教职员薪金、教具的购买、学生饮食无不需要经费支持。井陉及附近地方教学款项多来自加征地方捐，学生缴纳学费、膳食费也是收入来源之一。但各县教育经费与地方捐税、学生缴纳之间陷入几近无解的恶性循环。教育经费需求巨大，地方捐和学杂费征收增多，贫苦民众无力支付，失学民众增多。而减轻苛杂和学杂费，民众压力减轻的同时，教育缺乏经费支持，必然影响办学效果。彼此牵扯的双方似乎并未找到平衡点，反而顾此失彼，民众生活日益艰苦，而学校教育也未见成效。《井陉县志料·教育》一编仅有三页内容，记载："变法至今，诸事困于贫瘠，未

---

① 《井陉师范学生的衣·食·住》，天津《益世报》1935年12月23日第12版。
② 《井陉县教育局整顿乡村教育》，天津《益世报》1934年4月11日第6版。
③ 《南和各校停课》，天津《益世报》1931年12月10日第6版。

第二章　从传统到现代：华北地方社会转型与苍岩山传说、庙会的时代挑战

能发展。以故兴学三十年，仍有'才难'之叹。普及教育，有愿难偿。统计本县就学人数及学校数目，与他县相衡，实瞠乎其后。"①

2. 女子教育

井陉及附近地方素有溺女和缠足恶俗。该地家庭溺女成风，无论贫富。贫穷家庭无力抚养不得已而为之，富裕家庭则因重男轻女的传统思想不愿生女孩。很多家庭最多"女孩至多不得过二人，多则即于呱呱坠地之时，断然毙之"②。根据统计，1934年井陉县男子人数为118471人，女子人数89120人。男女比例为133：100，人口差近3万人，女子人口数较男子少近1/3。这一数字触目惊心，可见该地溺女风俗的严重程度。女性人口少，造成男子娶妻困难。不少男性鳏居终身，甚至绝嗣。也有男性购买外地妇女为妻，以解决男女比例失衡的问题。1928—1930年，豫陕旱灾严重。该地被卖妇女大量涌入井陉等县，人数高达5000余人。每位妇女身价及旅费在大洋200元以上，购买者仍十分踊跃。县府认为，溺女之风为患无穷，男多女少，致使"人口日益减少，民族如何复兴。纵使买得外路妇女，多数驱拐而来，绝少驯良之辈。至若放鹰诈骗，人财两空，倾家荡产"③。为此，该县拟成立改良风俗会来解决这一问题。

缠足问题更受关注。20世纪30年代，缠足情况还广泛存在。平山县"一般妇女缠足之恶习，尚大部不曾改除"④。唐山市"僻处冀北，两面环山，交通不便，尤以山内二百余村，坚守古风，反对新制，义教成绩恶劣，人民思想落伍，各类封建俗习，存者颇伙"⑤。井陉县"风气闭塞，各村仍不少缠足之妇女，曾经查罚，竭力宣传，仍不悛改，诚属社会之污点，此应挽救者"⑥。各县多设有放足委员会一类的组织，并派专员检查督促。他们大力宣传放足意义，特别强调"欲彻底解放妇女，特

---

① 王用舟修，傅汝凤纂：《井陉县志料·教育》，台北：成文出版社有限公司1976年版，第465—466页。
② 吕小松：《井陉一邑女性恐慌》，《中国摄影学会画报》1929年第5卷第214期。
③ 《井陉拟成立改良风俗会》，天津《益世报》1934年2月11日第8版。
④ 《平山铲除缠足恶习》，天津《益世报》1935年4月4日第4版。
⑤ 《唐县县政府严禁妇女缠足》，天津《益世报》1934年4月11日第8版。
⑥ 《井陉拟成立改良风俗会》，天津《益世报》1934年2月11日第8版。

由妇女放足着手，即以非天足不能劳动，非生产不足谈平等，是乃根本办法"①。各专员采取挨户劝导方式，逐户检查。涿州市措施最为严厉，检查专员有警察随行保护。缠足妇女一经发现，先经劝导放足；如二次检查发现未照办者，进行罚款。"罚金多寡，则视其家境贫裕而定。"②

井陉及附近地方风俗改良的重点以女性问题为主。因缠足问题影响最大，所以执行力度也最大。除缠足、溺女外，井陉独有"新妇久住娘家""产妇一月不得饱食"等事关女性习俗也被视作陋俗批判。该县女性新婚后三年不能去婆家居住，"事事不作，袖手旁观。姑嫂反为奉事，俨如过客。伉俪虽笃，囿于习俗，深惧多住，遭人讪笑，不得已割爱而去"。新妇久居娘家不归，流弊丛生。夫妇间出轨，造成家庭变故，婚姻讼案因此增多。产妇囿于"多食则死"的传言，产后仅食用数十粒小米煮成的米汤，因此产妇"一月不得饱食，面黄肌瘦，腿软气弱，因饿致病，甚至丧命者"，"婴儿缺乳，身弱致死者，亦必多有其人"。③井陉县将这两种习俗与溺女、缠足列在一起作为风俗改良会的主要工作对象，其余两项，未见有改良的实际行动。

正因陋俗受害者以女性为主，女性受教育的机会也远低于男性，井陉及附近地方政府格外重视女子教育。井陉县县长赵椿煦主政期间，提倡男女合校，增加女子教育机会。但倡导年余，推行者寥寥无几，继任县长金孝本认为"女子教育关系重要，家庭改良，有所必赖"，决意改进女子教育。④他催促各村村长佐、学董等加强女子教育，政策较前任县长要求更高。金孝本主张，女子教育应与男子并重，尽量添设女子学校；如力有未逮，亦当加紧办理男女合校事宜。同时，增加女子升学的机会与途径。该县本无女子高级小学校，女性初小毕业后，"每苦升学无地，中途辍学，女学前途，殊形窒碍"⑤。有鉴于此，金孝本决定在县

---

① 《唐县县政府严禁妇女缠足》，天津《益世报》1934年4月11日第8版。
② 《涿县厉行放足运动》，天津《益世报》1935年11月17日第4版。
③ 《井陉拟成立改良风俗会》，天津《益世报》1934年2月11日第8版。
④ 《井陉县民国十三年教育进行计划书》，《直隶教育旬报》1924年第7卷第4期。
⑤ 《井陉教育进行之计划（续）》，天津《益世报》1924年3月21日第11版。

第二章 从传统到现代：华北地方社会转型与苍岩山传说、庙会的时代挑战

立女子初级小学校内，添设高级班次，改为完全小学校，为本县女性升学提供机会。辛集市贤邱村"户口无多，村亦不富，现因兵荒连年，灾祸频仍，生计日艰，负担日重，经济困难自不待言"①。但该村乡长副及学董重视教育，又能协作推进，办学颇受好评。该村于1925年在男子初级小学西侧购置土地，作为女子初小的校址。但因经济窘迫，迟迟未能动工。1934年，县长裴焕星热心教育，催办女学。乡长副及学董在农村经济万分困难的情况下，仍能任劳任怨、不顾毁誉，多方筹措计划建成女子小学。新寨乡"人士对于教育，向竭力提倡。故女子民校，一举而成"②。该校学生计有25人，以十六七岁少女为主，此外尚有30余岁妇女数名。每日上午7—9时，授课2个小时。所授科目，除平民千字课以外，还有政治、科学、常识等。该校学生学习热情较高，出勤情况甚佳，缺席旷课者较少。

为提升女性受教育率，井陉及附近地方一方面劝导适龄女童入学，一方面兴办女子民众学校扫除文盲。井陉县饬令各乡长、学董，切实调查学龄女童，并造具学生名册，呈报备案。对学龄女童经竭力劝导入学，倘有顽固家长，"不令其女儿入校，经学董等劝导不听、督促不遵者，即造册呈报，以便实行强迫办法"③。可见，该县态度急切，已有实施强迫入学的计划。女子师范类学校培养女性教师，为女性谋求出路的同时又能弥补学校教育和社会教育师资不足的问题，可谓一举两得。井陉及附近地方各县较为注重女子师资的培养。平山县于1925年便设有女子师范传习所，但办学效果不佳。该校学生人数少且成绩低劣，无法承担推进教育的重责。1934年，该县感到"女校师资之培养，亦属刻不容缓之举"，拟开办女子简易师范。④ 该校经费由滹沱河灌溉工程处所用马鞍山石料拨发1000元，以推动女子师资培养。井陉县原本计划成立女子师范传习所，经费随粮带征。但于呈请备案时，

---

① 《束鹿南贤邱村筹设女子小学》，天津《益世报》1934年3月12日第6版。
② 《井陉教育近讯》，天津《益世报》1934年3月17日第6版。
③ 《井陉县府整顿女教》，天津《益世报》1934年4月15日第8版。
④ 《平山妇教促进会注重女校师资》，天津《益世报》1934年6月29日第4版。

被教育厅驳回，不许其单独成立，指令要求其合并于乡村师范内，按照河北省乡村师范简易办理。县教育当局认为"办理长期女子师范，殊多困难。且男校附设女班，又以积习所关，势必发生窒碍"，呈请教育厅要求将该校附设于女子高小校内，添设女子师范讲习班，始获批准。① 该校未使用"传习所"这一名称，而是称乡村师范分校。校长由男子师范学校校长兼任，女子高小校长为女子部主任。学生入学年龄须在16岁以上，毕业期限为一年。

井陉及附近地方即便重视女子教育，但办学效果普遍不甚理想。1936年，井陉县视察各项女子初级小学校，发现其不仅教学内容欠充实，学生也远达不到要求。各校女子初级小学以40人为定额，至少也不应低于30人。实际上，各乡女子初小学生至多不过30人，最少仅有六七人。其办学情况可见一斑。井陉县政当局责任在于："各乡学董，提倡不力，诱导无方，实已无能隐讳。在各乡学董，敷衍因循，不加振造，其心必以为女校成立，即责任已尽，至于成绩之好坏，则不必关心。学生之多寡，更无须注意。"② 该县决议推行强迫教育，要求学董负起责任，以切实推进女子教育的发展。这显示，女子教育为县政府所重视，但在实践中，乡长副及学董是否认真负责，直接影响女子学校的办理成效。加之，师资、经费等原因制约，井陉及附近地方女子教育未见亮眼成效。

3. 社会教育

"除文盲，作新民"是社会教育政学两界的常用口号。扫除文盲与培育现代国民成为社会教育的核心工作，民众学校恰可一举两得。通过短期教育，为失学青年及成人提供受教育的机会，同时普及现代国民常识。井陉县政府和党部均积极增设民众学校开设。县党部曾计划在各区分部各设民众夜校一处，以救济失学青年。县长任甫亭"痛惜民智低陋"，"一般乡民迟笨愚鲁，与山居野人无异。统计乡下目不识丁，几占十之八九"，也锐意推动民校发展。③ 1933年年底，在党政双方的积极推

---

① 《井陉女师传习所改称乡师分校》，天津《益世报》1931年12月10日第6版。
② 《井陉教育局积极提倡女子教育》，天津《益世报》1936年2月11日第6版。
③ 《井陉新教育限期筹办民校》，天津《益世报》1934年1月14日第8版。

第二章 从传统到现代：华北地方社会转型与苍岩山传说、庙会的时代挑战

动下，井陉县各乡广泛成立民众学校。民众学校由1931年秋的50处，急速增设百余所。其开设既急且快，县当局"深恐各乡办理民校负责人员，有敷衍塞责，中途停办之弊"，指派教育局督学及社会教育专员随时下乡考察，并令饬各乡乡长及学董勤加监督，以使学校教员认真负责，切实保证办学效果。① 次年，教育局局长刘路通认为，"本县山岭纵横，风气蔽塞，各乡农民对于识字一途多不注意，非广为宣传，不足以唤起其兴趣"②。他决定举行识字运动，要求全县各校一律参加，以期推动识字教育的发展。平山县也鉴于本地文盲较多的现状，成立问字代笔处，为民众解释生字的读音与用法，并满足民众写信代笔的需要，也是推进识字教育的一种尝试。民众自身求学心切，有扫除文盲的实际需要。井陉县西王公庄村民，"务农为业，贫寒度日，家中子弟多已失学"，因深感知识贫乏与识字的必要性，遂自发组织识字学校。③ 该校全由本村力量筹备开设。教师由本村两人义务担任。因无钱购买桌椅、黑板等教具，该校在教室内掘坑为桌椅，凸起高处为桌，低矮土台为椅；黑板则以黑门板替代。其能因陋就简、因地制宜，办学费用较为低廉，仅需分摊粉笔、千字课等教具、教材，即可开课。

民众宣传是社会教育的基本工作，以期将国家观念、政策、法令向民众传输。讲演所和民众教育馆主要承担这一责任，常有定期演讲工作安排。每有临时庆祝或宣传活动，常邀请地方官绅进行演讲，以资扩大影响。井陉及附近地方也是如此。北伐时期，国民革命军第三、第四军宣传部即在井陉矿务局为工人数百名作大规模讲演。宣传队全体队员慷慨激昂，相继演说3个小时，"全场听众，咸为之感动"④。永年县民众教育馆设置乡村实验区后，组织巡回讲演团开展常识教育。1935年，该馆将原位于城内大街的宣传所恢复改建为通俗讲演室。其"除仍照常巡

---

① 《井陉县府整顿女教》，天津《益世报》1934年4月15日第8版。
② 《井陉教育近讯》，天津《益世报》1934年4月8日第6版。
③ 《忍苦读书》，天津《益世报》1934年1月17日第8版。
④ 《宣传队在井陉演讲》，天津《益世报》1928年4月22日第4版。

回讲演及至实验区施教外，并择期举行固定讲演"，用以扩大宣传。① 沧县民教馆"为健全组织，积极工作起见，曾联合当地人士，成立各种会社，树之风声"。在这一背景下，讲演会于1934年成立，会员人数众多，并聘请县长李学谟以"忠孝节义、礼义廉耻"为题公开讲演。其"对于古圣先贤之立身处世，明道训教，发挥尽致无遗。一时男女听众，极为动容"。②

庙会、集日期间，民众麇集，是讲演宣传的好时机。井陉民教馆于近日举行定期讲演。县府敦请各机关职员每集日（集日为三、八日）及周日在通俗讲演所轮流讲演。讲演主题涉及：个人与社会国家关系及应尽之义务、国内外要闻、乡政治理等现代常识。为吸引民众到所听讲，该所于讲演前张贴宣传布告，俾众周知；讲演时，备有板凳、茶水方便民众听讲。其宣传效果不错，"民众以为良机难得，故听者拥挤。而讲者因实属应尽之义务，亦极其兴奋。倘能勇往直前、持久办去，民众定当获益非薄"③。讲演所特花费百余元在天津购置电影机，以解决"每逢讲演，听者寥寥"的问题。④

北关花会期间，讲演所在公共体育场内播放露天电影并请县长讲演《风俗改良之必要》，吸引民众三百余人观看。次日为东关演会期，该所考虑到"留声机电影及讲演，平素妇女观听之机会绝少。值此花会期中，妇女来者甚众"，故专为妇女播放留声机和露天电影，并请保卫团副总团长傅子仪讲演《妇女解放之正当途径》、天足会女检察员郑月桂讲演《缠足之害》，并表演剧目《妇女应有常识常能》，借此对妇女展开宣传。该活动效果颇佳，吸引"妇女往观者二百余人，扶老携幼，络绎不绝，颇极一时之胜"⑤。井陉县民教馆还印发集日报纸，在集日讲演过程中分送听众。其间，虽因经费支绌，时出时辍。但在主

---

① 《永年民教馆通俗讲演室》，天津《益世报》1935年10月1日第4版。
② 《沧县民教馆积极工作》，天津《益世报》1934年9月21日第4版。
③ 《井陉零讯》，天津《益世报》1933年5月21日第7版。
④ 《井陉飞絮》，天津《益世报》1933年12月21日第8版。
⑤ 《井陉讲演所举行通俗讲演》，天津《益世报》1934年3月7日第8版。

第二章 从传统到现代：华北地方社会转型与苍岩山传说、庙会的时代挑战

任高经奎时期，"对于启发民众知识，筹划不遗余力"，"利用冬日火炉费节省之余，刊行民报。每值集日，分发民众，作为讲演之资料，以鼓励其听闻"。① 其内容涉及格言、时事、常识等项，与讲演内容相配合，以广宣传。

卫生防疫是井陉及附近地方的主要工作。赵县、井陉等县每年清明后、气温转暖时节，为本县民众开展种痘工作，以防治天花传染。井陉县说明种痘必要性有二。一是春季寒暖变化无定，疫病容易流行，有种痘防治的必要。二是"间虽有种痘之专医，但墨守旧法，不讲卫生，常将各种病菌混合而入，作祟于内，因而殒命者习见不鲜"②。两县种痘方案略有不同。赵县由民众教育馆负责，制定种痘时间表，要求儿童按时到馆接种。而井陉县则由救济院负责，种痘力度更大一些。因该县曾发生天花疫情，婴孩传染人数较多，且死亡率在 1/3 以上，"人民受其害者，不计其数"③。该县派员分赴各乡，挨户劝导村民接种。景县民教馆同样考虑到春季为疫病多发期，因此开展大规模的防疫宣传。该馆通过讲演，以中医理论"将春瘟病源、病象和预防办法，讲演与一般民众，使乡人多一层常识，少罹杂疫之病"④。邢台县治理重点放在未经政府认证的江湖游医。"本市人口众多，时有四方野医，施其欺诈手段，愚弄无知住民，实有严加取缔之必要。"⑤ 该县公安局负责检查行医证书执照及未经化验的药品，如违反规定，则禁止诊视，并予以驱逐出境处罚。

卫生健康教育针对国民身体"弱"的弊病而广为推行。中国传统武术因强身健体的作用备受关注。大名县民教馆设有国术研究社，并聘请该县国术名家刘长春⑥为社长。他功夫精湛，远近闻名且门徒众

---

① 《井陉教育近讯》，天津《益世报》1934 年 4 月 8 日第 8 版。
② 《赵县井陉两县施种牛痘》，天津《益世报》1934 年 4 月 11 日第 8 版。
③ 《井陉救济院通告各乡赶种牛痘》，《国医砥柱月刊》1937 年第 6 卷第 4 期。
④ 《景县民众教育馆举行大规模防疫宣传》，天津《益世报》1934 年 3 月 20 日第 8 版。
⑤ 《邢台公安局检查医士》，天津《益世报》1934 年 6 月 17 日第 4 版。
⑥ 刘长春，1867 年出生，16 岁开始习武，曾在河南镖局服务多年，足迹遍布河南、江浙等省市，是当地公认的武术名家。

135

多。国术社成立当天，刘长春率领门人20余人，"在教育馆举行国术表演。事前并由该馆通知各机构前往参观，刀光剑影，盛极一时"①。井陉县因"群山阻隔，交通不便，且保卫团不足分配全境。故时有二三匪徒，至乡诈财，人民为之不安"②。任甫亭县长任职期间，出于保护地方治安的需要，聘请王有德担任国术馆馆长。该馆囿于经费不足，导致招生困难，加上馆址被军队借占等因，在举办两班后被迫停办。沧县民教馆附设国术研究会，成员人数在150人以上，规模可谓宏大。

因井陉及附近地方地瘠民贫，贫寒子弟失学者众多，各县政府对社会教育不可谓不重视，发展却极为有限。1933年，井陉及附近各县赴定县参观，深感"该县各处应仿效者甚多，或限于财力，或限于人力，均非短期间所能实现"，唯有壁报和醒民钟"所费无几，收效实宏"，可兹仿效。③井陉县于各乡街设置醒民钟，于每日早6点、午12点、晚6点为敲击时间，并每日摘录时事，贴于墙壁。同年，河北省教育厅鉴于"国内各地图书馆，年来推广设立，极形踊跃。一般人士，均觉便利。惟儿童图书馆，设立者尚不甚多。于儿童课余假期，颇乏阅书之机会，似有亟待提倡之必要"④。它通令各县政府成立儿童图书馆，或者由图书馆及民教馆开辟儿童阅览室。井陉县也曾有成立民众图书馆的打算，但最后未见施行。1934年，井陉县"为启发民众普通之知识，灌输以日常生活之必备常识"，党政军各部门联合筹备成立民众常识指导会。⑤成立大会有正太护路军第四团、县政府、县教育会、教育局、通俗讲演所、救济院、农业推广所等代表参与，可见其动员机关之多。党部代表贡树翰担任会议主席，常务指导员在县党部、县政府、通俗讲演所中推选3位代表担任，经费由党政双方临时筹措。具体工作由各机关分工协作：

---

① 《大名民教馆成立国术研究社》，天津《益世报》1934年4月16日第8版。
② 《井陉国术馆》，天津《益世报》1933年11月17日第8版。
③ 《井陉飞絮》，天津《益世报》1933年12月21日第8版。
④ 《注重儿童教育》，天津《益世报》1934年3月12日第6版。
⑤ 《井陉各界联合组织民众常识指导会》，天津《益世报》1934年7月18日第4版。

第二章 从传统到现代：华北地方社会转型与苍岩山传说、庙会的时代挑战

增设壁报两处，由党部负责；蝗螟防治宣传，由农事推广所负责；传染病防治及卫生常识宣传，由救济院负责；防控常识宣传，由正太护路军第四团团部负责。这一做法，反映出井陉民教馆等社会教育机关规模有限，仅靠自身能力不能满足教育需要的现实。

4. 职业教育、乡村合作

近代中国职业教育与社会教育关系密切，尤其是20世纪30年代，黄炎培提倡"大职业教育主义"，与乡村建设、社会教育诸派别合作，成为中国社会教育社的核心成员，同以教育手段救济乡村为宗旨。傅葆琛指出，当时"几个比较有名望、有成绩的农村改进运动，除定县平教会的实验事业之外，如江苏教育学院的民众教育事业，山东邹平研究院的乡村建设事业，上海徐公桥中华职业教育社的农村教育事业，都与平民教育有密切的关系"①。井陉及附近地方设立职业学校、推广乡村合作，也是在这一思路指引下救济乡村的尝试。

井陉及附近地方职业教育以蚕桑织布为教学内容者较多。1921年，井陉县府以"工艺为实业之大端，而织布尤为日用所必需"，开设织布传习所。②该所筹款六百余元，并聘请士绅贡新槐、黄承孝为董事，招募贫寒子弟入所学习织布技能。1923年，井陉乡成立职业学校，考虑到本县山地林多及东北有产棉区的实际情况，该校内设农、工两科。农科以植桑养蚕为主，而工科以机器织布为主。1933年，井陉在原有贫民工厂的基础上扩建民生工厂，"专收容各乡失业游民，授以生活技能"③。厂长由县府遴选，技师等其他雇员由厂长上呈县府聘用。工人每日工作八小时，下班后由厂长带领事务员教授工人党义千字课、简易算术、运动体育等知识。因该厂系救济性质，工人不支取工资，膳食免费并可按照生产之多寡、优劣领取津贴。工厂盈利分配，其中两三成用于扩充生产，其余按照厂长拟定标准支配给工人、技师、厂长等人员。井陉监狱设有工厂，在狱警督促、技师指导下，犯人能"积极工作，不遗余力。

---

① 傅葆琛：《平民教育之魔力》，《民间》半月刊1934年第1卷第12期。
② 《井陉县设织布传习所》，天津《益世报》1921年8月27日第11版。
③ 《井陉设民生工厂》，天津《益世报》1933年5月22日第7版。

所织毛巾、线毯、布匹等，经久耐用，售价低廉"①。该厂专设监狱售品所，因省去中间商环节，价格更为低廉，吸引民众购买。邢台县白塔村富绅鉴于"纺纱业之萧条"，而"村北一带，地势平坦，土地肥沃"，适于开设纺纱工厂。②厂主打出"刘张成合作社"的名义，耗资千余元购买上好肥田开设工厂。

长垣县农民传习所教授内容最为宽泛。其由该县劝业所倡议，于农闲期间在各村轮流设置，"以期接近农民，得以教授农事新知识"③。该所设所长1人，董事1—2人，具体人选由村正副推举；讲员1人，由劝业所呈请县公署委派。所长及董事均为名誉职，不支取薪金，讲员薪金为大钱十五千。讲义及教具费用，由劝业所呈请县署由实业经费支给。其他杂费，由所长、董事设法筹措。课程涵盖较广，包括田学、土壤学、肥料学、植棉学、蚕桑学、种子学、园艺学、造林学、病虫害学等。每班学员人数以30人为限，由村正副选送1—2人到所学习。其具体要求有三。一是职业要求，需是真正以农业耕种的农民；二是年龄要求，招收学员年龄应在15—40岁区间；三是身体、文化程度，需选送身体强健并粗通文字者方可入选。该所校址应选定各村庙宇寺院等公共空间。学习时间为一个月，考试合格由县署核发毕业证书。

井陉及附近地方能够因地制宜设置教育内容。巨鹿鉴于该县"向产小麦，其麦秆至为细软，并其白洁，易于编制帽辫，毋庸求诸外人，颇可获利"，开设帽辫传习所。④该所办理效果不错，工师教授得法，共办理9班，学生均顺利毕业，掌握一定谋生技能。献县"以农村凿井，为救济旱灾唯一要素，乃大为提倡"，决定设立凿井传习所。⑤学员由各区选派，共招收10人，分为两班训练。每班凿出一井即可毕业，为期约需50日。第一班凿井经费约需300元，由建设费拨发，其中包括技师及助

---

① 《井陉监狱工厂设立售品所》，天津《益世报》1934年4月16日第8版。
② 《邢台创设纺纱工厂》，天津《益世报》1934年4月8日第8版。
③ 《长垣设立农民传习所》，天津《益世报》1924年1月7日第10版。
④ 《巨鹿帽辫传习所情形》，天津《益世报》1924年1月7日第10版。
⑤ 《献县提倡凿井》，天津《益世报》1934年3月22日第8版。

第二章 从传统到现代：华北地方社会转型与苍岩山传说、庙会的时代挑战

教工资、凿井器具材料费、学生餐费等。第二班凿井经费由井户自筹。学员学成后，即可受雇于其他农户帮助凿井，也可将技术转售他人，以此获利。井陉县在国民学校内增设职业补习班。高级小学应附设职业班，讲授农业知识、机器制造、蚕桑织布、果树栽植、森林培育等皆专设一科。初级小学增添园艺浅说课程，讲授嫁接技术，培育果木、森林、桑树。女子小学添授养鸡、饲蚕等课程，这些被视作"农家妇女最宜之职业。设皆加以科学研究，则获利益厚，女子职业行将借以发展"[1]。贫民学校结合当地荆条产量丰富、价格低廉，编制成器售卖可有一定收入，因此侧重传授荆条编筐等技能。

乡村合作作为乡村救济的重要手段得到普遍认可。政府与社会教育团体，"皆以倡办合作社为最要途径"[2]。南宫县府也认为，"农村经济破产，生计日蹙、谋生困难。一般农民势至日暮穷途，有命将垂危之叹"，而"履行农村合作事业是为救济此危运之有效办法"[3]。南宫市党政机关鉴于富有合作常识的人才紧缺，因此举行合作讲习会训练本县合作人才。到会学员有60余人，学习信用合作、供给合作、储金业务、民众教育等知识。学员毕业后将各区各乡参加合作运动。河北省政府极为重视，以合作教育、贷款发放为主要救济措施。[4] 省建设厅拟在各县设立指导员，引导农民成立合作社组织，据统计，全面抗战爆发前，河北省合作社数量有近8000处。仅1937年前4个月，便新增合作社1849处。阖省社员总数高达37984人，社股共计184839元，贷款总数更高达138万余元。省府派员视察各县办理成绩，大名等九县最优，评为甲等；枣强等27县、任丘等6县分列乙、丙两等。

---

[1]《井陉县职业教育进行计划》，《大公报》1925年10月29日第5版。
[2]《冀推进合作事业》，天津《益世报》1937年4月2日第8版。
[3]《南宫合作讲习会》，天津《益世报》1934年3月20日第8版。
[4] 相关研究有：李金铮、邓红《二三十年代华北乡村合作社的借贷活动》（《史学月刊》2000年第2期），王红的《二十世纪二三十年代河北农村合作运动研究》（河北大学，硕士学位论文，2013年），刘纪荣的《合作运动与乡村社会化变迁——20世纪二三十年代华北农村合作运动研究》（中国社会科学出版社2015年版）等。学界普遍认为，国民政府倡导的合作运动集中反映国家权力下移的过程中与乡村基层社会的博弈而乡村救济的成效极为有限。

而井陉、巨鹿、深县、安平四县办理效果最差，评为丁等，各县指导员被撤职，以示惩办。井陉县以贷款工作为主，以缓解金融危机。该县于1934年粮价狂跌、金融奇紧的情况下，组织各村成立自助社、合作社推行定向押麦借款。后粮价回暖，每斗价格上涨3角以上，"农民闻讯，纷纷将所押于银行之麦提出，自由出售，获利不浅"[1]。救济院院长杨树堂看到"人民生活更形困苦，竟至有力而无处卖，揭债而无其门。烧水充饥者有之，悬釜三四日者有之，在苦状，不堪言喻"，遂由该院经费抽取1500元组织贷款所，作为救济贫民之用。[2] 井陉个案说明，即便是办理效果最差的地方，农民也因政府贷款获利。但其贷款金额于金融恐慌、百业萧条的地方经济而言，不过是杯水车薪而已，通过政府贷款救济乡村几无实现的可能。

造林运动为国民政府大力推行，恰与井陉及附近地方山多地少的自然环境相合，在救济乡村方面算是因地制宜的措施。赞皇县党部认为，"按本县地势，种植五谷，既为不适，则山林之培植，实为复兴农村唯一之途"，指出造林的经济价值，说明该县可借"特殊之地理环境，山坂、溪边、路旁，无不可以植树。树木成长，确为县民之额外收获，或可补贫困于万一"。[3] 毕恒武和温凤韶在对井陉调查的基础上，提出的救济意见均有造林一项。毕恒武主张造林，提倡副业，建议"以经济能力之许可，划山林区域提倡人工造林或野生树林保护等，并禁止开垦坡地，以防山洪暴发"[4]。温凤韶认为井陉山区土质并非草木不生，其颓山之多是因"愚民无知，不加爱护，任意砍伐之故"，因而要求政府严令造林，如果"气候调和，雨量适宜，即就颓山变为森林，亦利莫大焉"。[5] 井陉县政府也认可这一思路，认为造林好处有二。一是如能"宅旁隙地，颇知种树，每一村落，树木葱郁，可得调节空气之利，是又于卫生暗合

---

[1]《定县押麦借款，农民获利》，天津《益世报》1934年1月20日第8版。
[2]《井陉救济院成立贷款所》，天津《益世报》1934年1月6日第8版。
[3]《赞皇县党部举行造林运动》，天津《益世报》1934年3月10日第8版。
[4] 毕恒武：《井陉县农业调查》，《河北通俗农刊》1935年第2卷第1期。
[5] 温凤韶：《正定井陉普查工作概况》，《农业周报》1935年第4卷第19期。

第二章 从传统到现代：华北地方社会转型与苍岩山传说、庙会的时代挑战

矣"；二是"倘能种之以桑，饲蚕缫丝，则于农家副业、妇女工作，裨益当匪浅鲜"。① 王士华在视察井陉县建设局的报告中提出，要想"谋农民经济之发展，非营山区生产不为功。若满山栽植林木，可收木材之利。培养果树，利益较平原丰盈"。县府如"一方督促农民栽植树木，一方由苗圃多植苗木，分发各村。不数年则将见林木苍苍、浓荫蔽日，民生可借之裕，商业赖之而兴焉"。② 该县建设局附设有农事试验场，王用舟任职期间成立中山林场，成为推行造林运动的中心机构。二者负责培育树苗以粮银多寡为标准分发各乡栽植。树种有洋槐、桑杏、石榴、葡萄、槐树等多种。

井陉及附近地方借每年植树节之际，举办盛大造林运动并展开宣传。1932 年，井陉县分发树苗 1.5 万余株，每两粮银可分的一株有奇。同时，它关注树苗的成活率，要求各县县长等树苗栽种发芽后呈报存活数目。"令人民种植，以为饲蚕用"，并向实业厅等"索得蚕子多种，一并分发，借以提倡副业"③。1934 年，该县分发树苗数量增长至 8 万余株，可见其重视程度。县党部对造林运动颇为关注。井陉县党部执委赵发江发表演说，以亲身经历说明造林"比种田利益尤大"④。赞皇县举办造林运动扩大宣传，也是由党部成员分成若干组，分头下乡宣传林业知识与造林的重要性。

井陉及附近地方虽毗邻平民教育的中心——定县。其博士下乡、精英齐集的局面，显然为中国大多数村县所不具备。井陉等县虽有地理优势，却也未见共享定县的丰厚资源。定县作为知识精英主导的乡村实验，在当时便饱受缺乏普适性的质疑。其实验性、前瞻性虽强，却难为广大乡村复制。井陉及附近地方的国民教育及风俗改良工作，更多为政府主导。城市工作力度与实践效果远远优于乡村地区，这是政府主导型的典型特征。井陉及附近地方多为村县地区，政府提供的

---

① 《井陉农民概况》，天津《益世报》1934 年 1 月 17 日第 8 版。
② 王士华：《视察井陉县建设局报告书》，《河北建设公报》1932 年第 4 卷第 8 期。
③ 《井陉励行植树》，天津《益世报》1934 年 4 月 4 日第 8 版。
④ 《井陉造林运动盛况》，天津《益世报》1932 年 4 月 8 日第 7 版。

人才、经费支持极为有限。可以说，无论是知识精英还是国家政府，井陉及附近地方均是其工作薄弱的地区。该地国民教育和风俗改良工作更多服从国家指令，而未深刻考察地方风土与民众需要。整体而言，它流于表面，停留在国家政令的层面，远未达到培育现代国民及国家权力下移的预设目标，移风易俗，破除迷信未得到有针对性的治理。

三 "名胜古迹"：时代话语挤压下苍岩山传说与庙会的传承空间

时代话语与国家权力以风俗改良和社会改造为名对民间信仰持续挤压。但是，井陉及附近地方民众千年来的虔诚与敬拜传统，也非旦夕能够改变。加之，民众生活日渐艰苦，反而更易祈求神佛庇佑。因此，井陉及附近地方神祇敬拜仍旧保有一定的传承空间。三皇姑信仰与其保有共性的同时，又别具特色。

（一）拾薪助火：地方不靖与"迷信"活动滋生

近代华北地方不靖，兵燹匪乱，"迷信"活动肆意滋生，惑民敛败事件频发。平谷县乡民胡俊义等迷信先天道，将危害庄稼的黏虫视作神虫，以至于"妄倡神虫，聚众抵抗，并殴辱公安分局所、实业厅"[1]。此类事件，井陉及附近地方同样频出不穷。

井陉县因"群山环绕，民风闭塞，热心偶像，惯信邪教"[2]。1934年，井陉李壮喜船舶进港法会被取缔。天津《益世报》记者专程到南峪乡采访，对该会宗旨、组织、仪式、禁忌等情况做详细的介绍。该会历史可以追溯至清光绪年间，最早名为真人会，后又改名皇衣教。早期会众人数不多，且以流氓为主。民国初年，该会组织急剧发展壮大，教徒人数日多。袁世凯复辟时，该会又为政治投机改称皇教诲会。1920年大

---

[1] 《先天道邪教》，天津《益世报》1931年9月19日第10版。
[2] 刘谦：《井陉县教会之鳞爪》，《通问报：耶稣教家庭新闻》1932年第1496期。

第二章　从传统到现代：华北地方社会转型与苍岩山传说、庙会的时代挑战

旱时，该会"更假仁慈之名，大施联络，以致饥民被其愚弄者，以数万计"①。1924年，始以金刚法会为名。该会提倡因果，反对礼教束缚人的自由，提倡不分性别之团体。当然，其"所提倡之因果，但非现代科学家之因果，为迷信之因果"②。其称真主李乾坤是紫微星下凡，降生在陕西，年已50余岁。教首李壮喜，是井陉县龙皇沟人。会众不分男女，均可入教。至1934年，该会教徒人数众多，遍布该地。

李壮喜以医病为名，惑众敛财。该地正值"农村经济恐慌，以致一般无业游民。异想天开，共创邪教，希图造谣惑众，诈骗民财"③。李壮喜常在该村设坛作法，医病问卜。他假称能登云上天请问病因，并用黄纸符以冷水冲服。村民如果病愈，自认其灵验，酬金优渥；如无效病逝，李壮喜便说是为上天看重被召回天宫。乡民甚至"以死能上升天宫为幸。求医者比肩接踵，受其蒙惑而不自觉"④。除行医问卜外，会众每年须交会钱1元。如遇重大事宜，还须临时增加摊款。该会教徒数万，李壮喜年收入有数万元之多。这在当时萧条的经济形势下，无疑是发财的捷径。

该会组织严密。教首李壮喜自称"当家的"，各地负责人称"掌柜"。下面又设领司、主司等职。前者专管事务；后者负责管理会众，分工明确。会员分为基本会员和新入会员两类。基本会员为在更名前加入者，其余皆列为新入会员。其入会手续繁琐，新入会员须有引进人介绍方可加入。入会仪式称为"进道"，新入会员须经过道场的洗礼教训后方为合格。会员须戒荤、戒烟、戒酒、戒色，一日三餐及饮水时，须先以两手捧器向上举起后方可食用、饮用，称为"奉供"。教徒每晚人静时分须焚香打坐。至于时间长短，依个人情况而定。

该会对教众控制较为严格。它禁止会员与外人交谈。如有诋毁教门名誉的恶言，要被重罚，称为"功罚"；诋毁之人被称为"恶徒"，威吓他会遭到神谴。会员还须遵守五忌，包括子忌对父言、女忌对母言、妻

---

① 《井陉一区南峪乡秘密邪教之索隐》，天津《益世报》1934年3月11日第8版。
② 《井陉一区南峪乡秘密邪教之索隐》，天津《益世报》1934年3月12日第8版。
③ 《井陉一区南峪乡秘密邪教之索隐》，天津《益世报》1934年3月11日第8版。
④ 《井陉一区南峪乡秘密邪教之索隐》，天津《益世报》1934年3月11日第8版。

忌对夫言、妾忌对夫人言、仆忌对主言。这些做法，均有助于教首控制教众。认干亲也是加强控制、联系会众的一种手段。会众青年男女如被当家的或掌柜的赏识，即被认作义儿干女，以此结成更紧密的利益关系。当家的或掌柜的身亡，义儿干女还如丧考妣、披麻戴孝，以示孝敬。

井陉县府细数其行为，直斥其行医问卜和焚香打坐是伤风败俗、费时耗财的迷信行为。金刚神会被定性为"邪教""秘密教"。县府惩办措施严厉。它除发布告晓谕百姓避免被蛊惑外，还要求各乡长副随时严查密报。如有扶同徇私、知情不报的情况，乡长副也要受相应处分。《时报》发表评论，以此事讽喻国民政府。其指出，此前杭州也有金刚法会活动，也是登台作法，为人医病、消灾祈福，与李壮喜行为一般无二。但是，应该会请国民党要人戴季陶、居正等担任发起人。厉行破除迷信的国民政府不但未加查禁，反而引得民众踊跃捐款，共襄"盛举"。记者讽刺地说："须知现在提倡迷信，是没有罪的"，"做法登台非不可，敛财惑众亦寻常。此中发起人端赖，拉拢名公帮个忙"。① 这从侧面反映国民政府破除迷信的行动虽然激烈，但执行不力，对宗教信仰不加审辨，在人情社会中迷信标准也无法坚持。

除井陉外，民间教门在新安、赵县等地也较为活跃。新安县发现有混元教惑众敛财。该教设坛传道、招收门徒，村民入教者甚众。混元教自明清时期即华北地区颇为常见的秘密教门。但其自称宣扬佛法，迷惑世人。天津《益世报》记者未辨明其教门性质，反为其表面迷惑，认为它"属依佛法善导人心，但其门徒过多，从中实有多数不良分子，借此招摇诈骗，煽惑人心，愚弄乡民"②。板桥镇地痞刘老瀛，乳名大发，现年四十余岁。他鳏居多年，入教不久却敢设坛传道、画符治病，会众颇多。男性教徒以进奉家财以彰显虔诚，女性教徒往往要依靠姿色和顺从表明自己的忠信。该教对会众的控制也较为严格。其传教须掩门闭户不准窥视，传教时间分为男昼女夜。男性白天传教，采用跪香为仪式；女

---

① 《井陉邪教与金刚法会》，《时报》1934年4月4日第1版。
② 《新安县板桥镇发现混元邪教》，天津《益世报》1934年2月23日第8版。

第二章 从传统到现代：华北地方社会转型与苍岩山传说、庙会的时代挑战

性则夜间受教，须用符水净体。而良善女性虽因愚信而屡有失节情况发生，她们碍于社会舆论，也不得不隐忍不言，以保全体面名节。因此，混元教也被视作邪教，社会舆论要求及早禁止，以挽救世道风俗。赵县发现青帮（安庆道）夜间传播、行踪诡秘。其组织严密、辈次森严，教内事宜即便夫妻也不传授。教徒彼此之间纵不相识，也有特殊仪式可以辨别同道。该道供奉钱、翁、孙三位神仙，信众众多。教徒分为年三、年四两级。前者入会须缴纳手续费3元，后者缴纳1元。除青帮外，威县的魏某又到赵县设坛传教，"一般愚民，纷纷入道，一夜竟达三十余人。其传播之迅速，可见一斑"①。

永清县有红枪会与黄沙会较为活跃。红枪会多改以武术团为名，获得合法的法团资格。其在华北本就颇有声誉。地方每有匪情发生时，红枪会往往愿意协助团兵驰往痛剿，屡建奇功。县府也有意加以联络，红枪会因对地方治安维护有功，则由神道设教的秘密教门转为政府有意联络的合法团体。黄沙会起源于山东，20世纪30年代进入永清县发展。其首领秦天均有意结交官府人员、并联络地方绅董，组织发展迅速且逐渐公开化。该县有40余村成立分支，每日喝符念咒、登坛讲道。天津《益世报》记者前往参观其活动。据报道，围观群众已逾千人，会场摆设供有神牌的木桌一个。会中弟子赤背光足、横眉立目、满面杀气，手持长枪尖刀徘徊场中。刀枪不入是其第一个展示项目。秦天均在供桌前祷告并声明自己奉上天佛祖法旨，前来扶弱济贫，有刀枪不入的本事。其生徒四人，手持三尺大刀直向其腹部砍去。岂料刀落血溅，秦天均强作镇静，以生徒心思不敬为由为其失败解化。为证明自己本领，他又令生徒以枪击打。枪响后，秦某头破一大窟窿，血流如注。他还强言失败原因是生徒开枪没有掌握好时机，自己没念完咒才导致受伤。记者及围观群众以此为笑话，显然以刀枪不入为不符合科学的迷信行为。

妇女顶香为民众祈求平安、行医问卜等也较为常见。据称，其大

---

① 《邪说惑民赵县发现青帮》，天津《益世报》1934年1月14日第8版。

多出身土娼，待其年老色衰、无以为生之际，拜入师父门下，学习诵经跪香和歌舞奉神。民众定期延请群巫开坛过会，祈求灾难尽除。农历新年，延请巫女过会者众多，延续整个正月期间。时人批判农民因这一迷信行为，消费"亦属不赀，值此农村经济破产，农民十室九空之际，以有用之金钱，作无谓之消耗，既害社会，复损个人"①。沧县耿官屯村有巫女刘杨氏颇为知名。她自幼顶香，因丈夫反对不敢公然设坛，还暗中求其速死。其丈夫死后，刘杨氏公开设坛，求医问卜者络绎不绝，"一般善男信女，视之为真神活佛"②。每次开坛前，她都大肆宣传，民众来求须缴纳香资。刘杨氏还巧立名目，以长四仙姑诞辰为名，要求信徒来贺。其声势浩大，到场者数以百计。盐山县民风闭塞，有农民甚至甘愿受罚，也要保存发辫或小脚。这样的地方信巫不信医，民众如有疾病，不去医院诊治而是请巫觋代为祈禳。该县民众"对于真实医药治疗，反而漠视，以故遂使若干医学家，竟于无形中生意萧条，甚而失业"，遇有时疫流行，"全县死人无算，即皆由于迷信巫觋所致"③。

井陉及附近地方地瘠民贫，"民风朴陋，守旧之夙习未除，迷信之风气仍炽"，民间教徒活动本就较为活跃。④近代以来，尤其是国民政府统治时期，"天灾人祸，连年频仍，农村益趋破产，乡民生活之痛苦，已是穷途绝境，万不得已，因而一部分铤而走险，流为盗贼，一部分则设计骗财。煽惑人心，以暂作自救之计，故近日邪教之发生，层出不穷"⑤。国家权力下移加剧井陉及附近地方百业萧条、农村破产，其现代化体制不仅未解决迷信问题，反而为民间教徒提供更多发展机会。同时，民间教门成为地方治安的不稳定因素。盐山县因有夜间鬼物敲门、如开门即全家暴毙的传闻，民众人人自危、谈虎色变，社会恐慌情绪蔓延。邢台、南

---

① 《赵县女巫惑人，农民受害》，天津《益世报》1934年3月3日第8版。
② 《左道惑人》，天津《益世报》1934年1月18日第8版。
③ 《夜间有鬼物叩门》，天津《益世报》1933年11月17日第8版。
④ 《夜间有鬼物叩门》，天津《益世报》1933年11月17日第8版。
⑤ 《新安县板桥镇发现混元邪教》，天津《益世报》1934年2月23日第8版。

和等县发生教门投毒事件。① 邢台、巨鹿等地曾有下毒之说，各县民众"大为纷乱，恐慌万分"。邢台县府极为重视查获二人。据审问，二人为教门信徒，通过贿买奸人在井内投毒。南和县有村民食用井水导致全家呕吐、头昏腹痛，昏迷数日。此事造成附近数县，莫不恐慌。这不仅是惑众敛财的愚民行为，更是害人性命、触犯法律的恶性事件。

（二）禁而不止：庙会繁盛如常与民众崇信依旧

井陉及附近地方民间信仰多被打上"迷信"标签，民众却崇信依旧。每年庙会期间，朝山进香者仍旧络绎不绝；庙宇兴修也始终未曾停歇。现代话语的批判并未实现其破除迷信、灌输科学知识、培育现代国民的理论预期。

庙宇寺观修缮一如往常，地方绅民热情依旧。明清时期是民间信仰的繁盛时期，绅民兴修庙观、修缮殿宇数量远超过前朝。民国时期，井陉及附近地方庙宇修缮数量虽明显少于明清两朝。但时间跨度较短，修建频率甚至更甚于前。以《井陉碑石文选》庙宇寺观类所收碑石为样本，可以对其修缮情况有宏观把握。具体情况可参见图2-7。

由图2-7可知，庙宇寺观类共收录185处。其中，宋元时期数量稀少，仅有8处；明朝数量大幅增加，计有62处；清朝时期数量又有明显上涨，达到97处；民国时期，计有18处。从数量来看，明清时期占有绝对优势，清朝又高于明朝。二者占碑石总数的八成以上。但是，从修缮频率来看，民国时期碑石为最，平均2.1年即有一通新碑刊刻。这一数字远高于清朝的4.45年，也高于清朝的2.76年。而在这18处民国碑石中，刊刻于北伐之前的共有10处，国民政府统治时期计有8处。相较而言，井陉县在北伐前的16年时间里，庙宇修缮最为频繁，平均每1.6年即有一通新碑。而南京国民政府统治时期，该县庙宇的修缮频率明显下降，平均每2.63年便有一通新碑。但是，这一数值也高于清朝的平均数。通过以上统计，我们可以得出结论：南京国民政府破除迷信的力度

---

① 《南和井内投毒》，天津《益世报》1934年2月11日第8版。

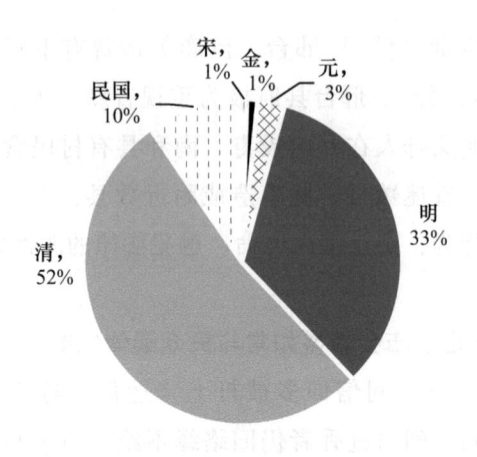

图 2-7　井陉县碑石刻印朝代统计

资料来源：根据政协井陉县委员会编《井陉碑石文选》（上）（河北人民出版社 2012 年版）相关数据统计而成。

较大，一定程度上降低了井陉及附近地方神明修缮庙宇的频率。但是整体而言，在现代话语和国家政权的强压下，民国时期民众崇信和庙宇修缮的程度丝毫未减，甚至还高过明清时期。

民国时期，井陉修缮的庙宇中，以三皇姑信仰、观音信仰与关帝信仰最多。其修缮年份、地点等相关信息如表 2-4 所示。

表 2-4　民国时期井陉县三皇姑、观音、关帝信仰碑石统计

修缮年份	地点	碑石篇名	作者
1913 年	苍岩山	重修行宫殿西大楼记	李庆润
1915 年	库隆峰	重修奶奶庙碑记	傅良策
1922 年	苍岩山	重修小桥楼殿菩萨正殿、关圣帝碑记	吕世卿、尹秉章
1931 年	苍岩山	修建观音堂记	王凤岐
1927 年	苍岩山	重修金刚殿王灵官赵灵官庙及山门牌楼	陈廷莫
1914 年	梅家庄	重修苍岩圣母庙记	郎映南
1928 年	当泉	重修关帝庙碑记	梁素敦
1941 年	赵村店	重塑平顺桥北关帝三义庙神像碑记	霍化东

第二章　从传统到现代：华北地方社会转型与苍岩山传说、庙会的时代挑战

续表

修缮年份	地点	碑石篇名	作者
1922 年	南障城	重修观音菩萨庙碑记	吕世卿
1931 年	观音山	观音陀山创建碑记	郎映南
1921 年	天长井陉旧城西关	重修观音庙碑	张景圣
1942 年	梅家庄	重修观音菩萨庙记	郎映辰

资料来源：根据政协井陉县委员会编《井陉碑石文选》（河北人民出版社 2012 年版）相关数据统计而成。

关帝与观音信仰，是政府认可、社会知名度较高的民间信仰，也是南京国民政府允许公开祭祀的神明。这为其敬拜提供保护，碑石数量较多与之有直接关系。而按照《神祠存废标准》，三皇姑信仰属于废弃禁革的行列，但其庙宇修缮次数还略高于观音、关帝信仰。这主要得益于其信众基础深厚，在民国时期仍为井陉及附近地方民众广泛祭祀。会首赵珍于 1913 年和 1931 年先后两次倡修苍岩山庙宇。1912 年，他主持重修行宫殿西大楼。其原因有二：一是感慨苍岩山因"代远年湮，庙宇渐至倾颓；雨洒风摧，神像半归零落。若不再为修整，是有为于前者而莫为之后也"；二是"见每年三月、十月朝山敬香者不下万千，以遭风雨，无处容身，欲筑北面大堵，再造房屋数间以作香客存身之所"。[①] 1931 年，他虔诚朝山进香二十年，再度深感"福庆寺旧有行宫殿、西大楼、菩萨殿一座，为塑神像数尊，灵验异常"，且每年庙会期间"朝山敬香者日不下万。因地势狭小，半多露宿；一遭风雨，更不堪言"，而"允借福庆寺地点新筑石桥数眼，创立观音庙一座，两旁又修茶棚数间，聊以苏香客之困苦，又以壮庙宇之观瞻"。[②] 由上可知，赵珍朝山进香极为虔诚，既深感苍岩山神明显应、灵验非常，修缮倾颓的庙宇；又感同身受

[①] 李庆润：《重修行宫殿西大楼记》，政协井陉县委员会编：《井陉碑石文选》（上），河北人民出版社 2012 年版，第 453 页。
[②] 王凤岐：《修建观音堂记》，政协井陉县委员会编：《井陉碑石文选》（上），河北人民出版社 2012 年版，第 463 页。

为朝山香客着想，增设香客歇脚的地方。这两次修缮规模较大，耗费的物力人力也多，赵珍自感工程浩大，仅靠一人之力难以完成，遂与经理人等叩募四方，得到善男信女布施资财共成其举。苍岩山庙宇修建得到地方民众大力襄助，也充分显示三皇姑信仰在井陉及附近地方民众中的威望。

1922年，苍岩山菩萨正殿与关圣殿重新修缮。其碑石说明修缮原因时，提到供奉女神三皇姑的菩萨正殿在苍岩山诸庙宇中格外灵验和庄严，其"建筑之应势，殿阁之严庄，庙貌之辉煌，神灵之显应，则又莫福庆寺苍岩圣母若也"①。此次修缮有风雨侵蚀、坍塌堪虞的小桥楼殿，也包括年久失修、凋敝倾颓的菩萨正殿、关圣殿，工程浩大，耗时费钱。其由1919年倡议并开始叩募资金，历时三年方才完工。而乐输资财的应募者，来自六十余郡县。1927年，苍岩山山门牌楼及供奉王灵官、赵灵官的金刚殿为风雨摧残，神像颓然。福庆寺住持通莲虽有意重修但力有未逮，遂请求孤台庄张凤翔、尹玉琢、杜润、梁温等士绅襄助，"募化于众，协力捐资。远近信士咸乐为助，凡补茸塑画比无不备举。又创建旗杆两株，内外森严，四旁整洁"，"金碧辉映，虽不为轮奂之尽美，亦暂觉气象之一新也"。② 以上两例，说明女神三皇姑的信众范围既广且虔诚，苍岩山与三皇姑信仰在井陉及附近地方民众心中的地位崇高。

除苍岩山外，井陉各村常有供奉女神三皇姑的庙宇。库隆峰村设有奶奶庙一处，除女神三皇姑外，还供奉眼光娘娘、斑疹娘娘、后土娘娘等。该庙因年久失修，由本村人募化修缮资金，并鸠工庀材重新庙貌。梅家庄同设有苍岩山母庙（也称奶奶庙）一座。村民想要重修庙宇、再塑神像，但因村庄蕞尔、筹款维艰，一时无力修缮。但因三皇姑"或禳灾无求不应，或问事有感斯通"，依靠女神三皇姑的"神灵显圣"促成其事。其修缮资金除香油钱三百余吊外，其余款项经由合村公议、集资修建。此次修缮，令庙貌焕然一新，"固其基址如竹之苞，崇其栋梁如

---

① 吕世卿、尹秉章：《重修小桥楼殿菩萨正殿关圣帝碑记》，政协井陉县委员会编：《井陉碑石文选》（上），河北人民出版社2012年版，第458页。
② 陈廷莫：《重修金刚殿王灵官赵灵官庙及山门牌楼》，政协井陉县委员会编：《井陉碑石文选》（上），河北人民出版社2012年版，第461页。

第二章 从传统到现代：华北地方社会转型与苍岩山传说、庙会的时代挑战

松之茂。而且峻其宇、雕其墙如鸟斯革；丹其楹、刻其角如晕斯飞。绘庙貌之辉煌兮秩然有序，桩金身之严肃兮凛然有神"。村民愿意耗资巨大修缮奶奶庙，实寄予"而今而后，风脉因此而大发，福泽因此而多增"的美好祈愿。①

庙会热闹非凡，甚至繁盛过于往昔，仍是民众生活的重要一部分。五马山位于赞皇县东十里。传说中，山上有五匹石马，每日夜间到山下偷吃禾苗，被发现后一匹石马的头被打断，五马山因此得名。它历史悠久、远近闻名。南宋时期，先是马扩在此筑寨抗金，声名远播；后是彭义斌驻守抗击蒙古大军，最终殉节于此。赵文濊所作《五马山行》一文中，有"宋人两次图恢复，以此山始此山终"一句便指此事。五马山庙会会期为每年农历十月十五日。朝山进香者不仅有本县信众，还有临城、高邑、赵县、元氏诸地人士前来敬拜。1935年，有记者专门亲身往游，实况记录庙会的热闹。他十点到达时，山上香客人数已经过万。向下俯视，香客人头攒动；向上移动，缓慢犹如蚁阵。寺前地形展阔，形成小型集市。销售产品有：（1）药品。有葛根、桔梗、桑白皮、三大黄及薄荷等，其数量较多且价格低廉，多为外县药商收购。（2）果品。以核桃、红枣及柿子为主。核桃是于秋收后挑选出个大皮白的精品，价格远高于其他果品。（3）农具。以锄头、耙子等木制农具为主，铜铁器制品较少。山上饭摊多达三十余处，食客众多，生意兴隆。寺庙中，民众虔诚敬奉。有老年巫女五十余人，以扇骨、拉花等表演酬神。香客供奉油钱后俯首跪地，女巫手持扫帚说出"金扫帚、银扫帚、扫你一下万事通"等祈祷心愿。这是被称为"扫堂"的敬拜仪式，记者斥责"此种丑怪之迷信，实属可笑"。同时，他原本以为"以此农村破产、经济拮据之际，其盛况当逊于往昔者殊多"，而香客敬拜与庙会繁盛程度依旧，令其深感意外。②

景县城南20千米有留智庙一处，每年农历四月十五日前后半个月为泰山娘娘庙会。1933年，有记者亲身感受庙会盛况，深感震撼。他登高一

---

① 郎映南：《新修苍岩圣母庙记》，政协井陉县委员会编：《井陉碑石文选》（下），河北人民出版社2012年版，第759页。

② 《赞皇五马山庙会杂写》，天津《益世报》1935年11月14日第4版。

望,"各条道路上,无不车水马龙,如海潮般向南涌去,坐在香车的善男信女们,虽然满身满脸都已变成土猴子模样,而依然是敲锣打鼓高唱其'阿弥陀佛'";他一路所见,"香和纸的火焰差不多有五六尺高。万头攒动的男女们,挤得水泄不通。磕头跪拜的,此起彼伏、接踵不断"。庙会集市也非常热闹,远近百余里商人齐集,"买卖的热闹,真比起其他集会还兴盛得多。除去农业上的用品,如杈耙竹货、木料牲畜外,布匹广货、食品药材也无不堆积如丘。各种杂耍玩意、戏法戏剧、巫卜星象、评书大鼓,以及镖行英雄们的把式场子,无不兴高采烈,叫喊连天,热闹非常"。记者回程途中还听说,有香客骡车中途遭劫,香客饱受惊慌。他也讥讽地说:"他们虽然没有多大损失,但以虔心敬意的来向'娘娘'祈福,幸福未到,反被人抢劫,这也许是泰山娘娘的神力照顾不周吧。"①

井陉及附近地方年节与庙会时间常有重合,其庆祝规模更加盛大,演戏、酬神等活动不断。1934年,邢台、阜城、沧县、高邑等县均举行盛大的庆祝活动。高邑因恰逢元旦与本县庙会两大盛事,以致"各行商贾云集,商场前演戏助兴,红男绿女,人山人海,拥挤异常,颇极一时之盛"②。是年元宵节,阜城、沧县举办灯会以资庆祝。庆祝最为隆重的地方,要属邢台。据报道称,该县位于冀南重地,交通便利且物产丰富,村民生活比较富裕。因此,春节期间,该县常有盛大庆祝活动,演戏、赛会不断。后虽因捐税加征、荒旱频仍、内战不息等,民生凋敝。但这一年,该县迎神赛会较往年更为隆重,村民不惜耗费巨资,各项活动无不盛大举行。城内搭置神棚多处,演戏酬神也有十余处。表演种类更是繁杂,有梆子、乱弹、秧歌、丝弦、江南调等。在农历二月二十八日赛会正日,村民迎神赛会有高跷、少林、武术、龙灯、虎头牌、姜老背姜婆、拉六舟、法船、担油瓶等十余种。各队伍锣鼓齐鸣、各展其技;各街花火蜂起,鞭炮齐响;村民人山人海,拥挤非常。有报道评论并分析原因称:"此次赛会,用费之浩大,实为空前绝后,在此农村破产声中,

---

① 《景县庙会形形色色》,天津《益世报》1933年5月14日第7版。
② 《高邑新年盛会》,天津《益世报》1934年1月6日第8版。

第二章 从传统到现代：华北地方社会转型与苍岩山传说、庙会的时代挑战

诚为罕有之现象。此事之发起，一方面因为苦中作乐，而祈免祸之迷信，观念，亦不无存在。"①

日本侵略的步伐和地方治安的混乱并未影响民众过会的热情。1932年，九一八事变硝烟未散，一·二八事变战事未歇之际，又逢泰山奶奶庙会之期。有坐山会仍沿旧习请戏班到城内市场演戏酬神。"该项迷信盛会，并未稍受影响"，而"四乡善男信女，皆来观戏拈香，冷落的市场，一变而为人山人海的戏园"。②次年，长城抗战正酣，危及华北之时，唐山市民众仍多次于庙会期间演戏酬神。先是农历四月初八，十方院庙会演戏四天，随后在三官庙又演戏四天，接着又赶上泰山奶奶庙会再演戏数天。有报道批评，该县"各界民众，毫无爱国观念"，"官绅以及民众，逛庙会者，幽游自得，甚为拥挤"。这些人"几忘国难之所在也"，"民众若再不觉悟，亡国灭种之祸，势所不免"。③同年，邢台县祝村又因放爆竹酬神而引发治安问题。其村民"迷信神道，虔心益坚，不遗余力。媚神祈礼，获福求财，无时无之"。该村以拉运客货的车户为谋生手段者较多，因有感于地方不靖但都能平安往来，便以为有神力护佑。村民为此燃放鞭炮，以酬谢村内财神庙的护佑。因燃放时间在夜晚，附近村民以为枪声大作，担心有匪患发生而仓皇无措。时人批评道："国难方殷，亡国在即。倭奴汉奸，煽惑民众，乘机捣乱。扰我后方，逞其野兽之欲。以有用之金钱，耗于泥塑木偶，诚为可惜。"④

现代话语影响下，知识精英对神祇祭拜与仪式庆典多持批判态度。他们既感慨于民众敬拜之虔诚、庆祝规模之大，同时也以"迷信"行为视之。国家政权也是如此。井陉县北秀林乡有放马火的传统习俗，常吸引远近数十里乡民前往观赏。井陉县政府将其定性为"迷信"，加以禁革。县府认为，放马火须花费2000元，于农村破产之际不应做此无谓消耗。至于其盛行原因，县府也明确说明，不仅因乡民崇信、牢不可破，

---

① 《邢台上元节举行农民娱乐大会》，天津《益世报》1934年3月3日第8版。
② 《坐山庙会一幕悲剧》，天津《益世报》1932年3月31日第7版。
③ 《国难当头城关庙会演戏忙》，天津《益世报》1933年5月22日第7版。
④ 《一场虚惊》，天津《益世报》1933年5月22日第7版。

153

还有乡长副从中倡导而非禁革的原因。这从侧面说明国家与社会对民间信仰态度的差异，乡长副作为二者中介，也常偏向于民间习俗。然而，政府的态度极为强硬。它认为，庆典期间，"长幼咸集，男女杂聚。不独废时耗财，而且生危险，亟应严厉禁止，以挽此颓风"。同时，它进一步指出，"各乡常有如迎神赛会，挨户敛财者，耗费之巨，动辄千百。似此无味之迷信，亦应一并禁止，永远革除"。①

（三）减震："名胜古迹"标签助力三皇姑敬拜应对时代挑战

北伐胜利后，南京国民政府及国民党党部在井陉及附近地方同样采取了激烈地破除迷信运动。平山县羊村"一般村民迷信之风甚盛，庙寺林立，为本县各村之冠"。1928 年后，其敬拜行为统被视作"迷信"，"一般头脑新颖青年，见村民崇拜木偶泥塑之为害，不但费财费时，且能养成一种愚顽头脑，影响社会之进展甚巨"。② 他们采取极为激烈的手段，将寺院庙观内的木偶泥塑进行摧毁，并竭力展开反迷信宣传。在疾风暴雨的措施下，该村的敬拜行为稍有收敛。数年后，村民再度聚议修建河神庙。在农村破产的大环境下，修庙需耗费数千元，各滩渠领袖却一致赞同。此事议定后，村民毫未踌躇，集资摊款也较为顺利，很快便动工修建完成。

井陉民国碑石中多次提及此事，而身为本地士绅的书丹者也对官方这种做法持批判态度。李思恭在讲述挂云山庙宇重修过程时提道："近年新进毅然变俗，斥神权推偶像，挂云山庙宇又著盛名，遂罹斯劫。"1937 年，该庙住持王元树倡议重修，得到信众响应，"于是募化鸠工。而山上下诸神俱复旧观"。李思恭质问道："神道设教，殆不能废；或曰：教育否异，俗难取革。然欤？否欤？"③ 毕士筠在谈到贾庄庙宇重修一事时说："近人多不究古圣人治国之大经大法，率以敬神为迷信，故

---

① 《农村破产声中井陉燃放马火》，天津《益世报》1934 年 5 月 1 日第 5 版。
② 《平山义羊村修建河神庙》，天津《益世报》1934 年 11 月 7 日第 4 版。
③ 李思恭：《民国廿六年春上庄村助三峪村重修挂云山》，政协井陉县委员会编：《井陉碑石文选》（上），河北人民出版社 2012 年版，第 467 页。

第二章　从传统到现代：华北地方社会转型与苍岩山传说、庙会的时代挑战

偶像多不惜拉折而摧毁之。近世以来打倒偶像之事盈于耳而接于目。'维新之士'且随而附和之，四方万里之外，其淫祠之被毁者无论已，即列在祀典著为法令之正神、先哲，亦遭盲举之毁灭，皆是比比也。呼！可憾矣！"在国民党革命话语冲击下，贾庄寺庙受损严重，"各庙神像多被打毁，残肢败土触目皆然"。由1934年起，在耿贵昌、崔永盛等村民等带领下，以复兴庙像为己任，募集400余元，历时四五年之久，将"阖乡祠宇均复旧观"，"举凡村中圣像文殊、观音、普贤三菩萨，关圣、真武二大帝，以及彰善悼恶有功于民者，如天齐、如河神、如马王、如虫王、如山神、五道、老张之神，或新塑金身，观庄严之妙相；或补葺庙宇，奂轮美之新宫"。①

郎映南撰写碑文多处，也多次提及此事。他在小作村重修神像的碑石中提道："民国二十一年三月十六日，忽有县党部员、贾庄区长，帅（率）领警兵到村打像。可怜十数座庙堂，千数尊之圣像，不上半日百无一存。残伤之形状触目酸心，真有不能明言者矣！"他与弟弟郎映辰倡议乡里重修神像，"复塑画无生老母、全神、金刚、将军等像，他如老君、玉皇、三佛、文昌、牛王、奶奶、山神、西五道、白观音各庙塑像，皆有善人为之经理桩塑，殊无可虑也。又有舍弟与诸位高君发起善心，邀吾协助请人化缘，遂将石佛寺内南海、地藏王、十阎佛、真武、伽蓝以及三官、前后五道与苍岩圣母庙之陪神，前此之金身者则仍金粧之，彩妆者则仍彩粧之。百废俱兴，一切重新"。他认为民间信仰有教化民众的功能，"不言而民信，不动而民敬，化行俗美，诚不负神道设教之意也"。② 他认为，教化与敬拜并不相冲突，"教并传而不相害，道并行而不相悖，洵庙之所以宜立，像之所以宜塑也"③。傅良策也认可民间信仰有导人向善的功能。他说："思神道设教由来已久，今诸子修斯

---

① 毕士筠：《重修本乡庙宇暨金塑诸神塑像碑记》，政协井陉县委员会编：《井陉碑石文选》（上），河北人民出版社2012年版，第471页。
② 郎映南：《塑画圣像总志碑记》，政协井陉县委员会编：《井陉碑石文选》（上），河北人民出版社2012年版，第466页。
③ 郎映南：《创建三佛寺碑记》，政协井陉县委员会编：《井陉碑石文选》（上），河北人民出版社2012年版，第469页。

庙，使瞻仰者悚然动容，拜跪者肃然尽礼，为善去恶之心必有油然而生于不自知者。则斯庙之修，固犹是古人教敬于民之意也。若曰吾能事神神必佑我，其亦浅之忽视神道矣。"①

民国碑石的书丹人均为本地士绅，是接受过教育的读书人。郎映南和傅良策是清邑庠生，有科举功名加身。二人崇信民间信仰而批判破除迷信活动或与其教育背景有关，因受儒家思想浸染多被视作保守人士。但是，毕士筠、李思恭、吕世卿、尹秉章等均受新式教育，是中学以上学校毕业生。李思恭历任井陉高小教员、县师范学校校长等职，还协助傅汝凤参与《井陉县志料》的编修工作。这些本地享有较高声望的士绅态度高度一致，皆站在社会这一边，尊重信众的敬拜习俗；而反对国家权力下移，批判过激的破除迷信运动。

1924年，为吸引本地官绅广泛参与，井陉县显圣寺更名为陉山寺。书丹者邵从恩曾留学日本，曾担任四川军政府民政部部长、中国政法大学教授等职。抗日战争时期力主抗日，1949年曾受邀参加中国人民政治协商会议。他虽因病未能成行，但可见其在近代历史上的地位。发起人马振宪为同盟会成员参与辛亥革命，历任安徽省财政厅厅长、浙江省省长等职；庄蕴宽曾任江苏都督、民国政府审计院院长等职。赵椿煦时任井陉县县长，留学东京，担任过河北省教育厅科长及四川省政府秘书等职。许士英是正丰煤矿股东，历任北洋政府内务部部长、交通总长等职。这些人或为井陉本地官绅，或为民国政要，其"睹寺宇之就荒，念胜迹之垂没。心焉伤之，发愿修补"，令"庙貌神像焕然一新"。这些社会名流愿意参与，很大程度上与段祺瑞有关。段祺瑞弟弟段启勋为井陉正丰煤矿总经理并出资三千余元，独立承担修庙费用。这些人愿意出面，显示认可民众敬拜的行为。且邵从恩讥讽道："改革以来极力破除迷信，遂以破迷信者而以为迷信矣！无怪乎大兰若而委之弃之也！"②

---

① 傅良策：《重修奶奶庙碑记》，政协井陉县委员会编：《井陉碑石文选》（上），河北人民出版社2012年版，第454页。
② 邵从恩：《重修井陉县显圣寺更名陉山寺》，政协井陉县委员会编：《井陉碑石文选》（下），河北人民出版社2012年版，第169页。

第二章 从传统到现代：华北地方社会转型与苍岩山传说、庙会的时代挑战

三皇姑信仰和苍岩山庙会以现代话语观之，皆被打上"迷信"标签。南京国民政府颁布的《神祠存废标准》，三皇姑信仰与迎神赛会均属禁革之列；《井陉县志料》中，迎神赛会同样被列为恶俗，其条目内特举会期为农历三月十四、十五日的苍岩山庙会及会期为农历四月十八日的雪花山庙会为例。虽有个别报道提到，苍岩山"每年旧历三月，朝山拜顶者颇众。男女老幼络绎不绝之，如过江之鲫。小贩设市途中，售香竹食品。山上山下，皆人山人海，期延一月之久。诚附近口县迷信集中区也"①。但是，我们似乎仅见三皇姑与苍岩山庙宇修缮的史料，未有破除、拆毁的史料。简言之，三皇姑信仰与苍岩山庙会，受井陉及附近地方受破除迷信运动冲击的程度微乎其微。

这种情况的出现，显然不能仅用信众基础牢固来解释。从庙宇修缮情况来看，受到冲击较大的民间信仰与庙宇寺观均享有民众虔诚地敬拜。而苍岩山能自完其身、免受波及，很大程度上得益于其在文人士绅眼中"名山古刹"的形象。民国时期，苍岩山自然风光屡受赞誉，在名山林立的太行山脉独占鳌头，"其山势峙耸，峰峦之奇秀，林壑之幽雅，弱泉之汹涌，则莫井邑南辟苍岩若也"②，同时，苍岩山传说相关地点也被视作历史遗迹。《盛京时报》报道，井陉八景中，以"苍岩叠翠为最著名"。它介绍苍岩山为隋炀帝女南阳公主证道处，并细数苍岩山党的秀丽景色，称："此山层峦叠翠，壁立万仞、桥楼结构空中，庙宇辉煌，崖壁古木环围，烟云缥缈。"③ 除此以外，它仅提及说法危台为南阳公主说法处，其余庙宇不载一字。天津《益世报》刊载《井陉古迹调查》一文，介绍背水阵、窦建德墓、白石岭、云盘山、千佛岩等27处古迹。其中与三皇姑信仰相关的古迹有銮驾山、说法台两处。其简要介绍如下：銮驾山"在县治东南胡家滩村东，隋文帝省其女妙阳公主，曾驻跸于此"；说法台"在县治西南七十里的苍岩山上，据说这是隋朝妙阳公主

---

① 《井陉八大胜景考》，《盛京时报》1932年6月5日第3版。
② 吕世卿、尹秉章：《重修小桥楼殿菩萨正殿关圣帝碑记》，政协井陉县委员会编：《井陉碑石文选》（上），河北人民出版社2012年版，第458页。
③ 《井陉八大胜景考》，《盛京时报》1932年6月5日第3版。

157

说法的地方，上镌着'乔刘云卧'的四字，今遗迹犹存"。① 二者传说色彩较重，但均列入地方古迹行列。

"名山古刹"这一定位，为三皇姑信仰与苍岩山庙会赢得信仰空间。它在文人士绅及社会大众眼中，印象更深刻的是苍岩叠翠的自然景观与舍去繁华、矢志修行的女神三皇姑形象，冲淡其宗教神秘色彩。与其他民间信仰相较，三皇姑信仰与苍岩山庙会在时代话语挤压下拥有更多的传承空间。

---

① 《井陉古迹调查》，天津《益世报》1935年4月22日第4版。

第三章

民俗文化、庙会经济与苍岩山传说的标准化

一 "民俗"与"旅游"的新定位与苍岩山庙会复苏

(一)寺僧还俗与文物保护:革命烽火与苍岩山治理

井陉及其附近地方有悠久的革命历史和传统。中国共产党建党前后,马克思主义的传播和工人运动的组织便已在井陉及附近地方如火如荼地开展起来。中国共产党早期活动注重发动工人。在李大钊的引导下,邓中夏、罗章龙等人组织平民教育讲演团,由卢沟桥、长辛店、通县等地沿京汉铁路南下,在保定、石家庄等地的铁路工人中展开宣传。孙云鹏、施恒清深受启发,马克思主义在正太铁路工人传播开来。孙云鹏是正太铁路的工人代表,参加长辛店工人俱乐部成立大会,并被马克思主义学说研究会吸收为会员。1921年12月,他加入中国共产党后,发展施恒清、李庆元、崔庆瑞等铁路工人为党员,建立正太铁路共产党组织。孙云鹏还与罗章龙、邓中夏保持密切联系,学习长辛店工人的斗争经验发展正太铁路工人组织,并于1923年6月,成立正太铁路总工会。

井陉、藁城等地的共产党组织发展稍晚一些,以正定七中为中心向外扩散发展,编织成井陉及附近地方的共产党组织网络。韩元贞在正定七中求学期间加入中国共产党,1925年受命返乡传播马克思主义,将县

第一高小附属师范班发展成藁城县第一个基层党组织。牛福祥就读期间，按照韩元贞的指示发展马玉堂、杨增祥等人入党。由他们组成的中共藁城特别支部，成为该县共产党组织网络中心。马玉堂又发展卢金堂、王新周等人入党，成为本地共产党组织的早期成员。此外，韩元贞还派七中学生杨文瑞在藁城北部地区建立以他为核心的党支部，以及推动南席村等地共青团组织的建立。井陉县的共产党组织由七中学生赵玉祥一手建立。1926 年，他回乡创办平民夜校，并以探望师长、同学为由，联络发展革命组织。不久，井陉县第一个党支部——东元村党支部正式成立。他们利用平民夜校、兄弟会、武术会等社会团体形式深入宣传，在井陉矿区发展工人李玉、耿仲德、曾怀德等人加入共产党组织。1927 年，井陉矿和正丰矿先后成立工人俱乐部等工会组织，附近各村也有农会组织成立。在大革命时期，井陉及附近地方的共产党组织急剧发展，各县共产党员人数发展为 500 人左右的规模。工会、农会纷纷设立，引导铁路工人、煤矿工人发起轰轰烈烈的罢工行动，以争取自身经济权益，改善生活状况。

大革命失败后，井陉及附近地方的革命组织仍顽强地进行斗争。赵玉祥借国民党党员的身份继续活动，于 1927 年 7 月下旬，在老爷庙召开县党部成立大会。他们以国民党井陉县党部为掩护，继续革命宣传和组织煤矿工人罢工斗争。1927 年秋，井陉煤矿工人组织工会，参与工人五百余人，成为斗争的主力军。1928 年春，赵玉祥、董希儒与参加过"二七"大罢工的黄义仁等组成领导核心，代表工人提出增加工资福利、缩短工时、改善待遇等条件。工人控制井陉煤矿供水、供电、井口等要害处，"工人纠察队在各处站岗放哨，予以警戒"，"资本家被吓破了胆，惶惶不可终日"，不数日罢工即取得胜利。[①] 正丰矿受其鼓舞，加入工会者有 300 余人，同样通过罢工斗争改善了劳保待遇，工资也有所提高。1928 年 8 月，县党部遭到严重破坏，县委活动转入地下，以于克昌家为

[①] 董希儒：《县委建立前后》，石家庄市井陉矿区老区建设促进会、《井陉矿区革命老区发展史》编委会编：《井陉矿区革命老区发展史》，河北人民出版社 2019 年版，第 50 页。

第三章 民俗文化、庙会经济与苍岩山传说的标准化

通讯处,继续坚持斗争。获鹿县赵时之、杨天寿、齐文川、杨云峰、高林泉、赵汝霖、刘建章等于正定七中学习期间,接触到马克思主义后纷纷加入共产党组织,在大革命失败后仍坚持在获鹿地区工作,建立和新寨、永壁、马山村党支部,建立获鹿乡村师范等青年团组织。1934年,永壁支部因领导群众砸盐店暴露而遭到严重破坏,革命转入低潮。藁城共产党组织在杨文瑞、卢金堂等人的主持下坚持斗争,王新周于1931年冬赴正定七中与马玉堂、张维汉等共产党员取得联系,受命到藁城东南一带发展革命组织,带领藁城革命进入新的发展阶段。他们先后领导小学教员要求改善待遇、贾村拾棉花、陈村分粮、水范寨抗捐、北楼村反村主任等斗争并取得胜利。至1933年年底,藁城县建立党支部40个,党员人数500余名,形成以东留村、南楼、马庄、南席为中心的"四大红区",共青团员人数达600余人。遗憾的是,1933年10月,藁城县委主要成员马玉堂、夏福海同时被捕,领导力量遭受重大损失。次年,东刘村暴动失败后,革命陷入低潮。

抗日战争时期,井陉及附近地方是共产党、国民党、日伪三种力量犬牙交错的地方,斗争异常激烈。1937年9月平型关大捷后,聂荣臻率领独立团、骑兵营2000余人,以五台山为中心向察南、晋西挺进。11月,晋察冀军区正式成立,井陉及附近地方多被划归路南、路北两县管辖。1938年1月,晋察冀边区行政委员会成立,下辖晋东北、冀西和冀中3个政治主任公署,分管40多个县政权。路北、路南两县以正太铁路为界,前者距离边区政府较近,革命基础较为牢固,范围也更大一些。其边界多有变化,大致以正太路以北、滹沱河以南、京汉路以西、冶河以北为管辖区域。后者与日伪区更为接近,县政府所在地屡次迁徙。1938年5月,它由杨庄迁至胡家滩,不久后又迁至金柱村。1939年1月,复又迁回苍岩山脚下的胡家滩。二者战略意图明确,与日伪方以井陉矿区为中心形成对峙局面。1940年7月,随着边区发展,两县并归建屏县治理。"百团大战"以摧毁正太路为目标,"从正太出击到反'扫荡'彻底胜利,我们创造了许多光辉的成绩,比如井陉新矿的摧毁,天

险娘子关的收复，涞易线上的歼灭战等等"①。在破击井陉的战役中，还发生送还两名日本小女孩的动人故事。聂荣臻在肯定"百团大战"成果时，特别提道："这一战役进攻，在经济上，我们粉碎了敌人'以战养战'的阴谋，我们把敌人视为命根的、占着华北煤产的丰富产量的井陉煤矿毁坏了，而且毁坏得非常彻底，无论矿场矿井，完全被炸毁了。敌人如果要把井陉煤矿修复，比修复正太路还要困难得多。"② 可见，正太铁路与井陉矿区的战略地位至关重要。在这一阶段，国共之间频繁发生摩擦。以获鹿县为例，该地国民党县政府与中国共产党领导的南区抗日政府并存，驻军有国民党的河北民军、侯如墉的十三支队和中国共产党领导的冀西游击队等抗日武装。国民党县政府要求强行合并南区政府，并由他统一领导。南区政府坚持独立自主原则，利用群众大会和广泛宣传的方式争取农户支持，并避免按银两摊派的征税方式，实行合理负担、按劳分配原则，使群众生活有切实改善，逐渐赢得民众的广泛支持。

百团大战后，日伪政府连续组织五次"治安强化运动"，对晋察冀边区采取疯狂的"清乡""蚕食""扫荡"，推行"三光"政策。路南、路北两县在此被分割开来，根据地范围大幅缩小。在此期间，南北芦庄、大王邦、前头庄、掩驾沟、南孤台等村被日伪军烧光，造成宽5千米、长15千米的无人区；并在路南筑起东起石佛村至蒋家村长达45千米封锁线；在险要山头、交通路口修筑碉堡、派驻伪军，对抗日根据地实行包围、封锁。路南根据地遭受重大损失，仅余胡家滩、高家峪、老牛峪、徐汉、三罗峪、寺塔、朱会沟、杨庄、耿庄、洞阳坡等13村。1943年下半年，晋察冀边区在击退日伪军秋冬季百日大"扫荡"后开始局部反

---

① 朱良才：《晋察冀一年来创造模范党军铁军工作概述（节选）》，河北省社会科学院历史研究所、河北省档案馆、石家庄高级陆军学校党史教研室、石家庄陆军学校历史教研室、铁道兵工程学院政治理论教研室编：《晋察冀抗日根据地史料选编》（下），河北人民出版社1983年版，第87页。

② 聂荣臻：《关于"百团大战"对晋察冀社记者的谈话》，河北省社会科学院历史研究所、河北省档案馆、石家庄高级陆军学校党史教研室、石家庄陆军学校历史教研室、铁道兵工程学院政治理论教研室编：《晋察冀抗日根据地史料选编》（上），河北人民出版社1983年版，第400页。

第三章　民俗文化、庙会经济与苍岩山传说的标准化

攻，逐步收复失地。至日寇投降时，察热两省全部、河北大部及晋辽各一部已在边区政府控制下，并与晋绥、晋冀鲁豫等边区连成一片。

1943年后的数年间，路南、路北两县政府为纪念牺牲战士刻立烈士纪念碑多处。其碑文朴实无华，用平实的语言表达真挚的纪念之情。

> 抗日战争就要胜利了，好日子眼看就来了。我们喝水不忘挖井人，我们永远纪念你们。你们是为了国家民族，为了我们老百姓，流尽了你们最后一滴血。你们是中华民族的优秀子孙，你们是老百姓的大恩人。我们永远不会忘记你们！[1]

《井陉碑石文选》收录的烈士纪念碑计有7处，其中6处刻于1943—1945年间，1处刻于解放战争时期。现存于苍岩山上烈士台者有3处，它们原立于路南县政府所在地胡家滩，后统一迁移到苍岩山，成为井陉红色文化和革命教育基地。程让撰写的《抗日战争烈士纪念碑序》刻立于路北县政府所在地。程让是井陉本地人，先后任路北县政府区长、县议会副议长，中华人民共和国成立初期担任副县长等职。其碑文较长也较为文雅。他以亲历者的角度述说卢沟桥事变后，"国民党党政要员望风而逃，中央军不战而溃，任暴敌铁蹄纵横践踏。我井陉十八万同胞，痛感国破家亡之祸，风餐露宿，呻吟饥饿线上"，这时"幸值八路军挺进华北，救人民于水火，立战功于敌后"。[2]他细数游击战与抗日民主根据地建立，以及百团大战中进击正太铁路、围袭井陉煤矿等重要工作，将中国共产党的中流砥柱作用刻立于碑石。烈士流芳千古的同时也鼓舞后来人继续完成革命未竟事业。路南县政府设在胡家滩，从现今行政规划来看，它归苍岩山镇管辖。当地也常模糊地说苍岩山是路南县政府所在地。而烈士纪念碑的迁移，也加深这一说法的可靠性。苍岩

---

[1] 《抗日战争烈士纪念碑之二》，政协井陉县委员会编：《井陉碑石文选》（上），河北人民出版社2012年版，第186页。

[2] 程让：《抗日战争烈士纪念碑序》，政协井陉县委员会编：《井陉碑石文选》（上），河北人民出版社2012年版，第189页。

山除三皇姑信仰和佛教传统外，更添革命历史文化可以言说。

抗日战争时期，国家民族处于危亡之际，井陉及附近地方处于战乱之中。但各处庙会并未停歇，边区政府常利用庙会民众麇集的机会展开宣传，虽不及之前热闹，但也释放了地方稳定与经济复苏的信号。1943年，减租减息政策在晋察冀边区推行的过程中，庙产也在政策范围之内。苍岩山拥有庙产300余亩，民国时期作为北孤台村一户缴纳田赋，税额为四两八钱一分一。这些土地由寺垴村民租种，每年向福庆寺缴纳租粮。这些田租用于寺僧日常生活与殿宇修缮。边区政府召集僧人大会，宣布僧人解散。僧人的出路有三：有家者可以返乡，无家者可选择在寺垴村落户，也欢迎有意愿的僧人参加革命。此时，苍岩寺僧共有28人，其中5人选择参加革命，22人返回原籍，仅有1人在寺垴落户。这些僧人大多为井陉本地人，有原籍记录的23人中，17人来自井陉各村，尤以高家峪、上罗峪、前罗峪等村为多。来自高家峪的僧人最多，共有4人；上罗峪人有3人，前罗峪人有2人。这3村僧人数量总计为9人，占井陉籍僧人的半数以上。而原籍是元氏县者共有3人，以福庆寺辈分最高的玄义为代表，其徒弟通福、通海同为元氏县人。其余3人分别是山西省平定县、昔阳县、大同县人。寺僧的原籍与三皇姑信仰圈相符合，且有浓厚的家族—血缘纽带维系。具体情况请参见图3-1、图3-2。

1947年4月，解放军向石家庄以西、正太线上之井陉及井陉矿区发动猛烈反击。经过一昼夜激战，井陉县城及井陉矿区同获解放。因井陉矿区曾在"百团大战"中为我党控制，打下较好的群众基础。炮火甫停，井陉矿区职工蜂拥而出，主动协助解放军恢复秩序，将完好无缺的物资逐一点交于民主政府。他们兴奋地说："这些机器我们保护得好好的，就等你们来了。"[①] 11月，石家庄解放，为党中央移驻西柏坡提供了物质准备，为解放战争及中国革命胜利作出卓越贡献。

---

① 《晋察冀我军反击，正太线先后解放井陉获鹿》，《烟台日报》1947年4月20日第2版。

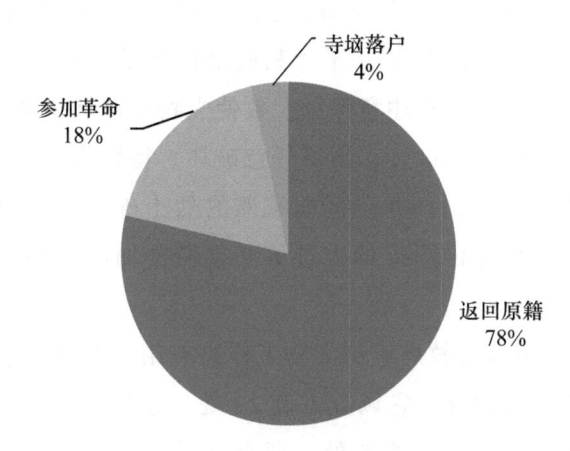

第三章　民俗文化、庙会经济与苍岩山传说的标准化

图 3-1　苍岩山寺僧出路选择统计
- 返回原籍 78%
- 参加革命 18%
- 寺堧落户 4%

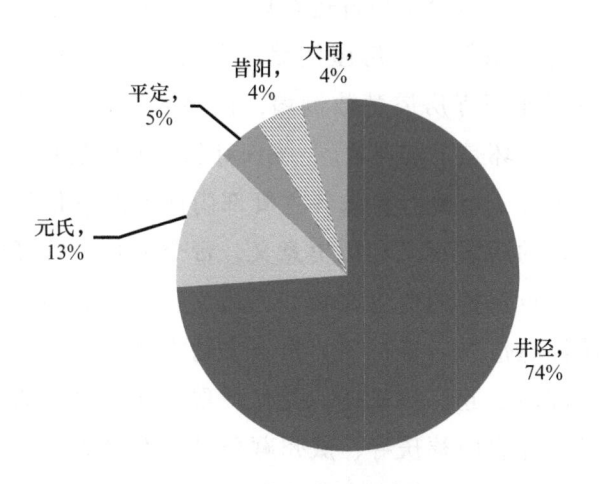

图 3-2　苍岩寺僧原籍统计
- 井陉，74%
- 元氏，13%
- 平定，5%
- 昔阳，4%
- 大同，4%

资料来源：根据高顺楼整理《苍岩山末代僧人》（中国人民政治协商会议井陉县委员会文史资料委员会编：《井陉文史资料》第 5 辑，2003 年）相关数据统计。

1947 年井陉解放后，苍岩山庙宇寺观被作为名胜古迹得到重点保护。即便是在特殊的历史时期，地方政府也较为重视对福庆寺文物的保护。大炼钢铁运动中，胡家滩生产队的干部群众避开看管人员将福庆寺所藏明代铁钟带走并砸碎炼铁。蔚县重大寺有 450 尊铸造精美、形象各异、全国少有的铁罗汉，连同铁钟、铁磬全部被捣毁搬走。这

165

些珍稀文物损失引起省市各部门的注意。1959年4月22日，石家庄市人民委员会发布通告，严正批评"某些部门和地区对国家保护文物政策的意义认识不足，没有注意保护，致使文物被破坏现象"，要求各地主管部门严加保护文物古迹、不得任意破坏。特别强调："革命纪念物和名胜区的文物古迹，如井陉区胡家滩的烈士碑，苍岩山福庆寺、获鹿区的抱犊寨和封龙山附近的古迹等必须特别加以保护，以便人民游览。"①

5月，石家庄市文教局组织文物工作检查组，在井陉、获鹿两区进行为期半月的重点调查。它调查古迹29处、逐处进行登记，协助省文物工作队建立文物保护组织8处。调查发现，文物古迹受到自然侵袭和人为破坏。其中，不少文物古迹在风霜雨雪的侵袭下年久失修，失去原有风貌。苍岩山福庆寺房屋倒塌，半数以上石路、石桥、石栏、石壁坍毁；威州龙门寺房屋悉数倒塌，仅存的唐代藏公塔砖石脱落，极为危险。人为破坏是个别现象。② 福庆寺和封龙山的铁钟均因此被砸毁炼铁。有鉴于此，市政府要求各主管部门向群众宣传贯彻国家文物政策及保护文物的现实意义和历史意义，责令文物主管部门全面调查登记，并确定重点保护的历史文物和革命文物。苍岩山福庆寺、获鹿本愿寺、赵陵铺赵佗先人墓被列为重点文物古迹，要求尽速建立保护组织或由一定部门负起保护重任。受损严重或濒临倒塌的文物古迹应进行必要修缮，苍岩山福庆寺、威州藏公塔、本愿寺舍利塔等对经费和技术要求较高的地方，由市里亲自负责并报请省里协助。其他零星修补则由当地负责修缮和复原。

综上所述，苍岩山在特殊时期虽遭受部分损失，如铁钟的砸毁和碑文中涉及"公主"等词汇被涂抹，也因被定位于本地"名胜古迹"与革命历史的加持，其庙宇建筑基本得以保存。但是，苍岩山庙会传统几近

---

① 《河北省石家庄市人民委员会通告》，石家庄市档案馆馆藏，档案号：3-1-470，1959年4月22日。
② 《石家庄市文教局关于文物古迹保护情况的调查报告》，石家庄市档案馆馆藏，档案号：3-1-470，1959年8月22日。

中断，大量香会在此期间暂停朝山活动。口口相传的苍岩山传说为避免被当作封建迷信，老人不再将皇姑的故事挂在嘴上讲给儿孙。随着熟知传说的"故事篓子"离世，丰富生动的苍岩山传说与朝山进香的历史传统，日渐失传，亟须加以保护和传承。

（二）"文化搭台，经济唱戏"：苍岩山庙会复苏与苍岩山传说的化约趋同

20世纪80年代，传统文化的意义和价值重新得到重视。三皇姑等民间信仰以"传统""民俗"为标签开始复苏，苍岩山庙会再现生机。每年农历三月庙会期间，数十万信众涌入苍岩山朝圣，祈求皇姑的保佑。另外，为名山胜景所吸引、来此旅游的游客也日渐增多。传承千年的三皇姑信仰与苍岩山庙会颇具代表性，在时代剧烈变迁中仍基本保留原貌。它也随时而变，成为振兴地方经济、打造地方名片的发力点。地方政府充分利用庙会经济增加财政收入的同时，解决三皇姑信仰合法性问题的需求更加迫切，使苍岩山传说的基本面貌和流演呈现新的时代特征。

苍岩山在"文化搭台，经济唱戏"的新格局下，追求利益最大化逐渐取代传统的宗教朝圣与狂欢。苍岩山附近县乡，形成了以福庆寺为核心的社会结构和生活格局。它们依赖苍岩山庙会带来的经济效益，甚至摆脱了贫困村帽子。香会与庙方的逐利色彩日渐增强，形成相互协作、彼此配合的利益共同体。庙宇神像的设置、三皇姑的身份、正殿的争夺等多以招徕香客为目的。苍岩山庙宇格局、信仰空间也发生巨大变化。

治理模式对三皇姑信仰和苍岩山庙会有直接影响。世纪之交，苍岩山上各庙宇采取承包经营模式。为此，经营管理者各具巧思、因地制宜地建构自家庙宇的地位。其以通天洞为界，山上和山下庙宇各自形成较为成熟且特色迥异的经营管理模式。山下各庙以年代久、空间小，宗教色彩相对浓厚为主要特点，经营者也多以此招徕香客。其建造历史悠久，既有与苍岩山传说相关的南阳公主祠、水帘洞、梳妆楼、说法危台、猴祖师庙、关帝庙、王灵官庙，也有宋元以来修建的佛教庙宇，如圆觉殿、桥楼殿、大佛殿，等等。这些庙宇现由旅游局直接管理，因其依山而建，险峻的地势制约通天洞以下庙宇的形制，大多规模不大。公主祠即为碑石所载的"公主真容堂"，作为三皇姑敬拜的核心庙宇，殿内空间却狭窄异常。焚香炉不得不设于殿外，以缓解殿内的拥挤程度。但每年庙会期间，焚香炉至通天洞不过数十米距离，通过却常耗费一小时以上，是人群滞留最为集中的区域。苍岩山上诸庙宇频以菩萨正殿、皇姑正殿等名号招徕香客，但公主祠在信众心中的正殿地位无可动摇，长久以来形成的三皇姑信仰纽带仍旧牢牢维系其在香客心目中的神圣地位。其宗教神秘性与层级性保持较好，香油钱的收取在浓厚宗教外衣的包裹下进行，数额远超其余各庙宇。与之相比，梳妆楼、关帝庙等庙宇的影响力大为逊色，为了吸引更多民众施舍功德钱，往往着重宣传的是神明保平安、求富贵的普通功能，庙宇本身具有的皇姑色彩日渐淡化。

山上诸庙则由寺垴村掌握土地权并进行管理。新庙多建置宏大，更偏向企业化经营管理模式。通天洞以上，地势开阔，除玉皇顶年代较久以外，南阳公主庙、菩萨顶、三皇姑修行宫、卧佛寺都是近年新建或在原址基础上扩建而成的。这些庙宇新而大，新是劣势，从建造的年代和敬拜传统来说，它们不能与山下诸庙相提并论。大是优势，宽阔的场地、宏大的殿宇建置，更易吸引游客。神佛供奉杂乱，是其增加布施收入的有效途径，受其追求经济效益动机的强力驱动。南阳公主庙已翻修一新、不见前貌，但其利用公主坟的前身与新修的宏大庙宇，成为皇姑正殿的有力争夺者。苍岩山现为4A级景区，吸引大量游客到此。南阳公主庙立足于此，采用旅游企业式管理。其庙宇形制宏大、地方宽敞，弥补了公主祠地方狭小的不足，更适合一般民众游玩。庙方充分意识到这一点，以吸引游客为工作重点，庙主不参与庙宇日常事务，宗教意味较为淡薄。来此报供的香会不多，但也有认可其皇姑正殿的地位，利用其阔处进行报供唱经。但是，庙方认为，香会阻挡了其他香客的流动，因此态度强硬地驱赶其尽快离开。南阳公主庙与香会关系相对紧张，形成以旅游休闲为特色、与公主祠特色迥异的公共空间。

近年来，苍岩山风景区实现统一管理，"正殿之争"偃旗息鼓。山上各处庙宇及工作人员由公司统一聘任，改变以往各自为政的经营格局。他们突出庙宇神佛的社会功能，如井陉县文物局为魁星阁制作的说明牌指出，魁星是"道教主宰文运的神"。拾级而上，便是文昌殿。两殿相距不远，同以保佑学业有成为亮点来吸引香客敬拜。彼此间各安其事，并无激烈争夺信众的举措。公主祠与南阳公主庙之争亦销声匿迹。后者主殿刻"三皇姑大殿"匾额，但在笔者问及"如果二选一的话，香客应当去公主祠还是南阳公主庙敬拜？"时，公主庙工作人员毫不犹豫地指了指公主祠的方位。他说："当然是去下面，毕竟那儿是正殿。"① 苍岩山上的工作人员多来自胡家滩等附近村落。无论是长聘员工，还是庙会期间临时聘请者，均是领取工资的"打工人"。其既无"行好"的虔敬之心，工资又不随庙方收入高低而波动。因此，他们服务庙方、争取信众敬拜的尽心程度自然走低。特别是公主祠，其工作人员引导念念有词来报供的香头同时，也毫不掩饰地露出嗤笑的表情。再者，鉴于该处人多路窄，工作人员引导香客减少停留时间。这一做法，导致在此报供的香会数量明显减少。相应地，地势开阔的南阳公主庙和玉皇顶等处，成为香会报供、打扇鼓的上乘之选。可见，管理模式的变化使苍岩山上诸庙宇的宗教神秘性与香客层级性有所减弱。

苍岩山庙会期间，香客的敬拜仪式日渐简化。明清以来盛行的迎神赛会热闹程度已大不如昔，拉花、社火等传统娱神活动数量大幅减少。香会仍制作精良、华美的奶奶驾送至苍岩山，轿内设有三皇姑灵位，座位下摆放鞋子、元宝等供品，颜色鲜艳，以黄、红、绿等为主。供奉人抬驾绕公主祠殿内一周后抬到焚烧炉处烧毁。其作为供品的色彩更加浓厚，与传统社会迎神送驾的仪式有明显不同。被面、斗篷、凤冠霞帔也是较为高级的供品，香客以购买为主。被面和凤冠多由庙方挂在皇姑像前或殿内其他显眼处。斗篷的供奉常有披挂仪式，由庙方或香头指导进行，仪式更加隆重。扇骨表演与经卷唱诵逐渐取代拉花等娱神活动，成

---

① 南阳公主庙工作人员，男，35 岁左右，访谈地点，南阳公主庙三皇姑大殿前，访谈人，赵倩，访谈时间，2024 年 4 月 15 日。

为苍岩山庙会期间最为常见的敬拜仪式。它或以锣、鼓等打击型乐器为主，为香客唱诵经卷提供节拍与伴奏。其唱诵的经卷多为手抄本世代相传，内容以苍岩山传说故事为主，香客通过唱诵宝卷经文表达自己的虔诚。它也可以采取边跳边唱的方式，以八字或圆圈队形为主。主要表演的人有2个、4个等多种组合方式，唱词一般采取对话方式，随着节奏越来越快，扇骨表演速度也越来越快，以进入宗教癫狂的状态实现人神沟通。

三皇姑信仰与苍岩山庙会较有特色的敬拜仪式有"撑山"和"撒米"。前者与苍岩山地貌有直接关联。苍岩山属于嶂石岩地貌，与丹霞地貌、张家界地貌等并称为中国三大砂岩地貌，主要由易于风化的薄层砂岩和页岩形成，底部软岩层被侵蚀掏挖后，上面的岩石沿裂隙向下垮落，首先形成纵深往里、一头开口的沟谷，两侧陡壁继续垮塌，故多形成绵延数公里的陡峭岩壁。这种形态的地貌，映射在民众的心理上，便增强了他们对于苍岩山塌陷的担心。上山民众随手将香或树枝立于岩壁之下，寓意是为三皇姑"撑山"，使苍岩山免受滑坡、坍塌之险。后者与三皇姑关系更为密切。她出家途中受到喜鹊等神鸟的帮助，香客以小米等食物酬谢。时间日久，这一习俗除酬神的功能外，也与民众的朝山日常密切融合。香客所带食品类供品种类较多，不拘形式，香客依照自己的喜好准备。其中，小饼干、蛋糕、年糕等食物的比例逐渐高过小米。苍岩山上殿宇众多，香客主要是在公主祠施舍香油钱，而对其他小庙也要表示敬意，便以小米、饼干等作为供品，既能表达虔诚又花费不多。而蛋糕等食物除供奉外，还可充饥，是香客在多年朝山实践中总结的经验，体现其民间质朴的智慧。

近年来，民众敬拜仪式逐渐简化。撒在山路上的小米与摆放在石缝间的树枝和香，因不易打扫和清理，被管理方以"不卫生""不文明"的名义禁止。"撒米"和"撑山"等极具地方特色的习俗逐渐减少，苍岩山景区更加鼓励上山民众使用小饼干、花馍、元宝等供品。供品形制繁复华丽的同时，也出现同质化的倾向，渐与其他庙会供品趋同。现今庙会期间，尚且能看到"撑山"的年轻人。但问及这样做的原因，被访者表示"并不明白是什么意思,只是觉得好玩"而已。① 甚至有的游客表示,到苍岩山来就是为了去转运桥拍照,"其他地方去不去都行,转运桥拍出的照片最好看"②。女神三皇姑的来历及其传说故事,以往的香客常能娓娓道来。而现今的苍岩山庙会现场,"不知道她是干啥的","我不会讲"等声音越来越多。③ 这些现象都说明,三皇姑信仰的传统内涵日渐缺失,敬拜仪式日渐简单化是不争的事实。

与敬拜仪式简化相对应,苍岩山传说出现趋同、化约的趋势。晚清之际,井陉官绅合力重塑女神三皇姑身份并完成正统化,以解决其合法性危机。这一身份,祛除隋文帝女说的神话传说成分,且是有史可考的"节妇烈女"。它为文人士绅所喜爱,更符合儒家话语和现代话语的标准,能有效纾解三皇姑信仰合法性危机。但是,它为民众所不喜。民间传说中南阳公主国破家亡、儿子被杀、拒绝与宇文士及复合的情节鲜少提及。为此,苍岩山传说出现新的发展趋势,南阳公主的身份被嫁于千手观音传说系统。

苍岩山上建有三皇姑修行宫,将这一传说以场景复原与说明相结合的方式呈现给大众。它共设有 12 处场景。第一部分"宫中生活",讲述隋炀帝荒淫无度的宫中生活。第二部分"撒黍撑船",讲述的是隋炀帝自江都乘龙舟沿运河巡游,一路上仍旧穷奢极欲,嬉笑淫行的出行生活。第三部分"苦劝父王",介绍南阳公主不满父王不理朝政、耽于酒色,劝说他勤政爱民,安邦治国,引得隋炀帝勃然大怒。公主苦劝无望,遂看破红尘,决意出家。第四部分"三难公主",炀帝认为,公主出家有损国体和皇室尊严。但公主出家心意坚定。于是炀帝故意出 3 个难题刁难公主,公主在土地公、花仙和观音的帮助下完成了任务。炀帝无奈,只好准予公主出家。第五部分"火烧百草寺",主要是讲述公主出家后,

---

① 游客,男,25 岁左右,访谈地点,东天门下山路上,访谈人,赵倩,访谈时间,2024 年 4 月 17 日。
② 游客,女,40 岁左右,访谈地点,说法危台上,访谈人,赵倩,访谈时间,2024 年 4 月 18 日。
③ 游客,女,45 岁左右,访谈地点,公主祠外,访谈人,赵倩,访谈时间,2024 年 4 月 12 日。

炀帝听信谗言，后悔同意公主出家，逼迫公主回宫。公主不从，炀帝下令焚烧百草寺。这导致300名尼姑冤死于大火之中，公主被神仙救出，安然无恙。第六部分"跨虎登山"，讲述公主历尽艰辛，寻找修行宝地，最后来到苍岩山脚下，当公主精疲力竭、上山无路之际，仙界派遣猿猴引路，公主跨虎登山。第七部分是"智占苍山"，讲述的是公主见到苍岩山古木参天，幽雅清静，不胜欢喜。但见山上插着一柄剑，上刻"智公之剑"，原来智公道长已经占山。无奈之时，仙猴忽生一计，将公主的绣花鞋埋在剑下。智公上山说他已占山，以剑为证，公主却说先其已占，以绣鞋为证。仙猴当面挖出，智公无言以对，只好另择佳地。第八部分"造桥修殿"，讲述公主看到苍岩山交通不便，欲造一桥沟通南北。在鲁班帮助下，当地百姓艰辛劳作，终于在万丈悬崖上建起气势恢宏的桥楼殿。第九部分"众尼降灾"，讲述的是百草寺被烧死的尼姑冤魂降灾，使炀帝患上怪病，昼夜疼痛难忍。神界托梦告诉他起因，炀帝悔恨不已，长卧不起。第十部分"舍献手眼"，讲述炀帝若想治愈，须用亲生女儿的手眼入药。其大女儿和二女儿均不肯，最后三女儿南阳公主深明大义，毅然舍出手眼。第十一部分"修成正果"，讲述炀帝痊愈后，请求玉帝封三女儿南阳公主为全手全眼观音、大慈大悲菩萨。百姓顶礼膜拜，公主有求必应，无不灵验。第十二部分"普度众生"，讲述南阳公主修成正果后，造福百姓，惩恶扬善。大旱之年，禾苗干枯，公主普洒甘霖，使百姓五谷丰登，安居乐业。

　　三皇姑修行宫虽规模不大，甚至有些简陋，但其展示的传说故事在井陉地区与苍岩山最为流行。其中，三难公主、火烧百草寺、跨虎登山、舍献手眼救父等千手观音传说要素齐备，公主的身份与出家原因采用南阳公主说，并格外强调其神明显应、庇佑乡里，呼应言家驹等地方官绅对三皇姑神格的塑造。这一传说最大限度地满足了各方的宣传需求与利益最大化，苍岩山庙宇景观与旅游宣传多以此为标准版本。

　　这一传说文本，在地方政府和庙方的推波助澜下日益普及。为数众多的苍岩山宣传册、电视媒体介绍、书籍影像资料发行，都是影响民众敬拜和传说走向的有力方式。其中，《井陉民间文学集成》的编纂极为鲜明地体现了这一点。该书可以说是现今文字记载中，苍岩山传说最丰富的书籍。它搜集整理的大量与三皇姑、苍岩山相关的传说故事。编者对传说故事的收录，经过审慎挑选。此书的编纂，在对苍岩山故事和传统保护的同时，也是一次大规模对苍岩山传说进行层累、加工的过程，影响深远。该书收录的传说故事，建构了一个内在逻辑清晰的苍岩山传说体系，如三皇姑的身份、故事主体、神仙谱系、苍岩山庙宇系统等。这与口头传统的丰富性和多样性的特点形成了对比。

二 上下一盘棋：河北民间文学的整理与口头传说的系统整理

《井陉民间文学集成》的编纂，有效纾解了现代性与反迷信话语给三皇姑信仰带来的严峻挑战。1984年5月，"三套集成"编纂计划启动，掀起全国范围的民间文学热潮。河北省积极响应，发挥地方优势，除省卷本外，以《井陉民间文学集成》为代表的县卷本也大量出版。该书初为五册油印本，后又分成上、下两卷正式出版。歌谣和谚语各占一编，其余八编均为民间故事，数量相去甚远。苍岩山传说集中收录于"苍岩山人物传说""苍岩山风物传说"两编，涉及的传说故事近百篇。《井陉民间文学集成》的搜集整理，成为苍岩山传说流演的又一关键转折期，是探讨苍岩山庙会与女神三皇姑敬拜现代转型及其非遗文化传承的重要基础。本节对该书收录苍岩山传说展开文本分析的同时，结合语境研究深挖其采集理念对传说整理的微妙影响。

（一）中华民族的百年大业："三套集成"工作的意义与价值

河北地区"三套集成"项目启动迅捷。1984年9月，全国首次民间文学集成工作座谈会在云南昆明举办，民研会主席李盘文作为河北省代表出席会议，既传达集成编辑的重大意义，也就普查整理等原则性问题展开研讨。会后，河北省文化厅、河北省民族事务委员会、中国民研会河北分会联名请示，向省委书记高占祥和副省长王祖武阐明集成工作的时代价值和编纂原则,明晰河北卷编辑的组织设置、经费拨给等具体问题,得到省委领导的积极响应。自此,民间文学的搜集整理工作在河北地区全面铺开,蓬勃发展。

河北省《三套集成》办公室重点阐明民间文学是中国人民五千年来集体创作、有着丰厚积累的文化遗产。其编辑的《民间文学集成问答》指明,民间口头文学,"是中华民族灿烂文化宝库中极为珍贵的财富",凸显其中国文化瑰宝的时代新定位。[①] 遗憾的是,后来民间文学多有散佚,甚至失传。赵县李老爱是当地有名的民间歌手,曾是抗战时期的支前模范,却因离世而难以搜集他的作品。老人陶冶感叹道:"我脑子里装的这些东西,要是你们不来搜集,好可惜呀,等我死了,这些东西也跟我走了,我多想把这些东西留下呀!"[②] "三套集成"的编纂工作因此更显迫切,尤为必要。在此基础上,它充分肯定民间文学是激发民族自尊心、自信心的思想源泉,为中国面向世界、迎接挑战提供浑厚持久的文化力量。河北省卷副主编兼办公室主任郑一民指出,"民族文化和民间文化是中华民族创造力的迸发点,是炎黄子孙内聚力的源泉,是我们民族兴旺发达的依托",成为学界的普遍共识。[③] 同时,规模化搜集整理口头文学,为民间文学、民俗学等相关学科研究提供丰厚的研究史料。而经过深入细致地学术研究,中国文化才会在科学支撑的基础上更好地传承与发展。总而言之,"三套集成"的编纂,是中国民间文学研究的里程碑。

首先"三套集成"的重要性,是统一思想认识、提高政治站位,为民间文学搜集整理工作打开局面。一是需要工作人员广泛动员起来,树立荣誉感和责任意识。耿保仓提出,"三套集成"的工作人员应"树立

[①] 《民间文学集成问答》,河北省《三套集成》办公室辑印:《民间文学三套集成通讯》第3辑,1985年。

[②] 张增辉:《从实践中认识全面搜集的重要性》,河北省《三套集成》办公室辑印:《民间文学三套集成通讯》第11辑,1987年。

[③] 郑一民:《浅谈民间文学与社会主义精神文明》,河北省《三套集成》办公室辑印:《民间文学三套集成通讯》第11辑,1987年。

第三章　民俗文化、庙会经济与苍岩山传说的标准化

为祖先争光为子孙留下宝贵财富的思想，高度认识自己工作的历史责任"①。这样，可以最大限度地调动其工作热情和积极性。二是需要河北省解决项目经费、人员配备、组织协调等系列问题。主动争取政府支持，是河北省"三套集成"编纂人员的共同认识。余炳年意识到，其工作的开展困难重重，尤其是"多数领导干部不熟悉，县委不了解这一工作。在大抓经济腾飞的今天，很少有精力、有时间顾及'三套集成'，而且，还要花钱"②。王松也指出，其工作"没有当地领导的支持是很难搞下去的"，宣传"三套集成"工作的意义和价值被他视作摆脱这一困境的有效手段。③ 内丘、唐山、石家庄等地的编辑实践从不同侧面印证这一观点。唐山市初期工作难以展开，就是因为"各级领导并不是不重视基层工作，而是还不太了解这项工作的重大意义"，后经说明即得到领导的大力支持。④ 该地民间文学的搜集整理在短时间内取得长足进步。而石家庄市领导"认识的起点较高"，没有应付了事，而是自觉地将之作为"热爱家乡、热爱祖国"精神文明建设的一部分，力争"不拖全省的后腿，不在长城上留'缺口'"。⑤ 因此，一开始便得到领导支持的石家庄与内丘"三套集成"工作自然成为地方典范，成绩斐然。

（二）科学性、全面性、代表性：河北省"三套集成"编选原则

"三套集成"的编纂酝酿已久，《关于编辑出版民间文学"三套集成"的意见》颁布，已然明确科学性、全面性、代表性的编选原则。河北省遵照执行，不仅印发相关文件，并就相关理论问题展开细致说明和

---

① 耿保仓：《漫议民间故事集成编选工作》，河北省《三套集成》办公室辑印：《民间文学三套集成通讯》第11辑，1987年。
② 余炳年：《注意引进企业家的思维方式》，河北省《三套集成》办公室辑印：《民间文学三套集成通讯》第11辑，1987年。
③ 王松：《民间文学集成与普查问题》，河北省《三套集成》办公室辑印：《民间文学三套集成通讯》第1辑，1984年。
④ 河北省《三套集成》办公室：《用开拓精神抓好集成普查工作》，河北省《三套集成》办公室辑印：《民间文学三套集成通讯》第5辑，1986年。
⑤ 石家庄市"三套集成"办公室：《用成绩争取支持抓典型带动全局》，河北省《三套集成》办公室辑印：《民间文学三套集成通讯》第4辑，1986年。

研讨。

河北省"三套集成"的工作人员肯定，科学性、全面性、代表性三者密切相连，是辩证统一的关系，不应有所偏废。但在具体研讨中，对全面性和代表性原则却着墨不多，基本照录《中国民间文学集成编辑出版规划（1985—1990）》的相关说明。全面性指民间文学应不分地区、行业、题材和民族，应收尽收；代表性则着重指出对同一母题不同异文的处理方法，主张精选最为完整且优秀的作品，其余异文加注释说明即可。而《〈中国民间故事集成〉编辑方案》有更具指向性的要求，如选入流传广泛、影响较大的作品，以及应全面搜集、不要有空白县市卷等。对此，河北省"三套集成"的工作人员虽未更加详细说明，但仍有文章论及。省卷本主编宋孟寅提到，县市卷应"选编有本地特点的或地域特点不明显，但在本地普遍流传的优秀作品"①。秦玉林强调，"凡是产生于本地的传说，才称得上是土生土长的'土特产'"，只有编选具有浓郁地方特色的民间文学，才能凸显燕赵风采。②

公布全县普查重点、选定重点题材，作为"三套集成"编纂的重要经验在河北省内推广。井陉县将民间故事的分布归纳为"三条主线，五个重点"。"三条主线"是：苍岩山三皇姑的传说、刘秀在井陉的传说、老一辈无产阶级革命家在井陉的传说；"五个重点"是：井陉八大景、韩信背水战、赵匡胤过井陉、平阳公主把三关、梁绿野传御状。抚宁县结合本地自然环境、历史文化等特色，注重发掘讲述曹操、戚继光、李自成、刘少奇、朱德等历史人物，以及薛礼征高丽、戚继光保卫长城、李自成打九门口等历史事件的民间文学作品。可以说，在编辑实践中，全民性和代表性原则能够基本落实。

"科学性"原则是热议的焦点，被视作保障"三套集成"科学完整地反映民间文学全貌的根本性原则。河北省"三套集成"的工作人员就

---

① 宋孟寅：《关于"集成"工作中几个问题的解答》，河北省《三套集成》办公室辑印：《民间文学三套集成通讯》第4辑，1986年。
② 秦玉林：《民间文学三套集成在"三性"原则指导下应该强调地方性》，河北省《三套集成》办公室辑印：《民间文学三套集成通讯》第11辑，1987年。

第三章 民俗文化、庙会经济与苍岩山传说的标准化

此展开广泛讨论。在表述上，它更多采录《〈中国民间故事集成〉编辑方案》的说明。相映成趣的是，《中国民间文学集成编辑出版规划（1985—1990）》的解释更为简洁。其内涵可以归纳为以下四点。第一，就语言风格而言，必须是口耳相传、符合民众表达习惯的作品；第二，从搜集整理层面来看，必须秉持忠实记录的原则，不能是专家改编和再创作的"伪造品"；第三，就采录方法来说，应同时保存与作品相关的资料，例如讲述者和搜集者的姓名、年龄等基本信息，以及故事的传承路线、流传地区、有关的风土人情等；第四，就语言翻译来看，少数民族民间文学的翻译应力求准确。

语言风格和忠实记录是把握科学性原则的重中之重。就前者而言，宋孟寅将民间故事的语言现象分为方言型、官话型、散文型、评话型、简古型五大类。他认为，简古型与民间文学语言大相径庭，甚至不具备语言的通俗性；散文型和评话型是书面语及融合了戏曲、章回小说等而成的通俗文学语言，"缺乏地方特色和讲述者的语言风格"；只有方言型和官话型都是地方性语言，符合科学性原则的语言风格。[1] 袁学骏则提出"反洋重土""反文重俗"的编辑倾向，并主张把握好方言土语的运用、尊重讲述者口语风格等来落实科学性原则。[2] 就后者来说，田青法主张，去伪存真，篇篇细筛，"对胡编乱造、主题不明、没有地方特色的稿子，不管语言、情节再好，也坚决刷掉"[3]。申建国等人认为，不能为了迎合历史记载而违背忠实记录原则，反而应当发挥民间文学对历史记载的补充、佐证作用。[4] 可以说，避免用现代意识来改变作品主题、情节主线成为共识。

---

[1] 宋孟寅：《浅谈民间故事的语言风格与科学价值》，河北省《三套集成》办公室辑印：《民间文学三套集成通讯》第11辑，1987年。
[2] 袁学骏：《试论民间故事语言科学性的把握》，河北省《三套集成》办公室辑印：《民间文学三套集成通讯》第13辑，1987年。
[3] 田青法：《浅谈县卷编辑中的科学性——不能用现代意识改造民间文学作品》，河北省《三套集成》办公室辑印：《民间文学三套集成通讯》第11辑，1987年。
[4] 申建国、田振庄、李根成：《提高故事的科学性，需要正确处理三个关系——编辑〈魏征的传说〉的粗浅体会》，河北省《三套集成》办公室辑印：《民间文学三套集成通讯》第11辑，1987年。

(三) 发动群众：河北省"三套集成"普查队伍

"三套集成"的编纂工作时间紧、任务重，尤其是民间文学普查的范围广、规模大、难度高，必须投入大量人力物力才有按时、保质、保量完成的可能。而具备民俗学、社会学等学科背景的专业人才数量远远无法满足实际需要。为此，充分动员、发动群众参与到"三套集成"的普查工作中，是各个地方普遍采用的解决方案。河北地区也是如此，张增辉认识到，"搜集整理民间文学作品是一个艰苦细致的工作，又是一项浩大的工程，单靠少数人是不行的，要广泛发动群众"①。在地市的督促下，河北省178个县区形成了自上而下的普查工作网。

民间文学的普查工作在本地"三套集成"办公室的指导下展开。它本身是个临时机构，由各相关单位抽调人员组成，实行"专人专职"。抚宁县集成办由主抓文化工作的副局长负责，编辑由中学语文教师和县文化馆工作人员构成。大名师范集成办由校长兼任主任一职，成员有学校办公室干事一人，语文组两名骨干教师，还有学生会学习部一名干部组成，还有一位同志负责日常的工作。"专人专职"的好处在于，能够形成严密的组织领导网，使普查工作上有头、下有尾，能够做到"层层有人抓，有人管，不放空，出实效"②。然而，这些人员多有本职工作，要想全身心投入"三套集成"的编辑工作并非易事。河北地区采用多种手段尝试解决这一难题。井陉矿区文化馆仅有两位在编人员无法实现专人专职，便选调一名有能力又热情且不计报酬的民研会员来负责具体工作；抚宁县编辑积极动员原单位同志分担其本职工作，以便能够全身心投入集成工作。在各级集成办的组织动员下，群众被广泛发动、参与到

---

① 张增辉：《从实践中认识全面搜集的重要性》，河北省《三套集成》办公室辑印：《民间文学三套集成通讯》第11辑，1987年。

② 井陉县《三套集成》办公室：《搭棚挂牌继承薄翁撰写〈聊斋〉遗风，广采博集依靠群众完成〈集成〉大业》，河北省《三套集成》办公室辑印：《民间文学三套集成通讯》第4辑，1985年。

第三章 民俗文化、庙会经济与苍岩山传说的标准化

民间文学的普查工作中。其中，文化馆站人员、民研会及文学团体成员、中小学教师和学生、离退休老干部等最为活跃，成为"三套集成"普查工作的骨干力量。

首先，文化馆站工作人员起到指导和联络作用。文化馆前身即民国时期的民众教育馆，肩负作育新民和唤醒民众的时代重责，但工作成效与理论预期存在严重落差，未能解决吸引民众自愿来馆受教的难题。[①]新中国成立后，民众教育馆更名文化馆并大幅增设，在识字教育和扫盲工作领域发挥重要作用。"三套集成"编纂之初，便注意到文化馆的重要地位。民研会书记处书记马振指出，"我们的工作很大程度上都得依靠文化馆站、群艺馆的合作，这是办成我们事业的根本一条"[②]。河北地区充分重视，不仅将各级集成办设置在文化馆站，还着重发挥其联络枢纽的作用。李秀林认识到，"文化站的干部多数是本乡本土的，对当地村镇风情、民间传说都有较多的了解"[③]。廊坊地区的普查工作紧抓全县文化站，将之作为普查人员与"故事篓子"的联络中心，组织小分队到重点村镇搜集采访，发动民办教师利用家访的机会搜集当地传说，与民间社团合作深入村镇全面普查，形成以文化馆站为中心的乡村普查网络。文化馆站的工作人员更是身兼普查与整理双重重责，其参与程度与实际影响远高于其他群体。

其次，民研会及文学团体成员，是"三套集成"普查的中坚力量。民研社会聚民俗学、社会学等学科人才，是专业人才储备最为丰厚的群体，理应是文学普查的核心。邯郸市峰峰矿区即以民研会员为骨干的采风队伍。同时，河北地区文学团体数量众多，仅内丘县便有

[①] 有学者认为民国时期民众教育馆未能从根本上实现其现代国民培养与社会改造的理论预期。这种情况的出现，根本上是由其理论模式的局限决定，难以真正认识和了解民众和基层社会，也就无法从根本上摒除现代化意识形态的偏见所产生的负面影响，寻找到社会无须依靠革命与政治行政权力而缓和、渐进的完成其现代化转型的方式与途径。具体可参见赵情的《现代化语境下的民众教育与社会改造》（中国人民大学出版社2015年版）。

[②] 马振：《在全国民间文学集成工作座谈会上的总结发言》，河北省《三套集成》办公室辑印：《民间文学三套集成通讯》第1辑，1984年。

[③] 李秀林：《抓好搜集整理是编辑集成资料本的关键》，河北省《三套集成》办公室辑印：《民间文学三套集成通讯》第4辑，1985年。

20余个，社员200多人。这些成员具备一定文学修养，稍加培训即可投身民间文学普查的第一线。"天马民间文学社"以抚宁县天马山得名，是秦皇岛市第一个民间文学社团。该社主编的《天马》月刊服务于"三套集成"工作，搜集本地民间故事、民间歌谣、民间谚语，刊登普查工作的经验及有关民间文学知识。比较特殊的是，天马社专为"三套集成"工作而组建，社员为本县16位乡镇文化站站长。这令文化站成为普查工作的坚实支柱，乡镇普查网发挥更大的作用，得到地方政府的支持和表彰。

再次，中小学教师和学生，是"三套集成"普查的有生力量。这一群体人数之多、分布面之广，为普查队伍之最，仅内丘县中小学共361所，有教师1800人，学生人数高达46000名。他们参与普查工作的热情尤高。内丘一位山区教师与兄长合作搜集民间故事，二人定期碰头、汇集整理资料，成为民间文学普查的能手。学生参与搜集民间文学作品，不仅能够提高自身写作能力和文学素养，也与地方风物、历史名人亲密接触、激发爱祖国、爱家乡的深厚情感。更为重要的是，每一名师生关联一个或数个家庭，部分学校开展"一人一个故事，一人一首歌谣，一人一条谚语"及让家人"讲曲儿""说古"的活动，提供大量的民间文学素材。赵县动员师生47730人，共整理民间故事4719篇，歌谣2108首，谚语2152条，师生作品被选入本地民间故事选集30篇。可以说，中小学师生与文学普查工作相互成就、互利双赢，可谓一举数得、成效斐然。

最后，离退休老干部，是"三套集成"普查不可忽视的重要力量。这一群体阅历丰富、见识广泛，对民间文学的来龙去脉更加了解。参与普查能令其退休生活更加丰富多彩，增添趣味。有的老干部将自己熟知的故事传说记录下来，成为民间文学的讲述人；也有的老干部去田间地头采集民间故事，成为民间文学的整理人。其作品一旦入选，这些老干部会倍感荣耀，参与普查的热情更高，形成民间文学搜集的良性循环。

综上可知，河北"三套集成"的普查工作能够广泛动员，形成庞大的普查队伍。仅抚宁县一处，动员人次高达10万余，占全县人口的1/5。

他们多为义务职，并无收入报酬。彼时，民众知识水平不高，却又对知识有强烈渴求，掀起了"文学热潮"。"三套集成"的编写为他们提供了一个低门槛的入门机会。作为故事整理者的名字出现在书中，于他们而言是无比荣耀的事。可以说，对文学的热情与极强的获得感和满足感，超越了金钱回报的诱惑，是普查人员参与其事的根本动力。杨荣国、齐爱林、王密荣、仇喜卿等典型人物，甚至因此改变了自己的人生轨迹，与民间文学、非遗文化等工作终生为伴。

但是，这支队伍的不足也显而易见，他们大多不具备专业知识，不能透彻掌握普查的工作意义和整理的学术规范。河北地区通过定期举办民间文学集成训练班的形式，聘请专家讲授"三套集成"工作的重大意义、民间故事的基本特征、普查范围和整理方法及搜集的注意事项等课程，尽可能地在短时间内培训骨干力量，使他们在群众性基层普查中起到骨干带头和把关作用。至1986年，河北省举办训练班204次，训练骨干达17000余人次。可以说，河北"三套集成"工作有序开展，通过自上而下的有力组织，"从一开始就步入了正轨，进展较快，没有走弯路"[①]。

（四）忠实记录、慎重整理：河北省"三套集成"编选实践

编选"三套集成"的难点在于，能否贯彻落实科学性、全面性、代表性原则，直接决定其学术价值高低。中国民间文学集成总编委会办公室编辑《中国民间文学集成工作手册》就搜集整理有细致的说明，提出"忠实记录、慎重整理"的"八字方针"，河北等地方也展开广泛地宣传讨论。但在实践中，仍能看到基层工作人员对具体如何操作存在诸多疑问，处于摸着石头过河的探索阶段。

按照要求，"忠实记录"应是当场记录，即在讲述人讲故事的同时，搜集人应同步进行记录；而听后补记的方式被认为"不是搜集工作的科

---

① 抚宁县三套集成办公室：《充分发挥编辑部的作用》，河北省《三套集成》办公室辑印：《民间文学三套集成通讯》第10辑，1987年。

学方法"①。但是，当场记录对搜集人要求比较高，甚至应掌握基本的速记技能，多数基层普查人员无法做到。录音设备固然能解决这一问题，但高昂的价格，以地方的经济水平来说难以满足。因此，听后补记成为河北地区广泛采用的记录方式。据张树林②回忆，普查人员都是采用现场"记录主要情节，回来加工"的形式。③ 王密荣也是采用这种做法。她"白天收集故事，晚上收拾完记录下来，再誊写到稿纸上"④。同时，采取"三见面"的复核方式，尽可能忠实于故事原貌。具体而言，即针对有争议的重点稿件，应邀请讲述人、搜集人、编辑人直接三方会面，一人宣读，大家把关，博采众议。他们认为，把整理好的民间文学作品重新念给原讲述人听、让其给予评价，是最好的鉴别方法。如果，作品为"原讲述人认可的，满意的，又能再讲给群众听的作品，便是较成功的整理"；反之，"整理者在作品中掺了水分，或是原讲述人对故事里的某些情节不予承认，语言失去了原讲述人的风格特点，甚至失去了民间文学的口头性，不能再讲给群众听的，那就是不成功的整理"。⑤ 这种做法能够弥补听后补记记录形式的不足。整理后的民间文学变为纯文本无法回归口头的常见问题可以有效规避。

首先需要明确的是，"慎重整理"并不意味要一字不改。1987 年 5 月，贾芝和张文亲临抚宁县视察。在该县集成工作座谈会上，贾芝指出，"要是一字不改，完全记录下来，这样做是不行的，有的字是没用的，

---

① 中国民间文学集成总编委会办公室编印：《中国民间文学集成工作手册》，1987 年版，第 56 页。

② 张树林，1949 年生，《井陉民间文学集成》编辑人员，作为文化馆代表配合仇喜卿采集故事。历任井陉县文化馆馆长一职，井陉拉花等民俗文化申请非遗工作的主要负责人。与蔡玉霞主编《井陉拉花》（河北人民出版社 2004 年版）一书，参与晋剧《陉山铸魂》《拉花人家》《看亲家》等剧本的编写，也是河北省省级非物质文化遗产项目"韩信背水一战的传说"的代表性传承人。

③ 张树林，男，75 岁，访谈地点，张树林家中，访谈人，赵倩，访谈时间，2024 年 4 月 20 日。

④ 王密荣，女，79 岁，访谈地点，王密荣家中，访谈人，赵倩，访谈时间，2024 年 4 月 19 日。

⑤ 玉林、国新：《搜集整理民间文学作品的几点体会》，河北省《三套集成》办公室辑印：《民间文学三套集成通讯》第 4 辑，1985 年。

第三章 民俗文化、庙会经济与苍岩山传说的标准化

有的话是多余的，所以要做具体处理"，应当"把废话、重复的话去干净，只剩下故事就比较精彩了"，故事如果"讲得干巴巴的，语言也不生动或者是很普通，这就需要整理"。① 简而言之，适当的语言润色是允许的。一般而言，"慎重整理"应遵循四个"不改变"，即"不改变原作品的主题思想，不改变基本情节和结构，不改变体裁，不改变艺术特色和语言风格"②。但在实践中，保持口头语言风格、不随意增删故事情节是最为重要的两项标准。

保持口头语言风格至关重要。记录上，只记故事情节而忽视语言风格；整理上，用书面语言替代口头语言来整理故事，都是不可取的。贾芝指出，"整理的人，他完全用自己的语言、书本上的语言整理，不如群众口头语言简单、朴实、生动"③。宋孟寅认为，语言的书面化反而会使故事脱离群众，失去生命力。他以《千手千眼观音》传说为例来说明，指出《千手千眼观音》故事最早见于宋代的《曲洧旧闻》，讲述妙善公主舍手眼救父受封的故事。元初赵孟頫加入妙善魂游十八层地狱、超度阴司鬼魂的情节。清光绪年间，又用《隋书·列女传》南阳公主的故事来取代妙善。宋孟寅认为，"文人的书面语言的敷陈改编，史料的取代，宗教的篡改，都得不到人民群众的承认"④。他们口口相传的仍是《曲洧旧闻》的故事，只是情节更为丰满、语言更加定型而已。章喜是民间文学爱好者，他以亲身经历说明语言风格的重要性。起初，他根据记忆整理、耗时费力，交到集成办却被当场退回，说"这篇故事不像民间文学，倒像作家文学，是编的"⑤。后来，他依据"忠实记录、慎重整

---

① 《贾芝、张文等同志在抚宁县集成工作座谈会上的讲话摘要》，河北省《三套集成》办公室辑印：《民间文学三套集成通讯》第10辑，1987年。
② 朱彦华：《谈搜集整理的点滴感想》，河北省《三套集成》办公室辑印：《民间文学三套集成通讯》第5辑，1986年。
③ 《贾芝、张文等同志在抚宁县集成工作座谈会上的讲话摘要》，河北省《三套集成》办公室辑印：《民间文学三套集成通讯》第10辑，1987年。
④ 宋孟寅：《浅谈民间故事的语言风格与科学价值》，河北省《三套集成》办公室辑印：《民间文学三套集成通讯》第11辑，1987年。
⑤ 章喜：《甜蔓菁充不得秋白梨》，河北省《三套集成》办公室辑印：《民间文学三套集成通讯》第5辑，1986年。

理"的原则去采风，没费多大劲就整理出故事《十不足》，顺利得到集成办的认可。顾建中在整理鲁班故事时，采访医生了解到哑巴发音不准，便将"嘴尖舌头长"改为"嘴大舌头长"；访问木匠了解到木匠的专业叫法，将"三星上来，又定了好长时间，鲁班背着工具兜才回来"改为"鲁班到了三星斜转的时候，才背着家具归来"。① 这样句子更加简洁，语言更加符合医生和木匠的习惯用语，将语言的科学性原则贯彻落实。

不随意增删故事情节的尺度最难把握。这一标准得到普遍认可。杨荣国指出，应"尽量保持民间故事的原貌，如果不是这样，随自己的想象去增添、删改，用自己的语言去复述，那就失去了整理民间故事的意义"②。事实上，增删情节仅凭个人好恶而为者少，更多的记录人和整理人是不自觉地以现代审美观念来评定民间故事的优劣。冯新广在采风中搜集到故事《人熊复仇记》，讲述卖艺人拐骗男孩，将之做成"人熊"赚钱，后小男孩遇见舅舅终获解救的故事。在整理时，他觉得故事情节不够曲折，缺少个满意的结尾。为此，冯新广增加了一段情节：卖艺人武功高强逃脱官府追捕，小男孩苦练武功，于十二年后自己报了仇。可是，他考虑到这样做不符合"三套集成"要求，"这样虽然有了曲折的情节，却失掉了原故事的艺术特色，把我们现代人的艺术观念和审美观念硬和过去的故事拼在一起，弄得面目皆非了"③。鉴于此，他选择忠实记录，保留故事原貌，坚持了慎重整理原则。"三套集成"整理人和记录人在编选实践中认识到，不能以是否有现实意义、是否贴合现实需要来作为标准，故事的搜集整理无须装饰打扮和精雕细刻，只要轻拂泥土，便会绽放耀眼光芒。

"三套集成"的工作人员主张慎重区分精华与糟粕。王松指出，"民间文学要分清哪些是精华，哪些是糟粕，是不容易的"。为避免将有价

---

① 顾建中：《我与民间文学结下不解之缘》，河北省《三套集成》办公室辑印：《民间文学三套集成通讯》第4辑，1985年。
② 杨荣国：《从口头到书面——搜集整理民间故事的点滴体会》，河北省《三套集成》办公室辑印：《民间文学三套集成通讯》第11辑，1987年。
③ 冯新广：《浅谈民间文学的科学性》，河北省《三套集成》办公室辑印：《民间文学三套集成通讯》第11辑，1987年。

第三章　民俗文化、庙会经济与苍岩山传说的标准化

值的作品误作糟粕否定，他主张，"一定要坚持全面搜集，不要有所偏颇"。[1] 同时，对民间文学也不能照单全收，时胜利也认为，有明显迷信色彩的故事，不属于民间文学的收集范围。[2] 宋孟寅也认为，要对有糟粕的作品进行删改，"但剔除糟粕的工作却要持慎重态度，以免把非糟粕部分误作为糟粕而剔除"[3]。耿保仓提出六项编选原则，这包括：把好人得好报的故事同单纯宣扬因果关系的故事区分开；把人民希望有好的皇帝、官吏同单纯美化吹捧帝王将相区分开；把敬老孝顺同封建道德区分开；把作品中关系性和情的描写同纯属庸俗的讲述区分开；把一般笑料同低级下流的故事区分开；把历史局限和封建迷信区分开。[4] 耿保仓的建议较为稳妥，但仍有些不同的意见。李国华提出，"对时政类、事理类中的新谚语，不做政治鉴别是错误的"，主张以科学性、思想性和政治性作为鉴别谚语精华与糟粕的基本标准。[5] 可见，要想根本剔除现代观念意识对民间文学的影响，任重而道远。

区分人物传说和历史记载，是"慎重整理"的要点之一。河北历史悠久，韩信、刘秀、魏徵等人物传说在燕赵大地广为流传。在这一问题上，河北"三套集成"的工作人员基本达成共识，即"对待这些民间传说和故事，应向民间靠近，而不应向史料靠近"[6]。申建国等人在整理魏徵传说时，"非常注意民间口头讲述的真实性，严格区别和划分历史记

---

[1] 王松：《民间文学集成与普查问题》，河北省《三套集成》办公室辑印：《民间文学三套集成通讯》第1辑，1984年。
[2] 时胜利：《让瑰宝闪光》，河北省《三套集成》办公室辑印：《民间文学三套集成通讯》第11辑，1987年。
[3] 宋孟寅：《关于"集成"工作中几个问题的解答》，河北省《三套集成》办公室辑印：《民间文学三套集成通讯》第4辑，1986年。
[4] 耿保仓：《漫议民间故事集成编选工作》，河北省《三套集成》办公室辑印：《民间文学三套集成通讯》第11辑，1987年。
[5] 李国华：《关于谚语中的精华与糟粕问题》，河北省《三套集成》办公室辑印：《民间文学三套集成通讯》第13辑，1987年。
[6] 田青法：《浅谈县卷编辑中的科学性——不能用现代意识改造民间文学作品》，河北省《三套集成》办公室辑印：《民间文学三套集成通讯》第11辑，1987年。

载与民间流传的界限"①。他们反对不尊重民间传说真实性,而去迎合历史记载的做法。对于有明显文人加工痕迹或从正史资料中演变而来的作品,审慎对待,一般不予选用;与正史有明显出入和不同的故事,则加以注释和说明。宋孟寅明确说明,"故事不是从历史书籍上搬来的,而是真正在群众中流传的,就是民间文学"②。他指出,人物传说在流传中经过集体创作的取舍剪裁、夸张渲染,融入了民众的思想感情,不算是严格意义上的历史。在此认识下,人物传说作为河北民间文学重点挖掘对象,基本能够坚持口头传承底色,与历史记载区分开来。

传说异文的处理,是"慎重整理"的又一要点。其较为常见的做法是,以故事较为完整、情节更丰富的版本为骨,将其他版本中的细节充实进来,作为最终的版本。例如《牛为什么没有上牙》这一故事采集到三种异文。主干情节是,玉帝派牛传达旨意,要人间一日一餐、梳洗三番,结果被错传为"一日三餐、梳洗一遍"。玉帝大怒,踢掉牛的上牙,且贬至民间变为耕地黄牛。其中,黄牛在天上的身份有天蓬元帅、牛星等多种说法。整理人保留天狗讨饭未果,玉帝惩罚谷子只结一穗并下达"一日一餐"旨意的情节,引出牛神心善故意传错旨意的故事主线。《鲁班点修桥楼殿》的整理也是如此。故事采集到刘成文和吕荣讲述的两种异文。故事主线是鲁班化身老汉指引工匠搭建柴牛修建桥楼殿。刘成文的版本围绕主线展开,语言也比较生动。吕荣的版本有"鲁班巧手制作擀面杖"的情节,但故事主线的部分占比较少。因此,整理者宋孟寅以刘成文的版本为主,同时融入"擀面杖"情节。这样的处理方式,令传说故事的情节更加曲折生动,是河北地区"三套集成"整理异文的典范。

"慎重整理"的尺度难以把握,整理人在情节增删、异文处理实践中有摸不准、有疑问的情况。耿保仓整理《县官明断杀人案》做出四点

---

① 申建国、田振庄、李根成:《提高故事的科学性,需要正确处理三个关系——编辑〈魏徵的传说〉的粗浅体会》,河北省《三套集成》办公室辑印:《民间文学三套集成通讯》第11辑,1987年。
② 宋孟寅:《关于"集成"工作中几个问题的解答》,河北省《三套集成》办公室辑印:《民间文学三套集成通讯》第4辑,1986年。

修改。一是题目由《抓倒霉的》改成了《县官明断杀人案》；二是删去杖责买布妇女四十大板的情节；三是增加县官问媳妇婆婆的情节；四是把县官听窗根改成了通过了解买布女人而摸清案情。他认为这样做，可以使主题更加明确，凸显县官办案细心、机智英明的形象。① 杨永起整理的《宝坛子》，讲的是长工李才挖出宝坛子却被老财主占为己有，老财主发现宝坛子中只有癞蛤蟆便扔到外院，长工看到的却是满地元宝。整理人认为这个故事情节虽然完整，但仅有骨架缺少血肉，便在整理时充实许多细节、丰满了人物、形象也鲜明起来。李秀林认为，这样整理的作品，也是符合编选要求的。② 二人的整理改动较多，与"慎重整理"的原则稍有距离。这种整理方式，在"三套集成"的编选中也绝非个例，甚至作为普查和搜集整理的经验进行传播。

综上可见，河北省"三套集成"的编选在"忠实记录"和"慎重整理"方面，确实存在一些不足。这不仅是河北一地的问题，而是全国的"三套集成"的编选均受此困扰。而学界对"三套集成"的批评，也聚焦在搜集整理存在不科学和不规范之处。③ 但是，我们应当认识到，这种情况的出现，主要受限于搜集整理动员人数过多、专业素养不足等不可抗因素，不能因此过度苛责河北乃至全国"三套集成"的编纂成果，应当充分肯定其工作的热情、实践的努力、对民间文学保存的重要意义。

（五）冲出洼地：河北省"三套集成"成绩斐然

河北省"三套集成"的编纂成绩斐然。全国艺术科学规划领导小组

---

① 耿保仓：《〈县官明断杀人案〉一稿的整理体会》，河北省《三套集成》办公室辑印：《民间文学三套集成通讯》第5辑，1986年。
② 李秀林：《抓好搜集整理是编辑集成资料本的关键》，河北省《三套集成》办公室辑印：《民间文学三套集成通讯》第4辑，1985年。
③ "三套集成"部分篇目有明显的整理痕迹，因此其科学性和本真性受到质疑。万建中认为应当区分民间文学和民间文学作品，"三套集成"的生产就是将口头表演转化为纯文学文本的过程。谭璐则认为语境研究取代文本书成为主流研究范式，是"三套集成"渐受学界冷落原因。二者肯定"三套集成"编纂价值的同时，也不讳言其编选实践中存在种种缺陷。具体可参见万建中《〈中国民间文学三套集成〉学术价值的认定与把握》[《广西民族大学学报》（哲学社会科学版）2010年第1期]、谭璐《当"三套集成"遭遇语境研究——兼论文本研究的当下与未来》（《民族文学研究》2015年第3期）。

组长周巍峙有极高评价。他说："对河北工作的评价，说前列谦虚一点，应该是当之无愧的前列，不是吹出来的，不是鼓励的话，是实事求是的，河北省的民间文艺界的工作站在全国工作的前列。"[1] 1988年10月召开的全国首届文艺集成志书工作表彰会上，中国民间文学三套集成河北卷编委会荣获先进集体奖，省卷副主编兼办公室主任郑一民等6人荣获"先进个人"称号，省委主管主席李文珊、省委宣传部副部长兼"三套集成"领导小组长周申明和石家庄地委副书记李国华等荣获个人荣誉奖。正式奖和纪念奖的获得总数在全国各省市区同行中居首位。

至1988年9月，河北省共搜集民间故事19.88万余篇，歌谣7.6万余首，谚语95万余条，计2.8亿余字；已编印出县（市）卷本150多册，地、市卷本50册，共计8460万字。贾芝即从成果数量方面肯定其成就。他指出，河北省"所出的成果数量多、速度快，也很有地方特点"，"民间文学普查发掘、出版和研究工作，在全国是最活跃的省、区之一"。[2]

整体而言，河北省"三套集成"工作，省市领导高度重视，将之作为重要政治任务来抓，能够充分发动群众开展民间文学普查，全力贯彻落实科学性、全面性、代表性原则，遵循"忠实记录、慎重整理"要求，形成生机勃勃、你追我赶、争做贡献的生动局面，推动全省"集成工作热"的出现。这项工作，被誉为具有"带领河北省冲出文艺洼地"的重大成就。

三 《井陉民间文学集成》的编纂与苍岩山口头传说的系统整理

河北省"三套集成"的编纂走在全国前列，而石家庄市作为河北省会，具备较好的工作条件，在省内也属前列。井陉县作为文化大县，"民间拉花遍地扭，山西梆子不离口。乡村民歌满山沟，村村都有故事

---

[1] 《全国艺术科学规划领导小组组长周巍峙同志的讲话》，河北省《三套集成》办公室辑印：《民间文学三套集成通讯》第19辑，1989年。
[2] 《祝辞与希望——中国民间文艺家学会副主席贾芝同志的讲话》，河北省《三套集成》办公室辑印：《民间文学三套集成通讯》第19辑，1989年。

篓"，自觉应在全市带头苦干实干，出色完成"三套集成"的编纂工作。

（一）井陉民间文学的搜集与整理

石家庄市"三套集成"的编纂工作动员较早。在认清工作意义和价值的前提下，地方领导高度重视，积极组织、主动采取有力措施推动编纂工作顺利展开。它成立"三套集成"办公室，并由《女子文学》选调一名编辑专职负责。同时，成立石家庄市民间文艺研究会，以之为重心、形成民间文学搜集、整理的核心力量。在此基础上，石家庄市所属有二区二县成立三套集成办公室，同样实行"专人专职"制度。在编纂过程中，石家庄市采取稳扎稳打、聚沙成塔的方针，先推出典型做出示范，然后用成绩争取支持，带动全局发展。针对郊区工作的种种困难，石家庄市先组织乡文化站员和业余文学创作骨干参加培训班，再分赴全区各地深入普查、搜集，取得不错的成效。例如，西里乡由各村抽调1人组成9人普查组，在10天内采集到民间故事、歌谣400多篇。井陉矿区则先不提出人员、住房、经费的要求，而是先组织骨干学习、激励斗志，形成良好的工作氛围。

在挖掘"故事篓子"方面，石家庄市对行唐、新乐、平山、元氏、高邑、藁城等地展开普查，发现确认29个大中型故事家。袁学骏对采访记录的32位故事家的统计，能够揭示石家庄故事家的特点。一是生活道路曲折，人生经历丰富，大部分居住在经济发达的冀中平原而非经济落后的地方；二是文化水平较高、记忆力更好，其中文盲仅有4人，其余皆受过不同程度的教育。具体情况如下：读过私塾、传统教育者7人，有初小文化者8人，高小文化者6人，高中文化者4人，中专文化者3人；三是均非职业故事家，但对民间文学的知识素养和作品的编创能力较强，其中当过中小学教师、中学校长者5人，能读古典小说或爱书如命者14人，能说评书或能口述长篇古典小说者13人。

整体而言，石家庄市及地区"三套集成"工作进展顺利。至1986年11月，文学普查阶段接近尾声，石家庄市共搜集民间故事7600篇、歌谣2400首、谚语6180条，石家庄地区共搜集民间故事17450篇、歌谣

1355首、谚语3196条,均在河北省内居于前列,尤其是在民间故事的搜集上成效显著,具体由图3-3可见一斑。

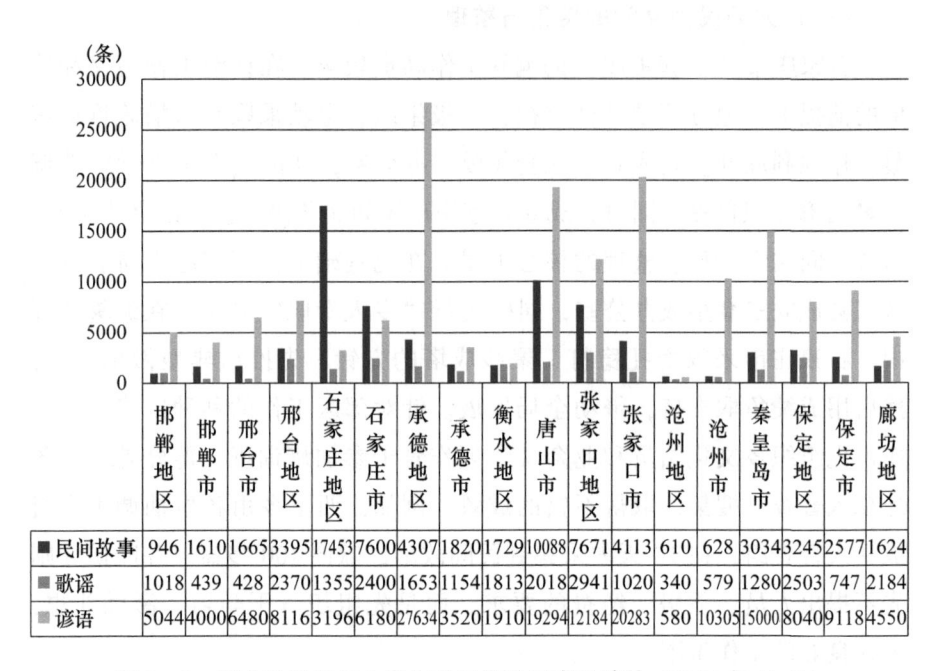

	邯郸地区	邯郸市	邢台地区	邢台市	石家庄地区	石家庄市	承德地区	承德市	衡水地区	唐山市	张家口地区	张家口市	沧州地区	沧州市	秦皇岛市	保定地区	保定市	廊坊地区
民间故事	946	1610	1665	3395	17453	7600	4307	1820	1729	10088	7671	4113	610	628	3034	3245	2577	1624
歌谣	1018	439	428	2370	1355	2400	1653	1154	1813	2018	2941	1020	340	579	1280	2503	747	2184
谚语	5044	4000	6480	8116	3196	6180	27634	3520	1910	19294	12184	20283	580	10305	15000	8040	9118	4550

图3-3 河北地区民间文学集成工作进展成果统计(1986年11月)

资料来源:数据经由《河北省集成工作成果统计表》整理而成,具体参见河北省《三套集成》办公室辑印:《民间文学三套集成通讯》第7辑,1986年。

就最终成果而言,石家庄地区编辑出版的县卷本数量高达60部,在河北省居于首位。具体数据请参见图3-4。

井陉县隶属于石家庄市,是西北进入华北的"咽喉",历来为兵家必争之地,千百年来留下蕴量极为丰富的民间文学,成为石家庄市带动全局发展的地方典型。该县工作基础较好,县文化馆曾组织骨干作者搜集整理"苍岩山的故事"等民间故事、歌谣。"三套集成"项目启动后,主管文化宣传工作的县委副书记刘立根、副县长张建平大力支持,县委宣传部发出《关于认真发动群众,挖掘整理民间文学遗产,搞好民间故事、民间歌谣、民间谚语三套集成的通知》,要求全县提高认识、明确任务,建立健全领导机构,广泛发动群众,按照省、市要求办好这件大事。1985年10月10日，在苍岩山文管所召开全县文物文化会议，特别讨论"三套集成"工作的开展。河北省民研会主席李盘文要求井陉县的相关工作，必须走在全省前列。宣传部下发文件做出"军令状似的安排，与会各级都感到任务很重"①。

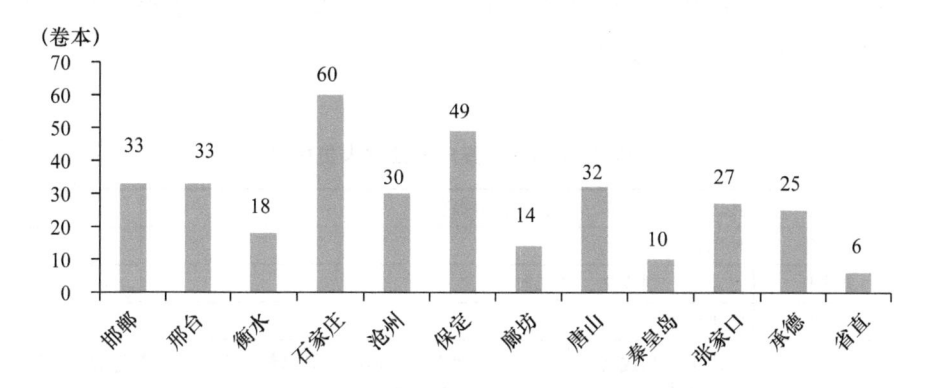

地区	卷本数
邯郸	33
邢台	33
衡水	18
石家庄	60
沧州	30
保定	49
廊坊	14
唐山	32
秦皇岛	10
张家口	27
承德	25
省直	6

图3-4 河北省民间故事集成市县卷本数量统计

资料来源：《河北省民间故事集成市（地区）、县（县级市、区）卷编辑人员一览表》，中国民间文学集成全国编辑委员会、《中国民间文学集成·河北卷》编委会：《中国民间故事集成·河北卷》，2003年。

井陉县委首先成立了"三套集成"办公室，由副县长张建平和宣传部部长焦建军任顾问，文教局副局长任办公室主任，文化馆创作组长何忠郁任秘书，另有编辑数名，共14人组成。与此同时，各区、乡、局也建立了相应组织，实行"专人专职"制度，全县上下形成了严密、高效的组织领导网。具体人员安排如表3-1所示。

县文教局也发出《关于征集民间故事、民间歌谣、民间谚语、编写"三套集成"的通知》，明确认识到做好"三套集成"工作的第一步是普查和采集工作。同时举办训练班组织全县骨干力量进行为期20天的培训，迅速建成认识水平高、干劲十足的采风普查队伍。他们深入实地重

---

① 川桂：《忆编辑〈井陉民间文学集成〉》，苍岩文艺微信公众号https://mp.weixin.qq.com/s/FMVmHYQCobm4vzkMFjBnmw. 作者川桂为井陉民间文学集成办公室成员李全贵，本文原为井陉文史资料所写，后发表于微信公众号"苍岩文艺"。

点采写，县集成办公三路深入各乡镇，何忠郁深入威州、小作北半县，赵志扬负责微水、障城南半县，李全贵分包城关西半县。何忠郁先后下乡采写 10 余次，整理作品 30 余篇。李全贵重点走访了素有"民歌之乡"的东窑岭村和"戏窝子"台头村，收获满满。文化馆刘成文也是搜集整理的骨干。南良都乡文化站的《金良河畔》、北草成的"腊梅"两个文学社，各自出版民间文学的油印小册子。

表 3-1　　　　　井陉县民间文学集成办公室人员构成

顾问	孔志英、焦建军、张建平、贾福英
主任	杜勋民
副主任	赵志扬、刘成文、高二辰
秘书	何忠郁
成员	孔志英、刘成文、孙喜顺、张建平、杜勋民、何忠郁、李全贵、李化瑞、吴学圃、赵志扬、高二辰、贾福英、焦建军

资料来源：资料来源：根据《井陉民间文学集成》（井陉县民间文学集成办公室编，1986年）相关材料整理而成。

井陉县在发动群众参与文学普查方面，更是措施得当，效果彰著。其一，举办民间故事演讲会。邀请故事能手在县城演讲，城关镇南关村老艺人朱永富，一人宣讲 20 场次，听众达 1300 余人次；同时发动全县各部门各单位选拔故事能手，在农民夜校给农村青年讲，在厂矿俱乐部给青年工人讲，在学校给广大师生讲。据不完全统计，全县举办民间故事演讲会 140 余场，听众达 16000 余人次。其二，发动学校师生广泛参与。要求各校教师结合语文写作教学，给学生讲述"三套集成"的内容、方法和重大意义，开展采故事、写故事、讲故事活动，并要求各校编写本校、本村、本乡的民间文学汇编。其三，制定奖励条例。县委宣传部组织各部门进行总结评比，将来稿数目和入选数目通报全县。入选 3 篇作品的作者，赠送集成 1 套；入选 5 篇以上者，给予物质奖励。县文教局也有相应规定：入选 3 篇稿件以上的学校，赠送集成 1 套；如是个人，除付给稿酬外，还给予荣誉和物质奖励。以上措施，能够激发井陉群众的采写热情。搜集整理民间文学成为群众的自觉行动，推动该县"三套集成"工作的蓬勃发展。

井陉县"三套集成"工作宣传到位、组织得当，平均每日到故事采集点者有10人以上，多者高达四五十人，形成讲故事、提线索、送稿件的热潮，实现由"往教"到"来学"的转变。井陉县搜集整理民间故事3500篇，占石家庄民间故事成果的13%，在石家庄地区位居前列，具体可参见图3-5。

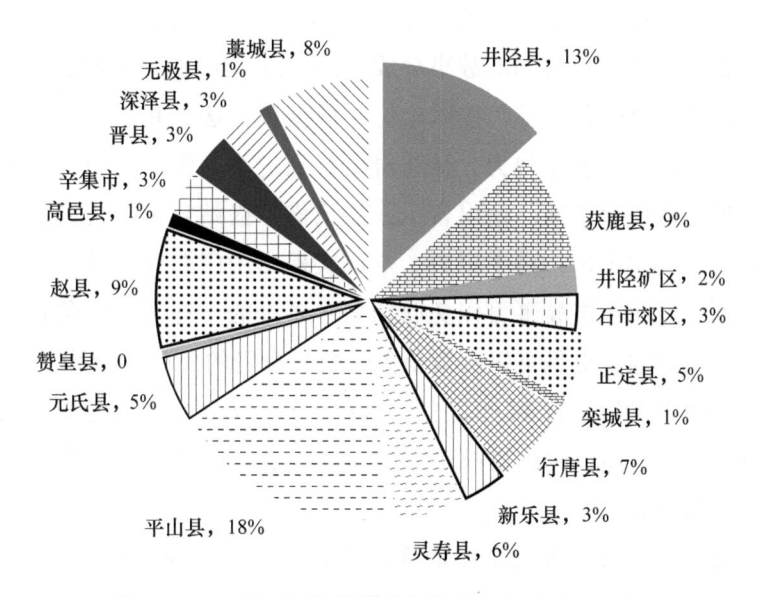

图3-5 石家庄民间故事成果统计（1986年11月）

资料来源：数据经由《河北省集成工作成果统计表》整理而成，具体参见河北省《三套集成》办公室辑印《民间文学三套集成通讯》第7辑，1986年。

（二）按质论价：搭棚搜集与"蒲松龄式故事家"的涌现

井陉县的典型性，固然体现在上述措施推行广泛、工作效果好，带动石家庄市乃至河北省"三套集成"工作的顺利开展；井陉创新采用"按质论价"的搜集手段，示范价值更高，王密荣、仇喜卿等故事家接连涌现，在河北乃至全国范围引发广泛关注。

"按质论价"的搜集方法由余炳年率先提出。他提出要引进企业家的思维方式，是河北地区少有关注经费问题的专家领导。在河北省第一次召开各地"三套集成"负责人的大会上，经费缺乏是普遍性问题。余炳年认为文人学者多富才情和锐气，却缺少企业家的信心和毅力。他主张向企业家学习成功的经验、学习他们的胆识、气魄和全方位的思维方式。余炳年总结道："现代化的思维方法需要进取，要想法独辟蹊径，要力求出奇制胜。"① 为此，他认为问题的焦点便是如何发动群众。他想到蒲松龄搜集《聊斋志异》的方法，主张把工作积极性和个人利益挂钩，可以一举数得。余炳年建议，可以学习"蒲松龄搭棚请行人讲故事"的做法，并将搜集到的故事分成不同等级给予评级相应的报酬。

井陉被选中试点推行"按质论价"的搜集方法。井陉县领导及"三套集成"工作人员精干得力，从苍岩山找到进香上供的红布，在通衢要道、市集街区搭起茶棚、贴出告示，甚至借广播站宣传，晓谕全县群众采集故事会按质论价，赠予报酬。刘成文提出用门票换故事，在苍岩山门前搭棚并说明：讲故事可以免收门票；再好的，进门后可免费享用茶水招待；最好的，更是可以食宿全免。全县设置的民间故事采集棚有12个，民间故事采集站有44个之多。这种棚站分为固定和临时设在饭馆或敬老院的两种类型，到站讲故事者络绎不绝，"逢集过会每个棚站前水泄不通，热闹非凡"②。

王密荣和仇喜卿等故事家涌现，被誉为"当代蒲松龄"。他们搜集故事的方法也是"按质论价"，但进行得更早，是群众智慧的集中体现。王密荣经历坎坷，她中专毕业时没有分配到工作，只能回到自己的家乡青石岭村结婚生子。后在父亲的资助下开了春晖小吃部，生活渐渐迎来转机。王密荣自幼便喜欢听村里的老人讲故事，她的小饭馆位于太行山下，是连接河北平原和娘子关的交通要道。王密荣每日最愉快的还是听客人讲故事，尤其是拖孙带女的老人们的故事尤为精彩。

---

① 余炳年：《注意引进企业家的思维方式》，河北省《三套集成》办公室辑印：《民间文学三套集成通讯》第11辑，1987年。
② 河北省三套集成办公室：《用开拓精神抓好集成普查工作》，河北《三套集成》办公室辑印：《民间文学三套集成通讯》第5辑，1986年。

第三章 民俗文化、庙会经济与苍岩山传说的标准化

但是孩子性情活泼，来了一会儿就要走，为了能听老人讲完故事，王密荣就拿出店里卖的烧饼哄住孩子。"三套集成"项目启动后，她的丈夫从县城拿回宣传材料，并鼓励她进行故事的搜集整理。王密荣从广播中了解到相关政策和"按质论价"的方法便挂牌说明：过往的行人客商，只要讲一个故事，"不管好坏，就送一个烧饼"；"如果讲得好，就给煮碗面"。① 很快，王密荣搜集到的故事越来越多，"用烧饼换故事"名声也渐渐传播开来。何忠郁和李全贵亲自到访，并对她的做法给予充分肯定和鼓励。王密荣的小吃部门前高悬起"井陉县'三套集成'收集站"的大字牌匾，在半年多的时间里搜集到民间故事170多个，歌谣600多首，谚语1700多条，成绩显著。一时间，王密荣成为井陉县"三套集成"故事普查的典型，引起各方关注。1986年6月，省民研会和省集成办公室在春晖小吃部前召开现场会，省民研会井陉县副县长贾福英、中国民研会书记处常务书记廖仲凡等参加并讲话。旭宇亲自为王密荣颁发奖状，并赠送录音机一台，上书"山乡民间文学之花"条幅一件。

自此，王密荣成为河北省"三套集成"工作的活招牌。《人民日报》、中央人民广播电台、河北电视台等媒体先后报道了她的先进事迹。② 河北省三套集成工作经验交流会期间，与会代表75人到春晖小吃部参观，还有青年学生专程从几十里外登门拜望和学习。王密荣被邀请加入县宣讲团到各乡去作报告。这些荣誉对于王密荣而言，无疑是极大的鼓励，使她由默默无闻的农村妇女，变为尽人皆知的"山中女秀才"。

随着搜集的故事越来越多，王密荣萌生了要出版故事集的想法。她家事繁重，既要照顾4个孩子，至少还要做十几斤面的烧饼，每天忙个不停，要整理故事只能用晚上时间。在5年时间里，王密荣搜集故事400篇，歌谣700首，谚语2400多条。她将这些故事整理，择其精华，

---

① 王密荣，女，79岁，访谈地点，王密荣家中，访谈人，赵倩，访谈时间，2024年4月19日。

② 报道有许建武、张福海《当代蒲松龄》，《中国新闻出版广电报》1989年5月31日。

完成了近17万字的《王密荣故事集》，并自费数千元于1988年出版。①中共河北省委主席李文珊、中国民协书记处书记张文等7位领导为该书题词、河北省卷总编宋孟寅作序。余炳年亲撰《"烧饼换故事"——我所认识的王密荣》一文，以助声势、可谓隆重，显示河北省集成办对王密荣工作的肯定与支持。

　　仇喜卿与王密荣齐名，同为"当代蒲松龄"的代表人物。他是井陉县南河头村民，高小文化，自小酷爱文学。20世纪60年代，仇喜卿已开始搜集民间文学作品。他在村民眼中是个"怪人"，平时总是旁若无人地读书。仇喜卿自言："我是怪，因为我对民族文化热爱，我有义务搜集和传播我国人民民间文学的精华，为新一代增添更新更多的生活精神财富。"② 妻子王宪荣高中毕业在大队当会计，却在相亲时看中了29岁的大龄青年仇喜卿。婚后，在妻子的帮助下，仇喜卿将更多的精力投入到民间文学的搜集整理工作上来。他为提高文化素养参加山西函授学院学习；要为有志于民间文学的业余作者在自家房子办自修大学；用一年的时间自己动手在村口盖了5间房的铺面，卖书、日用百货和食品。仇喜卿负责进货、妻子负责站柜台和管账，生意颇为红火。他挂出"民间文学采集站"的牌子，门口放置的有加压装置的打气管和屋里的白开水，供讲故事者免费使用。此外，还可以优惠价卖给商品；故事讲得好、有价值，甚至赠送小商品。

　　仇喜卿把大部分时间都用来搜集整理民间文学，"不论是在城镇的大街小巷，还是在深山区的旮里旮旯，凡是有人集结的地方，到处都留下了他的身影和足迹"③。家庭困难时，没钱买纸笔就用铅笔头和火柴盒、香烟纸或者用过的作业本采访记录。每年春节，他会背上挎包、装上本子和干粮，自行到百里外的深山区走乡串户抄写春联和灯谜。为校核传

---

① 据王密荣回忆，自己经济条件不错，是当时少有的万元户。在被问到是否需要经费支持时，她考虑到井陉县经费匮乏，便一口应承"不需要"，并自费出版《王密荣故事集》。
② 《春心一任结硕果，日日夜夜谱新歌——记农民民间故事家仇喜卿》，《石家庄日报》1989年8月7日第2版。
③ 忠勇：《一对傻夫妻，两个文学迷——访自费出版〈龙凤山趣闻〉的仇喜卿夫妇》，《石家庄晚报》1989年9月26日第1版。

说中苍岩山三皇姑菩萨佛殿的坐落方位和地形,他走了一天一夜进行实地核对。妻子也极为支持他的工作,经常通宵达旦地帮他修改、抄录资料,传为美谈。

仇喜卿夫妻搜集整理的民间文学素材数以万计,其中,民间故事5万多个,对联5万余副,谚语3万条,歇后语180万条,谜语20万首,歌谣700首,公开发表故事和歌谣100多篇。他先后获颁市文化局授予的"先进文化户""井陉民间文学集成"一等奖、艺术科学国家重点研究项目文艺集成志书编纂工作纪念奖,等等。1989年,仇喜卿自费3.5万元出版《龙凤山趣闻》,选入收录科学性和文学性俱佳通俗读物的《河北民间文学丛书》,由郑一民为之作序,备受关注。

《王密荣故事集》分为故事和歌谣两大部分。故事类下又分人物传说、风俗传说、动植物传说、神话传说、生活故事、革命故事、笑话、荤故事8类;歌谣数量较少,分为革命歌谣和生活歌谣两类。《龙凤山趣闻》第一部共86篇,分为人物传说、断案故事、婚姻故事、响马传说、生活故事、笑话6类。王密荣整理的《阴阳柏》等15篇,仇喜卿整理的《檀木龙王》等14篇选入《井陉民间文学集成》。其地方特色浓郁,绝大多数为生活故事和歌谣、笑话,"韩信故事"和"苍岩山传说"等也有相当数量入选。具体篇目如下。

表3-2 王密荣、仇喜卿采集故事选入《井陉民间文学集成》统计

整理者	篇名	类型
王密荣	《阴阳柏》	苍岩山人物传说
	《解放石家庄》	歌谣
	《我去打鬼子》	歌谣
	《斗鬼子》	歌谣
	《心连心》	歌谣
	《十劝歌》	歌谣
	《各显其能》	生活故事
	《分猪肉》	生活故事
	《韩信巧点卧龙穴》	古代名人故事·淮阴侯韩信的传说·少年韩信

续表

整理者	篇名	类型
王密荣	《治老财》	古代名人故事·淮阴侯韩信的传说·少年韩信
	《蓖麻巡逻》	古代名人故事·淮阴侯韩信的传说·大将韩信
	《绵河夜涨》	古代名人故事·淮阴侯韩信的传说·大将韩信
	《坦荡胸怀》	古代名人故事·淮阴侯韩信的传说·大将韩信
	《女婿住正月》	笑话
	《学俏》	笑话
仇喜卿	《檀木龙王》	苍岩山人物传说
	《娃娃亲》	歌谣
	《亲家俩说梦话》	生活故事
	《二不郎治地主》	生活故事
	《好风水》	其他故事
	《谁草包》	其他故事
	《扔钱柜》	其他故事
	《凤凰蛋》	其他故事
	《韩信死妻拜丈母》	古代名人故事·淮阴侯韩信的传说·大将韩信
	《抓坏蛋》	笑话
	《逃之夭夭》	笑话
	《生搬硬套》	笑话
	《吹大话吃扁食》	笑话
	《死人知道我知道》	笑话

资料来源：根据《井陉民间文学集成》（井陉民间文学集成办公室编，1986年）相关数据整理而成。

王密荣和仇喜卿作为井陉县乃至河北省发动群众和"按质论价"搜集民间文学的典型，获得荣誉无数，但这两本故事集本身的价值在当时便有些争议。就现有文本来看，其中确有值得商榷的地方。其一，标明讲述人的基本信息是科学性原则的基本要求之一。王密荣对讲述人的姓名、身份、年龄，采集时间和流传地区均有记录。[1]《龙凤山趣

---

[1] 王密荣说，来烧饼铺讲故事的人她都很熟悉。这些人"不是自己村儿里的，就是来这做买卖的。他是干啥的、多大岁数，我都知道"（访谈地点，王密荣家中，访谈人，赵倩，访谈时间，2024年4月19日）。

闻》没有标明相应信息，并不符合"三套集成"科学性原则。其二，本地流传较广是代表性原则的基本要求。王密荣和仇喜卿依靠自家铺面收集故事，客人有本村村民也有来往的行商过客，所讲故事可能只是讲述者的个人体验，是否在本地广泛流传两人未必经过详细核验。王密荣搜集的故事中有东北干部李竹来，讲述的两篇故事带有明显的东北地方特色；还有上海工人曹希玉，讲述的故事并非在河北地区发生。但是，王密荣在标注流行地区时没有严格分辨，反而说是流行在井陉一带。这既不符合代表性原则，也违背了科学性原则。其三，两本故事集中收录有荤故事，《龙凤山趣闻》中所占比例还很高，对民间故事的艺术性和文学性欠缺准确把握。

《王密荣故事集》和《龙凤山趣闻》生动展现了"三套集成"的艺术特色及发动群众利与弊。整体而言，瑕不掩瑜，王密荣和仇喜卿确存在专业素养不足的问题，但也应充分肯定群众积极参与文学普查的热情。这一点，与评价"三套集成"工作的结论基本一致。

（三）井陉县民间文学流传情况分析——以《王密荣故事集》为例

相较于《井陉民间故事集成》仅有讲述人和整理人的姓名，《王密荣故事集》对讲述人的信息记录更为完整，更能展现井陉地区民间故事的流传情况。

首先，从故事搜集年份来说，主要集中在1984—1988年间，计有82个，其余年份仅有4个故事；1985年、1986年两年更是搜集的高峰时期，共45个故事，占52%。二者分别处于"三套集成"编纂期和文献普查期，与河北"三套集成"的编纂进程同步同向。

其次，从讲述人性别来考察的话，男性讲述人远远多于女性。在55位讲述人中，男性有48人，占87%；而女性仅有7人，占13%。

再次，故事讲述人年龄构成偏老龄化，绝大多数是40岁以上的中老年。其中，40岁以下者仅有5人，占比不到一成；70岁以上的古稀老人数量最多，占34%；60—69岁的花甲老人有13人，排在第二位，占24%；二者相加，占总人数的近六成。这说明，"民间故事大都掌握在一些老人手里，有的由于年龄较大，记忆力减退，讲时丢三落四"①，且这些"风烛残年的民间艺人和故事家正在相继离开人间，如不及时抢救，一批批的民间艺术珍品就会绝迹失传"②，再次印证了"三套集成"编纂的迫切性。

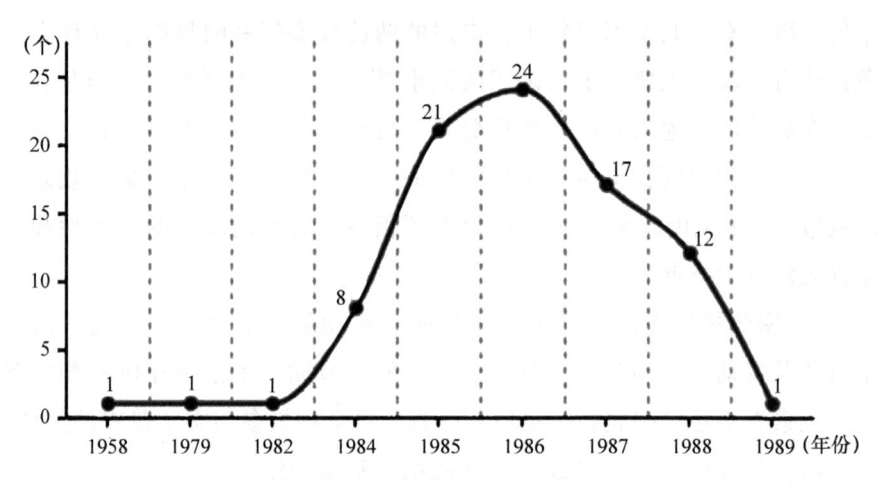

图 3-6　故事采集年份统计

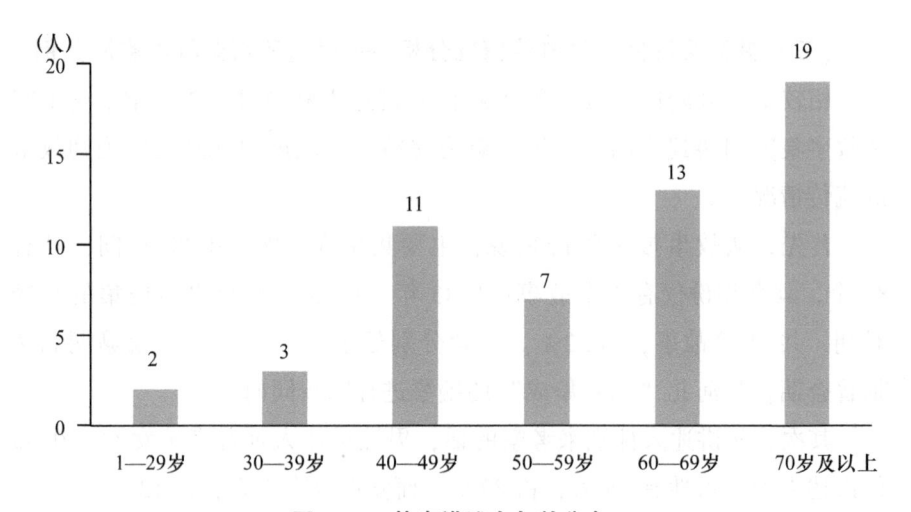

图 3-7　故事讲述人年龄分布

---

①　李秀林：《抓好搜集整理是编辑集成资料本的关键》，河北省《三套集成》办公室辑印：《民间文学三套集成通讯》第 4 辑，1985 年。

②　张增辉：《从实践中认识全面搜集的重要性》，河北省《三套集成》办公室辑印：《民间文学三套集成通讯》第 11 辑，1987 年。

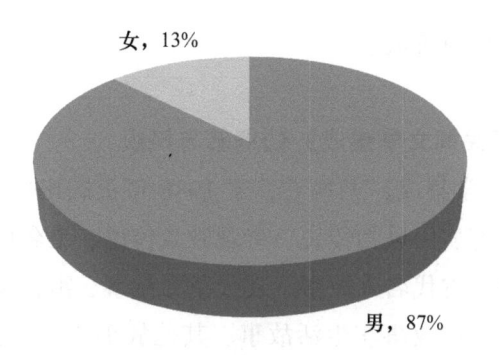

第三章 民俗文化、庙会经济与苍岩山传说的标准化

图3-8 故事讲述人性别统计

最后，由故事讲述人职业分布可以看出，农民讲述人有40人之多，远远高于其他职业，占73%；工人有8人，占15%，干部有4人，占7%，分别排在第二、第三位。

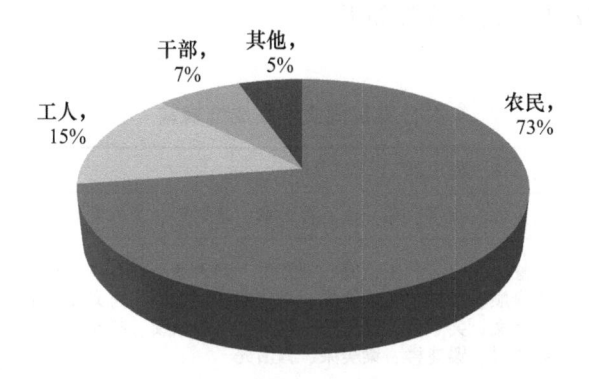

图3-9 故事讲述人职业统计

资料来源：以下图表均根据《王密荣故事集》（河北省三套集成办公室、石家庄三套集成办公室、井陉县三套集成办公室，1988年版）相关数据整理绘制而成。

综上所述，《王密荣故事集》保存了讲述人等珍贵数据，客观真实地反映井陉县民间文学的传承现状，能够看到"三套集成"编纂和"按质论价"的搜集方式对民间文学保存的推动作用，以及民间文学口头传承危机及"三套集成"编纂的重要价值。它的出版，是"三套集成"的重要成果，为后学开展井陉民间文学的文本研究及"三套集成"的语境研究均有极高的史料价值。

(四)《井陉民间文学集成》的编纂与组织

《井陉民间文学集成》共两卷，于1986年正式出版。第一卷包括苍岩山人物传说、苍岩山风物传说、奇观胜景传说、地名传说、歌谣五编；第二卷包括故事、古代名人故事、现代革命故事、寓言笑话、谚语五编。其中故事又分为风俗故事、生活故事、其他故事三部分；古代名人故事中韩信故事单列，细分为少年韩信、街头韩信、大将韩信三部分。该书两卷字数相当，总字数在百万上下。在河北省出版的市县卷本中，它与《藁城故事集》5卷本不相上下，成为本地区的代表成果之一。

井陉县民间文学集成办公室又下设编辑室，主编由集成办副主任赵志扬、秘书何忠郁担任，特邀编辑宋孟寅、郑一民、余炳年等6人，此外尚有编辑28人。具体成员如下。

表3-3　　　　　　　　　井陉县民间文学集成编辑室

主编	赵志扬、何忠郁
特邀编辑	宋孟寅、旭宇、郑一民、曹云华、余炳年、安栋梁
编辑	尹虹、王海芳、王俭庭、刘育书、刘天琴、刘春林、刘锁红、齐爱林、孙喜顺、杨明生、李全贵、李化瑞、何忠郁、何文郁、张树和、张树林、吴巨文、吴学圃、赵志扬、赵沛生、赵来锁、赵栓喜、范景堂、栾志君、高旭晨、梁建楼、梁美荣、崔治先

资料来源：根据《井陉民间文学集成》（井陉县民间文学集成办公室，1986年）相关材料整理而成。

余炳年主抓井陉文学集成工作，常来指导、颇费心力。日常工作由何忠郁、赵志扬负责。尽管集成办实行"专人专职"，但实际人手不足。多数编辑都有其他工作，文化馆老馆长李化瑞年逾古稀，早已退休，也无法长期坐班。针对这种情况，余炳年采取"激将法"，何忠郁主动承担日常工作、定期向主管机关汇报；赵志扬完成宣传部的本职工作外，尽力协助，出谋划策；李全贵负责稿件分类、审稿等编辑工作；后临近

第三章　民俗文化、庙会经济与苍岩山传说的标准化

退休的吴学圃老师受文教局局长杜勋民委派前来帮忙，尽量分担编辑工作。他们秉持"不搬用外地，不重复别书，不拾人牙慧，不仿照别人，突出本土和本书特色，发挥个性的原则"，在较短时间内完成文稿的初步整理工作。① 因篇幅极大，抄录任务繁重。杜勋民选派教师20余名，利用暑假时间协助抄录成稿。终于在规定时间完成编纂工作，《井陉民间文学集成》如期出版。

整体而言，《井陉民间文学集成》基本能够落实语言的科学性、全面性和代表性，尽量做到"严格把关"。但在忠实记录和慎重整理方面仍存在一些不足。该书多数篇目仅标注搜集整理人的姓名，而没有记录讲述人的信息。部分篇目标注讲述人姓名和年龄，职业、采集时间等信息未有收录。《王密荣故事集》收入的传说故事，本应讲述人信息、采集时间等信息兼备，但《井陉民间文学集成》至多刊录采集人姓名，部分篇目与原书有差。如韩信《治老财》的故事，《王密荣故事集》中说明讲述人是68岁的农民高英祥，但在《井陉民间文学集成》中讲述人变为李二郎。前者收录的《阴阳柏》传说，讲述人为50岁的农民苏业，后者仅标明讲述人姓名信息。生活故事《学俏》前者标明是42岁农民李富忠所讲；后者仅说明由王密荣搜集整理，并无讲述人信息。对比可知，《井陉民间文学集成》对讲述人及采集时间等信息未做科学说明，在编纂的科学性方面确有欠缺。

这种处理方式，不仅是个别疏漏的问题，而是作为《井陉民间文学集成》编纂的基本处理方式。一方面编辑者的专业素养不足，未能充分认识到记录讲述人信息的重要性。其大多不具备民俗学等学科背景，文化水平亦不算高。而省市主办的普查培训，虽要求"忠于原始记录，不能是创作"和记录讲述人名字，但对讲述人年龄等信息未做具体规定。② 另一方面与故事采集方式有直接关系。该书收录故事的搜集整理者比较

---

① 川桂：《忆编辑〈井陉民间文学集成〉》，"苍岩文艺"微信公众号 https://mp.weixin.qq.com/s/FMVmHYQCobm4vzkMFjBnmw。
② 张树林，男，75岁，访谈地点，张树林家中，访谈人，赵倩，访谈时间，2024年4月20日。

集中,何忠郁、李化瑞、李全贵、吴学圃、张树和(文教局教研室退休教师)、赵来锁(乡镇文化站)、刘其印(河北省民俗协会主席)、栾志君、旭晨、范志军、王密荣、仇喜卿等。齐爱林爱好民间文学,整理出民间故事35篇,《匠师上山》等多篇故事收入《井陉民间文学集成》,在刘其印的指导下成为民间文学搜集整理的典型。此外,这些整理者中有王密荣、仇喜卿这样的民间故事家,也有刘其印这样的专家学者,更多的是何忠郁、吴学圃等文化馆、文教局的工作人员。他们是《井陉民间文学集成》的编辑骨干,在采风的过程中将故事记录下来并进行整理,因学识所限并未询问讲述人的信息。同时,故事采集站搜集到的传说故事,很多是由齐爱林这样的民间文学爱好者搜集整理好的故事,甚至是邮寄而来的稿件,讲述人的信息难以寻踪觅迹并准确记录。

　　《井陉民间文学集成》这一故事采集的特点,使它在慎重整理这一原则上也未能全部贯彻。李全贵作为稿件整理的主要负责人,提到有的故事情节好,但"表述不好不能成篇,还得等于重新改写",他在学校常给师生讲故事,只要想到或是有人说到一个情节能构成故事,立即伏首就能顺思路写下来,稍增减文字即成文稿。有些故事数量需要补充,但来不及去搜集整理,他只能"加班加点补充故事,凭着平日的积累,故事不同类型,都能写出来,革命故事缺编,我父亲是烈士,我有这方面的素材,民俗、地名、趣闻方面的故事也有积累,一连数日连编带写,写出了几十个补编故事"[1]。严格来说,这一做法并不符合"三套集成"的要求。

　　《井陉民间文学集成》以苍岩山人物传说、苍岩山风物传说开篇,还散见于奇观胜景传说等部分,其重要性可见一斑。从数量上来说,苍岩山传说独占两编,占据全书篇幅的20%。"韩信故事"数量也仅有它的一半左右,且未独立成编,仅是古代名人故事的一部分。其数量冠绝全书,得益于文化馆的搜集与整理。"三套集成"未启动之前,该馆曾

---

[1] 川桂:《忆编辑〈井陉民间文学集成〉》,"苍岩文艺"微信公众号 https://mp.weixin.qq.com/s/FMVmHYQCobm4vzkMFjBnmw。

第三章 民俗文化、庙会经济与苍岩山传说的标准化

进行扎实的口头传说调查工作。它组织4个创作组，并亲自住在苍岩山展开访谈，于1985年出版《苍岩山传说》一书。在此基础上，普查人员进一步搜集整理，更多的三皇姑和苍岩山传说被收入《井陉民间文学集成》中。可以说，该书是现今所见保存三皇姑和苍岩山口头传说最为丰富的文献，弥足珍贵。该书对苍岩山传说的保存力度和意义之大，既前无古人，极大概率也将后无来者。同时，它与《苍岩山妙阳公主考》同为地方重要典籍的开篇，显示其定然隐喻着地方社会的重大变迁。

《井陉民间文学集成》第一编苍岩山人物传说收录故事40篇，第二编苍岩山风物传说53篇，加上奇观胜景的传说中的《蛤蟆山与牛头山》和《鸡鸣界的来历》2篇，风俗故事中《千里土》1篇，该书共收录三皇姑及苍岩山传说故事96篇。由讲述人和搜集整理人情况可以揭示苍岩山传说在本地的流传情况。

首先，由讲述人情况来看，有54篇故事未收录讲述人信息，占故事总数的一半以上。其中高瑞妮和杜英魁各讲述3篇，数量最多。前者讲述《仙蛇出洞》《火烧白草寺》《泪哭石》；后者讲述《匠师上山》《志公的传说》《桥楼殿的传说》。杜三魁、杜锁昌、吕荣、吴有各有2篇，依次为《双碑岩》《扭荆寨》《王母尝桃》《耿庄仙桃》《尼姑山咋变成和尚寺》《桥楼殿》《梳妆楼》《抚琴台》。其余30篇传说的讲述人再无重复，可见其讲述人较为分散、来源较为丰富。

其次，由搜集整理人情况来看，何忠郁搜集整理的篇数最多，共有12篇，分别是《苍岩山的奶奶照远不照近》《透龙碑》《两只更鸟的来历》《螃蟹的传说》《三皇姑的睡宫》《扭头柏》《鲁班造天桥》《浴龙池与白鹤泉》《碧涧灵檀》《护坡仙草》《龙泉水》《苍岩山的庙会节》。齐爱林、李全贵各整理8篇，紧随其后，为《千佛岩》《匠师上山》《蛤蟆山与牛头山》《嘴善心不善枉把弥陀念》《仙女望夫》《乌龟探海》《在家敬父母何必远烧香》《苍山鸟鸣》；《屠夫修行》《葛仙翁炼丹》《三女选山》《藏经楼盗宝》《文昌帝君的传说》《匠师鲁班换檩》《东天虎洞》《先贤祠》。宋孟寅、刘天琴各整理7篇，分别是《尼姑山咋变成和尚寺》《桥楼殿》《跨虎登山》《銮驾垴·宴台

205

·晒袍山》《老猿祖师塔》《白檀树和滴泪石》《三皇姑的传说》；《仙蛇出洞》《火烧白草寺》《泪哭石》《神虎救皇姑》《夫妻摔顶》《龟驮碑》《避水珠》。赵来锁、刘春林各整理6篇，分别是《百宝书》《黄米楼》《鸳鸯柏》《姐妹檀》《梳妆楼》《抚琴台》；《双碑岩》《扭荆寨》《志公的传说》《桥楼殿的传说》《如来佛智降四怪》《没皮没心的白檀树》。王俭庭整理5篇，包括《千手千眼观音》《凤凰柏》《苍山圣母》《水帘洞》《说法危台》。这8位作者整理的篇目总计59篇，占比六成以上。此外，旭晨、梁怀清、吴学圃、梁美荣、栾志君、王海芳、杨逸群、张树林、张书林、赵滴等整理篇幅也在2篇以上。可见，苍岩山传说的搜集整理人重复频率极高，与《井陉民间文学集成》的特征基本一致。具体统计如下。

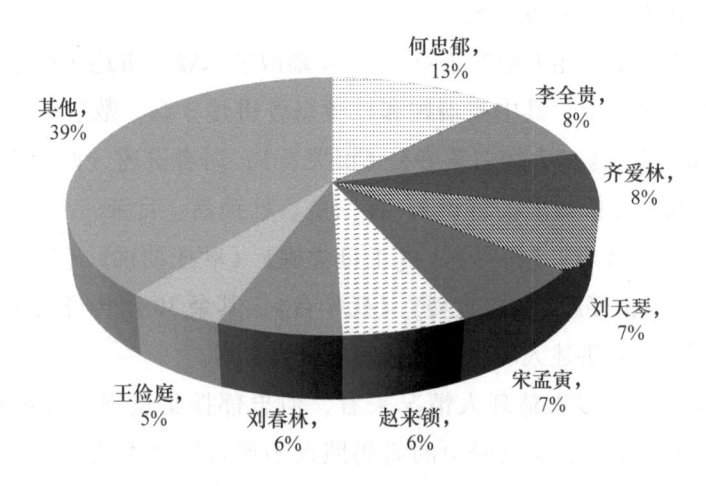

图3-10 三皇姑及苍岩山传说搜集整理人统计

资料来源：根据《井陉民间文学集成》（井陉县民间文学集成办公室，1986年版）相关数据整理而成。

最后，将讲述人和整理人交叉比较，二者重合者较多。赵来锁整理的故事中，有2篇讲述人均为70岁的吴友；杜锁昌讲述的2篇故事均由杨逸群搜集整理；高瑞妮讲述的3篇故事，搜集整理人均是刘天琴；而杜三魁、杜英魁各有2篇故事的搜集整理人为刘春林，且从名字可以推测，两人是同村甚至是亲属关系。可见，故事普查骨干在忠实记录讲述人信息方面做得相对较好；故事采集点和纷至沓来的稿件，或许是讲述人信息未能准确地记录更重要的影响因素。

综上所述，《井陉民间文学集成》中保留大量苍岩山传说故事。这些在田间地头、乡里乡亲口头流传的故事文本，与地方官绅、文人墨客笔下的故事相比，真实地反映着史志典籍中符号化的民众的思想与观念。因此，其极大填补区域社会和民间信仰研究的史料空白，为三皇姑及苍岩山传说故事展开文本书提供珍贵史料。同时，对苍岩山传说搜集整理情况的研究，能够彰显"三套集成"编纂的具体语境，彰显井陉地方及河北地区对科学性、全面性、代表性原则及认知与实践情况，也是语境研究的典型个案。

四 《井陉民间文学集成》与苍岩山传说类型

《井陉民间文学集成》为苍岩山传说编目时，别具匠心。基于全面性和代表性原则，以女神三皇姑华北地方的影响力，自然应当收录进《井陉民间文学集成》。它以苍岩山人物、苍岩山风物作为编目名称，巧妙地以地方名胜苍岩山取代地方女神三皇姑，淡化其神秘色彩。加之，在"慎重整理"原则下，迷信故事情节属于删改剔除内容。这样，整理后的苍岩山传说，更加符合现代化和革命范式的话语体系。

（一）苍岩山传说类型划分

《井陉民间文学集成》虽对苍岩山传说做了初步分类，分别以苍岩山人物和苍岩山风物的传说故事为侧重点。但是，苍岩山人物不仅包含三皇姑，还有如来佛、志公、鲁班、文昌帝君等皆位列其中。沿此思路稍作调整，以三皇姑在故事中的主次关系为标准，这些传说可以分为两大类型。一类传说以三皇姑为故事主线，主要讲述其出家修行的过程；另一类传说中三皇姑作为支线人物出现，故事主题以苍岩山的庙宇景观、风物习俗为主，又与女神三皇姑保有或远或近的关系。苍岩山传说故事丰厚，在每一大类下，依据主题又可细分出数个小的类别，具体如表 3-4 所示。

表 3-4　《井陉民间文学集成》收录苍岩山传说篇故事统计

传说类别	传说小类	故事名称
三皇姑为主线人物	出家经过（7 篇）	《三皇姑的传说》《火烧白草寺》《姐妹斗智》《千手千眼观音》《天尊托梦》《避死龛》《銮驾瑙·宴台·晒袍山》
	争山选山（10 篇）	《皇姑选山》《三女选山》《志公的传说》《志公岩》《双笔峰》《鸡鸣界的来历》《千佛岩》《锅帽山》《十佛岩》《头份香烟属猴仙》
	神兽襄助（7 篇）	《跨虎登山》《神虎救皇姑》《皇姑训虎》《老猿祖师塔》《苍山圣母》《苍山鸟鸣》《猴看御印》
	"苦"修行（3 篇）	《碧涧灵檀》《没皮没心的白檀树》《白檀树和滴泪石》
	苍岩山修行（9 篇）	《朝阳洞》《三官庙》《三皇姑的睡宫》《先贤祠》《梳妆楼》《说法危台》《抚琴台》《拜月台和广寒宫》《泪哭石》
	降妖伏魔、惩恶扬善（5 篇）	《藏经楼盗宝》《圣母除邪》《蛤蟆山与牛头山》《金蟾守山》《避水珠》
三皇姑为支线人物	苍岩山庙宇神佛（17 篇）	《屠夫修行》《文昌帝君的传说》《如来佛智降四怪》《匠师鲁班换椽》《匠师上山》《尼姑山咋变成和尚寺》《如来佛镇妖》《桥楼殿》《水帘洞》《东天虎洞》《皇姑坟》《透龙碑》《龟驮碑》《桥楼殿的传说》《子孙殿》《鲁班造天桥》《龙泉水》
	自然景观（19 篇）	《仙蛇出洞》《苍岩山的粮仓》《螃蟹的传说》《阴阳柏》《石门槛》《凤凰柏》《双碑岩》《扭头柏》《浴龙池与白鹤泉》《鸳鸯柏》《护坡仙草》《姐妹檀》《刀山人肉》《歇龙石》《仙女望夫》《白龙剑》《乌龟探海》《炉峰飘香烟》《"独石怪柏"的传说》
	风俗谣谚（9 篇）	《支腰棍的奥秘》《苍岩山的奶奶照远不照近》《在家敬父母何必远烧香》《嘴善心不善枉把弥陀念》《苍岩山的庙会节》《千里土》《贤孝牌》《金字匾》《夫妻摔顶》
	其他相关（10 篇）	《太子求医》《葛仙翁炼丹》《两只更鸟的来历》《黄米楼》《郭半仙》《檀木龙王》《百宝书》《扭荆寨》《耿庄仙桃》《王母尝桃》

资料来源：根据《井陉民间文学集成》（井陉县民间文学集成办公室，1986 年）相关数据整理而成。

第一大类以三皇姑为主线的传说，可细分为三皇姑出家经过、争山选山、神兽襄助、"苦"修行、苍岩山修行、降妖伏魔与惩恶扬善六个小类。第二大类三皇姑为支线的传说，可分为苍岩山庙宇神佛、自然景观、风俗谣谚及其他相关故事四个小类。

(二) 三皇姑为主线人物的传说

以女神三皇姑为主线人物的传说计有41篇，占故事总数的四成以上。其故事情节丰富曲折，其中出家经过传说7篇，传说10篇，神兽襄助、争山选山传说7篇，"苦"修行传说3篇，苍岩山修行传说9篇，降妖伏魔与惩恶扬善传说5篇。具体情况可参见图3-10。

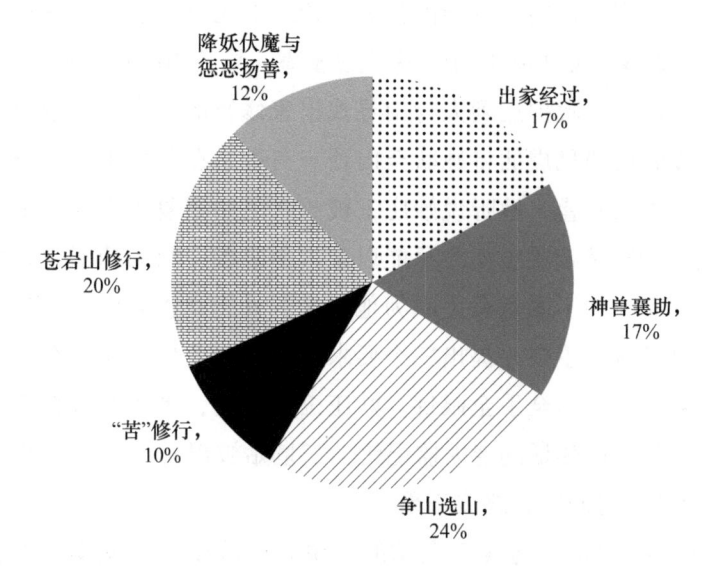

图3-11 女神三皇姑为主线人物传说

资料来源：根据《井陉民间文学集成》（井陉县民间文学集成办公室，1986年）相关数据整理而成。

1. 出家经过传说

华北女神三皇姑有隋文帝女、南阳公主、千手千眼观音三大传说系统。文帝女、隋炀帝女二说多为文人士绅所记录，是更符合儒家话语、品行高洁的女神；千手观音说鲜见诸文字，却流传在民众的口口相传的故事中。①

《三皇姑的传说》作为《井陉民间文学集成》的开篇，是全书最为系统全面讲述三皇姑出家成佛的故事，基本涵盖口头传统中苍岩山传说的主要情节。它可分为三难公主、火烧白雀庵、皇姑遇虎仙、舍药治病、化装劝善和千手千眼佛6个部分，可以说是千手观音传说系统的标准范本。其故事情节如下：三皇姑是妙庄王的三女儿妙善公主，因拒绝父王指婚而被打入冷宫并决意出家。妙庄王出三个难题想要三皇姑打消出家念头，包括：一夜时间将三石小麦磨成麸和面，一昼夜将两石黄米黄沙分开，浇水使御花园百花在数九寒天盛开。三皇姑分别在小鬼、蚂蚁和仙女的帮助下完成这些不可能的任务。妙庄王无奈只能允许三皇姑在白雀庵出家，却又受奸相挑拨派人火烧白雀庵，导致500尼姑被活活烧死。三皇姑被王灵官搭救护送到太行山寻找出家修行的地方，途中收小猿猴为徒，在苍岩山遇见虎仙将她驮至山顶。三皇姑在苍岩山赠医施药赢得百姓拥戴、香火旺盛。她听说妙庄王被500尼姑报复患上人面疮后，化装成小道童告知父亲要想痊愈只能以亲人手眼各一只为药引。妙庄王的大女儿和二女儿均不愿意舍手眼为他医病，只能到苍岩山上寻找三皇姑帮助。三皇姑剜下手眼并提出三个要求：妙庄王改邪归正、在苍岩山修盖庙宇、敕封自己为全手全眼佛。妙庄王病愈后，带领文武百官到苍岩山敕封三皇姑。因传话的老太监记错，三皇姑被误封为"千手千眼大菩萨"，并得塑金身庙宇，终成正果。

《千手千眼观音》与《三皇姑的传说》的故事主线基本一致，也有"三难公主""火烧白雀庵""跨虎登山""舍手眼救父"的情节。只是细节更加丰富或者稍有不同，如帮助三皇姑完成妙庄王考验的是太白金星派来的神鸟、土地公派来的小鬼和牡丹、月季、海棠等仙子；增加山神和土地神派白猿和猛虎考验，而三皇姑不为所动、矢志出家的情节。神明身份的具象叠加，凸显三皇姑出家的坚定意志，使其传说更加生动感人。

---

① 参见赵倩、岳永逸《华北三皇姑的传说体系与层累生成》，《民俗研究》2014年第4期。

第三章 民俗文化、庙会经济与苍岩山传说的标准化

《姐妹斗智》和《銮驾垴·宴台·晒袍山》两篇故事，分别是三皇姑出家传说某一情节的扩写或者异文。前者是三皇姑出家前巧妙应对两位姐姐捉弄的故事。她因聪明貌美引起姐姐的嫉妒，先是对对子赢了文采，并用计将二人诳出门外。这一情节在千手观音传说主线之外，烘托三皇姑聪敏机智的形象。后者涉及苍岩山附近三处地名，发生于妙庄王到苍岩山敕封三皇姑这一阶段。妙庄王为答谢舍手眼的救命之恩，便大摆酒宴邀请三皇姑前来。三皇姑劝诫父亲应体恤百姓、不要追求享受，拒绝赴宴。妙庄王驻扎銮驾的山被称为"銮驾垴"，设宴处修建庙宇叫"宴台"，而"晒袍山"是妙庄王的銮驾在苍岩山遇雨、晾晒蟒袍盔甲之处。这一传说使苍岩山附近地方巧妙融入千手千眼传说系统中。

千手观音说与隋帝女二说虽深刻揭示士绅与民众的迥异旨趣，但也并非楚河汉界、泾渭分明。隋文帝女说在民间文学中也有所传布。《天尊托梦》和《避死凫》均属于这一传说系统。二者在情节上也极为相似，都是讲述隋文帝女妙阳公主到苍岩山石泉医治风癣，梦中偷看帝释天尊被发现，梦醒后病愈出家的故事。其在隋文帝女说的基础上增加了"梦游云外自在天"的情节，极有可能是赵孟頫加入"魂游十八层地狱"情节的异文。同时，二者故事的侧重点略有不同。前者重在描述妙阳公主偷看到帝释天尊和悦意夫人处置人间亡魂、用宝镜闪现回顾亡魂悲欢离合、荣枯休咎的一生，并提到只有立志修行方能脱离轮回之苦。这成为三皇姑出家的直接动因。后者主要讲述"避死凫两次帮助三皇姑脱险"的故事。避死凫先是帮助三皇姑躲避帝释天尊的追杀，后又在父亲反对她出家修行派兵追捕时救她性命。她由此感慨道："梦中在此，免于一死；今天在此，又有幸免一死，真是天助我出家也。"[①] 其意也在说明皇姑决意出家的原因。

2. 争山选山传说

选山传说包括《皇姑选山》《千佛岩》《锅帽山》《十佛岩》《三女选山》等数篇。这些地方均为三皇姑在苍岩山出家修行前所到的中间

[①] 《避死凫》，井陉民间文学集成办公室：《井陉民间文学集成》第1卷，1986年，第198页。

站。《皇姑选山》讲述其曾选定十妇岩、柏山岩、千佛洞三处作为修行地，但因人声狗叫影响修行而离开。三皇姑最先到达的地方是十妇岩，但在此修行的时间很短，仅有10天时间。而后在柏山岩修行160天，此处因山上怪柏丛生而得名。千佛洞是三皇姑修行的第3个地方。在此3年间，她用1年时间苦读圣经，又用1年时间修行法术、点石成金。第3年因有难民逃荒至此，引得三皇姑思念父母，因而再度选择离开。

《十佛岩》的故事与《皇姑选山》主线相同，重点丰富其在十佛岩①修行故事。三皇姑选定此处原因在于，这是一处"人勤地旺，山清水秀"的好地方。② 自此，每日夜深人静时，河东山以肉眼可见的速度增长，愈加险峻。10日后，不远处翟家庄的一位孕妇撞见此事，山停止生长、瑞气渐消，三皇姑只能另选他处修行。

《千佛岩》讲述三皇姑修行时帮助父子二人种地却没有收成，她依照洞中找到的农书改善种植而获得丰收。父子俩在其修行洞中刻了1000尊石佛以纪念其善行，三皇姑却因丰收吸引而来的人干扰修行而离开。《锅帽山》讲述三皇姑在此处修行时，有强盗滋扰公主清修。五殿阁君受玉皇大帝指派将强盗扔入油锅，并留在山上保护三皇姑。三皇姑修成正果后，五殿阁君上天回旨，用锅帽将油锅盖住后变成了锅帽山。

《三女选山》讲述三皇姑与两个姐姐选山的曲折过程。3人决意出家，受御林军追赶，在仙人帮助下逃到太行山。她们来到观音寨和大寨垴，登高望远，选中3块宝地。

> 往西看：白云蓝天，绿树红花相间，瑞气袅袅盈满西天，真是一宝地；再往东看，一高山像利剑直插云端，云挂山腰，山挂云，日出东方霞光万道，灵气冲天，东边宝山必是佳地。再往南面远望，更有奇观，空灵显山，苍翠葱茏，火光照耀，瑞气千条，更是宝地。③

---

① 妇和佛的发音近似，十妇岩和十佛岩应为同一处地方。
② 《十佛岩》，井陉民间文学集成办公室：《井陉民间文学集成》第1卷，1986年，第223页。
③ 《三女选山》，井陉民间文学集成办公室：《井陉民间文学集成》第1卷，1986年，第22页。

第三章　民俗文化、庙会经济与苍岩山传说的标准化

二皇姑和大皇姑分别以金针和柏木作为标志，选定云盘山和挂云山，而三皇姑选定苍岩山为修行地。这篇故事的独特地方在于，选山的并非三皇姑一人，还有她的两个姐姐。这里的大皇姑和二皇姑不是刁难妹妹的反面人物，而是与三皇姑同样矢志修行。这样的传说，与苍岩山圣母殿等庙宇中供奉3位皇姑的敬拜实践相匹配。类似的情节在《葛仙翁炼丹》也有出现。但它仅为支线，该故事一笔带过，提到3人分别在雪花山、莲花山和苍岩山出家。

争山传说主要包括《苍山圣母》《头份香烟属猴仙》《鸡鸣界的来历》。《苍山圣母》情节完整、故事生动。三皇姑认为苍岩山树茂花红、是出家修行的好地方，可是这块宝地已经被志公道人占据，并以宝剑插在山头为记。正当三皇姑一筹莫展的时候，王母娘娘派来的喜鹊为她出主意"要想苍山做圣母，绣鞋埋在宝剑下"①。三皇姑依计行事，迫使志公道人承认其先占苍山。志公道人无奈，只能另选他地出家修行。《志公岩》的故事与之相似，也是三皇姑以绣鞋巧占苍山为主线，并说明志公后在苍山对面山上修起寺院修行，就是志公岩。这一情节在《志公的传说》《双笔峰》等故事中也有提及，可见这一传说流传广泛。

《头份香烟属猴仙》也是争山为主题的故事。它与《苍山圣母》故事的变化有二。一是为三皇姑出主意的为猿猴而非喜鹊；二是与三皇姑争山的对象不是志公道人而是关羽，作为标记的信物也由宝剑变为大刀。关公见到绣鞋在大刀下面，大度地表示可以另寻他处。

《鸡鸣界的来历》中，三皇姑是争山失败的一方，争夺的对象不是苍岩山而是鸡鸣界。三皇姑见此处古木苍苍、依山傍水，想要在此定居修行，但感觉这山低矮、无险可依，便施展法术令山峰异起，生成"悬崖峭壁、幽谷深壑、怪树异柏"等奇观仙境。② 对面山上突然出现一位放牧人，用羊鞭不断抽打三皇姑，山梁也断为两截。三皇姑被迫收起法术，发现放

---

① 《苍山圣母》，井陉民间文学集成办公室：《井陉民间文学集成》第1卷，1986年，第10页。
② 《鸡鸣界的来历》，井陉民间文学集成办公室：《井陉民间文学集成》第1卷，1986年，第332页。

牧人实为太上老君所扮，便明白自己迟来一步，只能另寻宝地修行。

争山选山是苍岩山传说中较为常见的故事主题，渲染三皇姑出家过程的艰辛不易及她出家修行的决心与意志。

3. 神兽襄助传说

在三皇姑出家修行过程中，幸有猿猴、老虎、喜鹊等神兽襄助方能克服艰难险阻。前述类型中已有"跨虎登山""喜鹊和猿猴献计"等情节，基本反映其在苍岩山传说中的功能。这些神兽相关的故事较多，也在千手观音传说基础上丰富三皇姑故事的细节。

"跨虎登山"是千手观音传说的主要情节之一，由此衍生的故事较多，包括《跨虎登山》《神虎救皇姑》《皇姑训虎》等篇。《跨虎登山》和《神虎救皇姑》与《三皇姑的传说》有相似情节，即三皇姑遇到老虎甚为惊恐，但又觉老虎没有伤害她的意思，便问："你若能驮我登山的话，请你点三下头。"[1] 老虎果然点了三下头，三皇姑便放心地骑在虎背登上苍岩山。《跨虎登山》还增加了老虎为三皇姑暖身的细节。《皇姑训虎》则不相同，讲述三皇姑在山洞发现有猛虎残害生灵。在神明提示和神猴的帮助下，她杀死一条大蛇化作驯虎鞭。三皇姑身披斗篷、手握驯虎鞭将猛虎驯服，最终跨虎登上苍岩山修行。这一传说巧妙解释老虎的外形特征，"据说虎头上的'王'字，就是三皇姑后来所刻。虎身上的道道斑纹，也是三皇姑驯虎神鞭留下的"[2]。

猿猴形象在苍岩山传说中也较为常见，除帮助她巧占苍山的故事外，基本扮演仆人的角色，照顾三皇姑的饮食起居，给她"背着行囊，寻山问路，采野果，找山泉"[3]。《老猿祖师塔》中的猿猴还拜三皇姑为师，随她修行并坐化成仙。因其功劳，猿猴得以享受人间的"头份香火"。《猴看御印》中的猴子也颇具灵性，三皇姑的父王到苍岩山来敕封，遇

---

[1]《神虎救皇姑》，井陉民间文学集成办公室：《井陉民间文学集成》第1卷，1986年，第13页。

[2]《皇姑训虎》，井陉民间文学集成办公室：《井陉民间文学集成》第1卷，1986年，第70—71页。

[3]《老猿祖师塔》，井陉民间文学集成办公室：《井陉民间文学集成》第1卷，1986年，第123页。

到猴子斥责他小气，将全手全眼佛变成了千手千眼佛。猴子还偷去皇帝御印挂到崖坎上，一心一意给三皇姑看守御印，再也没下来。

喜鹊等神鸟形象与猿猴相似，也是为三皇姑提供衣食和出谋划策。其专属传说不多，但在其他故事中频繁出现。《神虎救皇姑》提到，神鸟为三皇姑送来水果，吃后神清气爽。三皇姑修成正果后，为感谢神鸟帮助，"让善男信女上山进香时一路撒播小米供神鸟叼啄"①。这是三皇姑敬拜的重要仪式之一，延续至今。《苍山鸟鸣》主题也是解释这一习俗。该故事分为前后两个部分。出家之前，南鸟北雁帮助三皇姑将混在一起的芝麻和小米分开，令皇帝不得不同意她出家。在修行路上，三皇姑又饿又渴，是乌鸦带来桑葚、山葡萄之类的野果供她充饥。在苍岩山修行时，三皇姑与鸦鸟分食以报答救命之恩，其弟子也保留撒米舍食的做法，形成这一敬拜仪式。

概括来讲，老虎野性十足、贴合野生动物的凶猛形象，功能是护卫三皇姑、助她登山；猿猴和喜鹊等神鸟更具灵性、能言人语、行事近人，为三皇姑提供衣食和出谋划策。

4. "苦"修行传说

"苦"是三皇姑口头传说故事的底色。出家之路艰辛不易、曲折跌宕。这包括：出家修行遭父王反对刁难、火烧白雀庵九死一生、寻找修行地几经辗转、生活上缺衣少食、风餐露宿、苍山险峻路遥崎岖。"苦"修行的特征在《碧涧灵檀》《没皮没心的白檀树》《白檀树和滴泪石》集中体现，与苍岩山的自然景观巧妙结合。

《碧涧灵檀》《没皮没心的白檀树》《白檀树和滴泪石》均以苍岩山上白檀树的传说为主题，情节也基本一致。三皇姑上苍岩山的路上，被白檀树枝挂破罗裙，因而生气地说："白檀呀白檀！你枝芽八杈横生横长，害得我好苦啊！我日后没有出头之日还则罢了，如若能脱凡修身，我抽了你的筋，剥了你的皮，决不能让你在世间横行霸道，害苦黎民。"② 檀树因此

---

① 《神虎救皇姑》，井陉民间文学集成办公室：《井陉民间文学集成》第1卷，1986年，第13页。

② 《碧涧灵檀》，井陉民间文学集成办公室：《井陉民间文学集成》第1卷，1986年，第153页。

树皮脱落、树干白如霜打，没皮没心的白檀树成为苍岩山上的独特风景。这3个故事均以三皇姑这段话为核心，细节稍有不同。《碧涧灵檀》说是天宫神鸟把树茎抽取，仙蛇把树身掏空，仙猴剥去树皮。《没皮没心的白檀树》与之说法近似，由"花蛇钻烂了白檀树的心，鸦鸟啄断了白檀树的筋，顽皮的猿猴把白檀树的皮啃了个精光"，增加了檀树王故意为难三皇姑的情节。① 滴泪石的形成与白檀树相关，三皇姑因山高路险、找不到登山路而在山谷啼哭，眼泪滴在岩石上形成带有泪斑的花岗岩，被称为滴泪石。

"苦"修行的传说底色，可以将三皇姑千手观音说与南阳公主说两大传说系统建立关联。南阳公主经历国破家亡、父死子丧的人生悲苦，出家修行的无奈与艰辛令人唏嘘。这样文人士绅塑造的节孝烈女与百姓心中护佑众生的神佛有了融合的机会和可能。

5. 苍岩山修行传说

该类传说均讲述三皇姑在苍岩山修行的庙宇景观，篇目较多。与三皇姑出家传说均有情节上的关联，但又游离于传说主线。依情节来看，它们有三种类型。

三皇姑的睡宫、说法危台为三皇姑出家修行的重要庙宇景观，仍旧享受信众的香火祭拜。三皇姑的睡宫位于南阳公主祠塑像后，是个天然石洞，苍岩十六景之一的"虚阁藏幽"即指此处。传说中，三皇姑为躲避追兵逃进这个山洞，并作为安身修行之地。此处为九龙口宝地，洞深能做饭不见炊烟、闻语不见人影。三皇姑修行养道几十年，洞内石壁现出两行大字："洞内藏真经，只恐心不诚。敢把重洋涉，丹心修炼成。"② 依照指引，三皇姑找到深不见底的一潭池水。她蹚过池水走出山洞后，便不思人间烟火、每日只吃一餐，不分昼夜地睡在山洞内，终成正果。说法危台是苍岩山万丈绝壁间、云缠雾绕处的一块高石，离

---

① 《没皮没心的白檀树》，井陉民间文学集成办公室：《井陉民间文学集成》第1卷，1986年，第166页。

② 《三皇姑的睡宫》，井陉民间文学集成办公室：《井陉民间文学集成》第1卷，1986年，第114页。

地十丈有余，上平下陡、上粗下细、地势奇险。三皇姑在此讲经说法，给山中白鹤、野兔、猿猴等弟子讲授《楞严经》《华严经》等佛经，并坐化成仙。

《泪哭石》《抚琴台》《拜月台和广寒宫》以三皇姑思念父母为主题。泪哭石是苍岩山对面山崖上的大青石，有泪水般的花纹和人坐过的痕迹。三皇姑在苍岩山修行思念双亲，坐在大青石上痛哭，观音菩萨带她回到皇宫才发现父王得了人面疮。三皇姑不忍父亲受病痛折磨，心如刀割，痛哭七天，在大青石上留下滴滴泪痕和深深凹印。《抚琴台》讲述三皇姑思念父母以及舅父窦建德，在苍岩山附近的灵岩寺抚琴弹唱，声音动听，引来众仙人聆听，甚至将山压下数尺。三皇姑后来迁至苍岩山，但弹琴的琴台和坐过的石条，至今仍旧保留。《拜月台和广寒宫》讲述三皇姑每日晨昏均在玉皇顶拜月台祭拜月亮。后来她常常思念父母，影响修行，嫦娥和广寒宫飘落拜月台，"吴刚和玉兔就轻轻奏起仙乐，嫦娥仙女就曼舞轻歌"。① 在嫦娥的规劝下，三皇姑愿意了却凡尘、坚定修行意志并修成正果。

《三官庙》《先贤祠》《朝阳洞》《梳妆楼》多由千手观音传说主线出发，引出新的情节解释苍岩山庙宇景观的来历。《三官庙》和《先贤祠》与千手观音传说连接更为紧密。前者讲述三皇姑到苍岩山修行后梦到天官、地官、水官审问父亲。其父告饶，表示"我知罪，我知罪，三年以内不收税；我要变，我要变，打开皇库修苍岩；三官好，三官好，苍岩山口修座庙"②。此后苍岩山连续三年草长泉涌、檀柏成林、风调雨顺。第四年，三皇姑为父亲治好人面疮，其父为感谢女儿并兑现诺言，在苍岩山上修建公主祠和三官庙。《先贤祠》先简要叙述三皇姑舍手眼救父并获敕封的故事，又讲到其父思念女儿便派两位大臣到苍岩山寻访三皇姑。这二人到苍岩山后看到三皇姑在石龛内供奉祖先灵位。其父感

---

① 《拜月台和广寒宫》，井陉民间文学集成办公室：《井陉民间文学集成》第1卷，1986年，第193页。

② 《三官庙》，井陉民间文学集成办公室：《井陉民间文学集成》第1卷，1986年，第219—220页。

佩女儿孝心，下令在苍岩山修建先贤祠。

《梳妆楼》实际上更名《梳妆镜》更加合适。梳妆楼是千手观音传说中频繁出现的地方，苍岩山上的梳妆楼现位于半山腰处。该传说讲述的梳妆镜是玉皇顶上一块方圆数丈、平整光滑的青石板。三皇姑先在浴龙池边欣赏自己的美貌，七昼夜后池中浮起一面明镜，既能照到自己的容颜也能照到丽山秀水，甚至能远望京城的父母。三皇姑发现有螃蟹精觊觎自己的美貌，便掷出明镜变做石头压住螃蟹精。后来玉皇顶上的青石板变成了三皇姑的梳妆镜。《朝阳洞》简述三皇姑摆脱父亲刁难，跨虎登上苍岩山，在说法危台焚香念经，修成正果。三皇姑决定三月初三迎接八方仙长，来赴蟠桃宴。宴请地点由白猿神寻找，选定仙人洞。届时，各路仙家，包括玉帝王母、四海龙王、南海观音、哪吒、二郎神、八仙等纷纷前来赴宴。玉帝亲自赐名朝阳洞。

6. 降妖伏魔与惩恶扬善

民众崇信地方神祇，护佑乡里、惩恶扬善等灵验事迹必不可少。苍岩山传说中也有《藏经楼盗宝》《避水珠》《圣母除邪》《金蟾守山》《蛤蟆山与牛头山》等故事属于这一类型。

《藏经楼盗宝》和《避水珠》是"三皇姑降妖伏魔"传说。前者讲述三皇姑"降服蝎虎精的故事"。据传三皇姑在说法危台讲授七十二卷真经。这些经书是玉皇大帝派太白金星送来的天降宝书，蝎虎精变幻为云游长老，用调虎离山计哄走白猿神偷走真经。三皇姑请来四大天王和天将灵官降妖，但蝎虎精三头六臂令它们无计可施，最终依靠观音菩萨以甘霖雨破了蝎虎精的法术，并将其烧毁的经书还原，物归原主。《避水珠》讲述三皇姑降服水魔王的故事。水魔王作恶多端，三皇姑与它展开恶斗，剜去它的双眼，砍掉它的头颅。没想到，"两眼凹处，霎时变成了两个水洞，水洞里喷出两股水柱"，"又从两肩处化出一个大水眼，滔天大浪，一个劲飞涨"。① 三皇姑引水不成惊动了东海龙王。东海龙王禀明玉帝后，派龙女带着镇水宝珠下凡剪除水魔王、根治水患。龙女将

---

① 《避水珠》，井陉民间文学集成办公室：《井陉民间文学集成》第1卷，1986年，第157—158页。

第三章　民俗文化、庙会经济与苍岩山传说的标准化

宝珠朝石壁汇合处抛下，滔天巨浪瞬间平息；灵官举起钢鞭将水魔王打了个粉身碎骨。镇水宝珠化作桥楼殿后两座山崖中的一块黑石。雨季山洪下泻，受黑石阻挡，从山间石隙流去，山下小庙完好无损。

《圣母除邪》和《金蟾守山》篇幅较长，是三皇姑护佑乡里、惩恶扬善的故事。前者讲述苍岩山附近盘香山上有一座法华寺。寺中有32名僧众，住持智真和尚满腹经纶、法规严明，因此愿来此进香布施者甚众。智真和尚本是山西太原府人，有恶人觊觎其祖传珍宝金椅子残忍杀害其全家，只有他孤身逃到了法华寺，被惠明长老收为弟子。20多年后，这些盗贼又找到了法华寺，杀害全部僧众将寺庙占为己有。他们谎称法华寺归五台山管辖，原有僧众全部调回。这些盗贼在法华寺，淫人妻女作恶多端，滥杀良善，与县官勾结横行地方。苍岩圣母途经此地，应当地百姓请求到法华寺将贼首柳叶子杀死为民除害。《金蟾守山》讲述甘陶河修炼五百年的蛤蟆精想要强娶张老汉的女儿翠英。经邻居"事事通"王大娘指引，父女二人到苍岩山寻求三皇姑的帮助。娶亲当日，三皇姑的贴身丫鬟化作翠英的模样坐进花轿，天上神将化作张老汉随行轿旁，砍断蛤蟆精一条后腿逼其现出原形。三皇姑罚它到苍岩山门内守山。

《蛤蟆山与牛头山》讲述三皇姑出家修行、路经天青岩时感到舌干口渴。但此处无雨无井，三皇姑难过、泪落成井。结果遇到蛤蟆控诉是老牛喝光水并将它赶走。三皇姑打抱不平，制服老牛。蛤蟆和老牛坐化形成蛤蟆咬着牛尾巴的景观。

此类故事中女神三皇姑的形象较为独特。降妖伏魔的三皇姑，法力不算高强，需要依靠观音菩萨等神仙和避水珠等宝物帮助；惩恶扬善的三皇姑，虽有法力，却更像除暴安良的侠女。这些故事与各传说系统的关系更为疏离，民众喜爱的千手观音说也未能例外。

（三）三皇姑为支线人物的传说

女神三皇姑为支线人物的传说计有55篇，占故事总数的近六成。这些故事多与苍岩山有关，其中苍岩山庙宇神佛传说17篇；自然景观传说

19 篇；风俗谣谚传说 9 篇；其他相关传说 10 篇。具体情况可参图 3-12。

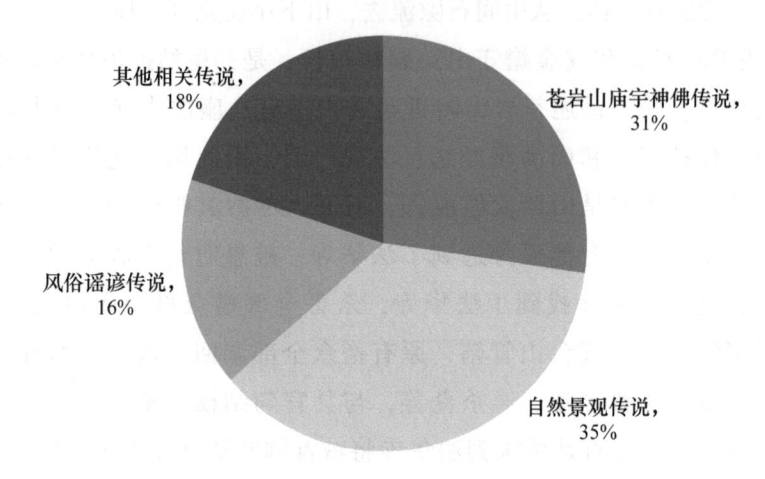

图 3-12 女神三皇姑为支线人物传说

资料来源：根据《井陉民间文学集成》（井陉县民间文学集成办公室编，1986 年）相关数据整理而成。

1. 苍岩山庙宇神佛传说

这类传说篇幅较多，以苍岩山庙宇修建和神明供奉等为主题。

"桥楼飞虹"是苍岩十六景之一，桥楼殿体现中国高超的建筑艺术。其桥长 15 米，落差高度达 89 米，建筑难度极高，建筑时间甚至略早于形制相似的赵州安济桥。围绕桥楼殿的建造，《井陉民间文学集成》收录《匠师上山》《桥楼殿》《桥楼殿的传说》《鲁班造天桥》等故事。桥楼殿的建造围绕两个中心展开。

一是"牛"的搭建。宋孟寅为此做出标注："砌筑石拱券时用在桥券下的临时支架，乡间俗称'牛'。"[①] 桥楼殿因落差高，拱券距离地面近百米，"牛"的搭建便是其建造工艺的首要难题。《鲁班造天桥》和《桥楼殿》都说明是"柴牛"，意即用柴草搭建。前者由鲁班直接点明用

---

① 《桥楼殿》，井陉民间文学集成办公室：《井陉民间文学集成》第 1 卷，1986 年，第 111 页。

第三章　民俗文化、庙会经济与苍岩山传说的标准化

柴牛驮架；后者由宋孟寅整理，并作为民间文学的整理典范，情节更为曲折。故事说明桥楼殿的建造难点：普通的"河上架桥，高不过几丈，垒'牛'，并不是难事"，用"土牛"或者"石牛"即可解决。但是，桥楼殿"南北两个断崖、跨度有五六丈，深度有一百多丈"。①"土牛"土方量大且不易运输，遇雨又易塌方极为危险；"石牛"用于采石运石的人工成本太大，完工后"石牛"无处放置，贻误工期又罪责难逃。在工人为难时，干巴老头指点采用"柴牛"建造工艺，完美解决了这一建造难题。《桥楼殿的传说》讲述由神仙化作拄着拐棍的老头将"手里的拐棍扔在涧下，刹时像变把戏一样，一根变成两根，两根变成四根，眨眼的工夫填满山涧，搭起了一架'拐棍牛'"②。这一故事的传说色彩更重，"柴牛"或许更贴近现实，充分展现中国匠人的建造智慧。

二是庙宇样式与"木楔"制作。《桥楼殿的传说》分为前后两个部分，前一部分是"拐棍牛"的故事，后一部分即讲述大殿图样和木楔的来历。寺僧梦见"琼楼仙阁"作为桥楼殿的图纸，但无妥善的盖殿方法。十八罗汉变化人形，仅用半个时辰便造好了椽梁柱楔。后人在殿内塑像，以纪念其建造之功。《匠师上山》的主线相似，但情节却大有不同。桥楼殿的样式，鲁班化作老者用棍棒搭建的模型启发工头设计而成；建造用的木楔，鲁班在木墩上画出黑道，用脚一踢化作木楔，不多不少恰恰满足桥楼殿的建筑需要。

《匠师鲁班换檩》讲述圆觉殿修缮的故事。殿内一根檩折了，众人束手无策，"有的说得落架重换；有的说把房顶拆掉板块"，修缮成本极高、难度较大。鲁班化作老者用新檩对住旧檩头，用斧子敲击将檩楔过半截，新檩顺利穿过，一会儿工夫便完成更换工作。

这些故事主题集中，涉及人物除十八罗汉外，其余均可纳入鲁班传说。尽管有些故事没有说明：《桥楼殿的传说》有说是鲁班祖师显灵点化的，有说是三皇姑请神仙来帮忙的；《桥楼殿》的干巴老头也没点明

---

① 《桥楼殿》，井陉民间文学集成办公室：《井陉民间文学集成》第1卷，1986年，第109页。
② 《桥楼殿的传说》，井陉民间文学集成办公室：《井陉民间文学集成》第1卷，1986年，第150—151页。

是鲁班。但是其描写的人物特征高度相似，除《鲁班造天桥》中鲁班是少年英雄的形象外，其余故事均是神仙幻化的老者形象，身材干瘦、衣衫破烂、工具锈蚀。

> "邋里邋遢的长胡子老头儿。这老头子，脚下趿拉着破鞋子，穿着油渍渍的脏衣服，背着生了寸把厚锈的斧子、凿子。"①
> "走来一个枯瘦如柴的老头。老头穿得破破烂烂，趿拉着一双露趾鞋，手拄着拐棍，走起路来一摇一晃，老远就闻到一股酸臭味儿。"②
> "这个人瘦如干柴五官生得十分难看，胡子没刮，脸没洗，眨着两只水红眼，倒趿着一双鞋，穿得破破烂烂。"③

这些人物即便未点明身份，但与鲁班在民间故事中的形象基本一致。在民众的想象中，桥楼殿、赵州桥等建筑的鬼斧神工，唯有鲁班这样的神仙才能操控高超技术建造完成。因此，凡有巧夺天工的建筑，极易与木匠祖师鲁班联系在一起，其故事在华北地区广泛流行。

苍岩山上佛道杂处，神佛相关传说有《如来佛镇妖》《如来佛智降四怪》《屠夫修行》《龙泉水》《文昌帝君的传说》。前两篇故事都是讲述如来佛降妖的故事，故事情节也基本一致。妖怪共有4个，两篇故事对其神通的描述相近。《如来佛智降四怪》中，4个妖怪分别自称"拳打井""腰掖树""扳倒山""喝干海"。④《如来佛镇妖》中，老大自吹"能一口喝干海"，老二自吹"能一脚踢倒山"，老三自吹"能一拳砸个

---

① 《匠师上山》，井陉民间文学集成办公室：《井陉民间文学集成》第1卷，1986年，第102页。
② 《桥楼殿的传说》，井陉民间文学集成办公室：《井陉民间文学集成》第1卷，1986年，第150页。
③ 《匠师鲁班换檩》，井陉民间文学集成办公室：《井陉民间文学集成》第1卷，1986年，第78页。
④ 《如来佛智降四怪》，井陉民间文学集成办公室：《井陉民间文学集成》第1卷，1986年，第74页。

井"，老四自吹"能一头顶破天"。① 四怪自恃法力甚高，狂妄自大、目中无人。如来佛化作老丈坐在方巾上，要四怪将他抬起。四怪费力抬起四角，却被如来佛压在宝座之下。同时被压的还有好奇而来的鳖鱼或是作恶的千年王八。桥楼殿内供奉如来佛，其宝座下四角压着龇牙咧嘴、膀歪肩斜的4个怪人，前面中间露出鳖鱼头，即描述这一场景，解释了桥楼殿内如来佛造像的来历。

《屠夫修行》讲述苍岩山供奉十八罗汉之一——犀那佛的来历。篇首指明"放下屠刀、立地成佛"这一成语就是描述犀那佛的故事。犀那本是杀猪的屠夫，遇见两位善人劝他出家行善。这张、李两位是附近远近闻名的善人，每日扫庙烧香、吃斋念经，打算结伴到苍岩山修行。犀那随他们修行，途经一处宅邸，主人膝下无儿，仅有一女，想要招婿接续万贯家财。张、李二人都想留下为婿，反倒是犀那修行心切、先行离开。此事为仙家对他们的考验，张、李二人贪恋繁华，醒来睡在半山坡大石板上，员外和宅邸已消失不见。犀那路遇引仙道人收他为徒，并指引他真心修行。犀那历尽艰辛来到苍岩山脚下，按照引仙道人嘱托，他从老虎脖上摘下有"引仙"字样的包袱并跨虎登山、修成正果。这是犀那佛的本地化传说。他又名罗迦纳、纳阿噶塞纳，位列十八罗汉的第十二位，一般是穿通肩法衣，以拳拄颔，开口露舌的形象。"放下屠刀"在佛教用语中也不是实指屠夫用的刀，而是阻碍修行的妄想和执着。《屠夫修行》对犀那佛的来历恰是望文生义地使用屠夫作为职业，修行过程中也有跨虎登山等与出家修行故事传说相似的情节，最终在苍岩山坐化成佛，与苍岩山的庙宇景观建立紧密联系。

《龙泉水》讲述桥楼殿供奉的东方琉璃药师佛像的来历。三皇姑在苍岩山上修行，遇到一个病饿的老僧，口不能言，无法行走。三皇姑给他饮用山泉水，不及数日，老僧恢复如常，甚至面色红润起来。这老僧原在四川峨眉山修炼500年，仅差一口龙泉水便可得道。不久，

---

① 《如来佛镇妖》，井陉民间文学集成办公室：《井陉民间文学集成》第1卷，1986年，第106—107页。

他又长出许多肉疙瘩、疼痛难忍，化成罗汉。老僧告知龙泉水有醒脑、明目、清胃、润肺的功效，能治百病，希望三皇姑善加利用。三皇姑等人认为，龙泉水为罗汉所赐，特意修建桥楼殿祭祀供奉。她由这位僧人留下的对联"此心敬供仙姑福，龙骨化态僧祝庆"推测他的法号是"福庆"。① 庙宇和泉水因此得名"福庆"和"龙泉"。龙泉水医治百病的功效传开，百姓愈加相信这是三皇姑的灵显神迹。

道家神明传说有《文昌帝君的传说》，讲述刚直书生范文昌进京赶考，他文采出众却因不愿贿赂考官而落榜。范文昌只好以卖字为生，恰逢苍岩山修葺庙宇，范文昌因写得一手好字受聘撰写碑文，最后积劳成疾病逝。后皇帝发现他的考卷，其才情惊艳四座。皇帝寻访到苍岩山，对他早逝甚为惋惜，因而封他为文昌帝君，并在山上建文昌庙以供后人祭拜。这一传说是文昌帝君在苍岩山的本地化传说。文昌帝君由梓潼神张亚子演变而来，是民间广泛祭祀、主管考试的道家神明。而井陉地区流传的故事全然不同，范文昌是个怀才不遇的士子形象，与苍岩山脚下书院相呼应，因其职能大众化而每年祭祀香火鼎盛。

《水帘洞》《东天虎洞》《皇姑坟》《龟驮碑》等涉及的庙宇景观与三皇姑修行关系密切，但故事本身又未采用三皇姑为主线人物。东天虎洞是驮三皇姑上山的老虎修行的地方，有的传说中说它受三皇姑委派在此看守。《东天虎洞》讲述三皇姑到苍岩山捉老虎的故事。这老虎本是凶猛的恶虎，为害乡里。山神变作白发老翁，出门查访擒虎，却被老虎扑倒在地，没有还手之力。土地神现身，帮助山神降服恶虎，并教它弃恶从善。黑涧沟有一人外出经商发财，其友人见财起意，将其打死。猛虎窜出，将歹人撕下双臂咬掉双腿，之后叼着包裹，找到受害者家，带他的老母亲找到儿子尸体。山神知晓其善行后，嘱咐它好生修炼，等待三皇姑到来。该故事结尾点明老虎与苍岩山传说的关系，说明三皇姑跨虎登山后，感念它的帮助，封它为百兽之王。老虎在脑门生出"王"字斑纹，修成正果。跨虎登山小庙为它所建，东天虎洞是它安身之处。这

---

① 《龙泉水》，井陉民间文学集成办公室：《井陉民间文学集成》第1卷，1986年，第118页。

一故事与三皇姑出家修行传说巧妙嫁接在一起,老虎故事线完整,经历由恶虎到义虎再到成仙的过程。

水帘洞是龙泉水的发源地,三皇姑在苍岩山修行,饮用龙泉水助其修行。《水帘洞》讲述东海有位正直善良的书生,父母双亡,靠打鱼为生。龙女为报答其救命之恩,化作美女与他结为百日夫妻。龙王发现后,将龙女困在冷宫之中。按照龙女嘱托,书生在苍岩山半山腰祷告,祈求三皇姑的帮助。四十九天之后,"苍岩山分成两半,中间出现一道深沟。两面悬崖相连处,旁边有一处大石门,锁着一把大石锁"①。书生又祷告了六十四天,石门碎开现出水帘洞,涌出清泉水。龙女就被关在水帘洞后,书生只能隐约看见龙女的身影。他跳入泉水殉情,与龙女一起化作鸳鸯从泉水中浮出游走。书生龙女的故事在《唐传奇》中已有这一母题的故事出现,三皇姑仅提供助力,甚至没有正面出现,但因苍岩山水帘洞与三皇姑关系密切,也融入苍岩山传说系统中。

皇姑坟坐落在苍岩山西岭之巅,是三皇姑肉身埋葬处。《皇姑坟》讲述的是三皇姑坐化后,村民安葬她时发生的故事。村民最初想要在山下将她安葬,但无法抬动三皇姑玉体。三皇姑留下"藏头蔽尾"诗:"欲信佛象诚意展,眠睡九泉闭目观。山径崎岖南北东,巅壑越尽通西天。"② 村民明白皇姑遗愿是"欲眠山巅,展观东天",选定公主祠后的高山顶为墓穴,并将三皇姑玉体面向东天坐放在里面。不料,三皇姑玉体连续数天埋好后又露出半截。村民把三皇姑上身露在山东,用石头砌垒起来,在脸部留个窗口,以便她展观东天。至此,三皇姑遗愿达成,方算妥善安葬。苍岩山传说中,一般仅言其修成正果、坐化成仙,这一故事衍生出其肉身的安葬故事,也与苍岩山传说自然建立起连接。

龟驮碑是中国古代碑刻的经典形象。传说中,驮碑的祥兽外形似龟,却是龙生九子之一的赑屃。《龟驮碑》故事讲述一位靠卖苍岩甜酒为生

---

① 《水帘洞》,井陉民间文学集成办公室:《井陉民间文学集成》第1卷,1986年,第122页。
② 《皇姑坟》,井陉民间文学集成办公室:《井陉民间文学集成》第1卷,1986年,第130—131页。

的老叟，为人奸诈、生性刁猾。他在酒里兑水赚取不义之财。三皇姑发现后，老叟抵死不认。后在白鹤泉边舀水时，被三皇姑抓个正着。三皇姑将他变成一只探头缩脑的乌龟，并用石碑压在他的背上。此后，苍岩山上有修造许多的龟驮碑，供人观赏。苍岩山上碑刻众多，多数以赑屃驮碑为基本形象。《龟驮碑》赋予它地方独有的传说故事，成为在地化的苍岩山传说之一。

《子孙殿》和《透龙碑》是苍岩山送子传说的集中体现。前者讲述苍岩山公主祠边不太起眼的小庙——子孙殿的来历。苍岩山下有户田姓人家，家财万贯、行善积德，美中不足的是儿子成家三年尚无子嗣。一家四口到苍岩山公主祠内烧香跪拜，虔诚祈祷。三皇姑派来送子观音化作慈祥的老婆婆，托梦给田氏，表明会送来一个男孩，并要常年在外读书的儿子在家多待些时日。果然，田家儿媳生下孙子，儿子也得中进士。为酬谢三皇姑，田姓一家修盖子孙殿，香火不断，前来求子的香客络绎不绝。总的来说，它还是在地化的送子观音传说，送子观音为三皇姑所派，其从属关系明确。

《透龙碑》讲述刁氏丈夫早亡，两个儿子已经娶妻但膝下无子。刁氏便为难儿子要他们休妻再娶。两个儿子无奈但也只能顺从母命，两位儿媳来到苍岩山想在此出家。三皇姑劝二人夫妻终会和好、不应出家。妯娌两人暂住苍岩山三年之久，她们将铜板在透龙碑上摩擦，大儿媳的铜板粘在碑上、二儿媳的铜板却掉在地上。三皇姑告诉二人，"铜钱粘碑生男孩，铜钱掉地生女孩"①。恰巧妯娌两人的丈夫来苍岩山还愿，在三皇姑的帮助下，夫妻和好且顺利生下一子一女。刁氏知道后，十分欣喜，将儿媳接回家中。这一故事在井陉附近地区广泛流传。

2. 苍岩山自然景观传说

苍岩山景色宜人、山清水秀，《井陉民间文学集成》中收录较多以苍岩山自然景观为主题的民间传说。

苍岩山上檀树成林、柏树多姿。有《扭头柏》《凤凰柏》《鸳鸯柏》《阴阳柏》《护坡仙草》《姐妹檀》《"独石怪柏"的传说》等传说流传

---

① 《透龙碑》，井陉民间文学集成办公室：《井陉民间文学集成》第1卷，1986年，第142页。

于世。

《扭头柏》和《凤凰柏》两篇故事均以凤凰柏为主题,但情节却大有不同。前者讲述三皇姑采柏籽为百姓治病的故事。传说中,苍岩山上本无柏树,且被恶霸占领山林。百姓被迫为他们开山造地,每日"面朝黄土背朝天,顶着星星来,干到日落,饿了吃块柿饼饼,渴了喝口山泉水,积劳成疾,病死了很多人"①。三皇姑经采药老人指引寻找凤凰柏,用柏籽煎汤,便能神清气爽、疾病顿消、延年益寿。她走了七七四十九天方在北国的乌拉山找到凤凰柏。因仅有三日有效期,三皇姑变作凤凰衔起柏籽飞回苍岩山。由于兴奋,三皇姑大喊一声,口中的柏籽掉进石缝无法取出。她急中生智将柏籽埋住,漫山石缝长出柏枝,结下柏籽。凤凰柏籽熬成的水治好了村民。他们修建苍岩山圣母殿来纪念三皇姑,所有柏树朝向祠堂方向扭头敬拜她的善行。《凤凰柏》讲述南方的一个贪心木匠窃取苍岩山凤凰柏的故事。他的女儿要用龙松马鞍、凤凰柏梳妆匣作为陪嫁。龙松仅要松树形似即可,凤凰柏则要木纹须全是凤凰图案。前者在本地便能找到,凤凰柏却苦寻无果。他到苍岩山敬香时发现,苍岩山是凤凰脉。皇姑真容殿是凤头,两边是翅膀,后面是凤尾。而从皇姑真容殿前东望,正是他日思夜想的凤凰柏。木匠想要重金购买,却被寺僧断然拒绝。因凤凰柏是苍岩山的镇山之宝,老和尚介绍说:

> 古时候这棵柏树上落过凤凰,柏树上寄托着凤凰的魂灵。苍岩山其他大小柏树,全都是灵气所化,枝枝杈杈都呈现出一种鸟形。每天一早一晚,凤凰柏一鸣,千万棵鸟树随和,百鸟朝凤,气势壮观得很呢!②

木匠趁老和尚云游之机,窃取一截柏木,凤凰柏枯死。自此,山上柏树长得曲曲弯弯,却朝向皇姑殿,时刻提防,准备向三皇姑报信。木

---

① 《扭头柏》,井陉民间文学集成办公室:《井陉民间文学集成》第1卷,1986年,第144页。
② 《凤凰柏》,井陉民间文学集成办公室:《井陉民间文学集成》第1卷,1986年,第137页。

匠逃回南方后，用凤凰柏为女儿做了嫁妆，甚至因木材珍贵而发了财。但他每晚梦中都有凤凰来啄他的眼睛，女儿也因此患病，丈夫不喜、婆婆打骂、婚姻不幸。二者故事虽然迥异，但都重在解释苍岩山上柏树朝向公主祠方向生长的独特景观。

《鸳鸯柏》和《阴阳柏》讲述同一处景观，是苍岩山上两棵古老的柏树。"远望，树叶重叠互相缠绕；近瞧，两棵树枝虽然纵横交错，却紧紧相依"①，"像情人情意绵绵地相抱在一起"②。前者讲述苍岩山下，财主张万发家有商号田产、骡马成群，女儿却与家中长工相爱。张万发自然极力反对，将长工骗到山上砍柴，并命几个彪形大汉将他活活打死。女儿知道后，也殉情而死。两个人的血流进山上石缝，长出了一粗一细两棵柏树，紧紧地拥抱在一起，就是鸳鸯柏。《阴阳柏》的故事与《鸳鸯柏》较为相似，财主女儿与村里小伙相恋，却遭财主的反对。两人趁夜私奔，商量好要到苍岩山乞求三皇姑帮助成其好事。天黑时，他们在苍岩山上两棵小柏树下依偎相抱，柏树模拟他们的形象长成阴阳柏，也称鸳鸯柏。不幸的是，两人被财主捉到，将他们绑在柏树上活活打死。三皇姑搭救不及，同情的泪水变成了细雨，洗净姑娘和小伙身上的血迹，滋养柏树枝繁叶茂。这两个传说主题相同、情节相似，均为梁祝式的爱情悲剧，鸳鸯柏是其忠贞爱情的化身。

《姐妹檀》讲述造型如姐妹相拥的两株白檀树的故事。传说中，她们是年轻貌美、人穷志高的白姓姐妹。有郎姓的花花公子求亲被拒，把二人情况报告给为隋炀帝选美的大臣。姐妹二人进京途中，借故逃跑，她们呼救的声音惊动了给弟子讲经说法的三皇姑。三皇姑不赞成父亲的做法，一挥袍袖将追兵都变成了螃蟹，压于山石之下。两姐妹因此变成两株白檀树、相依为命、连成一体。《"独石怪柏"的传说》中的三皇姑也是隋炀帝的女儿，与历史的结合更加紧密。江都事变后，她决意出家，窦建德敬重她的品行护送她到苍岩山。两人告别时，有巨石滚落，窦建

---

① 《鸳鸯柏》，井陉民间文学集成办公室：《井陉民间文学集成》第1卷，1986年，第160页。
② 《阴阳柏》，井陉民间文学集成办公室：《井陉民间文学集成》第1卷，1986年，第84页。

第三章 民俗文化、庙会经济与苍岩山传说的标准化

德用宝剑插入巨石保护公主。拔剑时，他却因用力过猛摔倒在山前，宝剑也变作生命力旺盛的宝剑柏，日夜守护着三皇姑。

《护坡仙草》即蝎子草，整个太行山区为苍岩山独有。故事中，苍岩山曾"满山是宝，到处是朱砂，花草树木样样可以入药，山葡萄能治白癜风病，巴巴草能治伤风感冒，喝了山泉水能清脑明目"①。山下恶霸贪得无厌，不仅霸占苍岩山、挖取朱砂和药草牟利，还将山上僧尼撵走，害人性命不计其数，在东天门下造成了人肉山。玉皇大帝应百姓请求，将苍岩山上的奇花异草变成带刺的蝎子草。恶霸被叶刺蜇伤，满腿生疮，因而丧命。蝎子草成为保护三皇姑和苍岩山的仙草。

苍岩山奇岩怪石林立，充分展示大自然的鬼斧神工。《仙女望夫》讲述苍岩山"望夫石"的故事。它位于"炉峰夕照"南面的广寒宫下，呈现"左脚着地，右脚翘起，双手拨云，向着远处瞭望"的女性形象。②据传她是王母娘娘的孙女玉女，因看不惯天上神仙的虚伪狡诈，想要下界寻找如意郎君。她在苍岩山撞晕年轻英俊、眉清目秀的柴哥。玉女与他相恋，并结成夫妻。两人织布打柴，日子过得幸福美满。三年后，玉女想起天上的蟠桃可以治好婆婆的眼睛。但天上一日、地上百年，柴哥没能等到妻子，玉女回来后发现家里的草房已踪迹全无，遂化作盼望丈夫归家的望夫石。《刀山人肉》讲述老虎洞往下、东天门附近砂石板砌成的小径旁，有"好多怪颜色的石头，那颜色，白的、紫红的，一团一团绞杂在一起，活脱脱地就是一块块鲜血淋淋的肉"，被称为"人肉石"。③对面山崖像一把倒立的刀，苍岩圣母祠建在这刀尖上。二景合一就是苍岩山上"刀山人肉"的自然景观。故事讲述坏媳妇嫌弃婆婆，把蛆做馅儿，陷害婆母。她上苍岩山求子，三皇姑为惩罚她，将她摔出祠外，摔下刀一般的山崖。此后，这一带的泼妇强人，听说只要犯了杀人

---

① 《护坡仙草》，井陉民间文学集成办公室：《井陉民间文学集成》第1卷，1986年，第162页。
② 《仙女望夫》，井陉民间文学集成办公室：《井陉民间文学集成》第1卷，1986年，第207页。
③ 《刀山人肉》，井陉民间文学集成办公室：《井陉民间文学集成》第1卷，1986年，第182页。

放火、奸淫诸罪，就要上刀山，被苍山圣母摔下刀山。崖底山石被恶人污血染成红色，形成"人肉石"。

苍岩山上的自然景观与龙有关的传说较多，包括《浴龙池与白鹤泉》《歇龙石》《乌龟探海》《仙蛇出洞》等。前两篇故事主线相互呼应。《浴龙池与白鹤泉》讲述三皇姑在说法云台讲经时救下一只白鹤。九条小白龙由白鹤保护的蛋中孵出，并在滚龙坡吸收日月精华、修炼化作小童腾空飞走。后遇连年干旱，三皇姑请求小白龙降下甘霖细雨，并保佑苍岩山一带连年风调雨顺，泉水常年不竭，灌溉了胡家滩等村的万亩良田。《歇龙石》讲述九龙报答三皇姑的故事，情节更为丰富。九龙到苍岩山探望三皇姑，不巧的是她访问仙友在外。它们先是决定在苍岩山上挖掘泉水，请来四方水神在正殿后面找到泉眼，并安置碧水珠、水灵官守护清泉。它们又觉苍岩山上树木稀少，召唤神鸟衔来树籽，施雨灌溉后，漫山遍野长出参天大树，松柏檀林耸入云端。三皇姑回到山上，深感苍岩山附近九县旱灾严重，便恳请九龙造福百姓。它们欣然同意，因施雨频繁，九龙疲惫不堪，便在南天门外大青石板上休息，即歇龙石。此后，九龙分别照看九县黎民。百姓感念三皇姑的恩情，从四面八方来苍岩山敬香。

《乌龟探海》和《仙蛇出洞》与龙的传说有关，但又相对独立。前者是白鹤泉旁的石龟景观。它被"巨石死死地压着，只露出个脑袋探在清水池里"，被称作"乌龟探海"。① 这石龟在东海修炼百年，却因调戏龙女被贬到苍岩山继续修炼。5年时间里，石龟潜心修行，早晚念经、伺候圣母，每日在圣母殿内迎香客、做杂活，希望能将功补过，早成正果。不料，它又在河边调戏村姑而前功尽弃，被三皇姑压在石下不得翻身。石龟眼前的水坑常年不干涸，据说是它悔恨的泪水汇聚而成。后者讲述的是桥楼殿山崖上的一处自然景观。它在"稀稀落落的檀树下，凸

---

① 《乌龟探海》，井陉民间文学集成办公室：《井陉民间文学集成》第1卷，1986年，第213页。

出一块夹缝石，里头伸出一块长长的、白花花的石头，像一条要出洞的蛇"①。传说它是南海龙王的第九子。玉帝应百姓之请，派南海龙王施雨以解旱灾之苦。南海九太子受父命到苍岩山降雨，却因偷看仙女洗澡而误了布雨时辰，被南海龙王抽去龙筋，留在了苍岩山的石壁上。

《螃蟹的传说》和《石门槛》也可纳入奇岩怪石类型。前者讲述苍岩山山门外"压奸石"的故事，与苍岩山传说关系密切。三皇姑不满父亲暴政、决心出家，却不断遭到父亲的追杀，幸得窦建德护送她和白草寺尼姑来到柏山岩避难。后几经辗转，三皇姑来到苍岩山，追兵赶至想要放火烧山，却反被压在大黑石下。而"压奸石"下面的螃蟹，据说是这些横行霸道的奸臣变化而来的。石门槛据说是天上赤龙所化，受玉帝指派守护苍岩仙山，接通南山北脉。井陉人出仕为官，得罪了南方人。南方人挟怨报复，请风水先生破坏井陉地脉。风水先生看出石门槛就是苍岩山的脉口所在。一旦破坏，井陉就会秀水涸、青山荒，再无人杰出世。他假称要引水灌溉农田，雇来石匠想要凿开石门槛。连挖49天后，泉水流经石门槛变成淡淡的红水，据说是赤龙在流血，石门槛也再没有长起来。

"炉峰夕照"是苍岩十六景之一，《炉峰飘香烟》即讲述其来历。炉峰原名螺峰，位于与苍岩山遥遥相对的螺塴山上。三皇姑在苍岩山得道后，炉山随风日长。

> 每天清晨，山上就飘起一缕青烟，如云似雾。霎时间，像一朵朵紫罗兰花一样，挂满螺塴山。到了夏季，紫罗云飘来飘去，在苍岩山一带，普降清风细雨。人们把这种雨称为"洗尘雨"。一年又一年，把个苍岩山浇得翠绿翠绿的。这里不旱不涝、禾苗青青，五谷丰登。这都是螺塴山的神通。②

---

① 《仙蛇出洞》，井陉民间文学集成办公室：《井陉民间文学集成》第1卷，1986年，第18页。
② 《炉峰飘香烟》，井陉民间文学集成办公室：《井陉民间文学集成》第1卷，1986年，第230页。

据《炉峰飘香烟》记载，二郎神想要担走这座宝山，结果扁担脱落，把山尖掉在了老牛峪。自此，井陉一带十年九旱，唯有苍岩山依然青翠碧绿。太白金星发现后，命令天大力、地大力两位神仙，把山尖抬到苍岩山，与公主祠大殿相对。炉峰一立炉中升起三炷石香，香烟飘起生出紫罗云，晴天是烟，阴天是雨。三皇姑收石炉的香火，有求必应。苍岩山一带的老百姓，又过上年年风调雨顺的好日子。

3. 风俗谣谚传说

三皇姑信仰在华北地区延续千年，形成独特的敬拜仪式，其风俗谣谚有关的传说也被收入《井陉民间文学集成》。

"摔顶"故事广为流传，反映三皇姑明断是非、惩恶扬善的神格。《刀山人肉》中，三皇姑将恶人摔下山尖即这一传说的体现。《金字匾》《贤孝牌》《夫妻摔顶》等故事情节相似，更能代表这一母题在华北的流传实况。前两个故事算是正面典型。《金字匾》中的田成媳妇贤惠孝顺，在丈夫外出谋生时悉心打理家务，照顾公公田贵。田贵有遇冷咳喘的毛病，媳妇便将他的被子暖热以缓解病情。街坊邻居不但没有称赞这一做法，反而指摘她不守妇道。苍岩山庙会期间，田成媳妇准备上山进香，但没有邻居愿与她同行。说法危台地势险要，下有深谷，据传跌下深谷的必是不忠不孝之人。田成媳妇路过时，因狂风骤起而摔下山涧。田成返家途中，听到邻居讨论媳妇摔顶之事，瞬时火冒三丈。冷静下来后，又相信妻子和父亲的人品，断不会有违背伦常的行为。回到家中，田成发现不仅妻子无事，"掀掉棺盖，两面金字匾出现在人们面前。一面写着'洁白如玉'，一面写着'贤孝慧媳'"[①]。村民意识到田成媳妇的贤孝受到三皇姑的褒奖。《贤孝牌》的故事较为相似。寡妇张氏同样是为有喘疾的公公暖被窝，遭到邻居的嘲讽和唾骂。张氏进香途中摔下悬崖，结果她不仅安然返回，还得到上书"贤孝牌"的金字匾，化解村民的误会。

《夫妻摔顶》则是惩恶故事的典型。巨鹿县张四环风流窈窕、自幼许配给门当户对的李员外家。但是，李家遭遇大火、家境破落。张四环又嫌

---

① 《金字匾》，井陉民间文学集成办公室：《井陉民间文学集成》第1卷，1986年，第101页。

弃李家公子貌丑，极不情愿地嫁入婆家。几年时间，她气死公婆，还勾搭上花花公子毛三，将丈夫毒死。张四环与毛三胡作非为、寻欢作乐，来到苍岩山游玩。在公主祠，二人一不磕头、二不烧香，反而出言调戏三皇姑。韦陀将军受三皇姑委派，用钢鞭将二人摔下山崖，死于非命。

《支腰棍的奥秘》解释撑山习俗的来历。这一故事与《石门槛》能够相互呼应，讲述风水先生破坏井陉地脉后，被百姓逮住，送往苍岩山搬运木料。他受了风寒、腰痛难忍，但工头不允其歇工。风水先生只能坚持出工，山高路险，他浑身上下大汗淋漓、衣衫湿透，反而治好腰痛。他不愿再做扛木头的累活，便宣称是三皇姑显灵，专给扛梁脊柱的人去灾免病。这样，工人争相来苍岩山扛木头，也有与风水先生一样，阴差阳错治好了腰病。

> 近处的人们就在家里扛上些棒棒棍棍往山上送，远处的人们就折些树枝草棍带到山上，支在石缝里，意思是为修庙建寺出了力，求三皇姑为自己去灾免病，永不腰疼腿疼。
>
> 久而久之，形成了"苍岩山上支个棍儿，保你不得腰疼病"的说法。①

《苍岩山的庙会节》解释进香习俗中沿路撒米成河的来历。古时冀州三年干旱，只有苍岩山山清水秀、绿树如染。百姓成群结队上山上，喝泉水、吃柏籽，每日跪在公主殿前烧香祷告求三皇姑行云施雨，搭救天下。三皇姑给出提示：

> 苍山宝山玉粮泉，粮泉水泉在眼前。
> 要求两处石门开，还等贤孝来进山。②

---

① 《支腰棍的奥秘》，井陉民间文学集成办公室：《井陉民间文学集成》第1卷，1986年，第33页。

② 《苍岩山的庙会节》，井陉民间文学集成办公室：《井陉民间文学集成》第1卷，1986年，第225页。

元氏县的一个贤孝媳妇被推举到苍岩山烧香。其丈夫常年外出,她留在家中悉心照顾婆婆。婆婆生病时想要喝肉菜汤,她就去山里打兔子,跌落悬崖受了伤。婆婆吃了兔肉汤,病好了一大半。得知媳妇的孝行,婆婆和村里人均十分感动。媳妇到苍岩山跪在山门下烧香,山上水帘洞的泉水喷涌两处,象鼻山下石孔大开,流出金黄色的米。水漂米走,米河流过陉山、漫过中原,沿河饥民得以度过灾年、迎来丰收。每年农历三月,苍岩山形成热闹的庙会,进香百姓都带着黄米,沿路撒米报答三皇姑的救命之恩。

《千里土》记载了民间治疗烫伤的偏方。据说,长途跋涉后,鞋内的土为凉性,有止痛的效用。具体用法是:把鞋底剪掉,连鞋里的土一起放进锅里炒黑,拌上香油后敷在创面上效果很好。《千里土》将这一偏方的来历与三皇姑联系在一起。老汉路宽手艺好,受邀到苍岩山杵石头。赶路多日,他肚疼无法前行。正好遇到仙猴,禀明三皇姑后派老张爷用千里土为老汉路宽医好病痛。

三皇姑相关的谣谚故事有《在家敬父母　何必远烧香》《嘴善心不善枉把弥陀念》《苍岩山的奶奶照远不照近》等篇。前两篇故事都是齐爱林搜集,主题也较为相近,意在导人真心向善。《在家敬父母　何必远烧香》讲述谢道将 70 余岁老母亲留在家中,到苍岩山为抢上头香。可是,不管他起得多早,都有人抢先一步上好头香。问及缘由,庙中僧人指引他去割髭岭上找张梁来解惑。张梁卖油果为生,每日头锅油果从来不卖、只作为家中老母亲的早饭。张梁说:"我活了半辈子了,一不烧香二不磕头,只知道孝顺父母就是孝敬苍天。父母是儿女身上的一层天嘛。"[1] 谢道明白了在家孝顺父母远比到苍岩山上头香更为重要的道理。《苍岩山的奶奶照远不照近》讲述一对邻居的故事。屠夫阿米和烧香拜佛的老妇毗邻而居。两人行事作风截然相反。屠户每天刀不离手,但乐善好施;老妇每日"阿弥陀佛"不离口,却锱铢必

---

[1] 《在家敬父母　何必远烧香》,井陉民间文学集成办公室:《井陉民间文学集成》第 1 卷,1986 年,第 81 页。

较。一日，两户门前来了个挂棍要饭的老婆婆，衣服破烂、虱子满身，脸上还长着吓人的疙瘩。烧香拜佛的老妇嫌弃地将她撵走，屠户阿米将老婆婆带回家中，给她提供衣食。屠户应老婆婆请求背她回家，结果飘到苍岩山正殿，老婆婆消失不见，反而出现一堆银子。屠户明白这是三皇姑化身来度化他，便将银子带回家。而烧香拜佛的老妇却始终不明白彼富己贫的原因。这两个故事说明，无论是上头香还是念经拜佛，这些敬拜仪式远不如身体力行地行善尽孝有用。

"苍岩山的奶奶——照远不照近"也是广为流传的歇后语。故事讲述三皇姑到苍岩山修行，拜翟姓善人为师，并继任住持之位。金花、银花、春花是3位关东来的弟子，因琴棋书画样样精通、熟记七十二卷经书，她们赢得三皇姑喜爱，同时也遭到师姐妙玲和妙琴的嫉妒。三皇姑法纪严明，妙玲、妙琴要勤念经卷，一字不差才得饮食，稍有差错，便要罚站以示惩戒。二人不堪重压，与他人私通怀有身孕，被三皇姑逐出苍岩山。二人羞愧难当又思念情郎，痛哭时遇到一位砍柴老翁。妙玲、妙琴反诬三皇姑偏爱金花等弟子、喜新厌旧将二人逐出师门。老翁打抱不平，来到苍岩山却见三皇姑绑住妙玲、妙琴的情郎，要他们娶弟子为妻。老翁发现，两位情郎正是自己的孙子，便安排两对年轻人成亲。为照顾孙子的体面，每当有人问起妙玲、妙琴之事，老翁都以三皇姑只照顾远客、不看顾近邻来堵住悠悠众口。

此类传说涉及三皇姑信仰的重要仪式，如摔顶、撑山、撒米等，也有广为流传的谣谚，如"三皇姑照远不照近"等。故事中的三皇姑，基本担任规训与惩罚的功能，为非作歹、胡作非为便会受到惩罚，而忠孝节义、行善积德方能得到褒奖。

4. 其他相关传说

《井陉民间文学集成》还有部分苍岩山传说，与三皇姑的关系较为疏离，主题以医治百病和惩恶扬善为主。前者以《葛仙翁炼丹》《郭半仙》为代表，后者以《两只更鸟的来历》《百宝书》为代表。

葛仙翁和郭半仙都是本地的名医。葛仙翁即葛洪，知名度远高于郭半仙。两篇故事情节也有相似之处，二人的高明医术来自三皇姑的帮助和赐予。《葛仙翁炼丹》更为丰富，可分为葛仙翁出家、大台山行医、炼制"百效解毒丹"、被封忠义佛四个部分。因朝政腐败，他决意效仿三皇姑出家，但因家庭所累和朝廷管制无法脱身。葛仙翁只请求三皇姑搭救，依计假死脱身。他经三皇姑指点到大台山安身，山上的仙人洞、双眼洞等处便于他行医和炼丹。

> 山呈三个阶梯形状：第一台阶高数百丈，台上有两个大溶洞叫双眼洞，内有两块巨石为眼珠，眼珠五百年转一次，能观天堂十八层，能观地狱十八层，它与苍岩山遥遥相对，是三皇姑一宝呢；第二个台阶又高出几百丈，台上苍松翠柏，是个大林带；第三个台阶接近山顶又高出百余丈，上边长满各种鲜花异草，芳香扑鼻。山左侧有天生的仙人洞。①

葛仙翁利用苍岩山龙泉水和大台山的草药，炼出"顺气丹""镇邪丹"等为百姓医病。不料，本地百姓患疫病、死亡率极高。葛仙翁按照三皇姑的命令，率领众徒尝草采药，炼出"百效解毒丹"。三皇姑将药分发至全县各个村落，解救黎民。此后，葛仙翁立志要炼出医治"吃不得"病的仙丹。他在双眼洞祭拜，指引他寻找黄叶、根紫的山花。葛仙翁在第三个台阶的百花丛中找到此花，尽管知道此药是毒药，但也大胆品尝并殒命。因他炼丹功高，被敕封为"忠义佛"。葛仙翁和三皇姑均成为百姓爱戴的地方神明，每年庙会期间上山敬拜。

《郭半仙》讲述郭姓医生口含仙气治病的故事。这位医生本来医术平平，但乐善好施、赠医施药。每年农历三月庙会期间，他都搭起草棚免费为香客诊脉看病，有郭善人之称。三皇姑化作患有脓疮的老婆婆，郭先生毫不嫌弃地为她吸出脓水、擦洗敷药。第二天，他又路遇长有腿疮的乞丐，仅用嘴轻轻吹气便治好此疮。原来，三皇姑所化的老婆婆，

---

① 《葛仙翁炼丹》，井陉民间文学集成办公室：《井陉民间文学集成》第1卷，1986年，第40页。

第三章　民俗文化、庙会经济与苍岩山传说的标准化

所患脓疮是她赠送的仙桃。郭先生为她吸出后便拥有了仙气，只要吹一口气便可医好脓疮疙瘩。井陉地区形成用嘴吹气医治脓疮的习俗。

《两只更鸟的来历》和《百宝书》虽以惩恶扬善为主题，但情节差异较大。前者算是摔顶故事的异文，讲述隆尧县的大户人家，有兄弟三人。其中大儿子经营当铺，二儿子是个银匠，只有三儿子种地为生。大儿子和二儿子不愿照顾父母，早早将二老送入花墓。三儿子每日送去茶饭，甚至要饭也要供养父母，但是父母还是冻饿而死。大儿子和二儿子膝下无子，便请风水先生来算命。算命先生说："你们俩办下伤天害理之事，上不敬父母，下搜刮众人钱财；一双老人，在苍岩山阎王殿里告下你俩，眼下有大灾大难，身犯'下油锅、摔刀山'之罪，断子绝孙！"他告诉二人，必须去苍岩山圣母殿请三皇姑为他们降福免灾。二人虽愿去苍岩山敬拜，但是妻子不愿给钱，两个人风餐露宿，冻饿而死。丈夫一去不返，媳妇二人又请算命先生前来。他告诉妯娌二人，其丈夫被阎王压在苍岩山象鼻岩下，变作知更鸟为三皇姑夜间打更。妯娌二人来到山下，听说摔顶习俗不敢上山，只在万仙堂化纸敬佛，听见丈夫喊"我不好，我不好"和"我学好，我学好"，妯娌二人也后悔莫及。而老三家的儿子年满九岁就考上了秀才。①

《百宝书》讲述金良河突遭洪水，两岸庄稼被淹，百姓逃生要饭，苦不堪言。螃蟹精化身张俊才霸占了金良河的肥田沃土，逃荒归来的百姓无地可种，只能为他扛长工、打短工为生，甚至将扛活的人变成只知拼命干活的痴傻之人。太行山下的杨盼儿，聪明伶俐，以打猎为生。其父母被张俊才逼迫交出坡地，拒绝后被活活打死。杨盼儿得遇高人，学得本领下山报仇。他山上打猎时，救治一只小螃蟹。小螃蟹是张俊才的女儿，化身美貌姑娘与杨盼儿结为夫妻。三皇姑托梦给杨盼儿，"要想除掉螃蟹精，必须得到《百宝书》，只有读了《百宝书》，你的本领比现在高强十倍"②。杨盼儿在三皇姑的指引下，用金斧头劈开苍岩山，在水

---

① 《两只更鸟的来历》，井陉民间文学集成办公室：《井陉民间文学集成》第1卷，1986年，第50页。
② 《百宝书》，井陉民间文学集成办公室：《井陉民间文学集成》第1卷，1986年，第96页。

237

帘洞中找到龙泉剑和金钥匙，打开龙泉柜取出《百宝书》。杨盼儿依照《百宝书》所授，用龙泉剑杀死螃蟹精，用龙泉水治好村民的呆傻病，让金良河百姓恢复往日的美好生活。

《井陉民间文学集成》还有些故事与苍岩山传说关系较远，三皇姑或苍岩山仅作为故事发生的背景出现。《太子求医》讲述苍岩山的胖和尚用计治好太子的故事。这位太子常年卧床、体弱多病，其父遍寻名医却毫无疗效。苍岩山的胖和尚揭下皇榜，说"苍岩山顶有株灵芝草，采来服下就好了"，但要求"病人亲自去采，别人采来就不灵了"。① 太子只能亲上苍岩山，日日上山采药却空手而归。坚持八十一天后，太子面色红润、身体强壮，病痛不药而愈。至此，皇帝才明白胖和尚要太子采药的用意。这一故事与三皇姑无关，仅说明胖和尚来自苍岩山，以此建立与苍岩山传说的关系。

《檀木龙王》《耿庄仙桃》《王母尝桃》都与之相似。《檀木龙王》由仇喜卿搜集整理，讲述南河头村龙王庙会的形成。该村供奉龙王神像被山西乐平人偷走安置在自家的奶奶庙中。村民依照龙王梦中嘱托，趁山西人来苍岩山过庙会时抢回龙王神像，并于庙会期间披红挂彩、祈求风调雨顺。这个故事与苍岩山传说的关联，仅有"塑化龙王的那截木头是苍岩山碧涧灵檀里的古檀"②，及庙会夺回龙王像两个部分。《耿庄仙桃》讲述孙悟空大闹天宫后，误落苍岩山。天兵天将追到。孙悟空把"手中攥着的仙桃扔了出去，使劲过猛，把桃核捏开了一道缝，摔到了苍岩山脚下的耿庄"；③ 因此，耿庄出产的桃子甜脆可口，深受喜爱。它有两个相连的核四瓣仁，其真假可由桃核清晰可辨。《王母尝桃》与《耿庄仙桃》相互呼应，讲述王母娘娘一行至苍岩山玉皇顶，看到柿子以为是孙悟空逃命时留下的仙桃，便让众仙尝尝味道。结果众仙一时贪

---

① 《太子求医》，井陉民间文学集成办公室：《井陉民间文学集成》第1卷，1986年，第37页。

② 《檀木龙王》，井陉民间文学集成办公室：《井陉民间文学集成》第1卷，1986年，第92页。

③ 《耿庄仙桃》，井陉民间文学集成办公室：《井陉民间文学集成》第1卷，1986年，第206页。

吃而胡说八道，王母一怒之下便说："柿子本为圆，从今要分瓣。把尔舌头去，化作柿肉甜。"① 自此，众仙被揪去舌头、压在山下，警示爱说瞎话的人。桃和柿子都是井陉本地特产，因而其相关故事以苍岩山为背景。其与三皇姑的传说关联仅限于此。

综上所述，苍岩山传说将苍岩山的庙宇神佛、自然景观等深嵌三皇姑信仰；尽量将葛仙翁、鲁班等华北广泛祭祀的神明融入苍岩山传说系统；千手观音、文昌帝君、犀那佛等佛道神祇，均为在地化传说，与井陉地方紧密结合。

五 《井陉民间文学集成》与苍岩山传说的标准化、系统化

苍岩山传说内容丰富、流传广泛。《井陉民间文学集成》保存大量传说的同时，也在推动其标准化、系统化进程。其主要通过以下途径建构起以三皇姑为中心的神明系统及苍岩山在信仰圈内的崇高地位。

（一）三皇姑的女神形象与苍岩山传说系统的嫁接

苍岩山传说的三大系统，身份不同、情节各异，分属不同的信仰体系。隋文帝女说属于道家体系，其传说较为简单，以公主患风癣病，在苍岩山愈疾出家为主要情节，有道家神话色彩；隋炀帝女说则是依照儒家话语重新塑造忠孝节义的女神形象，以南阳公主于国破家亡后在苍岩山出家修行为主线；千手观音说当属佛教体系，将全国数地流传的千手观音故事与三皇姑和苍岩山相融合，形成佛教传说的本地化。这三者源头清楚、故事主线清晰，本是性质各异、相对独立的传说系统。

顾颉刚开创的民间文学研究，往往认为文人记载与口头传说的关系

---

① 《王母尝桃》，井陉民间文学集成办公室：《井陉民间文学集成》第1卷，1986年，第222页。

颇为紧张。他以"孟姜女故事"为例说明,"刘开笔下杞植妻"的故事,将"民间的种种有趣味的传说全给他删去了,剩下来的只有一个无关痛痒的轮廓,除了万免不掉的崩城一事之外却没有神话的意味了"①。隋帝女二说在文人士绅的笔下流传,尤其是南阳公主说直采《隋书·列女传》的相关记载,宋孟寅直言:"这样的作品至多以后只能靠书面流传,它会由于语言的书面化而再也得不到人民群众以口耳相传的方式去传播这个故事的机会。"②《井陉民间文学集成》收录的三皇姑及苍岩山传说印证了这一判断。《井陉民间文学集成》收录的传说显示,在口头传统中确以千手观音传说为主。张树林提到,普查过程中搜集到的异文很多,故事长度也不尽相同,但"情节重复得很多","大体一样"。③ 其中属于隋文帝女说系统仅有两篇,甚至没有专属隋炀帝女说的故事。

苍岩山传说的独特之处在于,其传说系统有一定共性。无论是隋文帝女、隋炀帝女还是千手观音说,三皇姑都是克服重重阻碍、舍弃繁华矢志修行、品行高洁的皇家女。这种耦合,为苍岩山传说系统提供融合的基础,在官方话语与百姓喜好间达成平衡。三皇姑的身份逐渐为更加在地化、更符合官方话语的南阳公主所取代,并在民众口头广泛流传。《三女选山》中三皇姑的父王为隋朝的妙庄王,虽然保留千手观音说中妙庄王的名号,但朝代已落在了隋朝。《火烧白草寺》《姐妹斗智》等故事均采用隋文帝女的身份,甚至指明妙阳公主的称号。《苍山圣母》《神虎救皇姑》《皇姑选山》《火烧白草寺》等故事,虽讲述千手观音传说系统中的主要情节,但在公主身份上均选用隋炀帝女的说法。《皇姑选山》故事开篇,转述正史记载说明三皇姑出家的原因:

> 南阳公主十四岁嫁给宇文士及为妻,并生有一子。偏偏命运和

---

① 顾颉刚:《孟姜女故事研究》,《现代评论二周年增刊》,1927年1月。
② 宋孟寅:《浅谈民间故事的语言风格与科学价值》,河北省《三套集成》办公室辑印:《民间文学三套集成通讯》第11辑,1987年。
③ 张树林,男,75岁,访谈地点,张树林家中,访谈人,赵倩,访谈时间,2024年4月20日。

她开玩笑，宇文家起兵造反，爹爹被杀，母后身亡，公主气得浑身发抖，恨得牙根疼。看到人世间如此邋遢，便决定出家"修行"。①

《十佛岩》甚至未顾及三皇姑行三的明显特征，直言她为隋炀帝长女南阳公主。正史和文人士绅的影响更为明晰。

相传隋炀帝长女南阳公主，在父炀帝被杀，自己被俘，她的丈夫士及又与她断绝了夫妻关系，在走投无路的情况下，请求义军头领窦建德同意，来到井陉削发为尼。②

《"独石怪柏"的传说》也述及《南阳公主传》中的重要情节：

传说隋炀帝统治天下，荒淫无道，穷兵黩武，大兴土木。各地人民纷纷起义，不久就被丞相宇文成都给杀死了。一时间，京城大乱，隋炀帝女儿南阳公主落到了一位起义军领袖窦建德的手中。窦建德深知公主生来性情贤淑，在宫中很受人敬爱。就吩咐手下人好好待候。公主见窦建德为人耿直，忠厚老实，便认作了舅父。不久，公主看破红尘，毅然决定出家，窦建德便护送着公主离开了长安城。③

这段介绍讹误颇多。江都事变的发起者是宇文化及，宇文成都是《说唐》《隋唐演义》等演绎类小说的虚构人物，更贴合口头传统。窦建德击败宇文化及后，诛杀了南阳公主的儿子。对南阳公主而言，窦建德虽为她报了杀父之仇，却又有杀子之恨。《隋书》中，仅有南阳公主沦

---

① 《皇姑选山》，井陉民间文学集成办公室：《井陉民间文学集成》第1卷，1986年，第14页。
② 《十佛岩》，井陉民间文学集成办公室：《井陉民间文学集成》第1卷，1986年，第223页。
③ 《"独石怪柏"的传说》，井陉民间文学集成办公室：《井陉民间文学集成》第1卷，1986年，第171页。

为阶下囚却神色自若，赢得窦建德尊重的情节，并无拜他为舅父并由他护送出家的内容。

值得一提的是，《井陉民间文学集成》中详述南阳公主正史记载的传说中，常涉及窦建德这一关键人物。大业十三年（617），窦建德在河间、乐寿两县（今河北省沧州市属县）称帝，雄踞河北数年，一度与关中的李渊、河南的王世充呈三足鼎立之势。其故事在河北广为流传。《井陉民间文学集成》收录有《窦王墓》《卜妃墓与彪村塔》，《获鹿县民间故事歌谣谚语卷》收录有《窦王城的传说》等，均是窦建德相关的地名由来。

《卜妃墓与彪村塔》讲述窦建德妻子卜妃的故事。她是辅助丈夫成其大业的女中豪杰，"她能文善武，辅助丈夫成其大业。为抱打天下不平，她随丈夫转战四方，声威四海"①。传说中，卜妃病死后葬在井陉的彪村，窦建德为纪念她所建的玲珑塔也被称为"卜妃塔"。窦王墓位于吴家窑村西。因有"豆（窦）入牛口，势不得久"的童谣，窦建德兵败牛口峪，并在此处建起"窦王墓"。②井陉附近多处地方得名均与他有关。

  为了纪念这位农民起义军领袖，便把窦王安营扎寨的地方取名为"帐房岭"；窦王居住过的那个地方取名"皇都"；窦王积草屯粮的地方取名为"粮都"，后改为"良都"。③

"窦王城"位于获鹿北故邑村，是窦建德军队驻扎的地方。《窦王城的传说》讲述其军队被官军围困多日，窦建德决意率众突围。其母自刎以免拖累起义军，悲愤之下窦建德率部杀出，撤往金良川。

---

① 《卜妃墓与彪村塔》，井陉民间文学集成办公室：《井陉民间文学集成》第1卷，1986年，第335页。

② 光绪版《井陉县志》中有《牛口峪辨》一文，考据说明："汜水、虎牢皆在河南，与井陉无与。牛口峪特因牛口谷附会之耳。"[（清）常善修，赵文濂纂：《续修井陉县志·山川》，光绪元年刊本。]

③ 《窦王墓》，井陉民间文学集成办公室：《井陉民间文学集成》第1卷，1986年，第350页。

第三章 民俗文化、庙会经济与苍岩山传说的标准化

窦建德的传说故事与河北地名密切相关，凸显其在地方的影响力。女神三皇姑同样是华北地区广为人知的女神，二者在民间传说中出现交集并不意外。除上述故事外，《井陉民间文学集成》中尚有多篇故事涉及二人关系。《抚琴台》再次提及窦建德的舅父身份；《螃蟹的传说》提到三皇姑在太行山遇到并护送她去柏山岩避难的"窦大人"也是窦建德。可以说，窦建德与苍岩山传说故事同在河北地方流传，他与南阳公主的故事又载于史册，为苍岩山传说系统融合提供天赐机缘，是三皇姑身份转换的重要依托。

千手观音传说流布较广，并非为井陉或者华北地区独有。河北省内流传"异文甚多，凡有千手千眼菩萨庙宇的地方，均有此传说。如保定的大慈阁，正定的隆兴寺，南和县的白雀庵，承德的普宁寺"[①]。《中国民间文学集成·河北卷》收录的《三皇姑》，与《井陉民间文学集成》稍有不同。二者的主要讲述人均为刘成文、整理人同为宋孟寅，故事主体情节基本一致。但是，省卷本未分章节，直叙三皇姑出家修行、舍手眼救父的故事。省卷本《三皇姑》的讲述人还有曾在苍岩山福庆寺出家为僧的赵占岭（80岁），取代县卷本《三皇姑的传说》补充讲述人高家峪的两姊妹（50多岁）。这一变化对传说故事没有产生质的影响、三难皇姑、火烧白雀庵、千手千眼佛的细节基本保留照抄。

省卷本和县卷本最大的差异在于文字的修饰，反映语言的科学性问题。其中，县卷本传说结尾"皇姑坟"部分全部删除。

> 百姓们怀念妙善的好处，每人搬一块石头，在寺塬顶上，为她修了一座坟墓，就是后来的皇姑坟。[②]

多数部分文字叙述做出删改、情节保持不变。举例如下：

[①] 中国民间文学集成全国编辑委员会、《中国民间文学集成·河北卷》编委会：《中国民间故事集成·河北卷》，2003年，第260页。
[②] 《三皇姑的传说》，井陉民间文学集成办公室：《井陉民间文学集成》第1卷，1986年，第6页。

> 从前，苍岩山除了公主祠里有三皇姑的神像外，在说法台下边还有一座千手千眼、大慈大悲菩萨殿；山下有一座三皇姑跨虎登山的小庙。传说这些庙里的神像，全是三皇姑的法身。①
>
> 河北苍岩山上有一座千手千眼大悲菩萨殿，相传三皇姑受封后变成三头六面千手千眼菩萨。这故事还得从"妙庄王招驸马"说起。②

县卷本《三皇姑的传说》开篇介绍苍岩山上三皇姑的神像和庙宇，省卷本《三皇姑》开篇更加简洁，重点突出三皇姑千手观音的身份。比较来看，前者更能突出三皇姑与苍岩山庙宇的关联。后者指出三皇姑为三首六面的千手观音。事实上，苍岩山上并无三首六面的千手观音造像。一般来说，三面和十一面为千手观音的常见形象。但是，苍岩山上三皇姑造像多为身着凤冠霞帔的明朝女性形象；晚近修建的南阳公主庙供奉的是十一面千手观音像。可见，省卷本《三皇姑》更贴近佛教千手观音传说。

> 妙庄王没奈何，只好厚着脸皮，派太监杨杰到苍岩山。老杨杰到苍岩山把妙庄王的病对妙善说了一遍，妙善一点也不含糊，接过太监带来的钢刀和白玉盘，亲自剜下自己的一只眼、剁下一只手放在白玉盘里。③
>
> 妙庄王没法儿，厚着脸皮派老太监杨杰到苍岩山求妙善给手眼。妙善见了老杨杰，亲自动手剜下自己的眼，又剁了自己的手。④

---

① 《三皇姑的传说》，井陉民间文学集成办公室：《井陉民间文学集成》第1卷，1986年，第1页。
② 中国民间文学集成全国编辑委员会、《中国民间文学集成·河北卷》编委会：《中国民间故事集成·河北卷》，2003年，第258页。
③ 《三皇姑的传说》，井陉民间文学集成办公室：《井陉民间文学集成》第1卷，1986年，第5页。
④ 中国民间文学集成全国编辑委员会、《中国民间文学集成·河北卷》编委会：《中国民间故事集成·河北卷》，2003年，第260页。

第三章　民俗文化、庙会经济与苍岩山传说的标准化

这一删改较有代表性，二者均讲述三皇姑剜去手眼的场景。省卷本更加洗练，简要交代妙庄王派杨杰求妙善，而妙善毫不犹豫剜下手眼。县卷本细节更多，除交代事件要素外，还增加了白玉盘和钢刀这一辅助用品，妙善剜下手眼就由静态描述变为动态画面，更好地凸显她舍手眼救父的坚毅果决。整体而言，省卷本《三皇姑》虽然文字更加简练流畅，但也少了些许口头传统的生动形象。

以"三皇姑传说"为例，可以窥见省卷本的文学语言的特点。与县卷本相比，其语言凝练的同时，书面语的色彩更浓厚了些。加之，省卷本三皇姑出家修行传说更加符合千手观音传说的同时，与苍岩山及河北地方的关联却被削减几分。这一实况，显示"三套集成"编纂的科学性是极难把握的原则。可见，民间文学是地方信仰和传统习俗的反映，同样深受传承合法性的困扰。省卷本的流通范围与层面都远超县卷本，因此在搜集整理时必然会更加谨慎。在大小传统的关系中，儒家话语和官方祀典要想下沉至地方，往往要完成在地化进程，形成地方性知识。而近代以来，这一趋势逐渐逆转，民间信仰若想存续发展，须借助大传统来纾解其合法性危机。因此，"三套集成"编纂过程中，苍岩山传说逐渐向社会知名度更高、广受认可的千手观音靠拢也是颇为正常的选择。

就合法性来看，千手观音和南阳公主身份对三皇姑信仰的传承均有正面意义，均符合现代话语的评判标准。而前者更受民众认可和喜爱是其优势；但其在地化程度不高、代表性存疑，则是其无法克服的弱点。对于三皇姑这样的民间信仰来讲，其千百年来在信仰圈内形成的情感认同、乡土情怀，是其传承的重要价值所在，也不能轻易抛弃。在这复杂的局势下，南阳公主身份与千手观音传说主线的嫁接，可以说是苍岩山传说的最佳选择。它不仅得到政府的认同，将这一传说版本书于文字并应用于各种宣传途径；还在民众中广为流传，为其敬拜三皇姑的行为寻求合法性。当然，接受南阳公主身份几乎是口头传统对正史记载、书面文字的最高接纳程度。南阳公主的人生历程，与宇文化及的分与合，民众并不了解也并未过多地流传于基层社会。

（二）争山选山传说与信仰空间争夺隐喻

井陉附近地方，志公、龙王、关公等均与三皇姑信仰圈有所重合，信仰空间的争夺不可避免。尤其是争山传说，均有史可考，真切反映三皇姑信仰及井陉地方社会的变动。

志公与三皇姑争夺信仰空间由来已久。"銮驾山"一名，即可知是皇帝驻扎结营的地方。在苍岩山传说中，此处因其父来苍岩山敕封而得名；但在志公传说中，这是梁王寻找志公的歇脚处。传说中，志公身份的说法基本一致。《苍山圣母》和《志公岩》中已简要说明他是南梁萧衍的军师，因道明西宫娘娘的真身，而被迫离开皇宫，云游天下。这与《志公的传说》情节高度一致。后者篇幅更长，在萧衍军师身份基础上，增加其足智多谋、能掐会算的技能。也细致讲述了萧衍前世——打柴汉在破庙避雨，为圣像穿衣戴帽遮雨，因此功德而转世帝王、治理天下。西宫娘娘前世是蛐蟮，被志公前世斩成两截，因缘际会转世为人并成为皇帝嫔妃。西宫娘娘听说后蓄意报复志公，用胎衣做馅想破其道行。志公早有准备，用素馅包子替换，并把胎衣包子埋在花园长成葱、蒜、韭菜和辣椒，最后施法令西宫娘娘现出真身。此事后，志公便向萧衍表示无法再辅佐他。离开皇宫又与三皇姑争山失败，落脚在志公岩。《双笔峰》中的志公是饱读诗书、高中状元的有为青年。因才华出众受赠两支玉笔，他忠心耿耿、廉洁奉公。因朝政混乱，志公辞职回乡，隐居修行。他见百姓沿街乞讨、流离失所，就执起玉笔为百姓写状纸喊冤，帮助老妇人状告县太爷强抢民女。但此人是皇上的内弟，平时仗势胡为、抢男霸女，反诬志公以写状纸为名辱骂皇帝。皇帝误信谗言要将他砍头示众。志公辗转来到了苍岩山，以玉笔为记占山修行。三皇姑来到此地，仙猴将两支玉笔拔起，投掷在对面山头。志公无奈只能到对面山上安家，两支玉笔变为双笔峰。

传说中，志公争山失败后，只能选择对山的志公岩修行。现实中，志公岩地处銮驾山，与苍岩山仅一涧之隔。地理位置的接近，导致二者争夺信仰空间无可避免。其道场始称志公寺，始建于隋朝。而苍岩山庙

第三章 民俗文化、庙会经济与苍岩山传说的标准化

宇有文字可考的建造历史，只能追溯到宋真宗时期。概而言之，三皇姑信仰的兴起极大可能晚于志公信仰，但后来居上，赢得更多的信众支持。这样的信仰格局，隐喻到传说中，便是志公与三皇姑争山的结果无一例外，均以他失败告终。

巧合的是，晚清的李修正之乱，也选在銮驾山建庙惑众，更能说明地理位置的影响。《井陉民间文学集成》收录的《白龙剑》正是其在传说中隐喻这一震动井陉地方的大事。《白龙剑》讲述白莲教头领李秀珍在北山寺抗击清军的故事。它提到，苍岩山分为南山寺和北山寺。三皇姑坐化成仙时告诉后人，北山寺的莲花宝塔内有宝物，但未具体说明是何物件。晚清李秀珍听说苍岩山菩萨灵验，率军到北山寺据守。他们先口念咒语用法术呼风唤雨取胜；后据守要道，利用乱石滚木击退清军的第二次进攻。清军调整战术，围而不打，想要困死起义军。李秀珍等靠食山中仙果，饮水帘洞泉水，坚守半月有余，军心不动。清军无计可施便放火烧山，起义军全军覆没。村民在掩埋尸体时，莲花塔尖放出万道金光，现出一把明晃晃的七尺宝剑，锋利无比。此时三皇姑显灵告知百姓，这就是玉帝所赐镇山之宝——白龙剑。

这一传说极为珍贵，显示民众对历史事件的记忆与想象。故事中的李秀珍正是同光年间在銮驾山大兴土木、肆意敛财的李修正。其南山寺与北山寺的划分，一方面体现二者的信仰空间的争夺，后者香火甚至更胜前者：

> 苍岩山的北山寺，有宝塔镇着山里的脉系，菩萨灵验，香烟便一天比一天旺盛。千乡百里的人都来进香许愿。寺里，每天香客不断。从此，苍岩山声名大振。北山寺远比南山寺兴盛。[①]

另一方面，南北两寺均为三皇姑在苍岩山所建，是其修行之所。包括白龙剑的出世，也由三皇姑留下悬念并揭晓答案。换言之，李修正及

[①] 《白龙剑》，井陉民间文学集成办公室：《井陉民间文学集成》第1卷，1986年，第210页。

其惑民敛财活动已有纳入三皇姑传说系统的趋势。就故事而言，三皇姑及白龙剑与李秀珍在北山寺抗击清军关系并不紧密，更像是两个情节的简单捏合。更值得玩味的是，故事中的李秀珍等人是相对正面的形象。言辞中，肯定他们反抗清廷统治的行为和誓死抵抗的精神，与地方史志中的记载完全相悖。除李秀珍占据銮驾山传教等要素外，其情节、主题均与历史真实并无关联之处。

另一与三皇姑争山的主角关公，在井陉地方也有故事流传。朱砂洞村位于井陉与平山县的交界处。《朱砂洞村的来历》故事讲述老工匠受雇为关公塑像。他在关公的指引下，利用朱砂洞中找到的材料调成红色，为关公的脸涂染上色。《关公的脸为什么是红的》讲述关公与张飞比试，二人用自己的兵器击打对方三下。张飞扛下关公大刀的三下拍击，毫发无伤。关公也只能硬接张飞丈二长矛的三下重击。关羽"眼前发花，满腔热血直向上涌。他双口紧闭，屏住气，把涌向头部的血又压了下去，但脸却被殷红鲜血染红了"①。这两篇关公的故事围绕其红脸特征展开，皆与苍岩山传说并不相关。

关帝圣君作为祀典神明而广泛祭祀，本与三皇姑信仰不应有激烈信仰空间的争夺。但是，晚清李维新的禁革行动，试图以前者取代后者在苍岩山正神地位，令本来相安无事的祀典神明和民间神祇短兵相接，最终因三皇姑信众基础牢固，保住其苍岩山正神地位。这一状况，影响了关羽传说的面貌。在苍岩山传说系统中，他与三皇姑争山败北。但在关公信仰为主的传说中，与三皇姑几无关系。

选山传说同样隐喻信仰空间的争夺，但其"选"而不"争"，意味着二者之间没有正面交锋、引发冲突，划定民间信仰辐射范围的意图更浓厚些。苍岩山传说中，有三姐妹同时出家的故事。除三皇姑选定苍岩山外，大皇姑、二皇姑也选定雪花山、挂云山、云盘山、莲花山等处作为修行地。这些山川寺庙也因此纳入苍岩山传说系统，从属于三皇姑信

---

① 《关公的脸为什么是红的》，井陉民间文学集成办公室：《井陉民间文学集成》第 2 卷，1986 年，第 566 页。

第三章　民俗文化、庙会经济与苍岩山传说的标准化

仰并以苍岩山为尊。而这些地方也有自己的传说故事，却独立于苍岩山传说系统之外。

挂云山上建有道教宫观——清泉观。《挂云山上的清泉观》中，讲述山东兄弟孔一吉、孔一祥二人先是慕名寻至挂云山，打算在白云洞中修行。兄弟二人开宗立派、定下整套道教清规。孔一祥让哥哥留守清泉观，自己到北京建造白云观，收徒传教。兄长孔一吉将泰山神位移到挂云山，修建碧霞元君、三皇、女娲庙。因登山远眺"同样有如登泰山之感，挂云山也有南天门、系马桩等古迹"，清泉观也有"小泰山"的美誉。[①] 可见，挂云山的相关传说重在建构与山东泰山、北京白云观血脉相连的传承关系，而三皇姑及其庙宇则踪迹不见。

雪花山的传说也与之相似。它位于井陉西门外，因夏季满山开遍白花而得名。山上建有碧霞元君庙，每年农历四月十八雪花盛开时被定为庙日，周围数百里的善男信女来此朝山进香。碧霞元君泰山女神的身份更为大众熟知。《雪花山传说》中，碧霞元君变为赵公明的三师妹。三姊妹因逆时扶纣，死后获封"感应随世仙姑正神"。因漂泊无依，三人分别寻找安神修行之处。碧霞来到太行山路遇妖虎，以护身法宝混元金斗扣在虎头。妖虎灵力耗尽，变作"虎头山"。碧霞将三仙岛修行时积存下来的花种撒在山上开满白花。清代井陉的县官身患异病，遍寻名医无法医治。有百姓献上雪花煎水服用，疾病立消。县官获救后，来到雪花山上修建碧霞元君庙，供百姓焚香祭拜。这一故事中的碧霞元君，与泰山女神并无关联，反而借用云霄、碧霄、琼霄三姐妹的身份和背景，其中碧霞元君在三仙岛修炼、使用法宝混元金斗、死后封号均与之相符。值得玩味的是，《封神演义》中云霄仙子更加突出，碧霄的名字与碧霞更为贴近，但在《雪花山传说》中，碧霞元君却行三，与三皇姑有几分相近。

云盘山位于井陉县岩峰乡马村东北方向，山上建有寺庙纪念一个叫米浩的女孩。她出身于正定县的贫寒之家，因聪明美貌深受村里长辈的喜

[①] 《挂云山上的清泉观》，井陉民间文学集成办公室：《井陉民间文学集成》第1卷，1986年，第233页。

249

爱。她在纺线时被狂风刮走、消失不见，尸身被马村的放牛娃在云盘山上的洞中发现。她的父母也在仙翁托梦的指引下，沿纺车线找到云盘山。众人商议在山上建庙供奉米浩，因有求必应深受本地信神百姓的尊敬。

这些传说均有一个共性，便是这些山上寺庙供奉的均为地方女神，尤其是涉及碧霞元君的传说较多。可见，三皇姑与碧霞元君同为华北地区信仰女神，信仰圈有诸多重合之处。由苍岩山传说可知，三皇姑信仰不仅在泰山以东无法与碧霞元君相比。即便是三皇姑信仰的核心圈层，碧霞元君的影响力仍不容小觑。除前文提到，挂云山、雪花山等处均供奉碧霞元君。《三女选山》中提到观音寨这个地方，位于邢台市寨底村北小西天主峰南侧山顶。巧合的是，观音寨供奉的正神是碧霞元君。主峰小西天又名奶奶顶，同样供奉碧霞元君。在邢台地区，也有碧霞元君争山传说的流传。她同样以绣鞋占山，只不过争山的对象是真武大帝，与三皇姑故事高度相似。可见，在华北地区，三皇姑与碧霞元君两位女神有相似的传说，也有重合的信仰圈层。她们在民众心中的面目较为模糊，三皇姑曾被误认是碧霞元君便也在情理之中。

如果说，三皇姑与碧霞元君对信仰空间的争夺，略居下风；与龙王信仰则稍有优势。在三皇姑信仰圈内，龙王信仰同样香火鼎盛、信众基础牢固。《檀木龙王》的故事中，提及南河头村于每年四月初四定期举办龙王庙会。整体而言，苍岩山传说中，龙王信仰基本被置于从属地位。《歇龙石》等九龙传说中，它们后分任九县龙王，三皇姑在这些地方的地位自应高于龙王。《檀木龙王》的情况相似，因龙王的灵力源自苍岩山，在神明系统中的地位也略低于三皇姑。《井陉民间文学集成》中收录《黄米楼》的故事，也与龙王信仰有关。它讲述苍岩山下神仙寨里的财主周万仓，用黄米盖起一座高楼。时逢干旱，百姓向龙王祈雨，周万仓却对龙王不敬，用旱烟袋敲打龙王的头部。龙王不堪受辱，将周万仓的恶行禀告玉帝。玉帝派遣猪八戒帮助龙王惩戒周万仓。猪八戒变出几百头小猪将黄米楼拱塌。这个故事发生在苍岩山，但与三皇姑并无关联。这与"三皇姑争山选山"故事的整体特点基本一致。

概言之，三皇姑争山选山的传说故事，隐喻着信仰空间的争夺。其中以志公和关公为代表，因与三皇姑信仰有正面冲突，信仰空间的争夺较为激烈，成为三皇姑争山的对象，其失败的结果也在传说中有所展现。华北地方神祇与官方祀典神明众多，多数信仰与三皇姑信仰能够相安无事，信仰空间的争夺较为隐晦且平和。碧霞元君、龙王等神明在三皇姑信仰中均居从属地位，而在以己为主的传说中多与三皇姑关系疏离。

（三）修行地点的迁移与苍岩山权威地位的构建

千手观音传说系统中，三皇姑出家修行的第一站至关重要，因庵寺被烧引出其父王患人面疮的重要情节。《井陉民间文学集成》中，它有白雀庵和白草寺、百草寺、百草庵等多种说法。采用百雀庵的故事有《三皇姑的传说》《千手千眼观音》；采用百草寺说法的有《神虎救皇姑》《三皇姑的睡宫》；采用白草寺说法的有《火烧白草寺》《螃蟹的传说》；采用百草庵说法的有《皇姑训虎》《猴看御印》。其说法虽多，但考虑到"白""百"发音相近、庵寺不易区分的情况，后三种说法应指向同一地方。加之，三皇姑信仰圈内所能查验的相关庵寺均名为"白草寺"。白雀庵的说法较为一致，普遍认为位于邢台市南和区。可以说，三皇姑出家第一站即为白雀庵与白草寺之争。

白雀庵的优势在于它与千手观音传说本为一体，《三皇姑的传说》与《千手千眼观音》均为千手观音传说系统的标准版本。其传说流演，杜德桥有比较系统的研究，认为"《妙法莲华经》后半部的几品经文的确为妙善故事的实质与细节提供了不少素材"[①]。妙庄王与3位公主等人物、舍手眼救人等信仰主题均脱胎于此。学界普遍认可，《汝州香山大悲菩萨传碑》和《香山宝卷》代表千手观音传说流演的两个重要阶段。前者出自河南省宝丰县香山寺，已具备公主舍弃繁华、决意出家、舍手眼救父的故事雏形。它讲述宝德皇后梦吞明月生下一心出家的妙善公主。父亲庄王、两个姐姐妙颜和妙音及僧尼惠真屡劝无效，怒极将她斩首、

[①] 杜德桥：《妙善传说——观音菩萨缘起考》，李文彬等译，巨流图书公司1990年版，第92页。

火烧庵寺。龙山山神救下妙善,并指引她到香山修行。庄王患迦摩罗疾,妙善公主舍手眼治愈恶疾。碑文中,虽有火烧庵寺情节,庄王"驱五百军,尽斩尼众,悉焚舍宇",但未说明其名称和位置。同时,庄王患病与此事有直接的因果关系,指出他因"不敬三宝,毁灭佛法,焚烧刹宇,诛斩尼众,招此疾报"。①

《香山宝卷》的记载丰富了许多。首先,妙善公主及其父母的身份更加具体。父王为须弥山西面兴林国的妙庄王,她的两位姐姐分别取名妙书和妙音。更为明显的变化是增加了妙善公主游地府的情节。她被绞死后魂归阴司,在枉死城中遇见五百僧尼。妙善向地藏菩萨请命,说"弟子初出家时,所属之寺,名曰白雀。因不顺父命故来烧灭。惊死数个尼僧,是弟子之过也。望师慈悲救度生方"②。僧尼因妙善请求得归净土,便与妙庄王生病没有直接关系。其病因是玉帝对他的惩戒,"捉住庄王鞭三百,通身乱打莫容情。先付酸疼寒热病,次将恶疾裹缠身。速差五瘟归下界,奉天敕令急如云,乘云驾雾来送病",庄王病状可怖,"皮风燥痒,遍身迸裂,脓流血淋,臭气远彻"。③ 再者,宝卷中妙善公主最终出家地是惠州澄心县。澄心县并无确指,但惠州属广东辖境,与河南宝丰的香山寺距离千里,绝不可能是同一地方。同时,宝卷点明妙善公主出家在汝州白雀寺。巧合的是,宝丰县即为古时汝州辖境,距香山寺不过10千米处确有一处白雀寺。这一变化,佐证杜德桥、韩秉方等学者认为妙善传说由北向南传播的观点。

相较而言,《香山宝卷》的影响更为深远。《观世音菩萨本行经》《观音济度本愿真经》等民间宝卷基本保持一致。同样有妙善公主度化枉死僧尼的情节,并说"五百余僧,幸有奇缘,时值公主修行,火焚身亡,上天将伊等历劫冤孽,一并消灭"④。这些宝卷提出"一边手眼一边效,全身手眼效全身"的说法,妙善公主剜下双目、割下双手为药引,

---

① 蒋之奇篆,蔡京书:《汝州香山大悲菩萨传》,现存香山观音寺庙。
② 《香山宝卷》,濮文起编:《民间宝卷》第10册,黄山书社2005年版,第192页。
③ 《香山宝卷》,濮文起编:《民间宝卷》第10册,黄山书社2005年版,第198—199页。
④ 《观音济度本愿真经》,濮文起编:《民间宝卷》第10册,黄山书社2005年版,第355页。

以此刻画她舍手眼救父的义举。① 另外，《观音济度本愿真经》中，玉帝派五百僧尼惩罚妙庄王，令他们"领毒药报冤仇任尔为持"，"众僧见庄王龙床睡起，众僧们一见了叫骂不息，齐向前将庄王一把扯住，打的打咬的咬拳打足踢，妙庄王吓得个魂不复体，只喊叫绕我命封众官职，众骂道这昏君糊涂至极，将孽疮种你身看尔消防"。②

综上所述，以《香山宝卷》为代表的民间宝卷中，妙善公主为兴林国妙庄王的女儿，因决意出家而被困寒宫、在白雀寺出家又被迫"与我厨中粗作用，每日供斋五百僧。出门三里挑泉水，担柴十里别无人。淘米洗碗并择菜，厨中办事要辛勤。碓坊磨所无人替，搬汤送水转如云"③。在此困境下，妙善公主得各路神仙相助，矢志出家志向不改。妙庄王一怒之下将她绞死，还魂后选定香山出家修行并舍手眼救父。五百僧尼的命运是少有的差异情节，他们在有些宝卷中于地府被妙善度化，有的仍是怨气冲天报复庄王的形象。

需要注意的是，儒家士绅和佛教禅师的参与，是形塑千手观音传说的关键。他们以须弥山西兴林国为背景，极力将妙善打造成佛教菩萨。民众对此并未过多关注，反而以千手观音传说的本地化为发展方向。河南宝丰县作为传说的发源地，妙善传说极大简化。《中国民间故事集成·河南卷》中收录《千手千眼佛》仅保留了舍手眼救父的情节。其父白胜是位将军，"领兵赶走了外寇，在开封建国称王，使这一带的百姓过上了太平日子"④。他有三个女儿分别叫白叶、白花和白果，白果因舍双手双眼救父的义举而成佛。这一故事中，增加了将"全手全眼"误传为"千手千眼"的细节。该故事还收录一篇异文，增加了火烧庵寺的情节。故事中，她是"皇帝的三妮儿"，因矢志出家"上了寺院，当了尼姑。皇帝知道了，想着他是皇帝，他妮儿当了尼姑，这多不好哇！就让

---

① 《观世音菩萨本行经》，濮文起编：《民间宝卷》第10册，黄山书社2005年版，第284页。
② 《观音济度本愿真经》，濮文起编：《民间宝卷》第10册，黄山书社2005年版，第364页。
③ 《观世音菩萨本行经》，濮文起编：《民间宝卷》第10册，黄山书社2005年版，第259页。
④ 《千手千眼佛》，《中国民间故事集成》全国编辑委员会、《中国民间故事集成·河南卷》编委会：《中国民间故事集成·河南卷》，2001年，第179页。

人去烧死她。人们用柴火围住寺院，把这个寺院烧了"。①

《中国民间故事全书·河南·宝丰卷》收录《三皇姑》《香山大悲观世音传奇》《三皇姑出家》等故事，与《香山宝卷》情节基本一致。但其少用"妙善"一名，多以"三皇姑"称呼她。至于其身份，虽保留妙庄王女儿的说法，却称她"家住现在中岳嵩山少室山之阳的城村附近"②。《中国观音文化第一村：平顶山石桥营民俗志·民间故事卷》收录的传说，背景常设定为春秋时期，称"春秋的时候，应国东边有一个小王国，人们都称那个国家的国王为苗庄王"③。更多的故事，直接将三皇姑的父亲认作春秋五霸之一的楚庄王，称："相传，在春秋的时候，香山东北的古城有一个楚庄王，他管辖着我们这一带。楚庄王没有儿子，只有三个女儿，人们称为大皇姑、二皇姑、三皇姑。"④ 这一说法显然禁不起考证，但这种身份转换正是传说在地化的体现。宝丰县白雀寺坐落的古城父遗址，正是楚庄王曾孙的封邑。宝丰县千手观音传说与楚庄王的结合，与井陉三皇姑南阳公主身份的转换，均符合民间传说流演的基本逻辑。同时，争山选山故事《祖师爷与三皇姑争香山的传说》《香山寺的由来》；降妖伏魔故事《三皇姑收龙女》《妙善点化十八罗汉》；香山庙宇景观故事《九老阁》《石镜》等，主题均与苍岩山传说极为相似。同时，这些故事无一例外，均没有三皇姑魂游地府的情节。

同为宝卷，《大悲卷》文字更加口语化，情节也有些许变化。它仍旧指明三皇姑拒婚出家、在白雀庵修行，同时说明三皇姑在五火之神引领下在苍岩山修成正果。这一信息说明，《大悲卷》应是流传于井陉一带的千手观音

---

① 《千手千眼佛·异文》，《中国民间故事集成》全国编辑委员会、《中国民间故事集成·河南卷》编委会：《中国民间故事集成·河南卷》，2001年，第180页。

② 《三皇姑》，赵民强主编：《中国民间故事全书·河南·宝丰卷》，大象出版社2013年版，第15页。

③ 《三皇姑成佛的传说》，任学、任国卿：《中国观音文化第一村：平顶山石桥营民俗志·民间故事卷》，中州古籍出版社2014年版，第20页。

④ 《千手千眼佛》，任学、任国卿：《中国观音文化第一村：平顶山石桥营民俗志·民间故事卷》，中州古籍出版社2014年版，第19页。

传说。白雀寺被烧死的五百僧尼到地狱告状,天齐爷派五火之神"把庄王龙身体,阴火烧遍"。"烧得他浑身疼,至冒血津。""流血津做噩梦,身得重病。白日里见冤鬼,胆战心惊。""见了那恶形象,心惊胆战。"[1] 此外,它将庄王所患疾病,由佛教色彩浓厚的"迦摩罗疾"替换为更通俗易懂的"人面疮"。这些均是其传说在地化的一种表现。不过,三皇姑舍手眼救父后,庄王"开金口封的你,全手全眼","封一尊大悲佛,永不降生",尚无误封"千手千眼"的情节。[2]

井陉千手观音传说将《香山宝卷》中父母姐姐劝阻妙善出家的情节,变为更为曲折的三难公主的情节。这是其落地井陉的一个表现。同时,白雀庵作为三皇姑出家的首站更贴合千手观音传说,但难与河南等地区分开来,地域色彩较弱。因此,白草寺的说法在本地传说中更为流行。白草寺位于鹿泉区与元氏县交界处的封龙山北侧。山上寺庙众多,有窦建德相关的歇马殿、供奉孙思邈的药王庙、看守恶龙的将军石等庙宇景观,汉代三老之一李躬、唐代名将郭震等曾在此讲学。封龙山历史悠久,享誉华北。就地理位置而言,白草寺与苍岩山距离更近,与白雀庵相比更具优势。更有趣的是,白草寺原名百鹊寺,又名百鹊庵,与白雀庵存在某种微妙的联系。这说明,井陉流传的千手观音传说极大可能由河南宝丰地区流传而来。而白草寺说法的流行,更能凸显千手观音传说在地化取向。毕竟,白草寺与苍岩山女神三皇姑关联,为井陉独有,能够更好区别于宝丰及其他地方的千手观音传说。

三皇姑出家修行的歇脚地,在传说中有柏山岩、千佛岩、十佛岩、方岭山等地。其中,前两处指向明确,是井陉境内知名古迹;后两处似是虚构,只能依传说线索推测考证。柏山岩在三皇姑传说中出现频率最高。《皇姑选山》《千手千眼观音》《螃蟹的传说》三篇传说均提及它是三皇姑出家路上的歇脚地。《抚琴台》中提到的灵岩寺,正位

---

[1] 《大悲卷》,濮文起编:《民间宝卷》第10册,黄山书社2005年版,第229页。
[2] 《大悲卷》,濮文起编:《民间宝卷》第10册,黄山书社2005年版,第237页。

于柏山岩上。柏山岩隶属井陉县秀林镇，东临甘陶河、是绵右渠的东面起点，与苍岩山距离20余千米。山上灵岩寺，始建于隋唐时期。该处现存《陀罗尼经幢序》，刊刻于至元九年（1272），是现今所见较早的碑刻遗存。该经幢共有两座，讲经论僧守行是柏山村座岩人，在真定府龙兴寺石罗汉院出家，为邑众千人建造。[1] 灵岩寺香火不盛，仅见正德六年（1511）因庙宇修缮而刻碑立石。主持僧义洪鉴于寺庙年久失修，向耿共等善人募化资财，令其"前后殿阁、包垒石岩，一然焕新"[2]。

《井陉民间文学集成》中，千佛岩作为三皇姑修行地出现四次，分别为《皇姑选山》《千佛岩》《神虎救皇姑》《十佛岩》。它位于南障城镇七狮村，千佛洞本是其半山腰处的天然溶洞。北齐至明朝时期，依洞壁凿出大小石佛1000余尊，并因此得名。宋、明两朝，是千佛洞及其庙宇修缮的高峰。宋元丰三年（1080），天威军簿尉王峤（字仲温）、真定府户掾王泰（字享夫）等人，"同检旱田"，"取火穷隧洞而返"。[3] 这是千佛洞现今所见时间最早的题字刻石。宋元祐三年（1088），僧人子行云游至此，与村善人李贵、齐宣等人攀藤拽葛、艰难上山。他们"观其山明水秀，壁立万仞；翠岩深密，铁树环围。诚乃神萃之所也"[4]。因此，众人同力修缮、各舍资材、开凿石像。有明一朝，是千佛洞石佛及庙宇修缮的高峰。正德六年（1511），乡善人李义仓、张睿等，"将洞门重修，南立伽南堂，北建大王庙，中修卧佛殿，是其一时之美举有可观者也"[5]。嘉靖七年（1528），寺僧圆钦、性铸"发心重修佛殿，庄严金佛，补塑圣像"，"金碧辉煌，闪烁夺目，如净梵兮金阶玉殿；比兜率兮

---

[1]《陀罗尼经幢序》，政协井陉县委员会编：《井陉碑石文选》（上），河北人民出版社2012年版，第25页。

[2] 释正秀：《真定府井陉县秀林社柏山村重修灵岩寺记》，政协井陉县委员会编：《井陉碑石文选》（上），河北人民出版社2012年版，第219页。

[3]《元丰间题刻》，政协井陉县委员会编：《井陉碑石文选》（上），河北人民出版社2012年版，第15页。

[4] 张道明：《重修千佛岩记》，政协井陉县委员会编：《井陉碑石文选》（上），河北人民出版社2012年版，第250页。

[5] 张道明：《重修千佛岩记》，政协井陉县委员会编：《井陉碑石文选》（上），河北人民出版社2012年版，第250页。

紫府琼楼。佛圣祇园,焕然一新"。① 嘉靖三十五年(1556),主持僧性锦与门徒觉林,"重修殿阁、粧金千佛。增添罗汉一堂,新建泰山圣母圣殿三间于佛洞之左。内造炉桌华美,外制庙貌庄严"②。万历六年(1578),性锦、觉林等又"置砖瓦木植,重盖佛殿,补塑圣像,重修洞门"③。万历十八年(1590),觉林又"约乡民输财者数十人,创建观音、真武阁"④。嘉万年间,千佛洞频繁修缮,显示其香火鼎盛、容易募化资财。这与主持僧性锦的影响力分不开,他"资禀聪慧,德行莫及。久居山中,脱去尘俗之务。以看经为业,以佛事为心。是以感化多方赍资而至"⑤。除此之外,千佛洞少有记载见诸文字,庙宇石佛常陷于殿阁倒塌、圣像尘晦的困境,现今更面临石壁渗水、佛像蚀毁、盗损严重、保护不当等诸多问题。

十佛岩和方岭山出现较少。前者在《皇姑选山》和《十佛岩》故事出现,后者仅在《千手千眼观音》提及。十姐岩是《皇姑选山》中三皇姑在太行山选定的第一个修行地,位于南横口村东南方向的一座山上;《十佛岩》中,细致描绘此处的地理位置。两个关键信息是北横口村对面的河东山及甘陶河和绵河在村东面汇合。就实际情况而言,两河交汇处的村庄指向南横口村,北横口的位置偏北一些,已是冶河与绵河交汇处。因此,十佛岩与十姐岩很可能是同一地方,位于南横口村东面。但是,南横口村是著名窑址,是河北省四大窑——井陉窑的主要产地;北横口村的华严寺虽距离不远,但地处交通要道而非山上。因此,南横口村及北横口村附近并无秀丽山岩寺庙与十佛岩相匹配。方岭山的相关信

---

① 《重修千佛岩记》,政协井陉县委员会编:《井陉碑石文选》(上),河北人民出版社2012年版,第244页。
② 张道明:《重修千佛岩记》,政协井陉县委员会编:《井陉碑石文选》(上),河北人民出版社2012年版,第251页。
③ 《千佛岩睡佛殿重修记》,政协井陉县委员会编:《井陉碑石文选》(上),河北人民出版社2012年版,第267页。
④ 李民表:《敕建观音真武阁记》,政协井陉县委员会编:《井陉碑石文选》(上),河北人民出版社2012年版,第271页。标题为《文选》所加,"敕建"有奉诏令修建的意思,此次修缮仅为寺僧募化修缮,用"敕建"命名并不合适。
⑤ 张道明:《重修千佛岩记》,政协井陉县委员会编:《井陉碑石文选》(上),河北人民出版社2012年版,第250页。

息更少，难觅其踪。

三皇姑修行地距离苍岩山距离较近，基本在方圆30千米范围内。井陉历史悠久，山寺众多。灵岩寺与千佛洞的相关碑刻，未见建庙及神祇的相关传说，以称颂秀丽景色、详述修缮情况为基本内容，凸显其佛教名刹的基本定位。相较而言，柏山岩、灵岩寺与苍岩山关系更为密切。柏山岩素有"小苍岩山"之称，灵岩寺内建有皇姑殿供奉女神。附属于三皇姑信仰，一定程度上是其自愿主动的选择。而千佛洞究其建造历史，与女神三皇姑并无实质关联。苍岩山传说将这些现实存在且享有盛誉、香火鼎盛的山川庙宇纳入其传说系统，三皇姑舍弃柏山岩和千佛洞、最终选择在苍岩山修行，意味着后者更具优势、更加适合出家修行，是更具灵性的地方，以此建构苍岩山的崇高地位。

（四）多神传说融入与三皇姑在神明谱系中地位的提升

苍岩山传说涉及的神明众多，佛教的如来佛、药师佛、送子观音、韦陀，道教的玉帝王母、王灵官、文昌帝君、关帝圣君、碧霞元君、龙王、志公、葛洪及鲁班等。中国多神信仰的传统源远流长，这些神明均在华北地区广泛祭祀。除直接与三皇姑争夺信仰空间者外，这些神明多与三皇姑同受民众供奉祭拜。他们虽多能相安无事、和谐共处、多神并祀，却也无可避免存在一定的竞争关系。这些神明之间的微妙关系由苍岩山传说可以管窥其貌。

宋元时期，苍岩山大佛殿、桥楼殿等佛教寺庙的修建，逐渐与三皇姑庙宇群势均力敌。这一变化充分体现在苍岩山传说中。如来佛、犀那佛的故事均无女神三皇姑的身影。药师佛的故事更为有趣。他得三皇姑襄助成佛、又指点三皇姑龙泉水的妙用。这说明，药师佛的地位更高，但也非高高在上、遥不可及，不过是略高于女神三皇姑而已。再者，苍岩山本为公主出家修行之所，寺庙自应是尼姑庵。金泰和二年（1202）碑文记载："比丘尼从者如归市。"① 至于它何时由尼姑庵变为僧寺，碑

---

① 《苍岩山福庆寺石桥记》，金泰和二年（1202），现存苍岩山桥楼殿旁。

石文献普遍认为是大中祥符年间。但诠悦来之前,苍岩山或称"兴善寺"或称"山院",均非比丘尼庵寺。其转换时间可能更早,或者仅是传说而已。在民众心中,这也是不易说清的矛盾之处。《井陉民间文学集成》收录《尼姑山咋变成和尚寺》故事正是纾解其冲突的一种尝试。

该故事讲述苍岩山原确实是为尼姑山院,但有霸道和尚看到苍岩山香火鼎盛,就在桥楼殿南建造大佛殿,"专跟尼姑们争香火,唱起对台戏"①。尼姑不堪其扰,渐渐搬离苍岩山。和尚霸占寺院后,和尚与地方官勾结横行乡里。罗峪村有个泥腿光棍假意借钱被拒,便质问霸道和尚:"既然公主是女的,她该男的伺候,还是该女的伺候?"和尚回答不出,只能乖乖借出五十两纹银。

> 事后,和尚越想越不是味儿。是呀,自古以来都是尼姑住庵,和尚住寺。现在这山院,寺不寺,庵不庵,名不正言不顺。从这儿起,和尚把山院改名"兴善寺"。到了宋朝,又敕封为"福庆寺"。②

这一故事有几处值得注意。一是借泥腿光棍的口提出民众的困惑。即公主祠供奉的是女性,山上就应是尼姑山院而不是和尚庙。二是由尼姑庵改设僧寺的时间,落在宋朝以前。三是故事中没有三皇姑灵显、惩恶扬善的情节,反而说明苍岩山改为和尚寺已成定局。这投射在现实,恰恰说明三皇姑信仰面对佛教势力的扩张,无力像应对关公、九宫道等挑战一样占据优势,只能默许佛教庙宇的兴建,尽量维持二者和谐共存的局面。

苍岩山上道教庙宇数量不多,情况也有所不同。玉皇顶供奉玉皇大帝,在中国广泛祭祀。在道教神明系统中,其地位又远高于地方女神三皇姑。传说中,玉帝、王母高高在上,猿猴、神鸟、老虎多由他们下派

---

① 《尼姑山咋变成和尚寺》,井陉民间文学集成办公室:《井陉民间文学集成》第1卷,1986年,第104页。
② 《尼姑山咋变成和尚寺》,井陉民间文学集成办公室:《井陉民间文学集成》第1卷,1986年,第105页。

帮助三皇姑克服出家路上的层层险阻。因此，三皇姑信仰不具备挑战玉帝信仰的实力，也未见隐喻二者信仰争夺的传说。文昌帝君传说也与三皇姑无涉，显示二者和谐共处的信仰状态。苍岩山上佛教与道教庙宇也并无冲突。传说中，火烧庵寺时搭救三皇姑的神明，或是佛教的韦陀，或是道教的王灵官。二者在各自的神明系统中，均扮演护佑百姓、降妖伏魔的角色，功能高度相似。韦陀和王灵官在苍岩山传说中，也相安无事，各司其职。三皇姑与佛道信仰以和谐共处为基调，但民众敬拜的香火与庙方利益密切相关，在争取信众方面便难免暗中较劲。例如，《子孙殿》中，送子观音为三皇姑所派，以此建构其从属于三皇姑的神明系统。这种尝试，在葛仙翁等道教神明传说中同样有所体现。

综上所述，苍岩山传说反映出地方民间信仰的复杂关系。如来、玉帝等在佛道神明系统中地位较高的神佛，三皇姑信仰避其锋芒，甘居其下；葛仙翁、送子观音等地位稍低，属于广泛祭祀但常居配殿的神佛，三皇姑信仰尝试通过传说建构其在神明系统中的优势地位；而对于关帝、碧霞元君等久居正祀且信众基础同样牢固的神明，除非迫不得已，三皇姑信仰多避其锋芒，尽量保持两不相涉的信仰关系。概而言之，苍岩山传说极力建构以其为尊的神明系统，但基于现实其也不能恣意而为。因此，三皇姑在华北神明系统中，地位低于如来、玉帝等神佛，与关帝、碧霞元君可以一争高下又处于弱势；与送子观音、龙王、葛仙翁等神佛地位相当，三皇姑信仰尝试建立其优势地位，又在苍岩山传说系统之外未能得到广泛认可。

《井陉民间文学集成》收录的苍岩山传说，表现出在地化、系统化和标准化等显著特征。在地化表现在三皇姑传说与苍岩山庙宇景观、信仰圈内名山古刹紧密嵌合。在口头传承中，南阳公主身份及三难公主、苍岩山修行等情节，造就了井陉独有、在地化的千手观音传说。一般来说，《香山宝卷》提供的标准化版本，本应是三皇姑这类民间信仰更为安全的选择。南阳公主传说系统本是地方士绅为三皇姑建构的儒家话语版本，民众虽然不喜，但南阳公主的身份和经历更加贴合井陉地方历史，被民间传说吸纳并广泛流传。广泛祭祀的文昌帝君、送

第三章 民俗文化、庙会经济与苍岩山传说的标准化

子观音等传说，同样在井陉流传与众不同的故事版本。可以说，民间传说的本地化是地方历史和文化情感的强烈诉求，是其发展不可抗拒的必然取向。

系统化表现在以三皇姑为中心神明系统及苍岩山在信仰圈内崇高地位的构建。苍岩山传说数量居地方之首，三大传说系统来源各不相同、情节差异较大，但《井陉民间文学集成》收录传说并无突兀、冲突之感，反而共同烘托出三皇姑苦孝、志行高洁的女神形象。故事主题虽各不相同，彼此间却常能呼应、配合，丰富三皇姑故事的细节，令女神三皇姑形象愈加生动鲜活。就"三套集成"的编纂来看，参与其事的编辑、普查人员对传说的选择和删改有较大权限，极大影响传说的面貌和故事的走向。他们或许无意也并非自觉，但确实造成苍岩山传说系统化的传承事实，甚至连三皇姑敬拜中的疑难、矛盾都一一化解，很大程度上为三皇姑信仰的传承提供传说依据。

标准化表现在南阳公主身份与千手观音情节的嫁接，成为国家、地方与百姓共同认可的传说版本广为流传。三皇姑信仰信众基础牢固，不可遽废；苍岩山和福庆寺作为名胜古迹，又为其赢得传承赓续的合法性。改革开放以来，庙会经济给地方政府带来的收益巨大。经济结构单一且并不发达的井陉县，更是冀望将苍岩山庙会打造成地方名片，吸引更多的游客和信众。苍岩山距离县城较远，集市经济驱动模式并不适用，对民俗、旅游标签更为依赖。将三皇姑信仰纳入传统文化遗产的范畴，是建构其传承合法性的关键。南阳公主说符合儒家话语，千手观音传说也贴合佛教传统，都是可供选择的方案。省卷本的编纂要求更高，对民间文学的神话传说色彩的尺度更紧，更贴合传统的千手观音传说为其首选。而县卷本更能反映民众的需求与喜好，也更能体现地方性，千手观音传说融入南阳公主身份更受大众认可。比较而言，南阳公主身份与千手观音传说的嫁接，是苍岩山传说标准化版本的最佳选择，既能寄托民众血脉相连的文化情感和乡土情结，也能使苍岩山庙会持续兴盛，以民俗旅游的新定位传承发展，成功应对现代话语对其敬拜合法性的严峻挑战。

第四章

苍岩山传说、庙会及其非物质文化遗产的创新性发展

2003年，联合国教科文组织通过了《保护非物质文化遗产公约》，旨在保存文明的多样性，促进文明的交流互鉴。传统仪式庆典、口头文学、音乐舞蹈等迎来新的发展契机。2006年、2011年井陉拉花和井陉晋剧先后列入国家级非物质文化遗产名录。当地政府、非遗传承人等深受鼓舞，热情高、动力足。其保护工作探索近20年，浅近易得的建设方案多有实践，施力既深且广，成效斐然。

然而，非遗文化的保护工作任重道远。由发展历史来看，非物质文化遗产大量项目于迎神赛会、庙会庆典等场所表演，有娱神的功能。中国非遗文化的传承与发展，必须摆脱其"迷信"色彩而适应新时代中国特色社会主义需要。其传承多陷入后继乏人、形存神散的濒危困境。其传承仍有待于深入探讨，亟须在既有经验的基础上，探明进一步建设方向，提出更为有效的可行性方案，进而为推动中国非遗文化保护建言献策。

一 传说、庙会与井陉县非物质文化遗产的联动共生

2004年8月，中国成为《保护非物质文化遗产公约》的缔约国。2024年12月，中国申报的"春节——中国人庆祝传统新年的社会实

第四章 苍岩山传说、庙会及其非物质文化遗产的创新性发展

践"通过评审,入选联合国教科文组织非遗代表性项目。至此,中国传统文化列入名录数量已达44项,在180个缔约国中位列第一。这一成就的取得,自有中国文化历史悠久、底蕴深厚的原因,也有国家重视、积极推进之功。2006年至今,中国评定国家级非遗代表性项目名录共分五批,总计3610项。省级、市级目录建设紧密配合,建有良好的申报梯队。

国家级项目中,河北省占据162项,位列第五,紧随浙江(257项)、山东(186项)、山西(182项)、广东(165项)四省。五省非遗文化数量总数为952项,占据总数的1/4强,可见其文化底蕴之深厚,堪称中国古代南北方文化的代表。

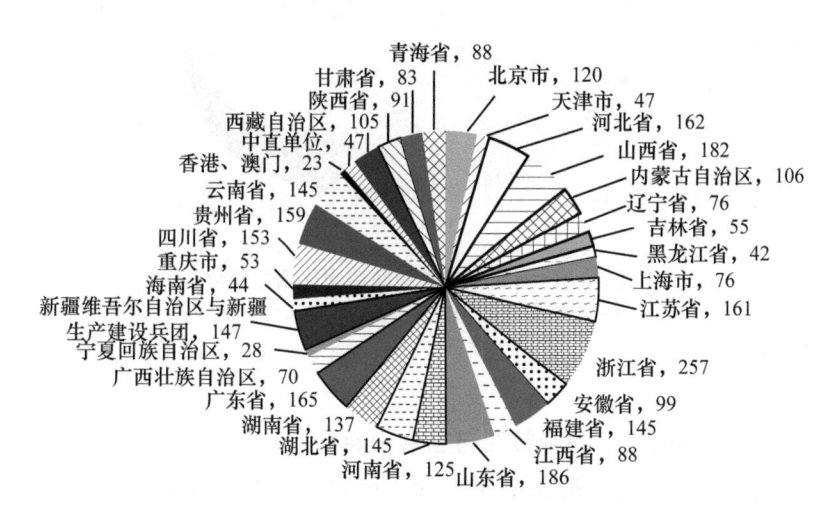

图 4-1 国家级非物质文化遗产项目数量统计(单位:项)
资料来源:中国非物质文化遗产网、中国非物质文化遗产数字博物馆,https://www.ihchina.cn。

国家级非遗名录分为十大门类,包括:民间文学、传统音乐、传统舞蹈、传统戏剧、曲艺、传统美术、传统技艺、传统医药、民俗,以及传统体育、游艺与杂技。其中,传统音乐与舞蹈、游艺与杂技、民俗曲艺等项目数量众多,且多与节日庆典、祭祀仪式有关。每年苍岩山庙会,游艺表演、演戏酬神不断。这些非遗文化均有较为浓厚的娱神色彩。

苍岩山传说、庙会及其非遗文化研究

在河北省国家级非遗文化中，井陉县独占四项，包括：井陉拉花于2006年第一批入选名录，烟火爆竹技艺（南张井老虎火）、民间社火（桃林坪花脸社火）2008年列入第二批名录，晋剧于2011年列入第三批名录。这些项目入选较早、知名度较高，其保护单位均为井陉县文化馆。前文提到北秀林乡放马火的习俗及绵河水磨技艺等多项列入河北省非遗保护名录。三皇姑信仰圈内各地方列入项目更是多不胜数。其中，井陉拉花与晋剧与三皇姑信仰的关系最为典型。

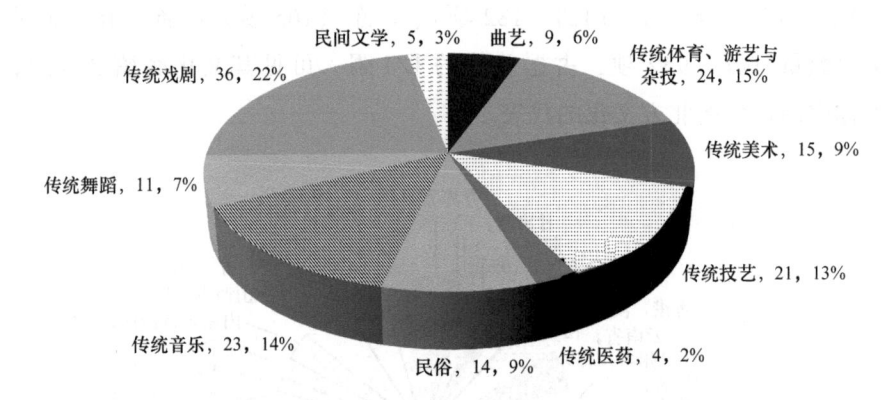

图 4-2 河北省国家级非遗文化项目统计
资料来源：中国非物质文化遗产网、中国非物质文化遗产数字博物馆，https://www.ihchina.cn。

（一）娱神表演：井陉拉花与苍岩山庙会

井陉拉花属于传统舞蹈类别。学界研究多从艺术角度，对其发展历史、艺术样式等做出细致探讨。[1] 关于它的来源说法多样，以拉花拉荒（逃荒互相挽扶动作）两种说法较为流行。井陉拉花有辉煌的发展历史。

---

[1] 相关研究有：温丽媛的《"内敛"与"释放"——井陉拉花女性舞蹈动作文化释义》（燕山大学，硕士学位论文，2022年），吴晓昊的《舞台视阈下井陉拉花的现状研究》（山东大学，硕士学位论文，2019年），袁月荣的《河北井陉拉花的艺术特征及其传承与保护》（陕西师范大学，硕士学位论文，2018年），韦玮的《河北井陉拉花风格流变的审美研究》（山东师范大学，硕士学位论文，2016年），彭海漫的《河北秧歌——"井陉拉花"探究》（陕西师范大学，硕士学位论文，2014年），王欣的《太行深处藏奇葩——河北省井陉拉花的调查与研究》（河北大学，硕士学位论文，2010年），赵咏梅的《井陉拉花的保护与传承》（河北师范大学，硕士学位论文，2010年）。

第四章 苍岩山传说、庙会及其非物质文化遗产的创新性发展

1957年,井陉拉花即在全国民间音乐舞蹈会演中获得二等奖,并受到国家领导人的亲切接见。此后,它获奖无数、享誉国内,吸引贾作光、赵宛华、资华筠等舞蹈家参与艺术创作和学术探讨。地方政府极为重视,成立隶属县文联的"井陉拉花艺术研究会"及事业编制的"井陉拉花艺术团";井陉拉花的学术著作、电视纪录、科普教学、新闻报道等层出不穷。

井陉拉花以其基本动作、所用道具、表演形式的明显不同,共有十余种类型。这包括:东南正拉花、庄旺拉花、南固底拉花、南平望拉花、小作拉花、南石门拉花、横南拉花、张家井拉花、北寨拉花、贾庄拉花、赵西岭拉花、吴家垴拉花、高家坡拉花、上安西拉花、岩峰拉花、南方岭拉花。起初,这些拉花流派多采取"艺不外传"的原则,以祖传孙、父教子的方式,代代相承。较知名的有李树芳、武新全等人,武新全出生于1941年,自小在父亲武连喜及老一辈拉花艺人的教导下学习。1957年,17岁的武新全因拉花走出井陉,接受国家领导人的接见。这份殊荣,成为他传承拉花的动力来源。改革开放以后,为求持续发展,井陉拉花逐渐打破门户之见,东南正拉花、庄旺拉花、南固底拉花三大流派彼此融合,并于其他拉花派别和艺术形式中汲取营养,走上创新发展的道路。武新全作为国家级传承人,打破传统传承方式、注重艺术创新,自觉承担起拉花传承的文化重任。2008年,武新全作为河北省唯一代表出席国家级非遗项目代表性传承人颁奖仪式。

井陉拉花常参与迎神赛会表演,与三皇姑信仰及苍岩山庙会关系密切。李树芳出生于1909年,为庄旺拉花的传承代表。李家六代学习拉花,他学艺于祖父李梅小,并传艺给孙女李巧玲、李爱玲。作为井陉拉花的重要传承人,李树芳回忆每年庙会期间,由会首邀集善男信女,举行隆重的"起驾"仪式。队伍以旗、伞、幡等仪仗为前导,数十位村民抬着神像或者奶奶驾,锣鼓齐鸣、声势浩大地朝山进香。各文武会按序表演,而拉花往往顺序靠前,热闹非凡。娱神表演后,村民再将神像送回原处,即为"送驾"。这一传统延续至新中国成立后。李爱玲回忆道,"村里除了过年,平日里邻村也会有自己的庙会,我们就会被邀请去演出","去庙会表演

时，大队会用拖拉机拉着我们扭拉花的小演员和吹手"。① 通过拉花表演，李树芳等能够赚取工分，而小演员也能得到糖果奖励。迄今，每年苍岩山庙会期间，仍能见到井陉拉花表演。南固底拉花每年春节期间，与威东头、岩峰、高家峪、东元村等十余村互相"换会"表演。它还于每年三月初八真武庙会期间参与迎神赛会。南平望拉花也是如此，与北平望、岩峰、威东头等村结合联庄会，参与本地迎神祭祀活动。每年四月初八参加莲花山庙会、七月初六到码子山还愿演出。南石门拉花每年正月二十五参与赵庄岭的火神庙会。它起驾最早，落驾最晚归，始终在火神驾前后表演，俗称伴驾拉花。其余各派拉花均是如此，活跃在年节庆典、穿梭于附近各式庙会迎神送驾，表达自己的虔敬之心。

（二）传说标准化：井陉晋剧与《皇姑出家》等剧目创作

晋剧列入国家级非遗名录者有五项，保护单位分别是山西省晋剧院（第一批）、太原市晋剧艺术研究院（第二批）、井陉县文化馆（第三批）、呼和浩特市群众艺术馆（第三批）、张家口戏曲艺术研究院（第三批）。其中，晋剧作为山西地区的地方戏种，进入非遗名录较早。晋商足迹所至，晋剧也随之流传。张家口、呼和浩特是山西商帮贸易的中转地，晋剧与本地文化相结合，形成有浓郁地方特色的晋剧分支。井陉则因地处晋冀两省交界，晋剧与拉花齐名，深受大众喜爱。

栾德宝作为该项目的国家级代表性传承人，为井陉晋剧的发展做出诸多尝试。作为演员，他苦练技术，练成"肘尖要佛珠""鼻胡帽翅同时耍"等绝活，并将这些技术无条件地传给团里的年轻演员。改革开放时期，栾德宝临危受命担任剧团团长。在他主持下，井陉晋剧编演十余出新剧目，包括《洪武晏驾》《八郎探母》《皇姑出家》《南北和》《杨继业归宋》等。这些新剧目多取材自本地的历史故事及民间传说，深受本地观众喜爱。周喜俊评价道："在戏曲市场萎缩，好多剧团只能靠歌

---

① 冯钰涵：《追忆井陉拉花传承人李树芳》，苍岩文艺微信公众号 https：//mp.weixin.qq.com/s/H_NbbnhZF9G1PvKw-47koA。

第四章　苍岩山传说、庙会及其非物质文化遗产的创新性发展

舞、小品挣饭吃的情况下，井陉晋剧团不改初衷，靠不断更新剧目赢得市场，每年演出都在500场以上。被观众称为'太行山上一枝花'。"①

1993年，栾德宝以"为体现地方特色，为地方经济发展服务"为初衷，邀请时任石家庄市艺术研究所所长的周喜俊编写《皇姑出家》剧目。②该剧的创作核心由四人组成：周喜俊、栾德宝、李夫一、许庆国，其中，周喜俊、栾德宝、李夫一担任编剧；栾德宝又担任导演，负责剧目统筹；李夫一又与许庆国负责音乐设计。除周喜俊为外聘专家外，其余三位均是由剧团培养的专家。王建民指出该剧的创作难点在于："写这样题材的戏，既不能脱离传说，又不能渲染封建迷信。"③三难皇姑情节的处理最为典型。栾德宝为此颇费脑筋，最终想出两全之策。他设计神明帮助在三皇姑梦中发生，既能"让观众觉得这不是在宣传迷信"，又"把传说中的故事表现在舞台上"。④

这一剧本与苍岩山传说系统有一定距离。其身份虽采用南阳公主一说，也有千手观音传说中拒婚出家、三难公主、火烧白草庵等情节，但细节却有较大出入。栾德宝了解民众喜好，熟悉晋剧创作规律。他在周喜俊剧本的基础上继续创作，对动作唱腔、情节剧情多有调整。他说，在设计剧情时要以"情节抓人"，让观众"出乎意料，又觉得情理之中"。⑤这种"'全剧从头至尾都要设法使观众充满兴趣'的手法，着力去捕捉动人的场面和风趣的章节"的做法成为井陉县晋剧团的制胜法宝。⑥该剧以隋炀帝抓捕童男童女喂食老虎取乐开始。南阳公主劝谏父亲不成，儿子莲儿反被隋炀帝送去喂老虎。在萧后的建议下，隋炀帝决定将她许配给于

---

① 周喜俊：《井陉晋剧的常青树》，《大舞台》2023年第1期。
② 《学习大厂经验，搞好三个定位》，井陉县晋剧团编：《井陉县晋剧团团史》，2007年，第171页。
③ 王建民：《浅议〈皇姑出家〉》，《河北法制报》1997年12月19日。
④ 栾德宝，男，82岁，访谈地点，栾德宝家中，访谈人，赵倩，访谈时间，2024年5月11日。
⑤ 栾德宝，男，82岁，访谈地点，栾德宝家中，访谈人，赵倩，访谈时间，2024年5月11日。
⑥ 晋人：《试谈〈洪武晏驾〉的戏剧情节及其它》，井陉县晋剧团编：《井陉县晋剧团团史》，2007年，第143页。

士澄。南阳公主愤而拒婚并决意出家，遭到父亲的幽禁。三难公主的情节一笔带过。她在乳妈和雄苦海的舍命相救下逃到白草庵暂避，并与母亲相认。于士澄火烧白草庵后，南阳公主在母亲建议下到苍岩山出家。剧目最后，极为简短地交代了"猿猴引路""跨虎登山"的情节。

该剧除隋炀帝、南阳公主外，萧后、于士澄、窦建德等主线人物有史可考。隋炀帝仍以昏庸残暴、奢靡享乐形象出现。萧后的出现，主要为交代南阳公主的婚姻状况并引出拒婚情节。按照正史记载，南阳公主嫁给宇文士及并育有一子。为避免与拒婚情节相冲突，该剧借萧后的嘴做出解释。其设定宇文士及已经投靠唐王，皇姑再婚便合乎情理。窦建德因与南阳公主同时并在河北留下诸多活动轨迹，因此融入三皇姑南阳公主传说系统。这一剧目中，窦建德出场时间不多，仅在最后解救皇姑、诛杀于士澄时出现。

于士澄是本剧第一反派，其出场即抓捕儿童喂虎，也是皇姑婚配的对象。南阳公主认为他口蜜腹剑、阳奉阴违，是个势利小人，拒婚理由充足。在逃亡路上，于士澄刺死雄苦海、逼迫乳妈跳河，后又火烧白草庵。他可谓恶事做尽，最终被窦建德所杀。于士澄正史有载，也非正面形象。他受隋炀帝指派与王弘一起到江南采购木头运至京都，造成大量百姓因劳役而死，其"僵仆而毙者，十四五焉。每月载死丁，东至城皋，北至河阳，车相望于道"①。于士澄还受命抓捕盗贼，遇有疑犯皆严加拷问，有两千人枉称贼人并被判斩刑。经大理寺丞张元济查实，这两千人中仅有9人行踪不明，最终审定仅有5人是盗贼。唐太宗评价道："非是炀帝无道，臣下亦不尽心。须相匡谏，不避诛戮，岂得惟行谄佞，苟求悦誉。君臣如此，何能不败？"②此二事坐实于士澄的奸佞形象。除此之外，于士澄与南阳公主确有交集见诸正史。窦建德诛杀宇文化及后，派武贲郎将询问如何处置其与宇文士及的儿子。南阳公主回应道："武贲既是隋室贵臣，此事何须见问！"③这位隋朝旧臣即于士澄。可以说，

---

① （唐）魏徵等撰：《隋书》卷24，中华书局1973年版，第686页。
② （唐）吴兢撰，谢保成集校：《贞观政要集校》卷3，中华书局2009年版，第148页。
③ （唐）魏徵等撰：《隋书》卷80，中华书局1973年版，第1799页。

第四章　苍岩山传说、庙会及其非物质文化遗产的创新性发展

于士澄这一反派人物的设计十分巧妙。他既符合口蜜腹剑、阳奉阴违的佞臣形象，与南阳公主的交往又载入正史。

该剧新增雄苦海、杨彬、乳妈、母亲等主线人物，皆为虚构。雄苦海的名字与《隋唐演义》和《说唐》等小说中的虚构人物雄阔海较为相似，但从人物特征来说有明显差别。雄阔海是隋唐之际的一员猛将，但剧中雄苦海并不会武功，更接近文臣形象。雄苦海是三皇姑拒婚逃跑过程中的主要助力。他先是在朝堂上为三皇姑据理力争，批评隋炀帝"游乐无度又凶残，大兴土木不纳谏，重徭役加赋税，黎民如同头倒悬"[①]。编剧借他的口盛赞三皇姑的高风亮节，点明三皇姑出家"能召令天下人共讨昏君"的重要意义。由此，雄苦海舍命搭救皇姑出宫、最终舍身取义的行事逻辑异常清晰。这一人物的忠义形象饱满生动。皇叔杨彬虽仅有劝谏一场戏，但其敢于直言却被隋炀帝击杀，也能引发观众的同情。

南阳公主的母亲是完全虚构的人物，为她平添一份复杂悲惨的身世。她的母亲与太子杨勇青梅竹马、情投意合、琴瑟和鸣。隋炀帝取而代之后霸占其母并生下南阳公主。公主尚在襁褓中时，隋炀帝便喜新厌旧，抛弃其母并强迫其自尽。其母悬梁被救后在白草庵出家修行，与南阳公主相认后不久便被于士澄放火烧死。这加剧了南阳公主的悲剧色彩，也为其出家修行再添薪火。乳妈是推动情节发展的关键人物。南阳公主母亲被逼自尽时，是她买通太监帮助其假死脱身。她知道公主身世，在其被逼婚之时有意引导她出家，希望能够使母女团聚。她最终也为掩护公主逃跑被于士澄逼死，也是忠义的人物形象。该剧目情节紧凑、设计巧妙、人物形象丰满，充分展现井陉晋剧团的创作、表演水平。但其原创剧情较多，与大众熟知并认可的传说版本有相当距离。

《皇姑出家》在展演数年后，晋剧团又推出新作《出家苍岩山》。因豫剧、河南坠子、河洛大鼓、青海平弦等曲艺形式中有同题材剧目。井陉晋剧团的创作有别于上述曲艺形式，并不是取材于《香山宝卷》妙善

[①] 马兰编著：《燕赵濒危剧种手抄本传统剧目整理丛书·晋剧卷》，河北大学出版社2021年版，第299页。

公主出家修行的故事。新作剧名指向更加明确，令观众明白了解表演的是在地化的苍岩山传说。

新作由栾德宝担任艺术指导一职，王春明身兼编剧、导演要职。在谈及创作初衷时，他强调"井陉方圆百里都知道苍岩山，都知道三皇姑，名望比较大"的特色。[①] 为此，王春明传承剧团"井陉的事井陉人来演"的原则，担负推广苍岩山的社会责任并完成该剧创作。此外，该剧主创还有设计唱腔的杨建华、宋丽强，担任策划的许占廷、梁春柱。全剧分五场讲述南阳公主出家的故事，力主突出三皇姑的"正气"。序幕以贺若弼劝谏开场。此时因隋炀帝坚持南下巡游，李密等农民军四起。但隋炀帝仍执迷不悟，但凡敢言劝谏者均被问斩。贺若弼直言亡国在即，力劝炀帝回京。隋炀帝震怒，将其斩杀。第二场为"议君"。南阳公主与驸马宇文士及论父王奢侈淫逸，公主表明即便有问斩杀身之祸，也应为民直言，敢于劝谏。第三场为"劝君"。公主劝谏隋炀帝平叛乱，速返京。但隋炀帝坚持南下，还将公主的谏言视作危言耸听，严加斥责。第四场为"弑君"。主要讲述江都之变，宇文化及杀隋炀帝取而代之。侯山本是宇文士及临去平乱之前留下保卫公主安全的人，但他却觊觎公主美色，起了歹心。他骗公主去洛阳寻夫，一路艰辛困苦。路途中，他不轨之心败露，甚至杀害了公主的儿子。公主为窦建德所救，并到白草庵暂避。第五场为"责君"。公主在白草庵居住，驸马宇文士及找来想要与公主破镜重圆。但公主得知他投靠唐军，表明亡国公主不能归唐的立场，坚拒其请求。剧目最后进入高潮，公主痛陈国破家亡，无处容身之苦。白草庵师太表白自身经历，其父曾位居高官却惨遭诬陷灭门之祸，最终选择与青灯古佛为伴。她劝慰公主学医济世解民难、抛弃恩怨多行善。南阳公主在她的建议下，决意到苍岩山出家，济世为民。尾声部分，以旁白的形式讲述三皇姑到苍岩山修行，赠医施药，像菩萨一样保佑善男信女。同时，介绍了苍岩山庙会的盛况，信众朝山敬拜、感谢公主圣

[①] 王春明，男，62岁，访谈地点，井陉县剧团办公室，访谈人，赵倩，访谈时间，2024年5月8日。

第四章 苍岩山传说、庙会及其非物质文化遗产的创新性发展

德。最后也以猿猴引路、跨虎登山结束全剧。

《出家苍岩山》的剧情与前作差异较大。新作几乎是重新编排，与南阳公主传说系统基本一致。它使用大量篇幅表明隋炀帝的残暴与公主劝谏父亲的忠孝行为。宇文士及祈求再续前缘被拒也取材自正史记载，最后凸显了其护佑百姓、神灵显应的神力，为苍岩山庙会进行了宣传。与正史相较，其变动较多的地方有三。一是贺若弼在剧中是"死谏"的忠义代表。在历史上，他为北周隋朝名将，战功赫赫。但因其"平陈后恃功放恣"，逐渐为隋炀帝疏远。[1] 大业三年（607），"私议宴可汗太侈。并为人所奏。帝以为诽谤朝政"[2]。该剧取其因言获罪这一点，凸显隋炀帝暴政。二是驸马宇文士及在剧中与公主同为炀帝暴政所苦，想劝谏又畏其强权。正史中，仅提及其娶南阳公主为妻，二人相处细节未有提及。《旧唐书》提到，他并未参与宇文化及的叛乱："化及之潜谋逆乱也，以其主婿，深忌之而不告。"[3] 但是，他早就投靠李渊。在宇文化及被窦建德诛杀后，济北豪右建议其北击建德、占据河北，为他所拒。投唐后，他深得太祖太宗赏识，官至宰相、陪葬昭陵。宇文士及生前荣显，但身后被视为佞臣。其谥号为"纵"，《新唐书》在其传文增加"太宗察佞"一节，并批评"太宗知士及之佞，为游言自解，亦不能斥"，深感"彼中材之主，求不惑于佞，难哉！"[4] 宋高宗赵构论及"唐太宗不能去封德彝、宇文士及，朕以为恨。既知其奸佞，犹信之不疑"[5]。该剧目中，宇文士及形象较为正面，与公主情投意合且反对炀帝暴政。三是增加侯山这一虚构人物。其与于士澄功能相似，为推动情节发展的反派。于士澄是驸马人选，并能识破公主想要灌醉他逃出皇宫的计谋。可见其地位更高，且有智谋。而侯山是宇文士及部下，受其嘱托在其不在时保护公主安全。其地位较低，且狡猾奸诈，戏份也较少。

---

[1] 江庆柏主编：《江苏艺文志·淮安卷》，凤凰出版社2019年版，第331页。
[2] （宋）司马光：《资治通鉴》卷180，中华书局1956年版，第5633页。
[3] （后晋）刘昫等撰：《旧唐书》卷63，中华书局1975年版，第2409页。
[4] （宋）欧阳修、宋祁撰：《新唐书》卷100，中华书局1975年版，第3936页。
[5] （宋）李心传撰：《建炎以来系年要录》卷111，中华书局1988年版，第1807页。

《出家苍岩山》以新编历史故事剧为定位，基本依托正史记载进行编写。这样，三皇姑信仰的神秘色彩更加淡化，并与苍岩山传说系统更加贴近，这无疑是苍岩山传说标准化的又一尝试。南阳公主说中的某些细节，如孝顺家翁、江都之变后儿子被杀、拒与宇文士及复合等，为民众所不喜，在口头传统中几近失传。而这些情节恰是新版本故事的主线，一定程度上影响观众的接受程度。再加上受此掣肘，《出家苍岩山》文戏更多也略显冗长，情节设计和衔接不如前作。

传统中国社会中，政治、经济、宗教等组织构成乡村社会的权力网络。非遗文化孕育于传统社会，是中华五千年文明的历史积淀，传统艺术、节日庆典的传承，戏曲创作需要充分顾及风土民情，讲述大众喜爱的地方故事。这要求非遗文化传承应建立在对三皇姑等民间信仰充分研究的基础之上，制定出民众喜好与时代话语兼顾的发展策略，从根本上构建其传承合法性与延续、再造中华文明的实践路径。

二　回归"大众化"属性，贯彻群众路线

非遗文化是中华五千年文明的伟大创造。其孕育于民众生活，成长于"田间地头"，与民众生活息息相关。它们深受本地群众喜爱，井陉地区有"上到九十九，下到刚会走，山西梆子不离口，井陉拉花遍地扭"的俗语。①它由群众中来，也应遵循"回到群众中去"的发展路线。然而，时移世易，受传承场域变化的影响，这些非遗文化普遍面临传承人数少、年龄层偏高的困境。

目前，非遗文化传承"馆舍化"问题严重。非遗文化的思想内核由地方的历史文化、乡土情怀熔铸而成。近代中国世事剧变，非遗文化在现代性的强烈挤压之下，其孕育生长的沃土渐失，枯萎凋零之象日显。出于宣传展示需要，非遗文化常于博物馆、民俗馆、学校、机场等处表

---

① 《专访国家级非遗剧团团长，揭秘辛酸演出路上的幕后故事（下）》，焦友生、尹海军主编：《晋韵陉腔——井陉县晋剧团团史（续）（2008—2022）》，2022年，第219页。

第四章　苍岩山传说、庙会及其非物质文化遗产的创新性发展

演。其困境,由陈独秀、胡适等人的文化观念可以窥知。他们认为,以"是否适于现代生活"为根本标准,去评判中国文化是否具备传承价值。其中,能够适应现代化需求的文化精华毋庸刻意也能传承发展。文化惰性和自然调和规律将保留中国文化特征,中国文化并不会因其激烈的"反传统"而消亡或被西方文明完全吞噬。陈独秀和胡适皆表示,"人类社会有一种守旧的惰性"[①],并批评它是文明发展的障碍和人性的恶劣品质。在其作用下,新旧调和、杂糅缓进是社会进化和文化嬗变的天然趋势和自然现象。中国历史悠久,文化惰性极其强大。它排拒西方民主观念植入,却为中国固有文化提供有力且持久的保护。中国固有文化的汰换,道阻且长,既艰且难。提倡调和,只会给新文化运动增加巨大阻力。对中国文化消亡的担心,在胡适看来,反倒是杞人忧天。十余年后,胡适在回应"中国本位文化建设"主张时指出,经过新文化运动以及大革命两次激烈震荡,中国文化虽遭受重击,坚不可摧的铁屋留下创痕,但"中国本位"依然保留。因此,他得出结论:"文化各方面的激烈变动,终有一个大限度,就是终不能根本扫灭那固有文化的根本保守性。"[②] 可见,胡适直到20世纪30年代,仍旧延续新文化运动时的看法,即因文化惰性的影响,运动无论如何激进,都不会全部湮灭中国传统文化。总而言之,陈独秀、胡适认为,只有被时代汰换的文化才需置于博物馆中陈列展览、作为历史遗存供后人观赏。这一观点映射出,非遗文化的"馆舍化"保存,反而凸显其仿若枯树朽株、保存有道却发展无门的困境。因此,这一保护策略,虽有保留文化内核、传承原汁原味非遗文化之美意,但造成其离地、离人,形在神遗的境况。而脱离群众生活的非遗文化,无异于无水之鱼、无本之木。长此以往,它将失去其传承发展的沃土,这样即便倾尽全力,也只能眼睁睁地看着非遗文化随着乡村都市化和老一辈人的消逝,而逐渐凋零,以致谢幕。

[①] 胡适:《新思潮的意义》,《新青年》1919年第7卷第1号。
[②] 胡适:《试评所谓"中国本位的文化建设"》,《独立评论》1935年第145号。

（一）定位"大众娱乐"，凝聚乡土情谊

近代以来，尽管民间信仰被打上"迷信"标签，遭到政府和知识精英的合力狙击，但其仍旧顽强地生存，并随时而更新自身定位。名山古刹、民俗旅游、非遗文化为其赓续发展构建起合法性。不能否认的是，民间信仰在基层实践中确有"迷信"行为。为民众"看香"问卜的香头，行迹遍布三皇姑信仰圈内各个村落。其惑众敛财的行为收益极高，难免有人趋之若鹜，尤其是母传子、婆传媳接续香头的情况较多。且因民俗与非遗背后往往与地方经济息息相关，因此庙会、庆典等获得政府高度重视的同时，对其"迷信"行为又束手无策。因此，民间信仰和庙会庆典的传承中，总有"犹抱琵琶"的感觉。可以说，宗教神秘色彩是束缚非遗文化传承发展的历史性难题。

首先，宗教是群众心理的一种体现，有长期存在的社会环境。陈独秀在阐释新文化运动的内涵时指出，宗教在新旧文化中均占有一席之地。他认为，人类行为更多受本能的情感冲动支配，知识理性和道德的作用不如宗教、美术和音乐。陈独秀强调，"有群众便有群众心理，并不是古代或宗教时代特殊的现象"，"群众心理都是盲目的，无论怎样大的科学家，一旦置身群众，便失了理性，这是心理学说及我们眼见的许多事实可以证明的"。[1] 宗教的存在和群众的盲信几乎相伴而生，而社会如还需要宗教，简单的反对不仅徒劳无功，反而造成民众生活的娱乐性下降。陈独秀指出，宗教在现代社会必将式微，但是"在这进化过程中，我们若不积极地发展理智性，单是消极地扫荡宗教性，是不是有使吾人生活内容趋于枯燥的缺点"[2]。因此，陈独秀主张，以"新宗教"代替"旧宗教"，而"除去旧宗教底传说的附会的非科学的迷信，就算是新宗教"。[3] 简而言之，陈独秀认为宗教与美术、音乐有相似特性，其存在价值在于对人类情感的引导作用，而新式宗教应该删去迷信成分而保留其抚慰情

---

[1] 陈独秀：《讨论无政府主义》，《新青年》1921 年第 9 卷第 4 号。
[2] 陈独秀：《对于非宗教同盟的怀疑及非基督教学生同盟的警告》，《先驱》1924 年第 9 号。
[3] 陈独秀：《新文化运动是什么?》，《新青年》1920 年第 7 卷第 5 号。

第四章 苍岩山传说、庙会及其非物质文化遗产的创新性发展

感的部分。同时期,"美育代宗教"的学说引发广泛讨论。蔡元培提出这一主张时,核心逻辑便是"美育者,应用美学之理论于教育,以培养感情为目的者也",与陈独秀思路基本一致。[①] 他认为,"宗教所最有密切关系者,唯有情感作用,即所谓美感"[②]。科学未发达之前,美术、音乐等几乎无不与宗教相关联。因此,我们应该看到,民间信仰虽有"迷信"的成分,但它与音乐、美术教育均为人类情感的一种表达,同具有"陶冶情操"的功能。井陉拉花等在庙会期间的迎神赛会及晋剧等演戏酬神均兼具二者功能。以陈独秀、蔡元培等人的观点,可以祛除其神秘色彩,而放大其大众娱乐、陶冶情操的文化属性。

其次,民间信仰不能一概而论,而是应当分析其社会功能与属性。中国民间信仰也被视作弥散性宗教,它融于传统社会而非能够独立于世俗文化之外的信仰形式。学界更为关注其与制度性宗教的差异,以及是否可以纳入宗教范畴。然而,以历史视角观之,其在中国古代社会主要难点在于如何与民间教门区别,以及与国家正祀之间的互动。对此,似乎少有研究厘清民间信仰内部的差异。一般来说,民间信仰按照政府规定分为国家正祀和淫祠邪祀。而淫祠邪祀其实还应包括地方土生土长、传承久远的地方信仰和流动性强、惑民敛财色彩更重的民间教门。民间教门实际上是传统国家禁革取缔的对象,因为其流动性强、组织力高,因此极易成为流民聚集的社会组织。由中国历史来看,王朝更替的农民起义多利用这些教门进行思想动员。简言之,民间教门屡遭禁革的原因在于其反叛朝廷、扰乱地方秩序。是否祭祀无生老母、是否是基督教等制度性宗教反而不是其是否判定为民间教门的主要标准。除国家以外,地方士绅对其十分警惕。一旦有外来传教者,常被视作异端邪说而与县府联合剿除。晚清李修正之乱便是典型例证。

地方信仰情况与民间教门完全相反。它不仅不是朝廷的动荡渊薮,

[①] 蔡元培:《美育》,高平叔编:《蔡元培全集》第5卷,中华书局1988年版,第508页。
[②] 蔡元培:《以美育代宗教说》,高平叔编:《蔡元培全集》第3卷,中华书局1984年版,第32页。

还是地方秩序稳定的重要助力。作为地方文化权力网络的基本构成，它是地方社会向心力的重要来源。是否能够进入宗祠，以及是否能够同拜一个神仙，这被视作个体是否为宗族和社区接纳的标志。其祭祀仪式，隐喻着地方的权力构成和社群关系。而以家族—血缘为纽带的传统社会，地方信仰将这些族人、村民紧密地联系在一起。其祖先故事、神祇传说和祭祀仪式维系地方社会、形成本地独有的风土人情，是其乡土情结的重要来源。国家政府对地方信仰凝聚乡里的作用有清醒认识。太平天国平定后，清政府大修地方志和敕封地方神祇，均是以此稳定地方、重建地方秩序。

地方信仰和国家祭祀之间有着复杂的互动。国家祭祀具有祭祀合法性，但自上而下地推行往往缺乏群众基础。其要想取得较好的传播效果，需要实现"在地化"，将正祀神祇与地方风土相结合，形成地方性知识。如果缺乏这一过程，那便会造成其香火稀少、民众不愿敬拜的情况。即便是完成"在地化"的官方正祀，一旦与历史更为悠久的地方信仰争夺信仰空间时，也常常居于下风。苍岩山改奉伏魔大帝为这一观点提供有力依据。地方信仰也积极推动其正统化，三皇姑敕封"慈佑"是地方官绅协力争取的结果，历时数十年。这不仅为三皇姑祭祀提供合法性，还反映地方士绅地位的提升。国家与社会，在地方神祇敕封问题上，各有所需。三皇姑的敕封，可谓天时、地利、人和而水到渠成。如双方诉求失衡，则正统化进程不易完成。

非遗文化多属于地方信仰一类，我们不应将它与民间教门和国家正祀混为一谈。如果不加审辨一律取缔，则会因漠视地方民众的乡土情结和情感需求，而引发地方社会的反对动摇国家统治的根基。李维新禁革和民国破除迷信运动均为明证。三皇姑信仰的个案研究，可以在厘清其特点的前提下，提出非遗文化传承的新思路。即充分尊重群众的文化传统认定非遗文化传承的合法性，同时通过科学知识教育淡化其神秘色彩而尽量保留、放大其大众娱乐属性及凝聚乡土情谊的社会功能。

（二）传承人群全覆盖，融入大众生活

"回到群众中去"要求非遗文化增加传承人数，不能简单地复制其

"田间地头"的传承场域。习近平总书记指出:"城镇化是现代化的必由之路。"① 改革开放以来,中国城镇化进程开启加速模式。城镇人口数逐年增长,由 1978 年的 1.7245 亿上涨至 2022 年 9.2071 亿,增长 4 倍有余。农村人口虽有近 20 年增长,于 1995 年达到顶峰,人数为 8.5947亿。但其速度极为缓慢,增幅仅为 9%。而同年城市人口数为 3.5174亿,增幅已有一倍。2010 年,农业人口仅保有微弱 135 万的人口优势。次年,其被城镇人口数超越,并远远甩在身后。2022 年,农业人口数由1978 年的 7.9014 亿下降至 4.9104 亿,跌幅近一半。1978 年,中国农业人口数约是城市人口的 4.6 倍;2022 年,二者易地而处,城镇人口比农业人口数量高近一倍。具体数据如图 4-3 所示。

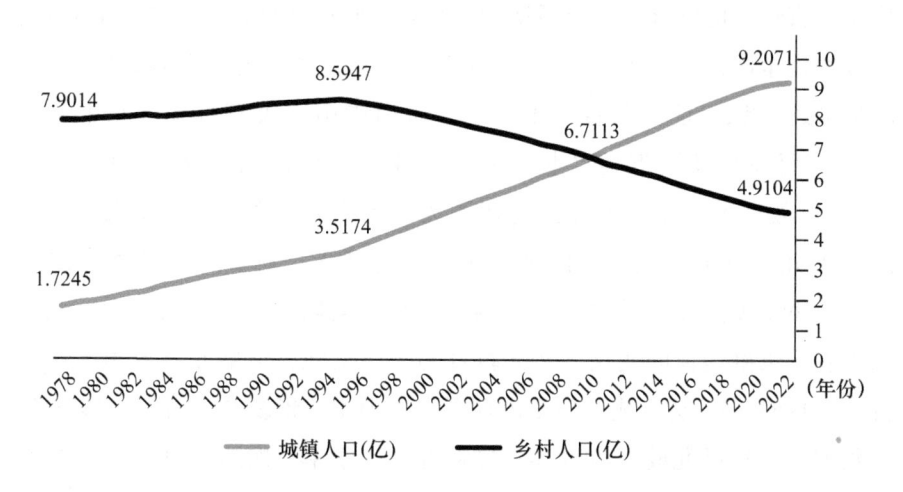

图 4-3 改革开放以来城镇人口与乡村人口变化趋势统计

资料来源:根据国家统计局总人口年度数据整理而成,https://data.stats.gov.cn/easyquery.htm? cn = C01。

2035 年我国基本实现社会主义现代化,城镇化进程将持续推进和加速,农业人口数量随之减少。如果回归传统社会"田间地头"的传承场域,非遗文化传承人数必然逐年减少。井陉县晋剧团深耕乡村市场,长

---

① 习近平:《在中央城镇化工作会议上的讲话》,中共中央文献研究室编:《十八大以来重要文献选编》(上),中央文献出版社 2014 年版,第 589 页。

期保持每年下乡演出五百场的数字。但随着都市化程度增高，留在乡村的以空巢老人居多。这意味着即便技艺精进、剧目创新，其演出市场也将不可避免地逐渐萎缩。因此，非遗文化"田间地头"的传承场域与社区功能变动激烈，极难复制。若局限于乡村和老年人市场，其他的非遗传承措施将事倍功半，甚至无异于磨砖成镜。

目前来看，打破这一信息茧房，增加受众基数，吸引年轻人、融入都市生活迫在眉睫。要想传承人群全覆盖，非借教育之功不可。近代以来，教育功能即受到广泛认可。它始终在现代文化传播和国家权力下移过程中扮演举足轻重的角色，成为"移风易俗"最受倚赖的手段。但是，中国人口基数大，文盲数量居高不下。1932年，教育部综合考量了中国文盲情形的估计与特点后认为，"年在十六岁至五十岁之失学人数，估计约占全国人口总数之半"[①]。有学者认为，"中国最大多数的人民，不但缺乏知识，他们简直目不识丁，所谓中国人民有百分之八十是文盲"[②]。而井陉及附近地区状况更为严重，邢台沙河、内丘以西地区，"受中等教育者，寥寥无几，受高等教育者绝无。文盲约占总人数百分之九十九。中学毕业生，回至山中，尝有圣人之称，可见其教育之一斑"[③]。可以说，近代中国教育覆盖人群极为有限。新中国成立后，我国教育发生天翻地覆的变化。义务教育的积极实践，学龄儿童入学率逐年提升，1958年已达八成。后虽出现下滑，但很快恢复高速增长，1974年该数据已经超过九成。1999年，学龄儿童入学率首次达到99.1%，之后的二十年时间基本维持这一比例并渐次增长，2018年首次实现百分百入学。这令原本不足三成的教育普及水平实现飞跃式提升，义务教育已全面普及。具体情况请参见图4-4。

改革开放以来，小学、初中、高中升学率受政策影响多有波动。1978年，小学和初中入学率分别为87.7%和40.9%。数年后，这一数

---

① 《教部通令实施失学民众补习教育》，《东方快报》1936年8月30日第7版。
② 理事会：《"由乡村建设以复兴民族案"原委及讨论经过》，中国社会教育社编印：《中国社会教育社第二届年会报告》，1933年，第85—86页。
③ 《西山之民生现况》，天津《益世报》1934年3月20日第8版。

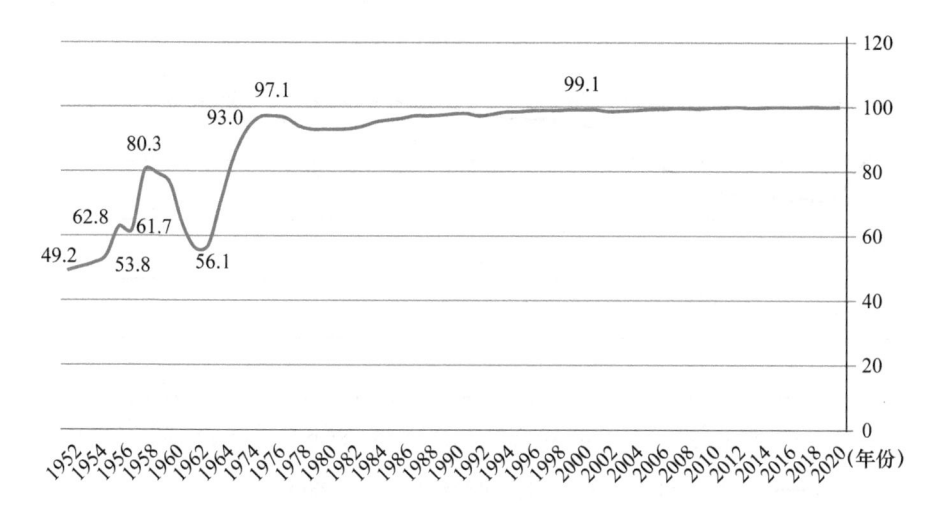

第四章 苍岩山传说、庙会及其非物质文化遗产的创新性发展

图 4-4 学龄儿童净入学率（%）

资料来源：根据国家统计局学龄儿童入学率年度数据整理而成，https://data.stats.gov.cn/easyquery.htm?cn=C01。

值均有所下跌。1981 年，初中入学率降幅近一成，为 31.5%。1982 年，小学入学率下降为 66.2%，降幅两成以上。此后二者稳步攀升，2013 年，小学升学率首次达到九成，2018 年，初中升学率也达到九成。2022 年，二者数据分别为 99.5% 和 94.6%。这说明我国适龄学生基本可以接受高中教育。高中升学率数据略有缺失，1989 年，其数值仅为 24.6%。在高校扩招政策驱动下，2002 年这一数字达到 83.5% 的新高度。其后经过近十年的调整，于 2011 年超越此前数据，达到 86.5%。此后涨幅较大，2016 年，我国高中升学率达到 94.5%。具体情况可参见图 4-5。

以上数据表明，中国教育普及程度极高，其覆盖人群极广。非遗文化进校园、进教材、进课堂无疑是增加受众基数最有效的方式。井陉晋剧和井陉拉花均有"进校园"的活动。尤其是在中国四部委联合发布《关于戏曲进校园的实施意见》后，井陉晋剧团选择在庄子头小学、小作中学和北方学校进行试点。团长尹海军带领剧团演员为学生教学身法唱段、讲授戏曲知识。晋剧名家仇丽荣等人的出色演唱激发了学生的学习兴趣，像小作中学学生基础较好，很快便能哼唱唱段，取得较好的教

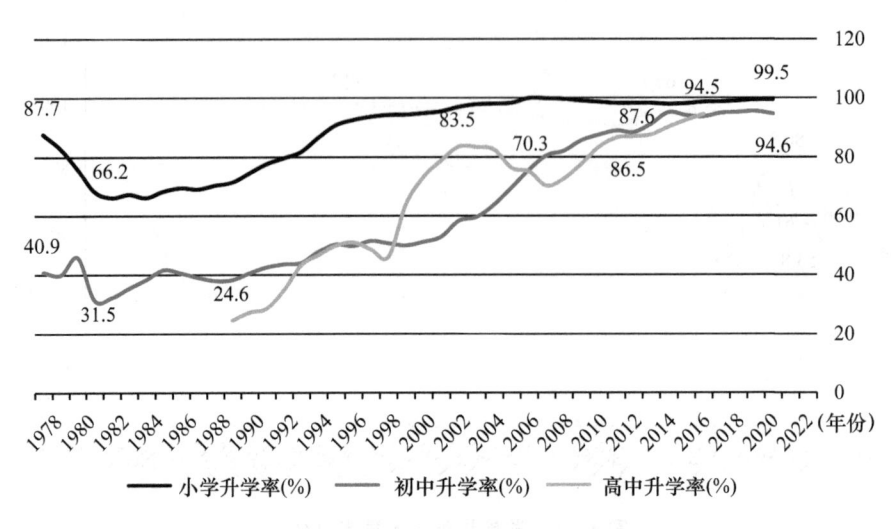

图 4-5　小学、初中、高中升学率统计表

资料来源：根据国家统计局小学、初中、高中升学率年度数据整理而成，https://data.stats.gov.cn/easyquery.htm? cn = C01。

学效果。井陉拉花做得更好，它着手将拉花纳入学校课程。拉花艺人传承保护意识较强。21世纪初，在舞蹈家贾作光的建议下，他们着手从娃娃抓起，在幼儿园、小学、中学等各级学校将拉花纳入文体课程的教学内容。但这一工作进展缓慢，其采用以点带面的形式在校园推广拉花教学。井陉县皆山中学、石家庄市第四十四中学作为拉花进校园的典型，做出卓越探索。皆山中学多次获得井陉县拉花大赛一等奖，2004年代表河北省参加中国文联举办的"第六届中国民间艺术节"，并在23个省市54支代表队中脱颖而出，以全票通过获得大赛金奖。石家庄第四十四中学将拉花与课间操相结合，并连年举办本校拉花比赛。井陉拉花成为该校的办学特色，得到广泛好评。

综上所述，非遗文化进校园不应仅是传承人在学校的一次讲演或数次指导，更应在开展进校园、进教材、进课堂"三进"实践的基础上强调进生活的部分。非遗文化根据类别不同，可纳入语文、音乐、体育、地方课程与劳动教育等各学科教学体系之中。曲艺类非遗可纳入语文教材，了解传统曲艺的创作技巧和唱词结构。它与舞蹈类非遗还可以进入音乐课堂，使学生能够哼唱经典片段，掌握表演的身段与步法。传统技艺类可以与劳动教育相结合，使学生切实了解其制作过程，也可做力所能及的小物件。传统体育类既可以在体育课堂中教授一套拳法套路，也可以作为课间操的部分内容集中练习。每位学生利用一学期或更多时间里，全面了解、系统学习本地非遗文化的相关知识与技能。他们掌握一项非遗文化定会成就感满满，既能陶冶情操又能强身健体。每个学校可以根据本校师资等情况选择特色课程，学生毕业后也会因同会一段曲或一套拳而平添几分亲切感。这样，非遗文化对于学生而言，不仅是浮光掠影式的惊鸿一瞥，更是校园生活中浓墨重彩的一笔，成为美好回忆中最生动耀眼的存在。

除学校教育外，社会教育也不容忽视。近代以来，知识精英强调社会教育、平民教育、民众教育等从广义来说均可看作"全民教育"，主张其工作对象应该囊括全体民众与整个社会，以此弥补普通学校教育的不足，反对少数人的、贵族的教育。俞庆棠说得更加明确："广义的社会教育就是全民教育，以社会全体民众为对象，多启发人民向着光明的路上走，不分男女老幼，贫富贵贱，或间接或直接，均须受社会教育的洗礼，使社会日益改革，日益进步，人民的求知欲，日益增加。关于社会教育的事业，我们可以说：广义的社会教育，是永久的事业，无止境的教育；也可以说是'未完了的教育'，不像学校教育有年限的限制。"[①] 梁漱溟主张社会教育行政应将中小学、高等教育等包含在内，提高社会教育在教育行政中的地位以更好地推进乡村建设的发展。可见，社会教育涵盖极广，形式也更加灵活，覆盖人群范围也更加宽泛。

现今，文化馆等非遗文化保护单位、老人大学等成人教育机构多带头组织非遗工坊或者开设非遗课程，为社会大众提供非遗文化知识技能的普及教育。这尚未将社会教育工作充分开发。非遗文化的传承

---

① 俞庆棠：《民众社会教育谈——在江苏省立教育学院演讲》，《民众教育月刊》1931年第3卷第3期。

场域完全可以由"田间地头"向社区广场转移。文化广场等公共空间可以开展非遗教学或表演,进而替代广场舞融入街头巷尾的群众娱乐生活中。这种方式,为非遗文化提供更为贴近民众生活的传承方式,并在其中建立新的社会交往圈层。如果还能参与各种非遗比赛和表演,这些广场非遗队伍热情更加高涨,将会推动其建设发展,吸引更多的群众参与其中。

学校教育能够保证学生自小便能接触、了解甚至掌握本地非遗文化。由我国教育普及的程度来看,青少年群体几乎可以全体覆盖。而中老年人本身对非遗文化就更了解也更有感情,广场非遗能够吸引更多城市人口参与到非遗文化活动中,进而融入其生活。由此,非遗文化方能成为生活化、场景化的"活"文化,能够普及至各年龄层、逐步实现传承人群全覆盖的新局面。非遗文化传承人数少、年龄层偏高等问题迎刃而解的同时,还能延续其传统文化功能、化身为凝聚"乡土乡情"的文化纽带。

三 把握"时代化"方向,坚持守正创新

"馆舍化"保存既非良策,"市场化"成为非遗文化保护的又一常见思路。改革开放以来,"文化搭台、经济唱戏"的工作思路大行其道,非遗文化保护沿用这一模式推动自身建设。"市场化"为非遗文化带来新的生机,尤其是演出机会增多,演员收入有所保证甚至提高。井陉县晋剧团作为县级剧团能够坚持70年时间,与其抓住市场机遇有直接关系。20世纪80年代,晋剧团遭受重大考验。原团长梁二春说:"大概是从20世纪90年代开始,戏剧市场出现了大的滑坡。原先爱唱戏的地方突然不爱唱戏了,原先爱看戏的观众突然不爱看戏了。剧团一度处于一种非常尴尬的境地。"[1] 观众流失、市场萎缩,令自负盈亏的晋剧团面临

---

[1] 梁二春:《讲一讲井陉剧团的故事》,焦友生、尹海军主编:《晋韵陉腔——井陉县晋剧团团史(续)(2008—2022)》,2022年,第125页。

生死关头。该剧团"不少演员改行、跳槽,人才流失严重,这些不稳定因素让全团上下人心惶惶"①。该团在市场大潮中找准定位、站稳脚跟,遵照"巩固山西、发展河北、走向北京"的发展路径大力开拓演出市场。它在山西阳泉、太原等晋剧中心地带闯出名堂,成为晋冀两地的"明星剧团",在三晋大地上流传着"河北人唱着山西的戏,井陉口音挺得劲"的说法。②

但是,市场化为非遗文化带来生机的同时,也出现片面追求经济效益、漠视文化传承的问题。尤其是新一代的传承人受此影响,不再关注其文化内核中所蕴藏的浓郁的人情味和醇厚的乡土情,也不钻研艺术形式的讲究来历和行业道德伦理的老规矩。这样,其形式犹存,但已悄然变味。非遗文化易伴随老一辈传承者辞世而出现"人亡技消"的现象。非遗文化保护的这种结构性矛盾,各责任方深受其扰却又别无良策。习近平总书记"推动中华优秀传统文化创造性转化、创新性发展"的思想为非遗文化保护指明了前行方向。③

(一)瓶与酒:非遗文化"时代化"的可行性研究

近代以来,随着进化论观念的传播,思想具有时代性,已成共识。而传统文学艺术如何完成现代性转换,则经历漫长讨论。20 世纪以来,京剧、中医等传统文化饱受争议。新文化运动更是以激烈地全盘反传统主义著称于世。

思想与文化的密切关系,陈独秀及新文化阵营已有深刻领悟。傅斯年曾言:"语言是表现思想的器具,文字又是表现语言的器具。"④ 中国文化的气质风貌,受儒家伦理和专制思想的影响很深。儒家学说传递的

---

① 韩冬梅:《梨园烟雨秀春梅——记井陉晋剧团小旦演员许秀梅》,焦友生、尹海军主编:《晋韵陉腔——井陉县晋剧团团史(续)(2008—2022)》,2022 年,第 148 页。
② 《深泽县有关领导到我县晋剧团学习取经》,焦友生、尹海军主编:《晋韵陉腔——井陉县晋剧团团史(续)(2008—2022)》,2022 年,第 220 页。
③ 习近平:《决胜全面建成小康社会 夺取新时代中国特色社会主义伟大胜利》,《人民日报》2017 年 10 月 28 日第 1 版。
④ 傅斯年:《汉语改用拼音文字的初步谈》,《新潮》1919 年第 1 卷第 3 期。

思维方式、价值观念和行为规范,中国人习之、用之、传之,逐渐渗透至中国文化的方方面面。受其影响,中国文学"所目注心营者,不越帝王,权贵,鬼怪,神仙,与夫个人之穷通利达"①;中国文字,"既难传载新事新理,且为腐毒思想之巢窟"②。鲁迅也借"狂人"之口点明,中国书籍"满本都写着两个字是'吃人'"③。其语言看似怪诞,但精准渲染出二者如影随形的亲密关系。让人深感,儒家伦理对国人思想和中国文化的影响,无处不在,无时不有。在新文化阵营看来,中国文化的整体性,绝非局限于形而上的思想层面,更涵盖文学艺术、医学教育等各个领域。陈独秀指出,中国固有的伦理政治与法律学术、文学礼俗等文化,"本是一家眷属"④,"无一非封建制度之遗"⑤。可以说,中国文化实由儒家思想形塑而成。新文化阵营认为,二者被高度捆绑在一起,已具备难以分割的整体性。

在儒家伦理积年累月的浸润、濡化下,中国文化滋生种种弊病。陈独秀认为中国人缺乏"自然的、纯情感的冲动",文学艺术脱离了情感传达而加重道德说教的色彩。文学要求"文以载道",史学追求道义和正名,音乐则攀附王权圣功。这样的中国文化缺乏独立性,沦为儒家伦理和专制政治的附属品。依附盲从的中国文化,不可避免地陷入形式主义的泥沼无法自拔⑥。他们认为,中国文化弊端与国民性及其弱点同质共源。以此为联结点,中国文化进入"五四反传统主义"的扫射范围。

在陈独秀及新文化阵营看来,中国文化是由儒家思想支配引领、自成系统的文化整体。对中国文化而言,儒家思想有如附骨之疽,即便刮骨也难去其毒。他们既已判定,废除儒家伦理是根除奴隶根性、瓦解专制政治的根本解决之道。那么,与儒家思想高度捆绑的中国文化,其

---

① 陈独秀:《文学革命论》,《新青年》1917 年第 2 卷第 6 号。
② 陈独秀:《四答钱玄同》,《中国今后之文字问题》,《新青年》1918 年第 4 卷第 4 号。
③ 鲁迅:《狂人日记》,《新青年》1918 年第 4 卷第 5 号。
④ 陈独秀:《答易宗夔》,《论新青年之主张》,《新青年》1918 年第 5 卷第 4 号。
⑤ 陈独秀:《敬告青年》,《青年杂志》1915 年第 1 卷第 1 号。
⑥ 周作人:《思想革命》,《每周评论》1919 年第 11 号。

第四章 苍岩山传说、庙会及其非物质文化遗产的创新性发展

"五四"命运可以推知。文言文、汉语汉字、中医戏曲等领域遭遇广泛而猛烈的批判。陈独秀指出："今欲革新政治，势不得不革新盘踞于运用此政治者精神界之文学。"① 钱玄同最为激进，认为中国文字，"废之诚不足惜"。他赞同陈独秀对儒家伦理的批判，认为是"救现在中国的唯一办法"，而欲废孔学，不可不先废汉文；欲驱除一般人之幼稚的野蛮的顽固的思想，尤不可不先废汉文。② 其涉及领域既广，言辞也烈，引爆激烈论辩。

"文化整体观"是新文化运动前期的串珠红线。它以儒家伦理为介质，建构中国文化的内在关联和整体观念，并将之与专制政治捆绑在一起。如此一来，只要认可陈独秀及新文化阵营的儒学观，对中国文化方方面面的批判便合情合理。这一做法可谓以简驭繁，使新文化运动前期得以最大程度增广扩容，为其多领域、多范畴的观念与主张提供理论支撑，具有较高的理论价值与战略意义。

但是，陈独秀及新文化阵营的"文化整体观"的理论逻辑，也并非没有漏洞。其合理之处在于，基于思想文化具有时代性的进化论认知，中国文化与儒家思想均是封建时代、专制政治的产物。二者的相生相长，盘根错节，分割不易，确可以文化整体视之。同时，我们也应看到，历史不是静止的，其进化演进的过程中，思想文化与时代的不适是历史的必然。那么，原有思想文化就只有整体废弃唯一的历史命运吗？汉语汉字、文言戏曲完全不能记载、传播现代民主思想吗？常乃惪曾质疑。他说："窃以为世界过去之圣哲，无论何人所称道之学说，未有能与后世之生活完全适合者，亦未有完全不能适合者。孔子亦其中一人也，则何能外此公例哉？"③ 我们很难不发出同样的诘问。

事实上，中国文化内涵外延甚广，若想整体推翻绝非易事。新文化运动前期有所侧重，重点着力文学艺术、教育医疗、语言文字等领域。其社会反响不一，运动效果也不尽相同。其中，以白话文替代文言文，

---

① 陈独秀：《文学革命论》，《新青年》1917年第2卷第6号。
② 钱玄同：《致陈独秀》，《中国今后之文字问题》，《新青年》1918年第4卷第4号。
③ 常乃惪：《致陈独秀》，《通信》，《新青年》1917年第2卷第6号。

不仅是思想表现形式的更替，更迎合了面向大众、普及民主思想的运动需求。因此，文体革命声势最大、效果最佳。中医戏曲是否应当废除，已有不少反对声音。但依靠西医话剧的引介、现代医疗卫生体制的建立与写实表演理念的传播，新文化阵营在论辩往来间尚能占据主动。以世界语（Esperanto）、拼音文字取代汉语汉字，争议最大。陈独秀承认："社会上最反对的，是钱玄同先生废汉文的主张。"[1] 新文化阵营内部也不乏反对之声。陈独秀用"用石条压驼背"来形容钱玄同的做法，并指出"本志同人多半是不大赞成的"[2]。事实上，陈独秀及新文化阵营重拳出击的数项工作，均有较为坚实的运动基础。其改革呼声多始于戊戌启蒙时期，倡行有年，规模粗具。即便如此，就应不应该、能不能废弃等基本问题，知识界争论不休，反对之声沸反盈天。新文化阵营内部也难达成共识。

新文化阵营在揭示中国传统文化是特定历史时代产物的同时，却又忽略了文化样式不过是承载思想内容的容器，并非高度捆绑、密不可分的关系。文化样式作为载体具有相对稳定性，它无须随思想汰换而更替。中国文化与儒家伦理的紧密程度有差、亲疏有别，其废弃的必要性也不尽相同。就理论逻辑而言，陈独秀及新文化阵营一视同仁，无差别对待。这实令人无法服膺，是"五四"前期思想发生偏向、产生弊端的关键所在。与儒家伦理捆绑的领域越多、中国文化的整体性越高，"五四"学人的思想主张与个人形象就越激进。

中国传统文化的创造性发展，中国共产党在革命时期便已有成熟探索。受新文化运动影响，知识界倾向于用话剧取代中国传统曲艺，其策略是瓶与酒俱革新的方式。话剧在中国发展迅速，成为主流宣传形式。程砚秋等京剧大师发出传统戏曲现代化的先声，但其剧目仍以古装剧为主。

中国共产党在进行革命宣传时，坚持群众路线，利用秧歌、京剧、

---

[1] 陈独秀：《本志罪案之答辩书》，《新青年》1919年第6卷第1号。
[2] 陈独秀：《本志罪案之答辩书》，《新青年》1919年第6卷第1号。

第四章　苍岩山传说、庙会及其非物质文化遗产的创新性发展

地方小调等传统曲艺表演形式向群众传达党的方针政策。这些传统曲艺诞生于农业社会，反映的是插秧耕田的生产劳作与对风调雨顺的祈望。新民主主义革命时期，共产党人创作《要拥军》《翻身记》等，利用秧歌戏形式开展思想宣传，效果极佳。[1]冀中地区文艺也极为繁盛，火线剧社、新世纪剧社等声名远播，各分区、各县、各村多有剧社（团）开办，其中较为活跃的村剧团便有1700多个。这些剧社、剧团"利用河北民间小调的曲牌《放风筝》《小放牛》《探亲家》《十二月》《画扇面》等换上抗战新词，宣传坚决抗战，誓死不当亡国奴；抗日光荣，不抗日可耻，投降当汉奸是民族的败类，宣传参军光荣，拥军优属，还有的用民间小调宣传党的政策，对敌开展政治攻势"[2]。新世纪剧社出版了以普及为目的的刊物《歌与剧》，发表较有影响的作品有："《夫妇俩》是个小调剧，用河北地区的小调演唱，群众一听就懂，一学就会；剧本内容是妻子送丈夫参军，情节上颇具喜剧色彩。这出戏成为剧社本身和广大村剧团的保留节目。"[3] 创造社配合部队创作秧歌舞剧《捉俘虏》（又名《活捉日本鬼子》），"在无极、藁城一带，广泛深入地揭露敌人利用大刀会等道会门欺骗群众、破坏抗日、残杀我同志的罪行"[4]。

在革命文艺的创作中，这些剧团大多自编自演，取材于身边发生的事，用群众听得懂的语言和喜爱的表演形式，创造性地开展宣传教育工作。"旧瓶装新酒"——革命文艺的创作，为非遗文化的创新发展开辟新路。

---

[1] 学界对这一问题有较为深入的研究，延安秧歌运动相关研究成果较为丰富，相关著作有：张文娟的《延安新秧歌运动研究》（重庆师范大学，硕士学位论文，2013年），许洁的《延安新秧歌剧研究》（华东师范大学，博士学位论文，2016年）。相关论著以华北地区为主要研究对象的有：王荣花的《中共革命与太行山区社会文化的变迁（1937—1949）》（河北大学，博士学位论文，2011年），王平的《二十世纪三四十年代华北乡村建设中的文艺运动研究》（河北师范大学，博士学位论文，2022年），郑立柱的《旧貌换新颜：抗战时期晋察冀边区的秧歌戏》（"文化、习俗与社会变迁：第三届华北区域史学术研讨会"会议论文，2022年）。

[2] 朱子强：《抗日战争时期冀中区党的宣传教育工作》，冀中人民抗日斗争史资料研究会编：《冀中人民抗日斗争文集》第5卷，航空工业出版社2015年版，第1538页。

[3] 刘光人：《冀中新世纪剧社大事记》，冀中人民抗日斗争史资料研究会编：《冀中人民抗日斗争文集》第5卷，航空工业出版社2015年版，第1459页。

[4] 王炎、田野、李盾：《冀中军区第七军分区文工队活动纪实》，冀中人民抗日斗争史资料研究会编：《冀中人民抗日斗争文集》第5卷，航空工业出版社2015年版，第1477页。

（二）推陈出新：作品主题融入"新时代"

采用"旧瓶装新酒"的发展策略，要求非遗文化在传承经典的同时，着眼于与时代接轨，创作出展现时代情感、融入时代命题、把握时代脉动的新作品。再者，民俗曲艺本就是动态地、生动地展现群众的社会生活和文化感情。井陉晋剧和井陉拉花的非遗传承人均自觉主动地从事非遗文化创新。

井陉县晋剧团成立于1952年，较好地坚守革命文艺的优良传统。它始终秉持以"剧目立团"为原则，坚持剧目自编、自导、自演。尹海军明确表示："县级剧团生存的灵丹妙药不在资金投入上，而在于剧团自身的改革创新。"① 建团70余年，晋剧团自创剧目共计38个。其主要分为历史传说和时代新剧两个类型。

历史传说类自创剧目以《井陉口》《背水之战》《火烧庆功楼》为代表。《火烧庆功楼》与《皇姑出家》一样，是栾德宝和李夫一搭档创作的经典剧目。它共分"屈斩赵王""火烧功臣""洪武晏驾""燕王登基"四本。该剧取材于民间传说，讲述朱元璋因猜忌设计在庆功楼宴杀开国功臣的故事。该剧盛演不衰，深受观众喜爱，有人表示"我喜欢看井陉晋剧团的戏，最喜欢这出《火烧庆功楼》"②。《井陉口》和《背水之战》分别创作于2009年和2013年。2008年，该团还编有《背水阵》。三部剧均影响不大，以韩信的"背水之战"为故事主线，第一版由刘玉生、尹海军根据姚翔琳《背水一战》改编，导演为韩辛亥和刘玉生。《井陉口》由晋剧团邀请省内知名剧作家暨原文化厅副厅长孙德民出任编剧，导演由杨晓彦担任；《背水之战》的编剧除孙德民外，还邀请麻立哲担任第二编剧，李慧琴担任导演。《背水阵》与《井陉口》韩信一角由仇丽荣出演；《背水之战》第三版由李建国和武密林分任AB角。韩

---

① 高其伦、解保童：《井陉县晋剧团坚守60年后继无人传承难》，《河北青年报》2012年5月21日第7版。
② 张晓娟：《一个县剧团的六十年坚守——寻找井陉晋剧团生存秘籍》，《石家庄日报》2012年5月8日。

第四章 苍岩山传说、庙会及其非物质文化遗产的创新性发展

信背水之战的故事三易其稿，可见晋剧团同仁精益求精的精神。

《井陉口》最受认可的创新有二。一是增加了"茉莉"这一虚构人物。她一方面弥补了该剧旦角的缺失，有重要的角色功能；另一方面茉莉与韩信相识于微，是他甘苦与共、历经生死的红颜知己。她最后的牺牲令韩信和背水一战的胜利更添几分悲凉，是剧情中最为动人的一幕。二是融入了拉花的舞蹈音乐，成为井陉晋剧和井陉拉花两大非遗文化的合作首秀。其序幕便借用拉花音乐的深沉和苍凉来烘托战时民众颠沛流离的悲惨生活，茉莉用拉花舞蹈迷惑赵军士兵以凸显其机智勇敢的性格特征，结束时又用欢快的拉花音乐表达韩信及汉军士兵胜利的喜悦。《井陉口》已经取得巨大成功、备受赞誉，一度被称为"是井陉县晋剧团有史以来演出最好的一出戏，也是创新路子迈得最大的一出戏"[1]。然而，剧团领导"对此剧的创排现状并不满足，认为制作稍显粗陋，整体舞台呈现没有达到预期的目标"[2]。他们步履不停，继续创新，排演了《背水之战》。除剧本数易其稿外，舞台效果有了更加完美地呈现，"一幕幕时空转换给人身临其境的感觉，极具视觉冲击力的舞美设计、华丽的汉朝服饰幻化出美轮美奂的舞台效果，演员们以激情澎湃、哀怨悲怆的晋剧唱腔，成功塑造了一个个历史人物，精彩的唱段也赢得了观众的阵阵喝彩"[3]。韩信和背水之战是井陉的地方名片，井陉晋剧选择这一故事编排，是自觉宣传地域文化、推动旅游行业发展的重要尝试。主创刘玉生的话充分说明晋剧团的这一自觉意识。他说：

> 地域色彩的东西一出现，很容易引起观众、专家的兴趣。所以就成为舞台上一道亮丽的风景线。《井陉口》恰恰是井陉的文化

---

[1] 刘仲武：《气势恢宏〈井陉口〉声情并茂仇丽荣——看晋剧〈井陉口〉有感》，焦友生、尹海军主编：《晋韵陉腔——井陉县晋剧团团史（续）（2008—2022）》，2022年，第81—82页。

[2] 麻立哲：《扎根基层服务农民不忘初心砥砺前行——记井陉县晋剧团》，焦友生、尹海军主编：《晋韵陉腔——井陉县晋剧团团史（续）（2008—2022）》，2022年，第104—105页。

[3] 《新排晋剧〈背水之战〉成功首演》，焦友生、尹海军主编：《晋韵陉腔——井陉县晋剧团团史（续）（2008—2022）》，2022年，第228页。

资源，具有井陉的地域文化色彩。用自己的演出团体，演绎自己的历史，填补"背水一战"在戏剧、影视领域无有艺术作品的空白，让观众在戏剧舞台上，看到一台用戏剧形式歌颂民族精神的一部好戏。用一种观众喜闻乐见的艺术形式来宣传背水精神，给观众增加一种陌生、一种鲜明、个性化的东西。这也是这出戏一个很大的突破。[1]

时代新剧是井陉晋剧团自创剧目的又一施力重点，先后创作出《拉花人家》《李保国》《天路情歌》《陉山铸魂》等展现井陉地方精神文化的作品。《拉花人家》创作于 2015 年，讲述原本门户森严的井陉拉花，其代表红黄蓝三家因历史积怨而处于内斗不止、隔绝交流的传承状态。改革开放后，井陉拉花为求发展，各家放下成见、携手共建推动其再创辉煌。该故事反映了东南正、庄旺、南固底三派拉花融合发展的真实历程。

《李保国》移植于河北梆子同名剧目，创作于 2017 年。李保国是河北农业大学教授，他心系百姓、扎根基层，推广先进的苹果种植技术，带领岗底村等科技脱贫，获得"时代楷模"和"全国脱贫攻坚模范"等多项荣誉。这位"太行山上新愚公"的事迹在河北家喻户晓，河北梆子《李保国》剧目获得文华大奖。尹海军深感："李保国教授心系太行山群众，我们基层剧团更要传唱歌颂心中的英雄！"[2] 为此，他决意移植此剧，邀请原剧导演翟建蕊和太原市实验晋剧院演员魏建琴加盟。井陉晋剧本身便是在山西晋剧的基础上吸收河北梆子武戏等诸多元素而成，这为该剧移植奠定良好基础。翟建蕊经过审慎地研究后，结合剧团情况、演出区域、受众层次、剧种风格等特点，确立了"扬长避短，独显其才"的导演思路。在排演过程中，他对晋剧团的表演水平给予较高评价，肯定"井陉晋剧团有高水平的演员阵容，不仅传统戏的程式化表演完美精彩，对现代戏人物刻画诗意化的把握也

---

[1] 刘玉生、马丽芳：《赏析〈井陉口〉》，《大众文艺》2013 年第 14 期。
[2] 刘迪、姚晓科：《晋剧现代戏〈李保国〉在河北井陉首演》，焦友生、尹海军主编：《晋韵陉腔——井陉县晋剧团团史（续）（2008—2022）》，2022 年，第 245 页。

第四章　苍岩山传说、庙会及其非物质文化遗产的创新性发展

相当了得"[①]。该剧成为晋剧团的经典剧目，巡演百余场，获得观众的广泛好评。

《天路情歌》于2019年10月10日首演，距离"天路"开通一年的时间。井陉县内多山，以往的交通多靠骡马。井陉县政府秉持"要致富，先修路"的认识，集全县之力修建起连接4乡24古村落的道路，成为该县脱贫攻坚的典型事例。该剧取材于真人真事，仅有40天时间编写剧本和排演练习。在团长尹海军"这是宣传太行天路精神，讲好井陉故事，咱们责无旁贷"精神带领下，编剧王春明和焦友生下乡走访、实地考察，最终选取羊信让地、拴柱迁坟、老板捐款三个典型故事。[②] 该剧与《李保国》一起，成为晋冀两省观众最喜爱的现代戏。同时，它为晋剧团拓展发展空间，也"为战天斗地的家乡人提供了精神食粮，实现了社会效应、经济效果及艺术演艺的共赢"[③]。

《陉山铸魂》于2021年排演，王春明身兼编剧和导演二职，主要演员有许秀梅、马丽芳等。该剧创作于中国共产党成立一百周年之际，讲述井陉地方的精神谱系。它分为4个部分，第一部分是革命时期的"抗战精神"，以"挂云山六壮士"为原型创作。第二部分是新中国成立后的"绵右渠、张河湾精神"。井陉十年九旱、水利不兴，绵右渠之议虽始适于民国时期，但直到新中国成立后才付诸实践。在极其艰苦的条件下，井陉群众克服天险，开掘覆盖全县的水利网。它与红旗渠精神、铁人精神等同样展现着中国共产党艰苦奋斗的精神实质。第三部分是"抗洪精神"，展现了共产党员的先锋模范带头作用，能够舍小家顾大家，解救全村群众脱离险境的感人故事。第四部分是"天路精神"，讲述县政府主导、吸引民企捐资、党员村民义务劳动，故事与《天路情歌》背景一致，展现了更为丰富的脱贫实践。

[①] 翟建蕊：《汗水结硕果——大型晋剧现代戏〈李保国〉排练有感》，焦友生、尹海军主编：《晋韵陉腔——井陉县晋剧团团史（续）（2008—2022）》，2022年，第109页。

[②] 王春明：《浅谈创排〈天路情歌〉》，焦友生、尹海军主编：《晋韵陉腔——井陉县晋剧团团史（续）（2008—2022）》，2022年，第153页。

[③] 霍国生：《同心共圆晋剧梦文企联姻谱新篇》，焦友生、尹海军主编：《晋韵陉腔——井陉县晋剧团团史（续）（2008—2022）》，2022年，第113页。

井陉拉花同样有主题创新的传统。改革开放初期，井陉拉花便致力于表现时代的作品创作。他们认识到，拉花"地方特色十分浓郁，但毕竟是旧时代的产物，与当今时代有些距离。要表现当今时代人们的精神风貌，就必须创新发展"；"要使传统拉花与时代美相适应，要符合当今人们的审美心理和要求，就必须表现当今人们的时代感、节奏感和精神风貌"。[①] 他们创作出《咱去西柏坡看亲人》《走西口》《越扭越精神》《俺跟奶奶学拉花》等经典作品。《咱去西柏坡看亲人》创作于1979年。井陉与西柏坡地理位置相近，且井陉矿区的现代化设备和人员物资全力援助西柏坡。可以说，井陉是中国共产党由延安到西柏坡的重要中转站。拉花基于这一特殊历史渊源，选择将自身易于表现"行路"的艺术特征与去西柏坡路上的典型环境巧妙结合，反映了革命年代群众对党的拥护之情。《走西口》取材于中国历史上著名的人口迁移事件，在山西等地历史文化中留下深刻烙印。人民背井离乡、外出谋生的文化情感，恰与拉花悲凉、沧桑的艺术特征相契合，便以山西民歌《走西口》为基础展开创作，选取夫妻新婚燕尔却不得不分别的场景，通过舞蹈表现夫妻二人的难舍难离的哀婉情感。《越扭越精神》反映老年人的晚年生活；《俺跟奶奶学拉花》则表现孙女从不想学到想要学，从学不会到自如地跟奶奶一起扭起来的学习过程。

井陉拉花与井陉晋剧等非遗文化自觉主动地创作出反映时代变迁，展现时代情感、融入时代命题、把握时代脉动的新作品。井陉晋剧团作为基层剧团，勇于担当社会责任、用群众喜爱的方式讲述井陉的现代发展与时代精神。其时代新戏的创作展现了"井陉晋剧团领导'创作精品，歌颂时代'的决心、高瞻远瞩的气魄"[②]。主动融入"新时代"的井陉晋剧团拓宽了市场、获奖无数，得到政府、观众的广泛好评，为非遗文化保护开辟出发展的时代新路。井陉拉花作品主题兼顾

[①] 李淑荣、袁立书、吴志国：《民间舞蹈的创新与发展——谈井陉拉花的创作》，蔡玉霞、张树林主编：《井陉拉花》，河北人民出版社2004年版，第287页。

[②] 翟建蕊：《汗水结硕果——大型晋剧现代戏〈李保国〉排练有感》，焦友生、尹海军主编：《晋韵陉腔——井陉县晋剧团团史（续）（2008—2022）》，2022年，第110页。

第四章　苍岩山传说、庙会及其非物质文化遗产的创新性发展

老中青各个年龄层，有意识地增加受众基础。无论年纪如何都可以找到自己喜爱、适合反映自身年龄阶段的拉花作品。同时，这些作品基调由悲伤转向欢快，展现新中国成立以来中国人民的幸福、喜乐生活。这些作品均获得过国家级奖项，深受群众喜爱。以《走西口》为例，它获得过文化部第二届全国民间音乐舞蹈比赛创作表演二等奖。作品一经面世，便得到舞蹈家贾作光、赵宛华及各地同仁的高度赞扬，吸引 20 多个专业演出团体前来学习，"一度形成了一股《走西口》风，或者说是拉花风"①。

（三）汁醇味正：表演形式的创新与守正

表演形式的与时俱进，就是要融合各家之长，创造出高水平、群众喜爱的舞蹈动作和音乐形式。非遗文化为适应市场大潮，更要在表演形式上求新求变。这一般集中在音乐唱腔和舞蹈动作两方面。

在音乐唱腔方面，井陉晋剧自感："论原汁原味，咱唱不过人家山西梆子，但咱有自己的特色。"② 它杂糅山西晋剧的柔润委婉和河北梆子的高亢激昂，逐渐形成柔亢融合的唱腔。它有河北味的晋剧，独树一帜。井陉拉花下的功夫更深。在舞蹈动作方面，他们一改山西晋剧文戏较多的风格，提高武戏所占比例。建团初期，该团的文戏教师请自山西，武戏教师则由石家庄聘请，形成文武兼备的艺术特征。这一风格，"不是人为的改造，而是一种自然而然的演变"③。此外，栾德宝等融合杂技、魔术等技巧，创造出"耍鼻胡""椅子滚猫儿""帽尖、肘尖、脚尖"三种耍佛珠、"口甩靴两边同落地""小翻钻板凳""鼻胡、帽翅同时耍""双翎并立"等多种绝活。这些创新，"符合剧情，艺术性高，可视性强，难度大，观众称赞"④。

---

① 蔡玉霞、张树林主编：《井陉拉花》，河北人民出版社 2004 年版，第 238 页。
② 张晓华：《井陉县晋剧团——"太行山上一枝花"》，《河北日报》2019 年 5 月 23 日第 9 版。
③ 安春华：《井陉人儿道上走山西梆子不离口——晋冀交界风情会》，http://www.chnjinju.com/html/news/2015/0820/3425.html。
④ 程玉明：《晋剧名家栾德宝》，《当代人》2011 年第 11 期。

井陉拉花在艺术形式的创新上更下苦功。他们深知："井陉拉花起源于自娱、敬神的街头花会，受封建、迷信、落后思想的影响，拉花的动作、场面、音乐中都掺杂着一些脱离人民大众思想的东西，虽经不少艺人加工改进，但仍不能摆脱'乡间小玩艺儿'的窠臼。"① 为此，拉花艺人决意"对于一些陈旧乏味、低调粗俗的乐曲暂不融入"，并立定选曲标准：一是"要选择与之关系相近和吻合的乐曲"；二是"要选择健康向上的乐曲"。② 在音乐唱腔方面，它以东南正拉花为基础，融合其他流派，逐渐由沉闷、缓慢的传统音乐向情感热烈、节奏明快风格转变。《咱去西柏坡看亲人》率先运用较传统拉花快几倍的音乐节奏表现群众到达西柏坡的激动心情。这种变化，也与井陉拉花作品主题的变化息息相关。1991 年，他们编排参加沈阳秧歌大赛作品时，属意"按照现代人的审美意识、欣赏情趣加以发展"。编导郑健和回忆道，为表现"历经重重灾难的井陉人民追求盛世的心愿"，他们"把祖国好比大花园，祝愿她永远是春天，处处繁花似锦，永远繁荣昌盛作为主题"。③ 井陉拉花音乐愈加明快的同时，因伴奏乐器的增加也更加丰富。它的伴奏人数一般不超过10 余人，乐器种类并不齐全。这导致其乐器不能合理配器，演出效果直板平淡，也是造成拉花艺术形式呆板的原因之一。为适应拉花的快速发展，其乐器加入大鼓、大镲、吊钹等，甚至也有弦乐、弹拨乐、键盘乐等元素。乐器的齐备，演奏层次自然富于变化，推动其音乐形式的创新发展。

在舞蹈动作方面，井陉拉花也大刀阔斧地创新。井陉拉花本是地方山多路陡的行路难的艺术表现。早期拉花的舞蹈"动作比较简单，节奏与队形变化也较缓慢，舞姿虽美，而表演时间拖长了就给人乏味之感"④。1977 年，以东南正拉花为素材创作而成的《喜迎渠水过家乡》，

---

① 张树林：《光大井陉拉花　功载舞蹈史册——对贾作光先生改革发展井陉拉花的评介》，蔡玉霞、张树林主编：《井陉拉花》，河北人民出版社 2004 年版，第 285 页。
② 蔡玉霞、张树林主编：《井陉拉花》，河北人民出版社 2004 年版，第 196 页。
③ 郑健和：《花香花艳土中来——一次继承与发展的实践》，蔡玉霞、张树林主编：《井陉拉花》，河北人民出版社 2004 年版，第 253—254 页。
④ 郑健和：《花香花艳土中来——一次继承与发展的实践》，蔡玉霞、张树林主编：《井陉拉花》，河北人民出版社 2004 年版，第 254 页。

参加了河北省民间音乐舞蹈汇演。该作品得到与会专家的一致好评，同时指出其舞蹈形式过于拘泥呆板，沉闷单一的问题。此后，拉花艺人明确了舞蹈动作创新的方向。在《咱去西柏坡看亲人》中，井陉拉花破除门户之见，融合东南正拉花和庄旺拉花的艺术特点，并且吸收了《渔家乐》的部分动作，实现舞蹈动作的重大创新。1991年，为参加沈阳秧歌大赛，井陉拉花聘请贾作光担任指导。他将表演人数由6人增加至36人，全舞分"六合同春""大雁南飞""蜡梅绽开""百花吐艳"4个舞段。演出人数的增加，令演出更具气势的同时，队形的变化也就更加灵活多样。自此，井陉拉花少则2人即可表演，多则36人、48人或60人不等，表演人数最多高达100人。该舞蹈设计是拉花史上变革最大的一次，老艺人由衷地认为："这次拉花改进我们很服气，既不失传统艺术特色，又有时代气息，真不愧是大家风度！"[①] 1996年，为冲击全国社会文化领域的最高奖——"群星奖"，井陉拉花在舞蹈设计上颇费思量。他们秉持"万变不离其宗"的原则，融合东南正、庄旺、小作等特色，充分展现井陉拉花的艺术特征。同时，他们注意到此次广场表演四面八方均有观众，充分利用男女对舞传达青春活力和欢乐情感，推动拉花的艺术感染力更上层楼。贾作光、赵宛华给予极高评价："以前看过河北省很多拉花，这次看到的井陉拉花是最好的，有创新、有发展、有时代的精神风貌。"[②] 该作品成功拿下此次大赛的金奖，舞蹈语言的创新推动井陉拉花迈向新的艺术高峰。

非遗文化每一技巧、每一仪式均有独特内涵。在变革中，如过度商业化及迎合大众，这些专属特色会消弭于无形，渐渐同化于当下流行的文化形式。这显然有悖于非遗文化保护的初衷。2000年前后，武新全等传承人在推动创新的同时意识到，拉花改革应当注意尺度。他说："相信每个人都想看到几百年来代代相传的拉花，而不是七拼八凑、变了味

[①] 张树林：《光大井陉拉花 功载舞蹈史册——对贾作光先生改革发展井陉拉花的评介》，蔡玉霞、张树林主编：《井陉拉花》，河北人民出版社2004年版，第286页。
[②] 李淑荣、袁立书、吴志国：《民间舞蹈的创新与发展——谈井陉拉花的创作》，蔡玉霞、张树林主编：《井陉拉花》，河北人民出版社2004年版，第287页。

儿的拉花。作为传承人，有责任也有义务为后代留下一个原汁原味的民间艺术，传承文化绵延发展的血脉。"① 事实上，井陉拉花每一个动作都有特定的含义。如果把握不好，拉花与其他舞蹈趋同，反而会失去原有的艺术价值。为此，武新全提出："尽可能多地保持住最初的韵味才是一门古老艺术传承下去的关键所在。"② 贾作光持相同意见，他认为"任何民间艺术都要向前发展，原地踏步是不可取的"，"我们还应在传统中创新，在继承中发展，在开放中交流，在融合中创新"。③ 这成为井陉拉花传承的基本原则和方向。因此，拉花艺人深刻认识到，创新应以守正为前提。他们对井陉拉花应当守正的艺术特征有准确地把握。吴志国、蔡玉霞说："在多年的实践中，我们总结了这样一条经验，只要不改变动律特点，就不会跑味儿。我们所说的动律，就是欲前先后、欲左先右、欲上先下的有规律的运动。"在保留动律的基础上，"创造新的舞蹈语汇，尽管这些语汇是拉花舞蹈中没有的，也不会跑味儿，倒为传统拉花注入了新的活力，使其具有时代色彩"④。张希有、袁学骏高度评价井陉拉花的保护工作，点明其成功之处在于把握住以下原则："传承就是保护，创新也是保护，是动态的保护，是让今人和后人永远喜欢的保护。井陉人没有让拉花变成库藏的文物，而是让它活在人民生活的海洋中，其功莫大焉。"他们充分肯定拉花"是我省和全国民族民间文化保护工程上的一个成功范例"。⑤

守正创新，是非遗文化传承人与专家学者亟应承担的重责。他们须深稽博考，把握非遗文化的本质特征，做到创新有方、虽万变却不改其意。守正与创新并重，非遗文化方能在不变色、不变味的前提下，切实

---

① 王欣：《让拉花艺术薪火相传》，《石家庄日报》2008年3月7日第8版。
② 韩莉：《井陉拉花遍地扭》，《河北日报》2014年2月28日第10版。
③ 贾作光：《井陉拉花·序》，蔡玉霞、张树林主编：《井陉拉花》，河北人民出版社2004年版，第5页。
④ 吴志国、蔡玉霞：《井陉拉花改革发展的思考》，蔡玉霞、张树林主编：《井陉拉花》，河北人民出版社2004年版，第291页。
⑤ 张希有、袁学骏：《井陉拉花·序》，蔡玉霞、张树林主编：《井陉拉花》，河北人民出版社2004年版，第7页。

融入新时代建设有中国特色社会主义的时代洪流中。井陉拉花和井陉晋剧,走在非遗文化创造性发展的前列。在诸多非遗文化还在考虑如何平衡时代化和不变味的关系时,他们已然探索出可行、有见地的守正创新道路。他们继承革命文艺"旧瓶装新酒"的创新思路,一代又一代的拉花艺人和晋剧演员接续奋斗,以对非遗文化的真挚热爱,坚守创作规律应对市场化的冲击。其经验足资借鉴者有:一是明确创新发展的核心要义。它要发展不能保存,要创新不能固守。只有这样,才能达到习近平总书记"深入挖掘中华优秀传统文化蕴含的思想观念、人文精神、道德规范,结合时代要求继承创新,让中华文化展现出永久魅力和时代风采"的时代要求。[①] 二是艺术创新,需要传承人全力以赴,以及音乐舞蹈、文学历史等领域的专家深度参与。井陉拉花和井陉晋剧作品的创新,是在栾德宝、李夫一、王春明、孙德民、周喜俊、武新全、贾作光等非遗传承人和专家学者的共同努力下完成的。具体到创作环节,既应博采众长,创作更受现时大众喜爱的艺术形式;也要与时俱进,创作以当下时代变革、中国价值观念为内容的新剧目。三是在锐意创新的同时,也要高度警惕变革无度、原有韵味尽失的陷阱。必须对非遗文化的本质特征有清楚的认知,充分了解创新的尺度和边界,这样的创新才能游刃有余,万变不离其宗。

四 建立"系统化"机制,保障有序共建

保护工作探索近 20 年,浅近易得的建设方案多有实践,施力既深且广,成效斐然。加之,我国素有重视文化传承的优良传统,井陉拉花、井陉晋剧的传承代有才人,传承不绝。现今,非遗文化保护已非起步阶段,无须花费力气在是否应当保护传承的问题上去宣传动员。非遗文化保护应与中国社会发展阶段相匹配,由简约粗放向高质量发展转型。

[①] 习近平:《决胜全面建成小康社会 夺取新时代中国特色社会主义伟大胜利》,《人民日报》2017 年 10 月 28 日第 1 版。

(一) 传承"发动机": 政府主导与国家治理能力的高要求

中国非遗文化保护以政府为主导。它自上而下推动，中央至地方各级政府始终起到传承"发动机"的作用。近年来，各级政府可谓尽心，政策支持与资金投入的力度较大，效果却总有不尽如人意之感，投入产出比例失衡的问题较为突出。事实上，作为非遗文化保护的发动机，政府应担之责远胜于今，要求在高站位、大局观兼具的前提下提升国家治理能力。

近代以来，井陉及附近地方经济发展动力不足，人民生活相对贫苦。2014年，我国公布贫困县名单共有832个。其中，河北计有45个，位列第七，排在云南（88）、西藏（74）、贵州（66）、四川（66）、甘肃（58）、陕西（56）之后。而前六位省区无一例外，均属西部地区。河北省的经济情况可见一斑。具体情况可参见图4-6。

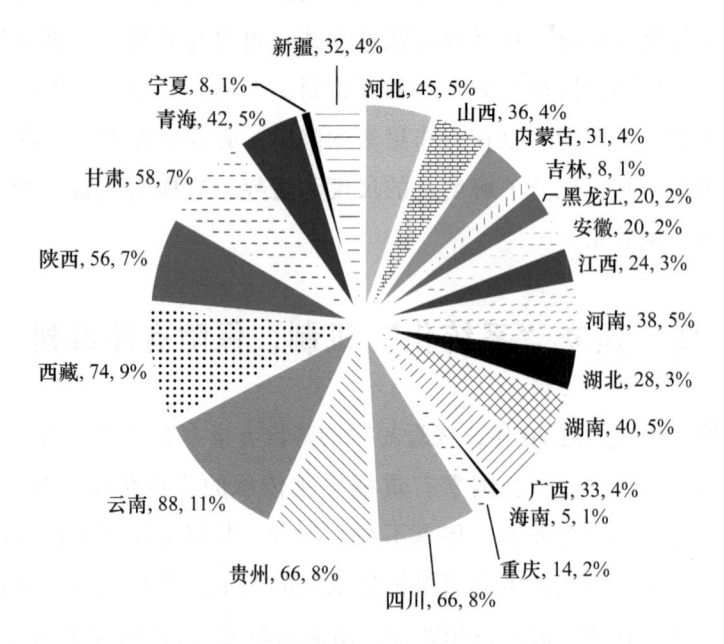

图4-6 全国贫困县统计（2014年）

资料来源：根据国家乡村振兴局《全国832个贫困县名单》相关数据整理而成，https://nrra.gov.cn/art/2014/12/23/art_ 343_ 981.html。

第四章 苍岩山传说、庙会及其非物质文化遗产的创新性发展

2016年起，我国大力发展脱贫事业，各贫困县逐渐摘帽。2020年，我国脱贫攻坚取得决定性胜利，832个贫困县全部摘帽。2019年年底，全国近亿贫困人口降至551万人，贫困发生率从10.2%降至0.6%。河北省受益于此，各贫困县经济有所发展，2019年已实现全部摘帽。其脱贫情况如表4-1所示。

表4-1　　　　　　　　　　河北省贫困县脱贫情况

脱贫年份	数量	名单
2016	3	海兴县、南皮县、望都县
2017	11	平山县、青龙满族自治县、魏县、平乡县、威县、易县、平泉市、盐山县、武邑县、饶阳县、阜城县
2018	18	行唐县、灵寿县、赞皇县、大名县、临城县、巨鹿县、新河县、广宗县、涞水县、唐县、曲阳县、顺平县、宣化区、万全区、崇礼区、承德县、滦平县、武强县
2019	13	围场满族蒙古族自治县、隆化县、丰宁满族自治县、阜平县、涞源县、张北县、尚义县、蔚县、怀安县、赤城县、沽源县、康保县、阳原县

资料来源：根据国家乡村振兴局《832个国家贫困县历年摘帽名单》相关数据整理而成，https：//nrra.gov.cn/art/2020/10/16/art_343_1140.html。

经济欠发达且结构单一，河北地方政府无不把眼光转向得天独厚的文化旅游资源。因此，各级政府对文化旅游工作极为重视。加之，作为明清政府统治的腹地，其国家权力自上而下推行较为顺畅。因此，无论是"三套集成"的编纂还是非遗文化的保护，它均全力以赴，走在国家同类工作的前列。这是井陉拉花和井陉晋剧等非遗文化发展的有利因素。张希有和袁学骏指出，如果"如果没有几代拉花艺术家们接力赛式的共同努力，没有县、市（地）和省各级领导和专家的大力支持，这别具一格的拉花艺术就可能像许多民间艺术一样悄悄地消亡了"[1]。可见，政府

---

[1] 张希有、袁学骏：《井陉拉花·序》，蔡玉霞、张树林主编：《井陉拉花》，河北人民出版社2004年版，第6页。

支持与传承人接续传承、专家参与同等重要，是推动非遗文化传承的重要因素。1999 年，在县政府支持下，井陉拉花第一个专业表演团体"井陉拉花艺术团"成立。2003 年又成立了井陉拉花艺术研究会。1991 年，郑健和在总结获奖经验时，直言首功是"领导的重视，尤其是井陉县委、县政府。再是省、市、县各级文化部门的重视，他们亲自过问，亲自参与，具体策划，出主意、想办法，解决实际问题"①。1996 年，接到群星奖复、决赛通知时，该县正面临严重洪灾。在此情况下，井陉县各级领导仍全力支持参赛。张树林细致记述这一过程。

> 县委、县政府领导有胆有识，没有因洪灾而举棋不定，果断地决定："拉花一定要去参加决赛，争取夺回金奖！"这种泰山压顶不弯腰的精神大大鼓舞了文体局领导，他们立即制定了排练方案，组建起参赛队伍，以抗洪救灾的战斗姿态，投入紧张排练，在短短的八九天内，完成了编舞、作曲、服装、道具等一系列准备工作。省文化厅、省群艺馆、省舞协、市文化局、市群艺馆的领导同志都非常重视此次赛事，他们亲临排练场，吃住在排练场，在艺术上和经费上给予了大力支持和帮助。②

这样的事例在每篇回忆性文章中均有说明，可见井陉拉花所取得的成果与政府的大力支持分不开。井陉晋剧团也是如此。团长尹海军说："我们这一路走来，非常困难，多亏得到了多方面的大力支持，省里市里的县里的，各级领导都非常关心。"③《背水之战》等剧，常组织首演研讨会，及时总结成功经验和演出中的不足。井陉县青年晋剧团在市场大潮的冲击下一度陷入瘫痪，大量业务骨干转行跳槽，剧团濒临解散，

---

① 郑健和：《花香花艳土中来——一次继承与发展的实践》，蔡玉霞、张树林主编：《井陉拉花》，河北人民出版社 2004 年版，第 255 页。
② 张树林：《太行奇葩逐"群星"——井陉拉花参加"群星奖"决赛写真》，蔡玉霞、张树林主编：《井陉拉花》，河北人民出版社 2004 年版，第 267 页。
③ 《专访国家级非遗剧团团长，揭秘辛酸演出路上的幕后故事（下）》，焦友生、尹海军主编：《晋韵陉腔——井陉县晋剧团团史（续）（2008—2022）》，2022 年，第 219 页。

也是县领导出面助其渡过难关。这推动该剧团再次振作实现转型。可见，充分发挥政府主导作用，将是建立非遗文化传承机制与系统化发展的重要保障。

（二）传承机制"系统化"：政府协调与多部门协作

时至今日，非遗文化建立"系统化"传承机制，应发动各责任方鼎力配合、合作无间。它涉及多部门协作，亟须政府有效协调发展。特别是非遗文化进校园、进教材、进课堂，其事前科学调研、规则完善拟定及事后贯彻落实，若无教育部门的通力合作必不能见功。这要求政府牵头、协调教育、文化等行政部门与专家学者、非遗传承人济济一堂，共襄盛举。三皇姑信仰和苍岩山庙会在县政府引导下，实现井陉拉花和井陉晋剧的初步联动。

井陉晋剧能够在市场萎缩和激烈竞争中渡过难关，"文企联姻"是制胜法宝之一。2004年，在县委、县政府的多方运作下，剧团与吉运集团签署了合作协议。该集团每年向剧团拨发5万元扶持资金；筹演剧目《井陉口》时又筹措10万元经费给予支持。2012年，同样是在县领导的撮合下，晋剧团与河北达沃集团达成合作协议并合作至今。双方精诚合作，探索出文企合作的良性模式。达沃集团给予晋剧团更多的资金支持。它在剧团六十周年庆祝活动时资助10万元经费，投资28万元为晋剧团购买LED电子大屏；为《背水之战》和《李保国》出资近300万元用于剧目排演和新闻宣传。不仅如此，达沃集团还为剧团办公楼实现了集中供暖，结束了办公楼长达40年以煤取暖的历史；在疫情防控时期，剧团演出骤降，该剧团统筹协调，安排部分演职员进入公司工作。可以说，达沃集团给予晋剧团的支持，不仅改善演出设备和满足剧目排演的实际需要，更是延伸至切实改善剧团演职员生活上。尤其是疫情期间，解决了剧团生存的燃眉之急，帮助剧团渡过难关。晋剧团同样为企业提供帮助。它演出多，所到之处可以为联姻集团起到很好的宣传效果。尹海军说："随着农村个体经济的蓬勃发展，企业老板需要宣传自己，回报家乡，需要聘请有名的大团演出；还有一些规模大的企业招商、庆典、内部文化活动，都需要文艺搭台唱戏，只要演出达到了他们想要的效果，就可以出大价钱。"① 达沃集团之所以愿意先后投资500万余元，也是因为该集团正处于由单一经营向房地产开发、矿山开采、生态文化旅游等产业转型的关键期。该集团事业版图扩展，开业庆典、年终活动等都有演戏庆祝的需要，逢年过节便邀请晋剧团在全县最大小区演出。合作双赢是文企联姻成功的关键。达沃集团董事长霍国生认为，文企联姻的"实质是彼此优势的互补，企业需要文艺的无形助力，文艺团体需要企业的有形襄助"，"共赢是检验联姻成败的试金石，是延续联姻的动力源泉"。② 在文企合作的基础上，达沃集团还筹办中国苍岩山樱桃文化节、联合央视拍摄《千年社火》《井陉味道》等民俗文化纪录片，与文化旅游事业有了更深层的合作。

非遗文化应成为撬动地方经济、文化建设等工作的支点，实现政治、经济、文化等多领域联动发展。井陉旅游资源丰富，苍岩山、仙台山、挂云山等名山胜景，背水阵、于家石头村、秦皇古道等历史遗迹，绵右渠、张家湾和太行天路等攻坚克难的奇迹。每一处都有动人的故事和丰沛的情感。但是，其宣传多以点为主且社会知名度不高，导致井陉乃至河北旅游宣传有"空中打拳"之感。苍岩山虽为4A级景区，但河北游客对苍岩山和三皇姑的故事了解不多，来此参观旅游的频率并不算高，省外游客更是鲜有人知。因此，井陉及河北省旅游资源虽然丰富，但难以激发游客"到此一游"的热情。

若想解决这一问题，需要政府出面，请文旅部门、专家学者与旅行公司等济济一堂，规划主题旅游并加强线路推广。例如，苍岩山可以与正定古城等联动，规划佛教临济宗历史线路，游客用两三天时间即可了解宋元时期河北佛教发展的辉煌历史。红色文化路线可以西柏坡为龙头，与挂云山、绵右渠等地联动，讲述河北革命精神及在中国共产党人精神

---

① 宋卫：《小剧团闯出了大市场——记发展中的井陉县晋剧团》，焦友生、尹海军主编：《晋韵陉腔——井陉县晋剧团团史（续）（2008—2022）》，2022年，第98页。
② 霍国生：《同心共圆晋剧梦文企联姻谱新篇》，焦友生、尹海军主编：《晋韵陉腔——井陉县晋剧团团史（续）（2008—2022）》，2022年，第113页。

谱系中的地位。观光方式也应创新，游客可以通过角色扮演、带入韩信等历史人物，增强参与感。这一点，井陉创作的《梦回吕家》古村落实景戏剧再开先河。该剧采用"移步换景"的方式，随着剧情推进引导游客在吕家村各个景点间参观，将井陉拉花、晋剧、婚礼、饮食等文化习俗与红色历史和革命精神融为一体。观众对这种旅游方式既感新奇又有参与感，效果极佳。村党支部书记说，"通过《梦回吕家》情景剧，游客了解了古村落深厚的红色文化底蕴，留下来体验古村落文化的人也越来越多"[1]。2023年年初，井陉县编制《苍岩山风景名胜区总体规划（2021—2035年）》，将苍岩山及附近景区整合成为五个组成部分，包括白家寨景区、福庆寺景区、甘陶河景区、千佛崖—壁画墓景区、南寺掌景区，共计景点109个。游览这一景区，便可领略井陉的人文历史和自然风貌，形成以休闲度假、山水游憩为主的游览项目。

综上所述，非遗文化发展至今，单一发展策略、单点建设方案已不能满足发展需要。政府相关部门的协作，动员企业等社会力量的参与建设，制定以点带面的发展规划，实现政治、经济、文化的联动效益，是非遗文化保存的进一步发展方向。而建立上述"系统化"传承机制，无论是巨额的资金投入，还是各方关系的处理，无不需要政府出面统筹全局，协调发展。

（三）培养年轻"守艺人"：完善人才培养机制，提升职业获得感

非遗文化保护后续人才培养，需要政府大力扶持。国家级代表性传承人"老龄化"问题严重，青年"守艺人"匮乏。事实上，对非遗文化感兴趣的青年绝不在少数。他们关注、讨论、推广非遗文化的同时，鲜少将之作为终身职业。究其原因，非遗文化能够市场化的种类有限，相当数量的非遗文化从业者收入不高且不稳定。以井陉晋剧团为例，其生存面临严峻的市场考验。演员至今仍愿坚守舞台全凭对晋剧的热爱。尹海军说："进这个剧团的人，对井陉晋剧，那是真爱"，"剧团几乎就是

---

[1] 《让红色音符在太行山深处跃动》，《石家庄日报》2022年3月22日第4版。

一个大家庭，互相都是家人，热爱这个家的人，不到万不得已，不会离开"。因此，对非遗文化一腔热忱的年轻人，常常因收入低而导致职业获得感低，只能将之作为副业或者业余爱好，难以发展为安身立命的终身事业。这一问题亟待有效解决。

一方面，非遗文化传承亟须完善非遗学科建设和专业人才培养体制。非遗文化保护相关学科建设尚在起步阶段，培养人数远远不能满足非遗文化保护日益增长的需要。2021年，非遗文化保护列入高校本科专业目录，但开设高校数量较少，且以音乐学院为主。专业的师资力量、成熟的教学体系和过硬的配套设施远未满足学科发展需要。

以晋剧为例，其一直采用"随团培养"和专业艺校相结合的人才培养模式。井陉晋剧之所以名家辈出，与其培育体制有直接关系。它采取"跟团受培、短期训练、开办戏校、社会选优、边演边学'续蒜辫式'的多方办学等形式"，长期坚持自己培育人才。该团人才济济，有梁素荣、张桂兰、栾德宝、于拉荣、许秀梅等著名演员和李夫一、许庆国、李春林等乐队成员。井陉晋剧在这些团员的努力下，逐渐形成自己的独特风格。

近年来，晋剧团招新困难，即便是剧团演员也不愿送自家孩子学习晋剧。剧团最后一批演员的子女仅有武密林的孩子学习晋胡，但其毕业后也是以省市大剧团为就业方向，并不愿回本剧团工作。刘玉生和妻子马丽芳均为剧团知名演员，但是二人"不想让孩子再受我俩的苦了，就算她喜欢也不让"，态度坚决地反对颇有学戏天分的女儿学习晋剧。井陉晋剧团曾尝试招募新演员到晋中市艺术学校进行定向培养，最终却未能成功。

现今，学历可以说是学生就业的敲门砖，本科以上几乎是用人单位的基本条件。但是，晋剧人才培养模式远远不能满足这一要求。"随团培养"的模式自不必说，晋剧专门院校层次不高。2020年，原山西戏剧职业学院、山西省晋剧院、山西省京剧院等9家单位改组成立山西艺术职业学院。该学院前身山西省艺术学校始建于1951年，是有悠久历史的晋剧人才培养的专门学校。但是，它现在属于专科院校层次，而太原市文化艺术学校、晋中市艺术学校等为中专层次，很难吸引高水平人才报考。国家艺术中心设有国家艺术基金艺术人才培养资助项目，每期培训

第四章 苍岩山传说、庙会及其非物质文化遗产的创新性发展

时间原则上为2—6个月,招生对象亦以专业人才为主。该项目更倾向于提升专业人才的艺术水平而非新鲜血液的输送。

因此,青年"守艺人"的培养应适应时代的需要,完善相关学科建设并建立系统的学校教育培养体制。这样方能主动担负培养高素质非遗传承人的责任,让热爱非遗文化的青年术有专攻、学有所成。

另一方面,亟须切实提升非遗传承人的工资收入和社会保障水平,并增强职业获得感。诸多非遗项目中,有些商品属性较强,也有较为成熟的生产经营模式可以借鉴。相对而言,这类项目的专职守艺人数量会更多一些。而商品属性较弱的项目,传承更是步履维艰。其守艺收入不高的同时,很难感受较强的职业获得感。

井陉拉花和晋剧均面临生存压力大、获得感不足的严峻挑战。井陉拉花仅有一处艺术团属于事业编制,其余各团均为业余性质。而井陉晋剧已采用"自负盈亏"经营模式多年。它们面临着激烈的市场竞争、生存举步维艰。整体而言,井陉拉花的情况更好一些。既有县文化馆组织的大规模活动,也有以婚庆活动为主私人场域进行的演出。其多在节假日进行,形式也更加灵活。这些业余团体多将之作为娱乐消遣能增加收入的副业。井陉晋剧团感到的生存压力要大得多。河北省原本基层剧团数量众多,改革开放初期尚有200余个。但随着演出市场萎缩,不能适应时代变化的基层剧团接连倒闭。井陉晋剧团依靠"自编、自导、自演"的创作模式,在严峻的演出市场艰难求生。它面临着省市剧团对演出市场的冲击。这些剧团经费多有财政拨款,无须自负盈亏;其下乡演出,还可获得政府的专项资金补贴。其演出成本大幅降低,可以开设大量票价低廉的惠民专场,也可以用低于晋剧团"生存底线的每场5000元的演出收费",最终把"没有专项资金补助的基层院团逼到了墙角"。[①]井陉晋剧团既不能仅依靠政府补贴维持日常演出,又面临省市剧团的低价竞争,生存自然压力更大。

[①]《专访国家级非遗剧团团长,揭秘辛酸演出路上的幕后故事(下)》,焦友生、尹海军主编:《晋韵陉腔——井陉县晋剧团团史(续)(2008—2022)》,2022年,第219页。

井陉晋剧团演员的工资收入较低，其职业获得感严重不足。该团虽有在河北大剧院演出的机会，但主要演出市场还是在乡村地区。尹海军精准把握晋剧团的城乡演出，说："如果说进城是一次彰显实力的自我展示，那么下乡，则是这个县级剧团的生存之源。"① 它每年演出 500 场，才能勉强保证收支平衡。近年，每场收费约为 5000 元，除去纳税等各种费用，剧团年收入在 150 万元。加之，剧团坚持为演职员缴纳社会保险，这样每人月工资仅有 1500 元左右。演员从十三四岁起习艺 10 年，其辛苦自不必说。这样的工资收入与他们的付出是远远不成正比的。

　　此外，演出条件艰苦、居住环境差，父母、子女无暇照顾也是重要原因。乡村不比城市地区，演出场所简陋、食宿条件差。他们每到一处，并无高床暖枕和锦衣玉食，都是临时借住在村里各处。日常饮食以面条等为主要食物，辅以芹菜、豆腐做卤。这样粗陋的食物加上饮食不定点，剧团演员患上胃病者不在少数。井陉晋剧团每年演出多，演员下乡一去便是 3 个月，甚至大半年，很难对家里的父母、子女有充分的陪伴。该团情况说明，学戏非遗文化投入与产出严重失衡。它需要演员有较好的个人条件，如姣好的面容、身段和嗓音，也须有吃苦耐劳的精神品质。这样有学戏天分的学员本来就是凤毛麟角。学成之后，演员只能获得微薄的工资，忍受清贫的生活、艰苦的工作环境。

　　职业获得感严重不足，是造成井陉晋剧团人才流失、后继乏人的主因。它已是基层剧团的翘楚。它有过硬的业务素质，新排剧目也屡获佳绩，其成就感、荣誉感十足；坚持提供高水平的演出，深受群众喜爱而演出邀约不断。因此，剧团对演出市场比较有信心。他们认为，激烈的市场竞争对"有韧性的剧团来讲也并不完全是个坏事。因为这样，就彻底改变了演出市场'供'大于'求'的关系，少了许多竞争对手"②。但是，该团青年"守艺人"的匮乏问题已十分严重。演职员转行有去开

---

① 张晓华：《井陉县晋剧团——"太行山上一枝花"》，《河北日报》2019 年 5 月 23 日第 9 版。

② 梁二春：《讲一讲井陉剧团的故事》，焦友生、尹海军主编：《晋韵陉腔——井陉县晋剧团团史（续）（2008—2022）》，2022 年，第 125 页。

铲车的，有去开出租车的，也有到饭店打工的。栾德宝遇见转行开铲车的王涛想要劝他回团。但是，王涛面临沉重的生活压力，与开铲车每月3000多元的工资相比，他也只能忍痛舍弃挚爱的晋剧事业。

搭建职业发展路径，提升非遗文化传承的职业获得感已迫在眉睫。该团最年轻的一批演员是1999年的学员，大多已年在30岁左右。许国廷算过一笔账，按照"演职人员的年龄构架，即便没有人才流失，县剧团再过20年也将无人可唱。按照现在的流失程度推算，如果不能及时补给人才，剧团在十来年内就可能消亡"。① 基于井陉晋剧团的情况，培养青年"守艺人"可以改进的方向有二。一是将井陉晋剧团全员纳入事业编制，由县政府提供日常经费，演员工资和社保按照职称级别发放；二是由政府提供一定的经费补贴，以弥补演出收入的不足。这样，井陉晋剧团在工作收入和社会保障水平才能达到稳步提升，才能吸引青年"守艺人"坚守晋剧演出市场，传承晋剧传统文化。

可以说，年轻"守艺人"的培养是决定非遗文化生死存亡的大事。解若要决这一问题，高校非遗专业的学科建设和搭建职业发展路径至关重要。让心怀热爱的青年"守艺人"有学习的机会，有实现梦想的舞台和相对安稳的生活，非遗文化才能"后继有人"，传承久远。这对各级政府提出更高的要求，亟须政府高度重视和长期投入。

五 树立"全球化"意识，讲好中国故事

习近平总书记明确指出："如果没有中华五千年文明，哪里有什么中国特色？"② 中国与世界的交流互鉴，必以充分展示五千年的文化积淀为基础。联合国教科文组织倡兴非遗文化保护工作的初衷即保存文化多样性、创造文明对话条件。非遗文化应主动承担向世界展现中华优秀传统

---

① 高其伦、解保童：《井陉县晋剧团坚守60年后继无人传承难》，《河北青年报》2012年5月21日第7版。
② 《习近平考察朱熹园谈文化自信：没有中华五千年文明，哪有我们今天的成功道路》，新华社"新华视点"微博，发布时间：2021年3月23日。

文化、讲好中国故事的时代重责。

(一) 春色满园，美美与共：百年大变局中讲好中国故事

经济基础决定上层建筑，是马克思主义的经典理论。文化观念应与经济发展水平相匹配。中国共产党百年奋斗的重大成就，便是带领中国人民攻坚克难、接续奋斗，实现站起来、富起来和强起来的3次历史飞跃。这也是中国国家实力增强、国际话语权不断增大的艰辛历程。

1840年，中国国门被西方的坚船利炮强行打开。这一时期也是中西历史的分水岭，西方全面超越东方，并于20世纪初建立了西方主导的世界政治经济体系。对这一世界格局的变化，马克思揭示其本质，是资产阶级"按照自己的面貌为自己创造出一个世界"，"迫使一切民族——如果它们不想灭亡的话——采用资产阶级的生产方式"。① 西方列强一方面将侵略的魔爪伸向中国丰富的物产资源，将中国置于世界生产的底层；另一方面宣扬"西方中心论"，以西方现代观念为普世价值，其他文明普遍被视作愚昧、落后的代表。近代中国，尤其是新文化运动，在单向进化论的驱动下认可西方是中国发展的唯一出路，因此出现扬西抑中、自我矮化的文化倾向。虽然，其拳拳爱国之心值得肯定，但是中西文化观却有失偏颇，有其历史局限。傅斯年有个著名的观点："中国本没有所谓哲学"，"我们中国所有的哲学，尽多到苏格拉底那样子而止，就是柏拉图的也尚不全有，更不必论到近代学院中的专技哲学，自贷嘉、来卜尼兹以来的"。② 这一观点得到胡适等人的认可。再严谨一点地说，中国古代没有现代的西方哲学，这一说法是符合历史情况的。它说明，中西文明自苏格拉底时期已经走向不同的方向。梁漱溟将中国、西方、印度文明并立为世界三大文明。可以说，中国古代文明灿烂辉煌，绝不逊于西方文化。而在西方话语中，西方列强用文明优劣论来掩盖其侵略、剥削的本质，反而以侵

---

① 《共产党宣言》，中共中央马克思恩格斯列宁斯大林著作编译局编译：《马克思恩格斯文集》第2卷，人民出版社2009年版，第35—36页。
② 傅斯年：《与顾颉刚论古史书》，欧阳哲生主编：《傅斯年全集》第7册，湖南教育出版社2003年版，第459页。

第四章　苍岩山传说、庙会及其非物质文化遗产的创新性发展

略有功来迷惑广大殖民地半殖民地国家。近代中国自我殖民的倾向是基于希冀中国人认清落后于西方的事实而奋起直追的强烈愿望。随着世界格局的变化与中国自身实力的发展，我们有必要树立正确的中西文化观。

2016年，习近平总书记将文化自信与道路自信、理论自信和制度自信并列，并认为文化自信应该是"更基本、更深沉、更持久的力量"。[①] 现今，世界格局正在经历东升西降的深刻变革。逆全球化趋势的出现表明西方世界的控制力、影响力在降低。他们无法再单纯通过技术壁垒、资源控制、市场垄断等方式维持优势地位，只能揭下"民主自由""平等博爱""科学无国界"等伪善面目，直言"美国优先""欧洲优先"，毫不掩饰地表明其利益凌驾于其他国家之上。而中国共产党跳出"追摹西方"的窠臼，不仅不完全照搬西方资本主义道路，对苏维埃革命模式也有深刻反思，最终依靠吃苦耐劳、艰苦奋斗的精神，坚持走独立自主的发展道路探索出"中国式现代化"的新路。而这些制胜关键，无一不是中华优秀传统文化的构成。以全球视野观之，除西方资本主义国家外，其他大多数国家均处于被剥削、掠夺的地位。在中国革命时期，我们是殖民地半殖民地国家；在新中国成立初期，毛泽东三个世界理论将我国定位于第三世界国家；改革开放以来，我们属于发展中国家。也就是说，世界的两极化格局延续至今。而与中国同等地位的国家无不以民族独立和国家富强为历史任务，但是，站起来—富起来—强起来的发展阶段，每一步都是极为艰辛的。第二次世界大战以后，各殖民地半殖民地国家看似获得民族独立，但是经济仍旧受制于西方、发展维艰。非洲、拉丁美洲很多国家仍旧挣扎在温饱线上，"富起来"对它们而言已是遥不可及的梦想，真正实现"强起来"历史飞跃的国家更是凤毛麟角。可以说，正是依靠中华民族五千年的历史积淀和政治智慧，中国才能在诸多西方思想中选择以马克思主义为指导，走出不同于欧美和苏联的现代化道路。因此，我们应该深切地认识到，中国优秀的传统文化是中国实现三大历史飞跃的文化动力。

[①] 《习近平在哲学社会科学工作座谈会上的讲话》，《人民日报》2016年5月19日第2版。

在"东升西降"百年未有之大变局中，中国应当把握世界格局的深刻变革，调整中西文化观念，以应对国内、国际的复杂局势。2013年，习近平总书记提出建立人类命运共同体的伟大构想，提出要加强文明互鉴，"美人之美，美美与共"①。并在海南博鳌论坛上，用"一花独放不是春，百花齐放春满园"来生动地说明。② 这说明，中国尝试打破西方中心论的束缚，实现多元文明对话。这恰与非物质文化遗产保护的目的相契合。党的二十大报告提出，要想正确回答重大的时代议题，必须"把马克思主义基本原理同中国具体实际相结合、同中华优秀传统文化相结合"③。非遗文化的传承与建设兼具国内、国外双重价值和意义。对内，它直接上升到中国式现代化能否成功、中国社会主义现代化强国能否建成的历史新高度。对外，它担负面向世界发出中国声音、讲述中国故事、提出中国方案的历史重责。

(二) 代表中国走向世界，展现中华优秀传统文化

毛泽东在《新民主主义论》中提出，"民族的科学的大众的文化"，"就是中华民族的新文化"。④ 在这些思想的指导下，新中国成立初期，中国传统文化秉持着"只有民族的，才是世界的"原则，大力发展民间曲艺。原本在"杂八地"撂地卖艺的曲艺、杂技艺人，茶馆里的说书艺人及戏台上的戏曲伶人，由下九流变为人民表演艺术家。其社会地位发生翻天覆地变化的同时，代表中国屡次斩获世界比赛大奖。杂技等民间曲艺向世界展示中国文化独特的魅力。

井陉拉花和井陉晋剧虽未有出国演出的机会，但也有极为高光的时

---

① 《习近平在墨西哥参议院的演讲：促进共同发展共创美好未来》，《人民日报》2013年6月7日第2版。
② 《习近平出席博鳌亚洲论坛2013年年会开幕式并发表主旨演讲》，新华网，发布时间：2013年4月7日。
③ 习近平：《高举中国特色社会主义伟大旗帜，为全面建设社会主义现代化国家而团结奋斗——在中国共产党第二十次全国代表大会上的报告》，新华网，发布时间：2022年10月25日。
④ 毛泽东：《新民主主义论》，《毛泽东选集》第2卷，人民出版社1991年版，第708—709页。

第四章 苍岩山传说、庙会及其非物质文化遗产的创新性发展

刻。武新全等6人第一次进京演出便闯入决赛,并获得优秀节目第二名。他们因此获得中央领导接见的机会。当日,毛泽东因事未能出席,周恩来、朱德、董必武、彭真、聂荣臻等中央领导悉数到场。杨晓泉回忆当时的情景如在梦中。

> 心里直问自己是梦还是真?想我祖祖辈辈生活在山沟沟里,自己又是个孩子,做梦也不曾想到能来北京,而如今竟在中南海怀仁堂,要知道这是党中央毛主席为我们国家民族命运作出决策的地方,是祖国心脏之地。
>
> 这是一个永恒的幸福时刻,34年过去了,昔日的"小家伙"已是两鬓斑白,有幸我一生从事舞蹈艺术,以弘扬井陉拉花为己任。每当忆起党和国家领导人对我们的亲切接见,一种无比的幸福感便从心中油然而生。周总理的音容笑貌,他那右手指上的蓝墨水,就浮现在眼前,给我永远的鼓舞、鞭策和力量。[1]

此次被国家领导人接见,是杨晓泉等拉花艺人最大的荣耀。拉花艺人备受鼓舞,整理拉花发展历史、舞蹈动作、音乐记谱等工作热火朝天地展开,拉花艺人夜以继日地工作,热情高涨。同一时期,相声绿化、京剧创新等成绩傲人,直接开创民俗曲艺发展的新高峰。可见,国家政策的正确导向和地方政府的充分重视,是中国传统优秀文化发展繁荣的重要助力。

党的十八大以来,以习近平同志为核心的党中央尤为重视中国文化的传承与发展。他继续坚持"民族的科学的大众的"文化导向,强调中国特色社会主义文化,"源自中华民族五千多年文明历史所孕育的中华优秀传统文化"。[2] 非遗文化应提高站位、思考如何能够作为中华优秀传

---

[1] 杨晓泉:《亲切的接见 幸福的回忆——杨晓泉回忆录》,蔡玉霞、张树林主编:《井陉拉花》,河北人民出版社2004年版,第245—246页。
[2] 习近平:《决胜全面建成小康社会 夺取新时代中国特色社会主义伟大胜利》,《人民日报》2017年10月28日第1版。

统文化代表，向世界展示中国文化的精神面貌、讲好中国故事。

问题在于，非遗文化地方属性鲜明，其声名想要远播至省门以外已是举步维艰，遑论世界级影响力。究其原因，与非遗文化的宣传思路守旧有关。其过度依赖传统媒体，观众仍以本地群众为主。非遗文化难以突破地域限制走出国门，其招商引资的"名片"效用更无从发挥。它应拓宽视野，关注利用新媒体来运营推广。尤其是短视频平台，不仅活跃用户人数多，且着眼于下沉市场，与非遗文化的宣传对象高度重合。京剧、评剧等戏曲艺术、年节期间各地的高跷表演成为勇于"吃螃蟹"的第一批人。其直播同时在线观看人数，动辄数千，上万者亦不在少数。除本地的关注度外，平台精密的算法机制会将相关内容推送给散居各处对非遗文化感兴趣的用户，或是突破地域局限的"千钧棒"。非遗文化由此可以提升大众认知度和社会影响力，由地方文化发展成为全国闻名、享誉世界的中国文化代表。

非遗文化可以说是中华五千年文明浇灌而成的琪花瑶草。我们知其珍、爱其美，遂不忍见其因时代转换而日渐凋谢，愿精心培育令其再绽芳华。非物质文化遗产保护工作是百年大计，须全民参与，各级政府、传承人、专家学者、人民大众、社会媒体等责任方勠力同心、砥砺奋斗、遵循创新发展原则，将其建设培育成为社会主义先进文化的有机构成，为中国民族的伟大复兴贡献深厚持久的文化力量，代表中国在群芳璀璨的全球大花园中尽态极妍、馨香远播。

参考文献

一　官书档案与史料汇编

（后晋）刘昫等撰：《旧唐书》，中华书局1975年版。

（清）和珅等纂修：《大清一统志》，光绪二十三年（1897）石印本。

（清）蒋廷锡等修，王安国等纂：《大清一统志》，乾隆九年（1744）刊本。

（清）昆冈等编：《光绪会典》，台北：文海出版社1967年版。

（清）李鸿章等修，黄彭年等纂：《畿辅通志》，光绪十年（1884）刻本。

（清）穆彰阿等修，李佐贤等纂：《大清一统志》，道光二十二年（1841）刊本。

（清）徐松辑：《宋会要辑稿》，中华书局1957年版。

（清）赵尔巽等纂：《清史稿》卷84《志59》，中华书局1976年版。

（宋）李心传撰：《建炎以来系年要录》，中华书局1988年版。

（宋）欧阳修、宋祁撰：《新唐书》，中华书局1975年版。

（宋）司马光：《资治通鉴》，中华书局1956年版。

（唐）魏徵等撰：《隋书》，中华书局1973年版。

（唐）吴兢撰，谢保成集校：《贞观政要集校》，中华书局2009年版。

《习近平著作选读》第1—2卷，人民出版社2023年版。

何一民、姚乐野主编：《民国时期社会调查丛编》三编，福建教育出版社2014年版。

河北省社会科学院历史研究所编：《晋察冀抗日根据地史料选编》，河北人民出版社 1983 年版。

河北省社会科学院历史研究所、河北省档案馆、石家庄高级陆军学校党史教研室、石家庄陆军学校历史教研室、铁道兵工程学院政治理论教研室编：《晋察冀抗日根据地史料选编》，河北人民出版社 1983 年版。

冀中人民抗日斗争史资料研究会编：《冀中人民抗日斗争文集》，航空工业出版社 2015 年版。

李文海主编：《民国时期社会调查丛编》二编，福建教育出版社 2009 年版。

李文海主编：《民国时期社会调查丛编》一编，福建教育出版社 2004—2014 年版。

《清会典》，中华书局 1991 年版。

《清实录》，中华书局 1986 年版。

石鸥主编：《晋察冀边区国语课本》，广东教育出版社 2016 年版。

徐勇、邓大才主编：《满铁农村调查》惯行类，李俄宪主译，中国社会科学出版社 2016 年版。

张学新主编：《晋察冀革命戏剧运动史料》，河北省文化厅文化志编辑办公室编，1991 年。

政协河北省委员会编：《晋察冀抗日根据地史料汇编》，河北人民出版社 2015 年版。

政协井陉县委员会编：《井陉碑石文选》，河北人民出版社 2012 年版。

中国第一历史档案馆、山西省档案馆、河北省档案馆、石家庄市档案馆、忻州市档案馆、大同市档案馆、晋中市档案馆等馆藏史料。

中国历史第二档案馆编：《中华民国史档案资料汇编》，江苏古籍出版社 1994 年版。

二　碑铭刻石

（元）王思廉：《广平路威州井陉县苍岩福庆禅寺碑》，皇庆元年（1312），现存苍岩山圆觉殿前。

（明）屈大伸：《苍岩山福庆寺新修子孙殿碑记》，万历四十二年（1614），现存苍岩山圣母殿旁。

（明）毕秦：《苍岩寺重修桥碑记》，万历二十五年（1597），现存苍岩山小桥楼殿旁。

（明）霍鹏：《重修苍岩圆觉殿记》，万历二十三年（1595），现存苍岩山圆觉殿前。

（明）蒋浚：《重修苍岩福庆寺记》，正德六年（1511），现存苍岩山山门外侧。

（明）刘景耀：《创建苍岩行宫重修各殿记》，崇祯元年（1628），现存苍岩山万仙堂旁。

（明）乔宇：《苍岩重修福庆寺记》，嘉靖六年（1527），现存苍岩山财神殿旁。

（清）陈兆鳌：《重修苍岩山福庆寺碑记》，道光十一年（1831），现存苍岩山山房内碑亭中。

（清）高熊徵：《重建苍岩山桥楼殿记》，康熙四十年（1701），现存苍岩山桥楼殿旁。

（清）高应魁：《新建圣母庙碑记》，光绪十六年（1890），现存小作村苍岩圣母庙内。

（清）郝崇陞：《重修小桥楼殿碑记》，康熙五十七年（1718），现存苍岩山碑房内。

（清）郝起夔：《创建梳妆楼记》，雍正七年（1729），现存苍岩山梳妆楼旁。

（清）胡景春：《重修碑记》，同治十年（1871），现存苍岩山圆觉殿后。

（清）霍叔珣：《重修苍岩桥楼碑记》，康熙六年（1667），现存苍岩山桥楼殿旁。

（清）李生叶：《重修碑记》，康熙四十六年（1707），现存苍岩山圣母殿旁。

（清）刘慰祖：《重修苍岩山石栏杆碑记》，乾隆三年（1738），现存苍岩山圆觉殿后。

（清）路文锦：《重修行宫殿记》，道光十二年（1832），现存苍岩山万仙堂旁。

（清）言家驹：《苍岩山神隋南阳公主奉敕封慈佑记》，光绪二十二年（1896），现存苍岩山圣母殿内。

（清）杨济：《苍岩山重修殿宇碑记》，道光十一年（1831），现存苍岩山碑房内。

（清）赵培祯：《革弊碑》，光绪三年（1877），现存桥楼殿北侧。

（清）钟文英纂修：《井陉县志》，雍正八年（1730）刊本，成文出版社有限公司影印本，1976年。

（清）朱日跻：《重修大佛殿记》，雍正四年（1726），现存苍岩山桥楼殿旁。

《苍岩山福庆寺石桥记》，金泰和二年（1202），现存苍岩山桥楼殿旁。

《大明国真定府井陉县苍岩山福庆寺重修佛殿记》，明嘉靖四十五年（1566），现存苍岩山大佛殿前。

刘泽民主编：《三晋石刻大全》，山西出版集团、三晋出版社2009—2024年版。

《为奉本县常公面谕上宪札文命毁拆北坡新庙变价充公及驱逐邪僧重立寺规以振风化碑》，清光绪二年（1876），现存桥楼殿北侧。

无名碑，民国九年（1920），现存苍岩山桥楼殿旁。

政协井陉县委员会编：《井陉碑石文选》，河北人民出版社2012年版。

《重修苍岩殿宇记》，清道光十二年（1832），现存苍岩山碑房内。

《重修宫主菩萨殿序》，清乾隆年间，现存苍岩山桥楼殿旁。

三　地方史志

（清）常善修，赵文濂纂：《续修井陉县志》，光绪元年（1875）刊本。

（清）胡岳：《元氏县志》，光绪元年（1875）刊本。

（清）李鹏展：《肥乡县志》，同治六年（1867）刊本。

（清）钟文英纂修：《井陉县志》，雍正八年（1730）刊本。

《樊氏族谱》编纂小组：《樊氏族谱（1620—2023）》，2023年。

《井陉矿区政协志》编纂委员会编：《石家庄市井陉矿区政协志（2002—

2021)》，2021年。

《井陉县交通志》编纂委员会编：《井陉县交通志》，河北人民出版社2008年版。

《井陉县教育志》编纂委员会编：《井陉县教育志（1991—2010）》，中国文史出版社2012年版。

《井陉县人大志》编纂委员会编：《井陉县人大志》，中国文史出版社2011年版。

《井陉县微水村志》编纂委员会编：《井陉县微水村志（2004—2014）》，河北人民出版社2017年版。

《井陉县志》编纂委员会：《井陉县志》，河北人民出版社1986年版。

《井陉县志》编纂委员会编：《井陉县志》，中国文史出版社2011年版。

《南凤山村志》编纂委员会编：《南凤山村志》，2009年。

《沙窑·西沟王氏族谱》编纂委员会编：《河北省井陉县小作镇沙窑村、井陉矿区凤山镇西沟村王氏族谱（1717—2012）》，2012年。

《石家庄市井陉矿区教育志》编纂委员会编：《石家庄市井陉矿区教育志（1989—2013）》，河北人民出版社2019年版。

《中国地方志集成·河北府县志辑》，上海书店、巴蜀书社、江苏古籍出版社2006年版。

河北省三套集成办公室、石家庄市三套集成办公室、井陉县三套集成办公室：《王密荣故事集》，1988年。

河北省政协文史资料委员会编：《河北文史资料全书》，中国文史出版社2012年版。

贾俊花：《国家级非遗井陉晋剧及传承人栾德宝研究》，河北大学出版社2023年版。

焦友生、尹海军主编：《晋韵陉腔——井陉县晋剧团团史（续）（2008—2022）》，2022年。

井陉矿区地方志编审委员会编：《石家庄市井陉矿区志》，新华出版社2007年版。

井陉矿务局第三矿志编纂委员会编：《井陉矿务局第三矿志》，2006年。

井陉矿务局志编纂委员会编：《井陉矿务局志（1989—2007）》，2008年。

井陉矿务局志编审委员会编：《井陉矿物局志》，河北人民出版社1993年版。

井陉民间文学集成办公室：《井陉民间文学集成》，1986年。

井陉县财政志编纂委员会编：《井陉县财政志（2004—2008）》，河北人民出版社2009年版。

井陉县建设志编委会编著：《河北省井陉县建设志》，中国档案出版社2000年版。

井陉县晋剧团编：《井陉县晋剧团团史》，2007年。

井陉县军事志编纂委员会编：《井陉县军事志》，2010年。

井陉县老区建设促进会编：《井陉县革命老区发展史》，新华出版社2020年版。

井陉县人民法院院志编修委员会编：《井陉县法院志（1938—2019）》，2021年。

井陉县水利志编纂委员会编：《井陉县水利志》，新华出版社2008年版。

井陉县卫生志编纂委员会编：《井陉县卫生志》，中国文史出版社2013年版。

梁建楼主编：《井陉两轮修志琐谈》，天马出版有限公司2007年版。

马兰编著：《燕赵濒危剧种手抄本传统剧目整理丛书·晋剧卷》，河北大学出版社2021年版。

宁晋县老区建设促进会、中共宁晋县委党史研究室编：《宁晋县革命老区发展史》，中国文史出版社2021年版。

濮文起编：《民间宝卷》，黄山书社2005年版。

仇喜卿：《龙凤山趣闻》，中国民间文艺出版社1989年版。

石家庄市藁城区老区建设促进会编：《石家庄市藁城区革命老区发展史》，河北人民出版社2020年版。

石家庄市井陉矿区老区建设促进会、《井陉矿区革命老区发展史》编委会编：《井陉矿区革命老区发展史》，河北人民出版社2019年版。

石家庄市栾城区老区建设促进会编著：《石家庄市栾城区革命老区发展

史》，河北人民出版社 2019 年版。

王见川等编：《明清民间宗教经卷文献续编》，台北：新文丰出版公司 2006 年版。

王用舟修，傅汝凤纂：《井陉县志料》，台北：成文出版社有限公司 1976 年版。

邢台市南和区老区建设促进会、中共邢台市南和区委党史研究室编：《邢台市南和区革命老区发展史》，河北人民出版社 2021 年版。

行唐县老区建设促进会编著：《行唐县革命老区发展史》，河北人民出版社 2019 年版。

元氏县老区建设促进会编著：《元氏县革命老区发展史》，河北人民出版社 2019 年版。

正定县老区建设促进会编：《正定县革命老区发展史》，河北人民出版社 2019 年版。

政协井陉县委员会编：《井陉历史文化》，新华出版社 2005 年版。

政协井陉县委员会编：《井陉文史资料》第 1—13 辑，1992—2019 年。

政协石家庄市井陉矿区委员会编：《井陉矿区历史文化》，中国文史出版社 2014 年版。

政协石家庄市井陉矿区委员会编：《井陉矿区政协志（1984—2002）》，2002 年。

政协石家庄市桥西区委员会编：《石家庄市桥西区文史资料》第 1—8 辑，1990—2016 年。

中共井陉县委史志办公室编：《中共井陉党史人物传》，中共党史出版社 1995 年版。

中共石家庄市井陉矿区委组织部编著：《中国共产党河北省石家庄市井陉矿区组织史资料（1927—1987）》，河北人民出版社 1990 年版。

中国民间文学集成全国编辑委员会、《中国民间文学集成·河北卷》编委会：《中国民间故事集成·河北卷》，2003 年。

中国人民政治协商会议河北省委员会文史资料研究委员会编：《河北文史资料选辑》第 1—43 辑，1980—1992 年。

中国人民政治协商会议河北省委员会文史资料研究委员会编：《石家庄

文史资料》第1—18辑，1983—1987年。

中国人民政治协商会议井陉县委员会文史资料委员会编：《井陉文史资料》。

四　研究论著

［美］杜赞奇：《文化、权力与国家——1900—1942年的华北农村》，王福明译，江苏人民出版社1996年版。

［美］韩森：《变迁之神：南宋时期的民间信仰》，包伟民译，浙江人民出版社1999年版。

［美］韦思谛编：《中国大众宗教》，陈仲丹译，江苏人民出版社2006年版。

［日］滨岛敦俊：《明清江南农村社会与民间信仰》，朱海滨译，厦门大学出版社2008年版。

［英］莫里斯·弗里德曼：《中国东南的宗族组织》，刘晓春译，上海人民出版社2000年版。

陈春声：《明末东南沿海社会重建与乡绅之角色——以林大春与潮州双忠公信仰的关系为中心》，《中山大学学报》（社会科学版）2002年第4期。

陈春声：《正统神明地方化与地域社会的建构——潮州地区双忠公崇拜的研究》，《韩山师范学院学报》2003年第2期。

陈春声：《正统性、地方化与文化的创制——潮州民间神信仰的象征与历史意义》，《史学月刊》2001年第1期。

蔡玉霞、张树林主编：《井陉拉花》，河北人民出版社2004年版。

杜德桥：《妙善传说——观音菩萨缘起考》，李文彬等译，台北：巨流图书公司1990年版。

韩秉方：《观世音信仰与妙善的传说——兼及我国最早一部宝卷〈香山宝卷〉的诞生》，《世界宗教研究》2004年第2期。

黄昆：《面相、阐释与实践：近代"迷信"话语的三次建构（1900—1937）》，《天府新论》2021年第5期。

江庆柏主编：《江苏艺文志·淮安卷》，凤凰出版社 2019 年版。

蒋维锬编校：《妈祖文献资料》，福建人民出版社 1990 年版。

科大卫：《皇帝和祖宗：华南的国家与宗族》，卜永坚译，江苏人民出版社 2010 年版。

孔祥涛、刘平主编：《我看中国秘密社会——蔡少卿先生执教五十周年暨七十华诞纪念文集》，广西人民出版社 2002 年版。

赖天兵：《关于元代设于江淮/江浙的释教都总统所》，《世界宗教研究》2010 年第 1 期。

李金铮、邓红：《二三十年代华北乡村合作社的借贷活动》，《史学月刊》2000 年第 2 期。

李丽娟：《妈祖文化跨语境传播的话语模式建构》，厦门大学出版社 2019 年版。

刘纪荣：《合作运动与乡村社会化变迁——20 世纪二三十年代华北农村合作运动研究》，中国社会科学出版社 2015 年版。

刘青健：《妈祖民俗体育文化及产业化研究》，厦门大学出版社 2018 年版。

罗春荣：《妈祖版画史稿》，学苑出版社出 2016 年版。

罗检秋：《清末民初宗教迷信话语的形成》，《河北学刊》2013 年第 5 期。

妈祖文献整理与研究丛刊编纂委员会编辑：《妈祖文献资料整理与研究丛刊》第 2 辑，海峡文艺出版社 2017 年版。

南开大学经济研究所经济史研究室编：《旧中国开滦煤矿的工资制度和包工制度》，天津人民出版社 1983 年版。

任学、任国卿：《中国观音文化第一村：平顶山石桥营民俗志·民间故事卷》，中州古籍出版社 2014 年版。

沈洁：《"反迷信"话语及其现代起源》，《史林》2006 年第 2 期。

王健：《祀典、私祀与淫祀：明清以来苏州地区民间信仰考察》，《史林》2003 年第 1 期。

王守恩：《论民间信仰的神灵体系》，《世界宗教研究》2009 年第 4 期。

王元林、孟昭锋：《论碧霞元君信仰扩展与道教、国家祭祀的关系》，《世界宗教研究》2010 年第 1 期。

谢瑞隆：《妈祖信仰故事研究》，明道大学妈祖文化学院2021年版。

行龙：《以水为中心的晋水流域》，山西人民出版社2007年版。

徐晓望：《妈祖信仰史研究》，海风出版社2007年版。

徐志伟：《一种"他者化"的话语建构与制度实践——对清季至民国反"迷信"运动的再认识》，《学术月刊》2009年第7期。

叶涛：《碧霞元君信仰与华北乡村社会——明清时期泰山香社考论》，《文史哲》2009年第2期。

喻松青：《明清白莲教研究》，四川人民出版社1987年版。

岳永逸主编：《中国节日志·苍岩山庙会》，光明日报出版社2016年版。

云妍：《近代开滦煤矿研究》，人民出版社2015年版。

张凤阁主编：《开滦煤矿工人运动史》，新华出版社1992年版。

张青仁：《祭祀圈内宗教实践的差异性——基于河北苍岩山三皇姑信仰祭祀圈的调查》，《西北民族大学学报（哲学社会科学版）》2015年第6期。

赵民强主编：《中国民间故事全书·河南·宝丰卷》，大象出版社2013年版。

赵世瑜：《狂欢与日常——明清以来的庙会与民间社会》，生活·读书·新知三联书店2002年版。

赵世瑜：《说不尽的大槐树——祖先记忆、家园象征与族群历史》，北京师范大学出版社2018年版。

郑立柱、庞琳：《旧貌换新颜：抗战时期晋察冀边区的秧歌戏》，"文化、习俗与社会变迁：第三届华北区域史学术研讨会"会议论文，2022年。

周嘉：《地方神庙、信仰空间与社会文化变迁——以临清碧霞元君庙宇碑刻为中心》，《民俗研究》2019年第6期。

周金琰：《非物质文化遗产记忆档案：妈祖祭典》，山东友谊出版社2013年版。

五 学位论文

白鹏晓：《满铁对中国华北煤矿资源的掠夺研究（1931—1945）》，河北师范大学，硕士学位论文，2020年。

陈永龄：《平郊村的庙宇宗教》，燕京大学，学士学位论文，1941年。

董晓丽：《马克思主义在开滦煤矿工人中的早期传播研究（1918—1927）》，中国矿业大学，硕士学位论文，2022年。

高雪阳：《民俗学视角下河北省井陉拉花研究》，新疆艺术学院，硕士学位论文，2021年。

韩冰：《1938年唐山开滦煤矿工人大罢工研究》，河北师范大学，硕士学位论文，2021年。

郝媛媛：《河北井陉拉花调查与研究》，山西师范大学，硕士学位论文，2013年。

李舒婷：《文化社会学视阈下井陉拉花舞蹈发展研究》，江苏师范大学，硕士学位论文，2021年。

李亦斌：《河北井陉绵右渠工程建设研究》，河北大学，硕士学位论文，2020年。

凌宇：《近代河北井陉煤矿矿难研究》，河北大学，硕士学位论文，2007年。

彭海漫：《河北秧歌——"井陉拉花"探究》，陕西师范大学，硕士学位论文，2014年。

苏宇涛：《晚清井陉煤矿的开发与对外交涉》，河北师范大学，硕士学位论文，2013年。

王红：《二十世纪二三十年代河北农村合作运动研究》，河北大学，硕士学位论文，2013年。

王虹：《民国时期河北教育经费问题研究（1912—1937）》，辽宁师范大学，硕士学位论文，2022年。

王平：《二十世纪三四十年代华北乡村建设中的文艺运动研究》，河北师范大学，博士学位论文，2022年。

王荣花：《中共革命与太行山区社会文化的变迁（1937—1949）》，河北大学，博士学位论文，2011年。

王欣：《太行深处藏奇葩——河北省井陉拉花的调查与研究》，河北大学，硕士学位论文，2010年。

王瑛：《1937—1945 年间日本对井陉煤矿的掠夺与"开发"研究》，河北师范大学，硕士学位论文，2011 年。

韦玮：《河北井陉拉花风格流变的审美研究》，山东师范大学，硕士学位论文，2016 年。

温丽媛：《"内敛"与"释放"——井陉拉花女性舞蹈动作文化释义》，燕山大学，硕士学位论文，2022 年。

吴晓昊：《舞台视阈下井陉拉花的现状研究》，山东大学，硕士学位论文，2019 年。

吴志山：《开滦煤矿代管事件研究——基于英国外交档案》，东北师范大学，硕士学位论文，2018 年。

谢留枝：《河北省井陉县三民主义青年团述评》，河北师范大学，硕士学位论文，2007 年。

许洁：《延安新秧歌剧研究》，华东师范大学，博士学位论文，2016 年。

袁月荣：《河北井陉拉花的艺术特征及其传承与保护》，陕西师范大学，硕士学位论文，2018 年。

岳永逸：《庙会的生产：当代河北赵县梨区庙会的田野考察》，北京师范大学，博士学位论文，2004 年。

张文娟：《延安新秧歌运动研究》，重庆师范大学，硕士学位论文，2013 年。

赵咏梅：《井陉拉花的保护与传承》，河北师范大学，硕士学位论文，2010 年。

赵子瑄：《碧霞元君宝卷文本生成研究》，山东大学，硕士学位论文，2023 年。